本丛书
由海南师范大学资助出版

南海研究丛书

主编：张一平

百越研究（第三辑）

中国百越民族史研究会第十五届年会暨环南海历史文化国际学术研讨会论文集

张一平
吴春明　主编
丘　刚

暨南大學出版社
JINAN UNIVERSITY PRESS

中国·广州

图书在版编目（CIP）数据

百越研究（第三辑）：中国百越民族史研究会第十五届年会暨环南海历史文化国际学术研讨会论文集/张一平，吴春明，丘刚主编．—广州：暨南大学出版社，2012.8

（南海研究丛书）

ISBN 978 -7 -5668 -0290 -3

Ⅰ.①百…　Ⅱ.①张…②吴…③丘…　Ⅲ.①百越—民族文化—中国—学术会议—文集　Ⅳ.①K289 -53

中国版本图书馆 CIP 数据核字（2012）第 185359 号

出版发行：暨南大学出版社

地　址：中国广州暨南大学
电　话：总编室（8620）85221601
营销部（8620）85225284　85228291　85228292（邮购）
传　真：（8620）85221583（办公室）　85223774（营销部）
邮　编：510630
网　址：http：//www. jnupress. com　http：//press. jnu. edu. cn

排　版：广州市天河星辰文化发展部照排中心
印　刷：佛山市浩文彩色印刷有限公司

开　本：787mm × 960mm　1/16
印　张：28. 25
字　数：466 千
版　次：2012 年 8 月第 1 版
印　次：2012 年 8 月第 1 次

定　价：68. 00 元

（暨大版图书如有印装质量问题，请与出版社总编室联系调换）

总　序

当今世界，海洋问题已经成为资源分配、空间争夺和国家战略的重要问题。在此背景下，南海问题变得日趋复杂、日益突出，不仅成为一个区域热点，而且正在上升为全球热点。这一切都使得南海区域在地缘、政治、经济、外交格局中的地位日益上升。南海问题的复杂性，决定了解决南海问题方法的多样性，但无论如何，这都要求我们重视对南海的整体研究。既要研究南海区域内各国家、地区、民族间的相互关系，也要研究南海区域与其外部环境中各种因素的相互联系。

众所周知，传统的东南亚研究、南洋研究等，都不包括对中国的研究，都不能把南海周边国家作为一个有机联系的整体来研究，这当然不能反映历史的真实面貌。正是基于这种考虑，我主张使用“南海区域”这个概念，即把南海海域及其周边国家和地区作为一个有机整体，主要包括中国南部和东南亚地区。通过对区域内各民族之间的关系进行历史的考察，使人们了解南海区域是一个不可分割的整体，以期对处理当今区域内的各种相互关系和共同构建和谐的区域社会，提供一些有益的借鉴。

南海海域自古以来就是海上丝绸之路的重要航线，也是南海周边各族人民的生命线。这条航线犹如无形的纽带，把南海周边各族人民的经济生活、社会文化紧密地联系起来。自秦汉始，南海周边的国家和人民就在相互影响与相互联系中共同生存、发展，具有共同的命运和利益，南海海域也成为沟通东西方的桥梁要道。进入近代，南海周边的国家和人民同样遭受着西方殖民者的侵略，共同开展了反殖民、反侵略、争取民族解放的革命斗争。第二次世界大战后，这些国家先后走上独立的道路，迎来了全球化发展的新时代。但是，南海周边国家的这种历史联系性，并未受到学术界的足够重视。

历史上，南海区域各民族在地缘、血缘、经济、文化等方面存在着千丝万缕、无法割断的联系，其历史演变有着惊人的相似之处。从地理上看，南海区域是一个以海洋、岛屿、江河、山脉为纽带连接成一体的地理单元，区域内各民族之间很早以前就相互往来，共谋生存。早在汉代，中国就与马来半岛的国家有了贸易关系和文化交流，马来半岛成了东西方贸易的交会地点。明朝以郑和下西洋为代表的朝贡贸易和文化交流，使中国与南海周边国家和地区的联系达到鼎盛。南海区域由若干小经济圈不断发展成为一个整体区域经济圈，并通过马六甲海峡和太平洋与世界其他地区联系起来，成为全球经济圈的重要组成部分。区域内各民族之间经过长期的迁移、融合，逐渐形成了共同的血缘关系、文化心理、风俗习惯和宗教信仰。在当今世界全球化和区域一体化的进程中，区域内各地区、各国家的政治制度、经济模式、文化传统日益表现出高度相似性，这从东盟“10+3”机制和博鳌亚洲论坛的成功举办可见一斑。

在进行南海研究时，有些学者倾向于用“西方冲击论”来解释亚洲近代历史的演变，这当然有它的合理性。但是，这种以欧洲的眼光看待亚洲的分析方法，往往忽略了对亚洲社会赖以生存的、长期形成的原有体系的深入研究，割断了该区域历史的联系性和整体性。也有学者主张从亚洲的视角看待亚洲近代历史的变化以及与欧洲的关系，以寻求亚洲史内在的联结纽带，推导出亚洲发展的内在原动力，认为亚洲近代发展并非单纯地、被动地接受欧洲冲击—反应的结果，历史上的亚洲存在着以中国为中心的朝贡关系和朝贡贸易关系，并以这种关系为基础形成了“亚洲经济圈”，即“前近代亚洲市场”。但是，对亚洲历史文化的研究，如果脱离了与世界其他地区的相互联系，也是无法全面和深入的。

在我看来，南海研究应当在世界历史和人类文化发展演变的大背景下，以历史上中国传统文化的对外传播为经，以南海区域各个国家的社会发展为纬，将整个南海区域当作一个整体看待，在泛南海的区域范围内，既研究文化历史的同中之异，也研究历史文化的异中之同，从而存异求同，以便能更准确地反映南海区域各个国家、民族的风土民情和社会变迁。在具体的研究过程中，可以海南岛及南海诸岛为中心、以南海海域为视野、以东南亚诸国为系带、以环太平洋为辐射，深入、全面地发掘、整理、保护、宣传南海区域的历史与文化，研究海岛、海湾、海峡、海礁、海洋和南海周边国家的诸多社会、历史、文化问题，以服务于中国的和平崛起、南海的开发和南海周边国家的合作发展，构建南海区域的和谐社会。

在当今世界全球化和区域一体化不断加快的进程中，在南海问题日益复杂化之际，加强南海研究已经刻不容缓。当前急需研究的问题应当从历史文化着手，这是因为对区域内各国人民的历史文化进行透彻的研究，对于推动区域内各民族之间的友好往来、合作共赢、和平发展有着重要的意义，对于南海问题的和平解决也将有所帮助。在和平与发展已经成为当今世界主题的情况下，中国要实现和平崛起的国家发展战略目标，自然就包括了要维护南海区域的和平、稳定与可持续发展，这也将是中国为维护世界和平作出的一个实际贡献。而且，南海问题的最终解决，不能仅依靠政治、经济，更不能全然依靠武力，因为无论问题怎样解决，最终都离不开各方的合作，从长远意义上来说，合作共赢才是最好的结局。合作的前提条件是相互理解，而理解的前提则是对彼此历史文化背景的了解和认同。因此，从国家利益的高度来看，对南海区域历史文化展开相应的研究就具有十分重要的战略意义。

海南省位于南海区域的中心地带，对南海研究负有不可推卸的责任。2008 年 7 月，海南师范大学成立了南海区域文化研究中心，2009 年 10 月升格为海南省南海区域文化研究基地，现已拥有专兼职研究人员 30 余人，海外特约研究员 10 余人。目前基地的主要研究方向包括：

第一，南海区域民间口头与非物质文化遗产研究，包括南海区域的文学艺术、民歌民谣、民俗礼仪、手工技能、方言戏曲、音乐舞蹈以及传统技艺与技能等研究。

第二，南海区域物质文化与自然遗产研究，包括南海区域史前文化遗迹、历史建筑、海洋文物、古物古籍、传统医药、自然景观、海洋地理、生态环境以及有保护价值的自然区域、地形、植物、矿物等自然景观研究。

第三，南海区域社会发展研究，具体包括南海区域历史发展中的社会、政治、军事、经济、制度、生态、民族、宗教、地理、文学、艺术等问题的专题研究和综合研究以及移民开发、侨乡侨务、海上旅游等研究。

第四，南海区域历史沿革及文化交往研究，具体包括文化交流史、海上交通史、丝绸之路、民族史、典章制度、海洋经济、宗教信仰、商业贸易、华侨华人、国际关系、跨文化合作等研究。

这套丛书大部分是该基地的研究成果。在这套丛书中，既有个人著作，也有集体著作；既有专著、编著，也有译著。丛书的总体规模暂不限定，计划先用几年时间，陆续推出十余种著作。目前选题以历史文化为主，今后逐渐扩大研究范围。丛书的宗旨是以南海历史和文化作为研究的起点，逐步对南海的自然、环境、社会、政治、经济、外交等方面展开全方位的研究，为国家在新世纪的海洋开发战略服务，为中国的和平崛起乃至全人类的和平与发展作出积极贡献。

应当特别感谢的是暨南大学出版社的领导和编辑们，他们从新世纪学术著作出版和图书市场走向的战略眼光出发，克服了学术著作出版的种种困难，对本丛书的选题高度重视并给予大力支持，在每一本书的编辑、出版、发行的各个环节中，他们都表现出精益求精的出版风格和一丝不苟的学术精神，使本丛书得以顺利出版问世。

是为序。

张一平
2012 年春于海南岛

目录

百越族群与文化

夏商时代的百越民族集团

黄懿陆
（云南省政协民族和宗教委员会）

众所周知，夏商时期崇鸟。特别是商代，此俗更甚。《诗经·商颂·玄鸟》有载："天命玄鸟，降而生商。"

一、文献古籍中百越民族的"鸟神"崇拜——越王与鸟文化

一般地说，尊鸟崇鸟是稻作文化的产物。先秦史籍《山海经》中就有了关于"羽民"的记载。据《吴越春秋·越王无余外传》说："禹崩之后，众瑞并去。天美禹德，而劳其功，使百鸟还为民田，大小有差，进退有行，一盛一衰，往来有常。……启使使以岁时春秋而祭禹于越，立宗庙于南山之上。禹以下六世而得帝少康，少康恐禹祭之绝祀，乃封其庶子于越，号曰无余。余始受封，人民山居，虽有鸟田之利，租贡才给宗庙祭祀之费。乃复随陵陆而耕种，或逐禽鹿而给食。无余质朴，不设宫实之饰，从民所居，春秋祠禹墓于会稽。无余传世十余，末君微劣，不能自立，转从众庶为编户之民，禹祀断绝。十有余岁，有人生而言语，其语曰'鸟禽呼'，嚥喋嚥喋，指天向禹墓曰：'我是无余君之苗末。我方修前君祭祀，复我禹墓之祀，为民请福于天，以通鬼神之道。'众民悦喜，皆助奉禹祭，四时致贡，因共封立，以承越君之后，复夏王之祭。安集鸟田之瑞，以为百姓请命，自后稍有君臣之义，号曰无壬。"《吴越春秋》中的这段记载讲了三层意思：

（1）讲述了百越之王——禹崩之后的事。大禹治水之后，泱泱九州之地恢复了生机，农业生产随即转入正常。人类既然能够控制水患，自然就有了很多的农田。由于当时地大物博、人烟稀少，农田耕种不过来，上天就派了很多鸟来帮助人民耕田。人民对大禹治水的功劳念念不忘，夏王朝

的第一代国王，也就是禹的儿子启颁布诏书，建立了禹王庙，要求百越民族每年春播秋收之际，都要举行相关的祭祀仪式以纪念大禹。

（2）夏朝的国王从启开始，传到少康已是第六代。每年祭祀大禹的活动都是由中原的夏王直接对百越民族进行安排和指挥的，少康担心越地祭祀大禹的活动不能持续下去，就派了小儿子无余到百越民族的聚居地去当越王，专门主持祭祀大禹的仪式。这个时期，从大禹时代开始的鸟田耕种一直没有中断，代代相传。

（3）从无余开始，越王传了十几代，最末一代王没有能力，祭祀大禹的活动于是就停止了。在百越民族中有一个能人挺身而出作“鸟禽呼”，自告奋勇为民请命，因而得到了百越民族的拥戴，成了第一个纯百越民族血统的越王。于是，人民又恢复了夏代开国时的“禹祭”，“安集鸟田之瑞”。

从史料中可以看出，无论谁为越王，都要“安集鸟田之瑞”。也就是说，百越民族有云集“鸟田”，期盼百鸟耕耘“鸟田”，祭祀鸟神，崇拜鸟神的传统。齐鲁书社2000年出版的《二十五别史》注《吴越春秋·越王无余外传》曰：“《地理志》：‘山上有禹井、禹祠，相传下有群鸟耘田也。’《水经注》：‘鸟为之耘，春拔草根，秋啄其秽。’《皇览》曰：‘禹冢在会稽山上。’”《吴越春秋》是东汉人赵晔的著作，这至少可以说明，百越民族从先秦开始，直到东汉时期仍然崇尚鸟神，农耕时节寄希望于“布洛陀”来到人间。从史料中可以看出，那时人们的耕作水平低，抵御自然灾害的能力也低，与其说是请鸟助人耕田，不如说是惧怕漫天鸟类吃掉人们为数不多的稻谷，希望鸟类是人类的朋友，甚至宁愿把它们当作神灵来崇拜供奉，其主要目的就是保证收成不减。由是，越人的鸟神崇拜油然而生，代代相传。

二、商代的崇鸟民族

（一）语言学方面的证据

鸟神崇拜是稻作民族的产物。东汉许慎《说文解字》中有一个“秏”

字，许慎解释说："秏，稻属。从禾，毛声。伊尹秏曰饭之美者，玄山之禾，南海之秏。"在这里，"秏"是表音文字，义为"饭之美者"。伊尹是商朝的有功之臣，在其言中仍含有表音文字，称"饭"为"秏"，这正是如今百越民族后裔壮、傣、布依等民族对"饭"的表音。有学者认为"南海之秏"即"岭南之秏"，表明"商汤时代南北交通更加便利，西南、东南诸族已向商朝有所进贡，许多农作物随着民族的交流传入黄河流域，稻谷可能在此时传入商地，而稻谷的语音'秏'也因此流入中原"①。我们认为，商汤时代，恰恰正是少数民族语言与汉语的交织、碰撞时期，汉语的"禾"与百越语言"秏"的共用，就是证明。在伊尹说这些话的时代，说"禾"或"秏"，可能都不需要解释，说者心知肚明，听者亦如此。而且甲骨文表明有"西戉"，"商"字本身也是表音文字，说明商代的主流语言有可能是吴越民族的语言。

（二）甲骨文上出现越人的记载

香港学者饶宗颐先生在《殷代的"西戉（越）"》一文中指出："殷卜辞中有关戉之刻辞，见于《类纂》页940—942。戉又称戉方（仅见于《合集》29648）。晚期卜辞有'西戉'一名。"②

乙丑，王……伐西戉……余其比……示余受［出祐］（《合集》36532）

……䵼盂邗方率伐西戉，典西田（《合集》7100 = 甲2239）

他若7隐若7100云：

……自西戉……

根据卜辞记载，饶宗颐先生认为"殷时有西戉断然无疑"。而且，"殷时已有西戉，戉人足迹于西北，由来已久……先秦以来，戉人足迹，拓殖甚广，分布几乎远至域外"。③

---

① 王文光、李晓斌：《百越民族发展演变史》，民族出版社，2007年，第10页。

② 李季：《千秋索引　百年寻觅——中国文明的起源》，四川教育出版社，1998年，第257页。

③ 江林昌、朱汉民等主编：《中国古代文明研究与学术史》，河北大学出版社，2006年，第1页。

（三）戉人是进行巫术占卜的主体

甲骨文出现戉人为巫术占卜主体的记载。《古越国兴衰变迁研究》列举了戉人进行巫术占卜的甲骨文资料：

“贞，戉不其来。”
“贞，戉获羌。”
“贞，戉不其获羌。”①

国家是一种人群组织，在这个组织中，人被区分为统治者和被统治者。以上甲骨文记载了和“戉”这个部族有关的占卜活动，想必越人是这些卜骨筮辞占卜的主体。“中国古文明把世界截然分为两个对立的层次，人与神，生者与死者。谁能在这二者之间进行对话，谁就拥有至高无上的权力。在古代中国，酋长也好，王也好，皇帝也好，都兼任头号大巫。作为统治者必须以巫师和巫术独占二者之间的沟通权，即文献上说的‘绝地天通’。”②

（四）氐羌人是商族祭杀的对象

西塞罗在《共和国》中说，国家乃人民之事业，而国家是许多人基于法的一致和利益的共同而结合起来的集合体。马克思认为，国家就是暴力机器，是一个阶级用来镇压另一个阶级的有组织形式的暴力。甲骨文既然出现以越人为主体的卜辞，显然他们是占卜集团的主体民族，独揽着“巫师和巫术独占二者之间的沟通权”。据统计，甲骨文出现被斩杀者约有万人，多数是氐羌人。卜辞告诉我们，越人捕获了氐羌人；同时，卜辞还告诉我们，氐羌人是商人集团斩杀祭祀的对象，甲骨文上还出现商族“一次杀掉1 000人”的记载，这均是氐羌人的记录。在征得上苍的同意之后，

① 马雪芹：《古越国兴衰变迁研究》，齐鲁书社，2008年，第57页。
② 李季：《千秋索引　百年寻觅——中国文明的起源》，四川教育出版社，1998年，第257页。

商族对征伐而得的氐羌人战俘和奴隶大开杀戒。[①]《诗经》云：“天命玄鸟，降而生商。”众所周知，商族是一个崇鸟民族，越族也是崇鸟民族，越人谓此“鸟”为“越祝之祖”，越祝使用鸡卦占卜时，以氐羌人作为祭杀对象，由此可见越族是殷商时期的主体民族。

（五）殷墟卜甲上发现鸡卦

1989 年，中国社会科学院考古研究所肖楠等学者在《考古》第一期发表《安阳殷墟发现“易卦”卜甲》一文。讲的是 1980 年底，考古所的两位同志在安阳工作队复查 1973 年小屯南地陶片时，在考古队仓库发现了一包卜甲，其后进行清洗，发现甲片上有“易卦”和文字。带回北京后，经粘对复原，形成一片较完整的“易卦”卜甲。该卜甲约保留了原腹甲的四分之三。卜甲按投影测量，横宽 21.6 厘米、残长 22.5 厘米（按拓片测量，横宽 23.6 厘米），厚 0.5 ~ 0.8 厘米。甲桥保存完整，仅前后尖突部分被切锯，甲尾仅存一小部分，其余大部分无存。卜甲正中间有“九”、“六”二字，这两个字上有“”的符号，和“九”、“六”并列。学术界认为，“九”、“六”就是《易经》的代表数字，因为易学又叫“九六之学”，因此，这对符号被认为是与《易经》联系最为紧密的符号，“很可能是表示‘易’之重卦的一种特殊符号”[②]，它“把《周易》中最基本的数字符号和概念以及占卜方式等都体现出来了”[③]。

有关学者认为殷墟上述卜甲出现的符号体现了数字易卦的“占卜方式”。关于这个“占卜方式”，《人类文明溯源》[④]、《中国文明起源》[⑤]、《商族源流史》[⑥] 等书指出：殷墟卜甲出现与易学联系紧密的占卜方式“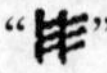”是鸡卦。《史记·帝孝武本纪》记载：“是时既灭南越，越人勇之乃言：‘越人俗信鬼，而其祠皆敬鬼，数有效。昔东瓯王敬鬼，寿至百六十岁。后世谩怠，故衰耗。’乃令越巫立越祝祠，安台无坛，亦祠天神上帝

① 王平、［德］顾彬：《甲骨文与殷商人祭》，大象出版社，2007 年，第 49 页。
② 肖楠：《安阳殷墟发现“易卦”卜甲》，《考古》1989 年第 1 期。
③ 史善刚：《河洛文化与中国易学》，河南人民出版社，2010 年，第 46 页。
④ 黄懿陆：《人类文明溯源》，云南教育出版社，2008 年，第 424 页。
⑤ 黄懿陆：《中国文明起源》，云南人民出版社，2009 年，第 63 页。
⑥ 黄懿陆：《商族源流史》，云南美术出版社，2010 年，第 304 页。

百鬼，而以鸡卜。上信之，越祠鸡卜始用焉。”这种“越祠鸡卜”至今仍在许多少数民族中使用和流传。但据《史记》记载，这种占卜方式的使用者和发明者均来自越人族群。

甲骨文载明越人是占卜主体，殷墟卜甲出现证明“九六之学”的《易经》的“数字符号和概念以及占卜方式”的符号其实是鸡卦的卦体。

鸡卜这种筮法始自新石器文化时期，持续了数千年乃至万年，一直没有改变。到了晚商时期还在使用。目前发现的6000多年前的数字卦中，最早见到的是在江苏省海安县青墩的崧泽文化遗址中发现的骨角。骨角上刻有“数字符号，即‘463353’、‘135326’。如果我们依照奇数为阳、偶数为阴的原则将之转换成卦画，这两组数字分别是遯卦……和大壮卦……”①。

20世纪80年代考古发掘的研究证明，易经符号卦是在数字易卦的基础上发展起来的。令学术界困惑不解的是，数字易卦是建立在什么具象基础之上？殷墟卜甲上出现了许多数字易卦。鸡卦本身是一种筮法，鸡卦象与数字易卦同时出现在殷墟卜甲上，表明数字易卦来自鸡卦筮法。其中，它们可以分别组合成易经中的乾坤两个经卦。关于这个卦象的分解，笔者曾写有《安阳殷墟出土易卦卜甲上的鸡卦符号解读——从壮族及其先民鸡卦〈易〉之起源》，发表在《广西民族研究》2006年第3期上。此外，笔者还写有《中国先越文化研究》一书，对《易经》64卦起源于鸡卦的卦象一一作了研究，可证易之数卦来源于壮族先民的鸡卦。②

九与“”组成卦象，按照《系辞》“天一、地二，天三、地四，天五、地六，天七、地八，天九、地十”的原则，随九的卦象为天卦、阳卦、奇数卦。故直线（丨）要看成奇数一，插在表示股骨的直线上的三条斜线要看成数字三。据此，“双鸟（鸡）阴阳图”演示成为乾卦。如下图表所示：

① 杨军：《周易文化大学讲稿》，中国人民大学出版社，2007年，第15页。

② 黄懿陆：《中国先越文化研究》，云南人民出版社，2007年。

经卦卦象	初九	九二（插在鸡股骨上的竹签数）	九三（有窍可插竹签的鸡股骨）	乾卦的三个数字组成易卦	数字易卦转换为符号卦
 九	九	 （三）	| （一）	一 三 九	☰

六与“”组成卦象，按照《系辞》“天一、地二，天三、地四，天五、地六，天七、地八，天九、地十”的原则，随六的卦象为地卦、阴卦、偶数卦。故直线（丨）要看成偶数二，插在表示股骨的直线上的三条斜线，每一条线都要看成数字二，三条斜线即为数字六。据此，“双鸟（鸡）阴阳图”演示成为坤卦。如下图表所示：

经卦卦象	初六	六二（插在鸡股骨上的竹签数）	六三（有窍可插竹签的鸡股骨）	坤卦的三个数字组成易卦	数字易卦转换为符号卦
 六	六	 （六）	| （二）	二 六 六	☷

司马迁说“越祠鸡卜”，显然，商族时期的主体语言，有可能就是百越民族的语言。在甲骨文中，可以看出越人曾是一个势力强大的民族。

（六）百越民族退出主体文化圈的证据

《殷墟文化研究》介绍，“江南百越民族文化分布区是印纹陶和原始瓷的发源地”，“在殷墟的遗址和墓葬中出土了一些印纹陶和原始瓷，其中印纹陶出现较早，在殷墟文化一期至四期遗存中均有发现”。但是，这种包含着鲜明的百越民族特征的“器型种类数量较少，仅有罐、豆、壶、器、盖等五六种”。[1] 考古出土文物告诉我们，越文化在殷商时代虽不占主导地位，但仍然有一席之地，不过与商族使用“越祠鸡卜”巫术占卜的巨大作

① 杨宝成：《殷墟文化研究》，武汉大学出版社，2002年，第206～207页。

用显然不能成正比。他们以巫师和巫术在商王朝中拥有着唯我独尊、“绝地天通”的沟通权。

据殷墟一、二、三、四期均有越文化出现的事实，《商族源流史》研究认为：可能属于上古语言的百越语言在商代后期出现趋弱现象，逐渐被先汉语言挤出了主体文化圈。商族先王时期，也就是商汤之前，商族先王有报乙、报丙、报丁三位“报”称之王；汤到盘庚的商朝前期（公元前1600—前1300年），有祖乙、祖辛、祖丁三位“祖”称之王。其实，“报”称之王是百越民族语言，等同于“布洛陀”之“布”的近音。称之“报”，其义为“祖”；甲骨文中颇多“帚”和“妇”之记载，据《商周姓氏制度研究》研究，“卜辞中的‘帚’就是‘妇女’之‘妇’字”。《商族源流史》提出“帚”字的发音是百越民族语言，“妇女”之“妇”是“帚”字的汉译。也就是说，“帚”是表音文字，“妇”是表意文字。这就说明，商代时期确实是百越民族语言处于一个与先汉语言发生碰撞和产生分离的时期。换言之，是百越民族及其后裔保留了上古时期的主体语言。[1]可见，从公元前1600年开始，先汉民族已占有绝对优势，百越民族所讲的语言或者说“上古汉语”正在退出主体文化圈。可见，作为交际工具的百越民族语言的变化与在殷墟发现微弱的印纹陶和原始瓷文化遗存证明，能够成为正比。[2]

根据如上分析，百越民族应当是夏商时代的主体民族。有商一代，越文化一直在与先汉文化展开强烈的民族文化同化拉锯战，最后，商代的越文化被强势的先汉文化战胜。商周之交，周文王发明的蓍草占筮法取代了百越民族特有的鸡卦占筮法。随后，蓍草占筮法成为易学数卦的数字来源，取代使用了7000年左右的鸡卦占筮法。为了保留传统文化，泰伯不得不携带历史悠久的鸡卦占筮法奔吴，一直把百越民族的鸡卦占筮法保留到了今天。

---

① 陈勤建：《中国鸟信仰》，学苑出版社，2003年，第42、44页。

② 黄懿陆：《商族源流史》，云南美术出版社，2010年，第29页。

三、百越民族为什么崇鸟

（一）鸟神帮助越人建国

从抽象的角度看，国家是一定范围内的人群所形成的共同体。国家政权是国家的具体化身，也是通常意义上对国家的理解。它是一种有权治理一个社会的机构，在一定的领土范围内拥有主权。目前虽然没有发现夏代文字，所出土文物也很难明确地认定是夏朝的遗物。但是，中国学术界对夏王朝的存在深信不疑。我们研究了一些历史文献，发现传说中的夏朝不仅崇拜鸟，而且夏朝建国时也曾经得到鸟神的帮助。

1. 鸟神帮助夏王朝建国

《墨子·非攻下》载："昔者三苗大乱，天命殛之……高阳乃命禹于玄宫，禹亲把天之瑞令，以征有苗……有神人面鸟身，若瑾以待，搤矢有苗之祥，苗师大乱，后乃遂幾。禹既克有三苗，焉历为三川，别物上下，乡制四极，而神民不违，天下乃静。"

《随巢子》："有大神，人面鸟身，降而福之。"

《山海经·大荒北经》："大荒之中，有山名曰北极天柜，海水北注焉，有神九首，人面鸟身，名曰九凤。"

《山海经·海外东经》："东方句芒，鸟身人面，乘两龙。"

杨宽："盖一为神话，一已变为人话也。且人面鸟身神之功能，在乎为'搤矢'、'益食'、'益富'、'益年'，则人面鸟身神之为益，尤可见矣。益即燕，亦即凤鸟，凤又即句芒，句芒能锡寿，而人面鸟身神能'益年'，则句芒之即益，亦甚明显。《吕氏春秋》谓益作占岁，《山海经》谓噎鸣生岁十有二，《墨子》谓句芒锡寿，三者实亦同一神话之分化演变耳。"①

2. 鸟神帮助越王句践建国

众人知晓的春秋时期的吴、越，就是以越人为主体建立的国家。

百越民族崇鸟、尊鸟、信鸟，自称"大越鸟语之人"。《吴越春秋》中

① 杨宽：《杨宽古史论》，上海人民出版社，2003年，第303页。

继承越王事业者，不也是作“鸟禽呼”吗？由于越人崇鸟，于是，所种之田被称为“鸟田”，所说之话被称为“鸟语”，所写之字被称为“鸟书”，就连越王的模样也是“长颈鸟喙”。在《史记·越王句践世家》中，勾践被描绘成“长颈鸟喙”的模样，说明外人也知道越人崇鸟，所以描写越王长得像鸟一样。古代传说越王句践复国过程中曾经得到鸟神的帮助。王嘉《拾遗记》载：“越王入吴国，有丹鸟夹王而飞，故句践之霸也，起望鸟台，言丹鸟之异也。”清代会稽人陶元藻撰《广会稽风俗赋》亦称：“越王入吴时，有鸟夹王而飞，以为瑞也，因筑鸟台。”这里，“鸟夹王而飞”中的“鸟”，指的就是从天而降的“布洛陀”神祇。究其内涵，讲的就是越人集团使用了鸡卦巫术，能掐会算，从而能够趋吉避凶，取得战争的胜利。1986 年，广西人民出版社出版的《壮族文学史》就认为“布洛陀”是壮族人民“鸟的首领”。作为壮族“鸟的首领”崇拜的传说，早在东晋时期，就见诸文献记录了。百越民族视鸟如祖，祭拜布洛陀人文始祖，最早的文字记载盖源于此。

自古以来，鸟神一直是越人逢凶化吉的神祇。《吴越备史》卷 1 载：唐昭宗乾宁二年（895），越州董昌称帝时，“有客使倪德儒语昌曰：‘中和辰巳间，越中曾有《圣经》云，有罗平鸟主越人祸福，敬则福，慢则祸，于是民间悉图其形以祷之。今观大王署名，与当时鸟状相类。’乃出图示昌，昌欣然以为号”。这段文字值得注意的地方有两处：

（1）“罗平鸟“之“罗平”。所谓“罗平”，其实是越人语言，而非汉语。其“罗”即“布洛陀”之“洛”的同音异写；而“平”则百越民族后裔之一，壮族语言“飞”的发音。壮语倒装，汉语“罗平”则百越民族后裔之一，壮族语言中的“飞鸟”也。《吴越备史》中的“罗平鸟”，即王嘉《拾遗记》以及陶元藻撰《广会稽风俗赋》中支持越王建国“夹王而飞”的“飞鸟”。《吴越备史》反映越州董昌欲建国称帝，借助越人的神话传说来做发动群众的准备工作，并认为董昌的举事，一定会像当年的越王句践得到飞鸟之神的帮助一样获得成功。由此看来，在吴越之地支持董昌的基础力量多是越人，董昌才借助了越人崇拜的鸟神作为国名。由此可知，董昌所建的罗平国是文献上出现明确以布洛陀文化建立的越人国家之后，第二个以布洛陀文化维系民心取得胜利的政权。

（2）越人中流传有“《圣经》”。试问，在百越人民当中有什么可以称为"圣经"呢？所谓"圣经"，非今天在壮族地区流传的《布洛陀经诗》莫属。文献记载说明：《布洛陀经诗》在百越人民中流传甚广，并且为与之杂居的汉族人民所接受。同时，亦可证明壮族发明的土俗字也就是古壮字已应用于抄写经书。他们抄写的经书，被唐代越人居住区的汉民族视为"圣经"。这部见诸唐代的《圣经》，就是我们今天看到的《布洛陀经诗》，其占卜威力巨大，信徒极多，乃至居住在越人地域的汉人也利用越人的宗教信仰聚众造反。自唐代越州董昌利用越人《圣经》（即《布洛陀经诗》）称帝，建立"大越罗平国"，农民起义首领裘甫自称"天下都知兵马使，改元罗平，铸印曰'天平'"。元朝大德年间（1297），"平阳陈空崖同嫂苏锦娘反，又建罗平旗号"。① 可见越人的鸟神崇拜在汉族人民中间影响至深，乃至他们接二连三地利用越人的宗教信仰发动起义。起义队伍的旗帜图像为鸟，举事者的签名亦"与当时鸟状相类"，表明鸟篆文也是鸟崇拜的表现形式，说明鸟或鸡卦占卜深入人心，使得造反者以鸡卦占卜作为改朝换代的推演工具。由出土文物可以推断，越人把自己当成鸟神的后裔，模仿鸟的模样，把自己装扮成"羽人"，以表示自己是鸟神的后裔，那是自然而然的事。在百越地区出土的铜鼓上，我们仍然可以看到壮族先民装扮成鸟人（羽人）的形象。

（二）鸟神是越巫之祖

"洛"者，鸟也。"洛"通"雒"，许慎《说文解字》将"雒"解释为"鵋鵙"，就是"小燕"的意思。百越民族的鸟神不仅是百越民族建国的救星，而且是百越民族通天之灵巫、通晓世间万物的始祖。晋朝干宝《搜神记》卷12载："越地深山有鸟，大如鸠，青色，名曰'冶鸟'。""此鸟白日见其形，是鸟也，夜听其鸣，亦鸟也。时有观乐者，便作人形，长三尺，至涧中取石蟹，就火炙之，人不可犯也。越人谓此鸟是'越祝之祖'也。"显然，百越民族不仅视鸟为神祇，而且视鸟为越祝之祖。其之所以是越祝（巫）之祖，乃是指越巫使用了鸟或鸡卦的占卜方法。

清代严可均辑《全上古三代文》载有《黄雀占》，系辑自《太平御览》卷871引《春秋考异邮》："黄帝将兴，有黄雀赤头立于日旁。黄帝

① 陈勤建：《中国鸟信仰》，学苑出版社，2003年，第42、44页。

曰。”《艺文类聚》卷99引：黄帝占曰：“黄者，玉精。赤者，火荧。雀者，赏也。余当立。”这里说黄帝得天下，乃是使用“黄雀占卜”，即鸟卦。当鸟驯化为鸡之后，鸡卦便代替了鸟卦。所谓“鸟”系“越祝之祖”，就是越巫知道，他们使用的鸡卦占卜，发源于鸟卦占卜。这种占卜方法，就是最古老的占筮法，直到殷墟时期，这种占筮法还在使用，笔者在上面列举的出土于殷墟卜甲上的鸡卦，可以演示出数字，这些数字与“九”、“六”结合，就是易学界人尽可知的“九六之学”，也就是易学的简称。在殷墟出土鸡卦和九、六并列的卜甲外，还出现了一些数字易卦，可见，易学的占筮方法就是百越民族的鸡卦。难怪司马迁在《史记·武帝本纪》有载“越祠鸡卜”。

古往今来，一直没有学者研究鸡卦，一直认为鸡卦是封建迷信的东西，而不知道它就是《易经》的原始筮法。长期以来，人们热衷于研究易学，但一直不知道何为易学的原始筮法，也不知道它就是百越民族的鸡卦。有一本讲述西南民族史志的书，列举使用鸡卦的民族有白、彝、纳西、哈尼、傣、布依等百越族系和氐羌族系的一些民族，唯独没有壮族。但是，目前保留鸡卦筮法手抄本的只有壮族和布依族。只有研究鸡卦，我们才能知道古代民族崇拜鸟神的原因，据此才能进行中华民族远古历史的研究。笔者的研究认为，夏商时期的主体民族是崇鸟民族，而崇鸟民族就是使用鸡卦或鸟卦的民族，百越民族就是崇鸟民族的主体。在壮族人民的社会生活中，一直盛行“布洛陀”崇拜，它是“壮族的创世男神（又称第一祖父）‘布洛陀’，即‘鸟的首领’，也就是鸟图腾族或部族之父。这是壮族鸟图腾存在的又一有力证明”①。

四、结　论

综上所述，百越民族及其后裔是崇拜鸟的民族。崇拜鸟的原因是因为鸟类能够占卜，知晓天文地理，可以左右人们的精神生活。早期社会人们一直使用鸟卦，当鸟类驯化为鸡之后，鸡卦代替了鸟卦，延续了鸡卦一直是数字易卦的这一主要筮法。百越民族后裔言“鸡”为“龟”，而谓“卜

① 庄振声：《壮族图腾考》，广西教育出版社，1996年，第212页。

甲”用“龟甲”乃是载体，而非“卜用之物”。有学者以《仪礼·士丧礼》为据，认为文献记载占卜甚详，但并无龟卜过程，可见“龟卜过程哪里有将卜问之事记录于文字的？哪里有契之于甲骨的事？！而有的只是人们用言语问神，神以兆圻回答，‘如响之应声’，那么疾速的口头占卜容不下契刻，古人也并不契刻，我们为什么要说甲骨文是日常占卜之事的记录刻辞呢”[①]？实际情况应当是：甲骨只是一种载体，问卜另有一种方法和过程。金景芳先生也认为：“河南安阳发现的甲骨卜辞，辞有记载，但用什么来卜，怎样卜，我们都不知道。原因是这些卜书没传下来。甲骨片倒不是很重要，书若能流传下来，则是很重要的。现在只能研究甲骨上的文字，或通过文字研究一些东西。至于这些文字是怎样得出来的，它的好坏用什么来判断，没有办法知道了，卜书失传了。”[②] 事实上，卜书没有失传，而是存在于广大壮族地区，那就是壮族人们至今仍在使用的鸡卦巫术，壮族人民已经以书写纸载的方式把古老的鸡卦巫术保存了下来。壮族古迹编辑委员会正在把搜集到的20余部鸡卦书命名为《中国鸡卜经》整理出版。恢复历史本来面目的科学研究，需要在文献、考古及民俗材料相结合的基础上才能展开。而中国完整的文字起始于甲骨文，甲骨文俗称卜辞，有学者认为准确的称谓应为“录辞”。甲骨只是记录筮辞的一种载体。卜甲上出现的文字、数字易卦上的数字，都是通过鸡卦巫术占卜得来的。这种告知人们占筮方法的鸡卦书，大量存在于百越民族后裔之一的壮族当中，这意味着百越民族极有可能就是上古社会的主体民族，他们是崇鸟民族的主体，亦是夏商时期执政集团的主体。

① 黄奇逸：《历史的荒原——古文化的哲学结构·前论》，巴蜀书社，1996年，第3页。

② 金景芳：《周易讲座》，广西师范大学出版社，2005年，第12页。

越文化渊源略论

徐日辉　叶琦
（浙江工商大学旅游学院、杭州职业技术学院）

关于越文化，经过多年的研究已经取得了可喜的成就，但就越文化渊源的考察尚待深入，本文提出良渚文化为越文化之源，是立足于良渚文化在越文化地区的考古发现，不妥之处敬请批评指正。

一

越文化起于大禹，来源比较早，主要根据《史记》、《越绝书》、《吴越春秋》等古籍的记载，其中最详细的记载莫过于司马迁的《史记》。根据《史记》的记载，大禹在治水成功后曾经率领群臣东巡会稽（今浙江绍兴），“大会计治国之道”，监察审计有关人员，并且斩杀了迟到的诸侯防风氏以显示权威，所以会稽又称会计。据说后来大禹就死在会稽，所以今绍兴有大禹陵供人们祭奠拜谒。《史记·越王句践世家》记载：

越王句践，其先禹之苗裔，而夏后帝少康之庶子也。封于会稽，以奉守禹之祀。文身断发，披草莱而邑焉。后二十余世，至于允常。允常之时，与吴王阖庐战而相怨伐。允常卒，子句践立，是为越王。……楚威王兴兵而伐之，大败越，杀王无疆，尽取故吴地至浙江，北破齐于徐州。而越以此散，诸族子争立，或为王，或为君，滨于江南海上，服朝于楚。……后七世，至闽君摇，佐诸侯平秦。汉高帝复以摇为越王，以奉越后。东越，闽君，皆其后也。

又在《史记·东越列传》中记载“越虽蛮夷，其先岂尝有大功德于民哉，何其久也！历数代常为君王，句践一称伯。然余善至大逆，灭国迁众，其先苗裔繇王居股等犹尚封为万户侯，由此知越世世为公侯矣。盖禹之余烈也”。这便是传统的越、东越以及越文化的由来。所以《越绝书》称“昔者，越之先君无余，乃禹之世，别封于越，以守禹冢”①。

依据文献记载，大禹治水完成以后，禹建立夏朝之后便建都于阳城②（在今天河南省登封市的王城岗一带③）进入国家管理的正常程序，而当时主要的发展空间是在中原地区。至于具体年代，根据夏商周断代工程专家组的研究成果，大禹建立夏朝的年代距今是4070年④。刘庆柱先生指出：“古代都城是古代国家的政治统治中心、经济管理中心、军事指挥中心、文化礼仪中心，都城是国家的历史缩影。”⑤ 大禹定都的阳城就是国家的都城。“禹立四十五年”⑥，在江南的会稽去世，会稽即今天浙江省的绍兴市。《史记·夏本纪》记载：

自虞、夏时，贡赋备矣。或言禹会诸侯江南，计功而崩，因葬焉，命曰会稽。会稽者，会计也。《集解》：皇览曰：“禹冢在山阴县会稽山上。会稽山本名苗山，在县南，去县七里。越传曰禹到大越，上苗山，大会计，爵有德，封有功，因而更名苗山曰会稽。因病死，葬，苇棺，穿圹深七尺，上无泻泄，下无邸水，坛高三尺，土阶三等，周方一亩。吕氏春秋曰‘禹葬会稽，不烦人徒。’墨子曰：‘禹葬会稽，衣衾三领，桐棺三寸。’地理志云山上有禹井、禹祠，相传以为下有群鸟耘田者也。”

会稽山本名芮山、茅山，因大禹而改为会稽山，地点在今浙江绍兴。所谓会稽，《越绝书》记载：“禹忧民救水，到大越，上茅大会计，更名茅山曰会稽。”所以，又有人说是与当时的监察审计有关。另外，《吴越春

---

① 《越绝书》卷8《越绝外传记地传》第十。

② 《孟子·万章上》。

③ 李先登：《夏文化与中国古代文明起源》，《中原文物》2003年第3期。

④ 夏商周断代工程专家组：《夏商周断代工程1996—2000年阶段成果报告》，世界图书出版社，2000年，第80页。

⑤ 刘庆柱：《中国古代都城考古反映的河洛文化历史地位》，《河洛文化与汉民族散论》，河南人民出版社，2006年。

⑥ 《古本竹书纪年·夏后氏》。

秋》亦载：

> 周行天下，归还大越。登茅山，以朝西方群臣，观示中州。诸侯防风后至，斩以示众，示天下悉属禹也。乃大会计治治国之道，内美釜山州慎之功，外演圣德，以应天心。遂更名茅山曰会稽之山①。

这段记载问题比较多，值得认真考察。大禹杀诸侯防风氏，说起来轻描淡写非常容易，若仔细推敲，则绝非如此简单。

首先，有不少学者通过研究认为，当年大禹会诸侯杀防风氏的地方不在浙江绍兴（会稽），而在安徽省的蚌埠市怀远县的涂山。这里是“大禹治水成功后在涂山大会诸侯‘执玉帛者万国’，确立了天下共主的地位，为夏王朝的建立奠定了基础”的地方②，而且已经得到了考古学的支撑。大禹大会诸侯的地方在历史上又称之为“禹聚”，即“禹会涂山，扬州之域，当涂县有禹聚”③。具体而言，在蚌埠市涂山脚下的南面有一个村子叫禹会村，据说该村就是当年禹大会诸侯的地方。禹会村在先秦时期称“禹墟”，已经有两千多年的历史了。以禹会村为中心，在这一带至今保留有丰富的大禹传说和遗迹，如禹墟、禹庙、防风冢、启母石等。结论是：古代流传的“禹聚”、“禹墟”，即今蚌埠怀远涂山的“禹会村”。

其次，近几年来，在禹会村及周边发现了“一条南北绵延近两公里，东西宽约300米的龙山文化晚期遗址”，并且采集到了大量的“陶器、石器、骨器、蚌器、红烧土块等。……尤其鼎足具有特色，有侧三角形足、鬼脸足和尖锥形鼎足等。……禹会村遗址的年代距今4000多年，同大禹治水、会诸侯的年代相当”④。原安徽省蚌埠市博物馆馆长徐大立先生认为，禹会诸侯之涂山应该在安徽的蚌埠禹会村一带。据徐大立先生介绍，涂山周围有着密集的新石器时代遗址，其年代跨度从7300年前到4000多年前，

① 《吴越春秋》卷6。

② 徐大立：《从蚌埠双墩遗址的巢居刻划说起》，《禹城与大禹文化文集》，中国文联出版社，2007年。

③ 《初学集》卷8。

④ 徐大立：《禹会村考古调查新证》，《全国第二届禹羌文化全国学术研讨会论文集》，四川省大禹文化研究会、四川省社科院禹羌文化研究所，2007年。

一直没有中断，有 3 000 多年的延续。

最近，在禹墟的考古过程中还发现一座面积近 2 000 平方米阶梯状立体构造的禹墟 T 型台，非常壮观，被认为是当年大禹“大会诸侯”、“执玉帛者万国”的祭台。祭台（祭坛）是古代中国政治生活中的重要载体，尤其是对使用者而言，如北京的天坛，只有皇帝才有资格祭祀。由于祭台（祭坛）的主要功能之一就是区别尊卑高下，显示高低等级，因此，禹墟 T 型台可直接再现为大禹的最高权威。

二

退一步讲，即便是大禹在浙江绍兴杀死诸侯防风氏，也存在着问题。因为这一时期的绍兴正处在良渚文化时期，并且已经存在了上千年之久，而且良渚文化在当时的东南部有着很强大的势力，可谓根基深厚，这同样是考古学给出的答案。

考古发现良渚文化是以浙江省杭州市余杭区为中心的良渚遗址群为代表[①]，其范围大体“东部直达海边，包括宁绍甚至舟山地区，南达象山一带，西至镇江，北抵长江南岸，比以前所知的太湖周围地区更为宽阔”[②]。就其性质而言，良渚文化是长江下游地区著名的文化之一，包括会稽（即今绍兴）在内，同时又是高于周边的地区性古文化，并且进入了早期“古国”或“方国”阶段。

就其年代而言，现在研究证明良渚文化年代跨度大致在距今 5300 ~ 4000 年之间[③]。对此栾丰实先生总结为：

（1）距今约 5500 ~ 4000 年，延续了 1500 余年的时间。

（2）距今约 5350 ~ 4150 年，经历了一千多年的发展历程。

（3）在距今 5260 ~ 4080 年之间，前后延续了 1300 年左右。

---

① 浙江省文物考古研究所：《杭州市余杭区良渚古城遗址 2006—2007 年的发掘》，《考古》2008 年第 7 期。

② 黄宣佩：《良渚文化研究 50 年》，《史前研究》，三秦出版社，2000 年，第 22 ~ 24 页。

③ 芮国耀：《中华文明的曙光——良渚与良渚文化》，《南北朝前古杭州》，浙江人民出版社，1997 年，第 265 页。

（4）上限在距今4700年，下限不迟于3900年，大约延续了800年。

（5）早期在距今4400年左右，晚期在3995 ±95 ~3840 ±95 年之间，前后延续了500 ~600 年[①]。

比较各家之说，关于良渚文化的年代大致范围在距今5500 ~3900 年之间。这一组科学的数据是什么样的概念呢？其上限与黄帝时代大体相当，而下限则与夏朝同时。如是，问题就凸现了。

良渚文化时期的性质，现在被认为已经达到了“古国”和“方国”阶段，甚至有人认为与夏朝相同。根据反山、瑶山、汇观山和莫角山为代表的良渚文化遗址群的考古发现，特别是莫角山被认为是“整个良渚文化的中心”[②]，在此发现了王城及大型宫殿基址建筑群遗址等。所以，浙江学者赵晔认为：“莫角山如此丰富的内涵中透着独一无二和至高无上的权威，说它是‘王城’并不为过，它无疑是良渚时期金字塔形社会结构中最高权力的物化形态。”[③] 而刘斌则认定“这是一处都城级的城址和宫殿级的建筑”[④]。苏秉琦先生则认为，良渚文化已经进入到方国阶段。他提出：

总的来说，考古发现的“大遗址”规格，就是古城古国所在，背景是人口密集、社会经济发达、社会已有分工。所以史载“夏有万邦”、“禹会诸侯于涂山、执玉帛者万国”是有据可依的。我们在最初提出考古学文化区系类型时，曾提到中国现行行政区划中的200多个省级以下的专区一级（现大部分专区已改为省辖区市）。以一个有相当规模的、有历史来源的中等城市为中心，它们在现实生活中所起作用的历史渊源，就是指相当于这些专区一级范围的考古文化区系是产生古城、古国的基础。秦汉郡大致都是以现专区一级范围的古文化古国为基础的。秦汉统一时中国幅员内各地大都经历了从氏族到国家的历史过程，各地相差的幅度一般不超过五百年至一千年，但都可追溯到四千年、五千年、六千年前，甚至还可追溯到更

① 栾丰实：《良渚文化的分期与年代》，《中原文物》1992年第3期。

② 王明达：《浙江余杭境内古文化遗址分布的初步认识》，《江南水乡文化》，中国艺术出版社，2007年。

③ 赵晔：《余杭良渚遗址群落形态的初步考察》，《东南文化》2002年第3期。

④ 刘斌：《良渚文化聚落研究的线索与问题》，《良渚文化研究——纪念良渚文化发现六十周年国际学术讨论会文集》，科学出版社，1999年。

早。总之，在距今五千年前后，在古文化得到系统发展的各地，古城、古国纷纷出现，中华大地社会发展普遍跨入古国阶段。古国时代以后是方国时代，古代中国发展到方国阶段大约在距今四千年前。与古国是原始的国家相比，方国已是比较成熟、比较发达、高级的国家，夏商周都是方国之君[①]。

苏秉琦先生“夏商周都是方国之君”的观点有失偏颇，若按照该说法，则良渚时期恐怕达不到“方国”的水平。夏、商、周所统治的广阔地域姑且不论，仅就夏、商、周，尤其是周朝国家政治制度之健全、经济文化之发达、礼乐制度之完备，良渚时期莫说是望尘莫及，甚至与夏朝的青铜器相比都难以同日而语。二者之间是没有可比性的，因为差距实在是太大了。正如吴绵吉先生所言：“当然，良渚文化中晚期已经出现的文明国家，规模不大，水平也不高，还处于国家的初级阶段，或可称其为原始的部落方国。它同后来在中原地区建立的夏、商、周大帝国，是不能相提并论的。”[②] 事实上，良渚玉器怎能与铸有500字铭文的毛公鼎等周朝青铜器相提并论？

面对考古学的一些成果，应该作何认识，而考古学的社会意义又在哪里？实践中往往是把考古学与文献学联在一起，有意无意地将考古学作为印证历史文献的工具和手段，或者根据考古学来否定文献记载，等等。况且，考古不可能作地毯式的挖掘，因此，无论如何考古发掘所揭露的只是局部，甚至是一个点，远远没有达到社会的面。从狭义上讲，考古学揭示的信息并没有太大的失误，但确实不够全面。陈淳先生在《当代考古学》一书中指出：

考古学研究的最终目的并不是器物，而是要通过它们来研究和了解过去人类的社会。从这点来看，无论是以重构国史为目的的考古学还是人类学的考古学，它们的目标并没有根本的区别。从某种意义上来说，只有从

---

① 苏秉琦：《中国文明起源新探》，生活·读书·新知三联书店，1999年，第144～145页。

② 吴绵吉：《试论良渚文化的社会性质》，《南方文物》1992年第1期。

物质文化中解读出人类活动的各种信息，才谈得上真正的历史重建。否则，用原始材料堆砌的历史只不过是器物发展的历史，并不是人和社会发展的历史。

笔者认为陈淳先生的说法很有道理，考古学是研究人类与社会发展的一门综合学科，考古学发展到今天已经不是简单的田野发掘，而是与人类学、动物学、植物学、环境学、生态学等紧密地结合在一起。目前，中国国家教育部之所以将考古学作为一个独立的一级学科来加强建设，其积极意义也正在于此。

不过，考古发现可以推测这一时期的良渚文化可能具备了早期古国的性质。丁品先生认为："良渚古国文化特征可以概括为以下四项：1. 良渚古国不同阶段均有一组相对稳定、富有特征的陶器群（包括日常生活用器和墓葬陶器随葬品）。其主要器型如鼎、豆、壶等，前后发展演变的脉络清晰可辨。2. 玉器发现数量多，制作精美，尤其以刻有神人兽面纹及其简化形式的玉制礼器最具特征。可以说玉器对于良渚古国，恰如青铜器对于商周文明一样，它的重要价值在于它们是行政管理、军事统辖、宗教意识的物化形式。3. 特殊的埋葬方式和礼仪制度。如规模及营建方式不同的墓地、玉殓葬、祭坛等。4. 良渚古国中心及次中心可能已出现规模不等的古城。"① 这说明存在级别分明、贵贱不一等情况，所有这些丰富的文化内涵，有力地支撑着良渚文化的文明体系。

但是，还有一个非常棘手的问题，即大禹会诸侯杀防风氏是事实，《竹书记年》记载："禹五年巡狩，会诸侯于涂山。"又《吴越春秋》称大禹：

周行天下，归还大越。登茅山，以朝西方群臣，观示中州。诸侯防风后至，斩以示众，示天下悉属禹也。乃大会计治治国之道，内美釜山州慎之功，外演圣德，以应天心。遂更名茅山曰会稽之山。②

---

① 丁品：《良渚古国范围及其与周邻文化》，《史前研究》，三秦出版社，2000年，第578页。

② 《吴越春秋》卷6。

大禹会诸侯杀防风氏的历史故事，到底发生在哪里，这是谁也无法回避的问题。对此，方酋生先生在《从良渚文化的衰落说到防风国及与夏王朝的关系》一文中认为，“考古实物资料结合历史文献记载来探讨良渚文化即为历史上的防风国”，同时又认为，涂山的位置在今怀远县东南，却回避了大禹会诸侯杀防风氏到底是在绍兴的会稽山还是怀远县涂山的关键性问题[①]。朔知先生认为：“众多史料记载，如禹会诸侯于涂山、禹致群神于会稽山、禹杀防风氏、桀奔南巢等等，虽地望、时代不一定与良渚文化相合，但从一个侧面说明了中国早期文明尤其是夏王朝时与东南良渚文化及其周围有千丝万缕的联系。”[②] 对此，朔知先生所言极是，中原的夏王朝与东南的良渚及其周围确实有着一定的联系，会稽亦不例外。

对于夏朝，许倬云先生认为其属于“次级国家”。他说：“夏禹会万国，夏后是许多王中的一个。我不相信当时的王国北到匈奴南到吴越。夏可能是一个初级国家，君权继承正在激烈的转变，转变是由选贤变为父子相继。‘大人世及以为礼，城郭沟池以为固，终于成为国家。’”[③] 如果说“夏可能是一个初级国家”的话，那么，大禹跑到“古国”或者是“方国”的良渚文化地盘上发号施令，并且当众诛杀诸侯防风氏，就如同开玩笑一般简单，真的会是这样吗？

事实上，关于大禹杀诸侯防风氏的问题还远不至此，夏星南先生指出：“防风氏国是良渚文化的一个主人。……从时间上讲，处在同一时代。防风氏国是在历史上尧、舜、禹时期，距今约4500~4100年，也可能更早到黄帝时代。良渚文化的时代，据碳14测定大体上在距今5200~4100年之间。笔者认为，古防风氏国的出现是良渚文化发展到一定历史阶段的产物，所以，两者在时间上限上不一定相一致，可是在时间下限上却是那么的一致。我们惊奇地发现，良渚文化与防风氏国几乎同时在太湖流域消失。”[④] 夏星南先生的说法很有意思。

---

① 方酋生：《从良渚文化的衰落说到防风国及与夏王朝的关系》，《良渚文化探密》，人民出版社，2006年。

② 朔知：《良渚文化的初步分析》，《考古学报》2000年第4期。

③ 许倬云：《古代国家形成的比较》，《北方文物》1998年第3期。

④ 夏星南：《试说防风氏国与良渚文化的关系》，《史前研究》，三秦出版社，2000年。

大禹会诸侯的具体地点与大禹杀防风氏不在会稽，因为大禹会诸侯的具体所在历史上早就有在涂山这种说法，而且要早于司马迁的记载。《左传·哀公七年》记载：

禹会诸侯于涂山，执玉帛者万国。

涂山，地名，源于涂山氏，而涂山氏又是当时的古国之一，是与大禹联姻的古国，并且为大禹治水的成功作出了贡献。夏启的母亲就是涂山氏之女，其关系之密切是可以想见的。对此，三国时曹植曾作《禹妻》一首盛赞涂山氏：

禹娶涂山，土功是急。闻启之生，过门不入。
女娇达义，明勋是执。成长圣嗣，天禄以袭①。

其中“闻启之生，过门不入”之句，确实感人至深。又《史记·夏本纪》记载：“禹曰：‘予娶涂山，癸甲，生启予不子。’……夏后帝启，禹之子，其母涂山氏之女也。”《集解》孔安国曰：“涂山，国名。辛日娶妻，至于甲四日，复往治水。”《索隐》杜预云：“涂山在寿春东北。”皇甫谧云“今九江当涂有禹庙”，则涂山在江南也。

因此，有不少学者通过研究认为，当年大禹会诸侯杀防风氏的地方不在浙江绍兴（会稽），而在安徽省的蚌埠市怀远县的涂山。这里是“大禹治水成功后在涂山大会诸侯‘执玉帛者万国’，确立了天下共主的地位，为夏王朝的建立奠定了基础”的地方。②

大禹大会诸侯的地方在历史上又称之为“禹聚”，即“禹会涂山，扬州之域，当涂县有禹聚”③。具体而言，在蚌埠市涂山脚下的南面有一个村子叫禹会村，据说该村就是当年禹大会诸侯的地方。禹会村在先秦时期称“禹墟”，已经有两千多年的历史了。以禹会村为中心，这一带至今仍保留

① 《艺文类聚》卷11。

② 徐大立：《从蚌埠双墩遗址的巢居刻划说起》，《禹城与大禹文化文集》，中国文联出版社，2007年。

③ 《初学集》卷8。

有丰富的大禹传说和遗迹，如：禹墟、禹庙、防风冢、启母石等。可知，“禹聚”、“禹墟”即今天的“禹会村”。

近几年来，在禹会村及周边发现了“一条南北绵延近两公里，东西宽约300米的龙山文化晚期遗址”。并且采集到了大量的“陶器、石器、骨器、蚌器、红烧土块等。……尤其鼎足具有特色，有侧三角形足、鬼脸足和尖锥形鼎足等。……禹会村遗址的年代距今4000多年，同大禹治水、会诸侯的年代相当”①。原安徽省蚌埠市博物馆馆长徐大立先生认为：禹会诸侯之涂山应该在安徽的蚌埠禹会村一带。据徐大立先生介绍，涂山周围有着密集的新石器时代遗址，其年代跨度从7300年前到4000多年前，一直没有中断，有3000多年的延续。

最近，在禹墟的考古过程中还发现一座南北长97米、北部宽23米、南部宽11米的T形遗迹。面积近2 000平方米阶梯状立体构造的夯土T型台，非常壮观，被认为是当年大禹“大会诸侯”、“执玉帛者万国”的祭台。祭台（祭坛）是古代中国人的政治生活相当重要的载体，对使用者而言尤其如此，如北京的天坛。所以说，祭台（祭坛）的主要功能之一就是区别尊卑高下，显示高低等级，直接表现为大禹的最高权威。

通过以上考古发现，我们才明白大禹杀诸侯防风氏的故事确实存在，同时也解开了大禹千里迢迢跑到会稽这个良渚方国的地盘上去杀防风氏的谜底，使多年来的疑惑终于有了答案。

目前，该遗址研究被确定为中华文明探源工程的组成部分，我们相信，在不久的将来会有更加重要的考古发现。

如果说良渚文化的一个主人是防风氏国，其年代下限在距今4100年，那么，大禹是不可能与防风氏见面的，更谈不上杀防风氏了。因为夏商周断代工程给出的夏朝建立的具体时间为距今4070年②，而到目前为止还没有谁能以足够的理由推翻这个结论。如此一来，文献记载禹斩诸侯防风以示众的可靠性就要大大降低。

综上所述，越文化受到夏文化的影响是存在的，但渊源不应出自大

① 徐大立：《禹会村考古调查新证》，《全国第二届禹羌文化全国学术研讨会论文集》，四川省大禹文化研究会、四川省社科院禹羌文化研究所，2007年。

② 夏商周断代工程专家组：《夏商周断代工程1996—2000年阶段成果报告》，世界图书出版社，2000年，第80页。

禹，而应该是长达一千多年积淀的良渚文化比较合理。

司马迁之所以认为越文化来自于大禹，是因为：第一，他没有看见良渚文化；第二，司马迁是站在大一统的史家立场上看待大禹与越文化的。不过，对于越的根源，司马迁当年就有所怀疑，因此他称“越虽蛮夷，其先岂尝有大功德于民哉，何其久也”①，又说“或言禹会诸侯江南，计功而崩，因葬焉，命曰会稽”等②。他用了一个“或言禹会诸侯江南”而不是“禹会诸侯于江南”，“或言”，就是不作肯定，存在着两种可能性，例如，他在《报任安书》中说“人固有一死，或重于泰山，或轻于鸿毛”者即是。

① 《史记·东越列传》。
② 《史记·夏本纪》。

越国的世系年表与越国被灭的确切年代

石奕龙
（厦门大学人类学研究中心）

关于越国的世系，史书记载不一。《史记·越王句践世家》曰：“越王句践，其先禹之苗裔，而夏后帝少康庶子也。封于会稽，以奉守禹之祀。文身断发，披草莱而邑焉。后二十余世，至于允常。允常之时，与吴王阖庐战而相怨伐。允常卒，子句践立，是为越王。”而“句践卒，子王鼫与立。王鼫与卒，子王不寿立。王不寿卒，子王翁立。王翁卒，子翁翳立。王翳卒，子王之侯立。王之侯卒，子王无疆立”，并说无疆后七世即为闽君摇。

《吴越春秋》记越王世系为：少康、无余，无玉去无余六世，然后为无曎、夫康、元常、句践、兴夷、不寿、不扬、无疆……然后是玉、尊、亲等。

《越绝书》则曰：“越王夫谭……以上至无余，久远世不可纪也。夫谭子允常，允常子句践，句践子兴夷……兴夷子王翁……王翁子不扬……不扬子无疆……无疆子之侯窃立为君长，之侯子尊时君长，尊子亲失之，楚伐之走南山。”

有年代标准的则见于《竹书纪年》。其曰：“晋出公十年十一月於粤子句践卒，是为菼执。”“次鹿郢立，六年卒。”“不寿立十年见杀，是为盲姑。次朱句立。”“於粤子朱句三十四年灭滕，三十五年灭郯，三十七年朱句卒。”“翳三十三年迁于吴，三十六年七月太子诸咎弑其君翳，十月，粤杀诸咎。粤滑，吴人立子错枝为君。明年，大夫寺区定粤乱，立无余之。十二年，寺区弟忠弑其君莽安，次无颛立。无颛八年薨，是为菼蠋卯。”①

从上述四种记载看，对于句践的先王先公的记载均不详尽，也不甚可

① 《史记·越王句践世家索隐》，中华书局，1959 年，第 1748 页。

靠。《史记》称“二十余世”，《吴越春秋》为“三十余世”。但我们如果把少康到周敬王的夏商周世系加以比对，就可以看到其历时有1000多年，经历了六十九世（夏代从少康到灭亡有十二世；商代共三十一世；西周共十三世；东周到周敬王为止共十三世）。所以，如果越国的先王先公从少康算起的话，少说也得五六十世才算正确，而不是二三十世。

另外，从史料上看，《吴越春秋》、《越绝书》的记载也比较混乱，如《吴越春秋》曰：“禹……至少康即位十世，为一百四十四年。”我们知道禹到少康只有六世，并非十世。又说“少康去，颛顼即位四百二十四年”，但紧接着后面又记颛顼到禹只有两世。这样，除去禹到少康的一百四十四年，两世竟然长达280年。区区一小段史料中，就有如此多语误，因此，我们不用这些史料。《越绝书》的情况也大致相同，而且这些史籍的成书年代都比《史记》晚，所以其书所载，仅供参考。

句践以后的越王世系，几种史籍记载都较为详细。《吴越春秋》为五世；《越绝书》为五世；《史记》曰七世；《竹书纪年》或九世，或十世，以其版本为转移。[①] 上面说过，《吴越春秋》、《越绝书》的记载不太可靠，故不用，下面仅列《史记》与《竹书纪年》之世系来加以对比。

《竹书纪年》：句践—鹿郢—不寿—朱句—翳—诸咎—错枝—无余之—无颛

《史记》：句践—鼫与—不寿—翁—翳—之侯—无彊

这里除了《竹书纪年》多记载了“诸咎”弑君，粤杀“诸咎”，吴人立“错枝”为君，后又立“无余之”为君以外，与《史记》的记载相差无几，惟有两者的“末君”记载不一。《竹书纪年》记载为“无颛”，但实际上无颛并非越国的“末代君王”，因为，《竹书纪年》还记载：魏襄王七年，越王派公师隅到中原搞外交，献舟三百、箭五百万支，以及犀角、象牙等珍稀物品。因而，在《竹书纪年》中，“末君”的名字并没有反映出来。而在《史记》中，“末君”则为“无彊”，他是在楚灭越的战争中丧命的。如此看来，无彊应该是越国的“末君”。但是，《史记》的记载也有一些缺陷，即它缺记了一些越国的君王，这种缺陷，《史记索隐》作了

① 此以末代越王无彊或无颛为止。

一些补充，如补充说："无颛后乃次无疆也。"这样，我们根据《史记》和《竹书纪年》所列的越王世系就可以互为补充而构成下面的序列：句践（菼执）—鼫与（鹿郢）—不寿（盲姑）—朱句（翁）—翳—诸咎—错枝—无余之（初无余、莽安）—无颛（菼蠋卯）—无疆。

解放后的一些考古发现都说明了这些越王的存在。1965 年 12 月在湖北江陵县望山一号墓中发现"越王鸠浅（句践）自乍（作）用鐱（剑）"[1]。1959 年在安徽淮南市蔡家岗赵家孤堆二号墓发现"越王者旨於赐"剑，有人考证此剑应为"鼫与（鹿郢）剑"。[2] 1984 年在湖北江陵也发现有"越王者旨於赐"剑[3]。1988 年在河南洛阳也发现有"越王者旨於赐"剑。[4] 上海博物馆藏有一把"戉（越）王丌北自乍（作）元之用佥（剑）"。20 世纪末在安徽安庆王家山也出土了一把"戉（越）王丌北自乍（作）元之用之佥（剑）"，[5] 据考证，其为"盲姑（不寿）剑"。至于朱句（州勾）剑则发现于江陵藤店一号墓中，其铭文为"戉（越）王州（朱）句自乍（作）用佥（剑）"。[6] 同样铭文的剑，1936 年在湖南长沙、1977 年在湖南益阳、1980 年在湖北秭归和 1987 年在湖北荆门都有发现。[7] 1974 年越王不光（翳）剑在湖北江陵张家山发现，其铭文曰："戉（越）王嗣旨不光自乍（作）用。"1979 年河南淮阳平粮台也出土了越王不光剑。[8] 祖孙几代越王的自作用剑的陆续发现，说明了《史记》和《竹书纪年》的记载应该是比较准确的。

---

① 湖北省文化局文物工作队：《湖北江陵三座楚墓出土大批重要文物》，《文物》1966 年第 5 期。

② 安徽省文化局文物工作队：《安徽淮南市蔡家岗赵家孤堆战国墓》，《考古》1963 年第 4 期。

③ 湖北省荆州地区博物馆：《江陵雨台山楚墓》，文物出版社，1984 年。

④ 洛阳市文物工作队：《河南洛阳发掘一座战国墓》，《考古》1989 年第 5 期。

⑤ 黄光新：《安庆王家山战国墓出土越王丌北古剑等器物》，《文物》2000 年第 8 期。

⑥《文物考古工作三十年》，文物出版社，1981 年，第 301 页。荆州地区博物馆：《湖北江陵藤店一号墓发掘简报》，《文物》1973 年第 9 期。

⑦ 参见《长沙古物闻见记》卷下；淮南市博物馆、益阳县文化馆：《湖南益阳战国两汉墓》，《考古学报》1981 年第 4 期；杨权喜：《江汉地区发现的商周青铜器——兼述楚文化与中原文化关系》，《中国考古学会第三次年会论文集》，文物出版社，1984 年；《天壤阁杂记》等。

⑧ 曹桂岑等：《淮阳县平粮台四号墓发掘简报》，《河南文博通讯》1980 年第 1 期。

当然，以《竹书纪年》为根据制定越王年表，还有两个问题需要特别关注与考证。第一是句践即位的年代，因为《竹书纪年》上没有记载；第二是越国灭亡的年代，因为《竹书纪年》上也没有记载。但是通过努力，这两个问题还是可以考证的。

《史记·越王句践世家》云：句践“元年，吴王阖庐闻允常死，乃兴师伐越”。越军进行了殊死的抵抗，用强迫越国犯人在两军阵前自杀的方法来吸引吴军的好奇，使吴军的军阵涣散，簇拥而观之，然后，埋伏在旁的越军攻之。“吴师败于槜李，射伤吴王阖庐”，吴王死于病伤。同样的记载见之于《史记·吴太伯世家》，吴王阖庐“十九年夏，吴伐越，越王句践迎击之槜李。越使死士挑战，三行造吴师，呼，自刭。吴师观之，越因伐吴，败之姑苏，伤吴王阖庐指，军却七里。吴王病伤而死。阖庐使立太子夫差，谓曰：‘尔而忘句践杀汝父乎?’对曰：‘不敢!’三年，乃报越”。同样也见之于《六国年表二》，其曰：吴王阖闾“十九年，伐越，败亡，伤阖闾指，以死”。此外，《春秋》定公十四年云：“五月，於越败吴于槜李。吴子光卒。”《左传·定公十四年》也说：“吴伐越，越子句践御之，阵于槜李。句践患吴之整也，使死士再，禽焉，不动。使罪人三行，属剑于颈，而辞曰：‘二君有治，臣奸旗鼓，不敏于君之行前，不敢逃刑，敢归死。’遂自刭也。师属之目，越子因而伐之，大败之。灵姑浮以戈击阖庐，阖庐伤将指，取其一屦。还，卒于陉，去槜李七里。夫差使人立于庭，苟出入，必谓己曰：‘夫差！而忘越王之杀而父乎?’则对曰：‘唯。不敢忘!’三年乃报越。”这四条史料，人物同，地点同，时间也是相同的，是同一史实。通过查表，我们知道阖庐十九年、鲁定公十四年为公元前496年，因此，句践元年也即此公元前496年也。

句践击败吴军后，吴王夫差于公元前495年即位，他不忘报仇，日夜训练精兵，整顿国政，三年后打败了越军。句践当了俘虏，被关在吴国为质、为奴。两年后，句践返回越国，卧薪尝胆，发奋图强，注重生产，增殖人口，不断地振兴国事，逐渐又强大起来。最后，在公元前473年，即句践二十四年灭了吴国。而后，横行于江淮东部，号称霸王。这是越国最强盛、最得意的时期。

越国灭亡的年代，《竹书纪年》中没有记载。《史记·越王句践世家》说：“当楚威王之时，越北伐齐，齐威王使人说越王……于是越遂释齐而伐楚。楚威王兴兵而伐之，大败越，杀王无疆，尽取故吴地至浙江，北破齐于徐州。而越以此散，诸族子争立，或为王，或为君，滨于江南海上，服朝于楚。”而《史记·楚世家》则曰：“（威王）七年，齐孟尝君父田婴欺楚，楚威王伐齐，败之于徐州。”两者似乎很相似，因而，人们往往把楚败齐于徐州的事件看成与楚灭越的事件相合，而说楚灭越国在楚威王七年，即公元前333年，然后又败齐于徐州，其实不然。清代以来，已有一些学者提出异议，如黄以周、梁玉绳等先生。我们考察一下史料的记载，确实可以发现不少疑点，其中最主要的是将异时异地的事情掺杂在一起，以至张冠李戴，从而混淆视听。

其一，楚威王七年伐徐州的事件与越国无甚关系。根据《史记·孟尝君列传》的记载，楚威王时期征伐齐国于徐州是因为：齐宣王九年“田婴相齐”，促成了齐国和魏国的联盟关系，“楚威王闻之，怒田婴。明年，楚伐败齐师于徐州，而使人逐田婴，田婴使张丑说威王，威王乃止”。同一事件的记载，也可以在《史记》的《田完敬仲世家》、《楚世家》、《六国年表》和《战国策》卷8《齐策一》中见到。如《楚世家》说：“（楚威王）七年，齐孟尝君父田婴欺楚，楚威王伐齐，败之于徐州，而令齐必逐田婴。田婴恐，张丑伪谓楚王曰：‘王所以战胜于徐州者，田盼子不用也。盼子者，有功于国，而百姓为之用。婴子弗善而用申纪。申纪者，大臣不附，百姓不为用，故王胜之也。’楚王因弗逐也。”由此可见，楚国征伐齐国并非是由于齐国说动越国攻击、征伐楚国的缘故，而是因为田婴相齐并促成了齐、魏的联盟关系。《史记》中《楚世家》、《田敬仲完世家》、《六国年表》都记载了楚伐齐于徐州这一事件，但都没有记载与之相关的败越灭越之事。司马迁写《史记》时，对楚灭蔡、灭莒、灭杞等当时的小国都有记载，唯独漏了灭越这样的事件，是疏忽还是遗忘，这就不得而知了。但由此可以看到《史记·越王句践世家》中记载的楚威王七年灭越之事不能绝对无疑。

其二，在《史记·越王句践世家》中，齐威王使人说服越国时，曾提及：“楚三大夫张九军，北围曲沃、於中，以至无假之关三千七百里，景翠之军北聚鲁、齐、南阳，分有大此者乎？”告知越国，说楚兵力为防齐秦已经分散，此时击之可败。但是，这样的局势不是在楚威王时期，而是发生在楚怀王时期。

《战国策·秦策三》记述了与上述同样的情势，说：“齐劝楚攻秦，取曲沃。其后，秦欲伐齐，齐楚之交善，（秦）惠王患之，谓张仪曰：‘吾欲伐齐，齐楚方懽，子为寡人虑之，奈何?’张仪曰：‘王其为臣约车币，臣说试之。’”于是，“张仪南见楚王”。换言之，楚攻占了秦国的曲沃后，又引起张仪出使楚国。曲沃原来是魏国的领地，根据《六国年表》的“秦取曲沃，平”的记载来看，秦国是在公元前322年才开始对曲沃下手，但那年与魏国打成平手，所以这时并没有占领曲沃。《六国年表》还记载公元前314年，“秦拔我曲沃，归其人”，也就是说到了公元前314年秦国才真正占有了曲沃。因此，《史记·越王句践世家》中讲楚兴兵围攻秦国的曲沃，只有在公元前314年以后才有可能。楚国攻占秦国的曲沃后，引起张仪出使楚国。《史记·楚世家》中也记载了此事，其曰：（楚怀王）十六年，“秦欲伐齐，而楚与齐从亲，秦惠王患之，乃宣言张仪免相，使张仪南见楚王”。楚怀王闻张仪来，“虚上舍而自馆之”。可见张仪出使楚国是在楚怀王十六年，即公元前313年，因此，在此之前的楚国围攻曲沃的事件应发生在楚怀王十五年左右，即公元前314年，而非在楚威王时期。

至于上述提及的带兵防御齐国的景翠，在其他的文献记载中，也是在楚怀王时期的楚国将领，而不是在楚威王时期。在楚怀王手下，景翠甚至官至柱国，曾率领楚军围攻韩国的雍氏。

公元前314年，由于岸门等战役，韩魏两国被迫附庸于秦国，于是秦、魏、韩三国和齐楚两国暂时形成了两个对立的集团，楚攻韩，则齐会合宋攻魏煮枣，并助楚军深入魏地，直到河东的曲沃。齐楚集团的进攻，引起了秦救韩而攻楚。秦军帮助韩军对楚军进行了反包围。秦庶长章击楚军于丹阳，虏其大将屈匄等七十多人，斩杀八万甲士。又攻入楚之汉中，取地六百里，置汉中郡，并向齐进攻，打到了濮水之上，俘虏了齐将声子，打跑了齐将巨章。1973年长沙马王堆三号墓中出土的帛书《战国纵横家书》二十二章《苏秦谓陈轸书》提到了此事：“齐宋攻魏，楚围雍氏，秦攻屈匄。”这表示这些事件是在同一年中发生的。《史记·楚世家》所记载的“秦攻屈匄”事件是楚怀王十七年的事，其曰：楚怀王“十七年，与秦战丹阳，秦大败我军，斩甲士八万，虏我大将军屈匄”。《韩世家》记载此事发生于韩宣惠王二十一年，其曰：韩宣惠王“二十一年，与秦共攻楚，败楚将屈丏（即屈匄），斩首八万于丹阳”。《竹书纪年》记载的“楚景翠围雍氏”是魏襄王七年之事。而魏襄王七年即楚怀王十七年（前312），由此看来，楚军将领景翠的活动主要是在楚怀王时期，《史记·越王句践世家》的记载不能不让人怀疑。

其实，在《战国策》等史料中，有一些记载显示，在楚怀王时期，越国还在不断地活动而并未被灭国。

《战国策》卷16《楚策三》五国伐秦篇中，杜赫谓昭（睢）曰：“魏为子先伐，折兵之半，谒病不听，请和不得，魏折而入齐、秦，子何以救之？东有越累，北无晋，而交未定于齐秦，是楚孤也。”《六国年表》曰：秦惠文王更元七年，“五国共击秦，不胜而还”，讲的就是同一事件。这一年为公元前318年，是楚怀王十一年，所以当此之时，越国还有力量可以从东边威胁楚国，使之不敢轻举妄动。

1978年6月在河北省平山县发掘了战国时期的中山国墓葬。一号墓中出土了铁足大铜鼎，是中山王十四年制作的。[①] 其鼎铭曰：“唯十四年，中山王作铭于鼎曰：……昔者，吴人并越，越人修教备信，五年复吴，克并之至于今……。”由此看来，中山王十四年时越国还存在，未被灭国。那么，中山王十四年为何时呢？同墓出土的方壶的铭文给我们提供了一条线索。其铭文曰：“唯十四年，中山王命相邦赒择燕吉金，铸为彝壶。……赒曰：‘……燕故君子（哙），新君子亡，不用礼义，不顾逆顺，故邦亡身死，曾无一夫之救。’”这里提到了燕王哙让位给其臣下子之和燕王哙死亡的事情，《六国年表》曰：（燕王哙）五年（前316），“君让其臣子之国，顾为臣”。七年（前314），“君哙及太子相子之皆死”。这说明燕王哙让国和燕王哙与子之死亡分别发生在公元前316年和公元前314年。《竹书纪年》记载：魏襄王五年（前314）“齐人禽子之而醢其身”。这表明子之是被齐国杀掉的。同年，燕王哙也逝世。这些事件都发生在公元前314年。中山王十四年鼎、壶既然做于齐伐燕和燕王哙、子之死亡之后，可见其年代最早应为公元前313年，即楚怀王十六年，这样，按此鼎铭记载的情况看，在楚怀王十六年时，越国还没有被灭国，否则不会说越国“至于今”，即在中山王十四年时越国还是很有势力的。

---

① 河北省文物管理处：《河北省平山县战国时期中山国墓葬发掘简报》，《文物》1979年第1期。

还有一条明显的记载，即《竹书纪年》魏襄王“七年四月，越王使公师隅来献乘舟始罔及舟三百，箭五百万，犀角象齿”。魏襄王七年乃公元前312年，即楚怀王十七年。这表明楚怀王十七年（前312）时越国仍称王，并且有相当的经济实力，能与中原国家进行独立的外交活动。根据上述史料可以判断，楚灭越应该在楚怀王十七年（前312）以后。

楚灭越的年代究竟确切是在什么时候？首先，《战国策》卷14《楚策一》中《楚王问范环》这篇文章说：秦得知甘茂在楚，想说他回秦国，楚王问范环放不放，范环答曰：“……秦之有贤相也，非楚国之利也。且王尝用滑于越而纳句章、昧之难，越乱，故楚南察濑湖而野江东。计王之功所以能如此者，越乱而楚治也。今王用之于越矣，而忘之于秦，臣以为王钜速忘矣。”《史记·甘茂传》提到此事时，谈到楚怀王新与秦合婚而驩，那是楚怀王二十四年（前305）之事。当此时秦昭王初立，竭力拉拢楚王。此外，《战国策》谈到的“昧之难”，据鲍本注为楚怀王二十八年（前301）的事，秦、齐、韩、魏共攻楚，杀昧。昧即唐昧，是楚国大将。这样的记载，《史记》中没有，还需要进一步考证，这里只是暂时先提出。但是，有一点很明确，即范环答楚王时，越国已经灭国了，因此，楚灭越的年代应早于公元前305—公元前301年，并且早不了多久，因为，范环提醒楚王，说其“钜速忘”了灭越之事，因而，讲这话的时间应该离楚国灭亡越国不会太久。

其次，《史记·楚世家》曰：“楚王业已欲和于秦，见齐王书，犹豫不决，下其议群臣。……昭（睢）曰：‘王虽东取地于越，不足以刷耻；必且取地于秦，而后足以刷耻于诸侯。……秦破韩宜阳，而韩犹复事于秦者，以先王墓在平阳……韩已得武遂于秦，以河山为塞……’”《史记集解》徐广曰：“怀王二十二年，秦拔宜阳，取武遂，二十三年，秦复归韩武遂。”《六国年表》也说：韩襄王六年（前306），“秦复与我武遂”。可见昭（睢）讲此话时是楚怀王二十三年（前306），这时，楚已“东取地于越”，把越国灭了，故楚灭越之年代也应该早于楚怀王二十三年，即在公元前306年之前。

再次，《战国策·楚策一》、《史记·甘茂传》都记载着楚王派召（邵）滑到越国，诱使越国，使越国内乱，楚国再乘乱而袭之，导致越亡的事件。《韩非子》卷10《内储说下》也说：“干象曰：‘前时王使邵滑之越，五年而能亡越。'"可见召滑是灭越的功臣，而且他到越国后五年，楚国灭了越国。

召滑的事迹，史籍上记载不多，贾谊《过秦论》把召滑和陈轸、楼缓、苏厉等善说者并列，足见他是个老练的纵横家，以三寸不烂之舌联赵、魏伐齐，出使越国，使越国内乱。《战国策·赵策三》记载："齐破燕，赵欲存之。乐毅谓赵王曰：'……'王曰：'善。'乃以河东易齐，楚、魏憎之，令淖滑、惠施之赵，请伐齐而存燕。"齐伐燕，淖滑、惠施出使赵国是在赵武灵王十二年（前314），在同一年，赵还"立燕公子职"。换言之，淖滑等为了存燕反齐，出使赵国，是在赵武灵王十二年（前314）。

这个淖滑就是出使越国的召滑。《战国策》注曰："召、昭、卓、淖，声转也。"《战国策·楚策一》、《史记·甘茂传》、贾谊《新书》中的"召滑"，《秦本纪》中作"昭滑"，《战国策·赵策》中作"淖滑"。如果召滑在公元前314年出使赵国完成使命后马上出使越国，按照《韩非子》的说法，"五年而亡越"，其意思是苦心经营多年后，使得越国内乱，从而使楚国乘机灭了越国。那么，楚灭越的时间应在公元前309年之后，而不会早于此。

由此看来，楚灭越的年代应限于楚怀王二十年到二十三年，即公元前309年—公元前306年之间。

具体是哪一年呢？依愚之见，当在楚怀王二十二年，即公元前307年较为妥当。《史记·秦本纪》说：秦武王四年（前307）八月，秦国刚对韩国进行军事活动后，秦武王死了。由于其无子，他的兄弟争夺王位，导致国内极端混乱。这我们从秦昭惠王刚即位就急于平定内乱，推行与楚、韩和亲的政策，归还韩武遂等一系列事件可以看出，公元前307年实为秦国混乱之时，当时秦昭惠王的确无力再对楚国采取军事行动加以相逼。时值越国内乱，所以楚国得以腾出兵力一举灭了越国，并杀了越王无疆，夺取故吴地，私吴、越之富，而擅江海之利也。这个时间与范环提醒楚王不要"钜速忘"了灭越之事，和昭（雎）在公元前306年谈到"王虽东取地于越"的史料都可以很好地衔接，因此，楚灭越的具体年代应是楚怀王二十二年，即公元前307年，而不是《史记·越王句践世家》所载的楚威王七年（前333）。

考证了越被楚灭的具体年代后，我们就可以知道越王无疆的在位年份应为公元前354—公元前307年，总共是48年。这样我们就可以制作一份越王的世系年表的简表了，并与周、楚、吴等的世系加以对照。

越国世系年表

公元前	干支	越	吴	楚	周	大事记
496	乙巳	句践 1	阖庐 19	昭王 20	敬王 23	
495	丙午	菼执 2	夫差 1	21	姬匄 24	
488	癸丑	9	8	惠王 1	32	
476	乙丑	21	20	13	44	
475	丙寅	22	21	14	元王 1	
473	戊辰	24	被越灭 23	16	姬仁 3	越灭吴
468	癸酉	29		21	贞定王 1	
465	丙子	32		24	姬介 4	
464	丁丑	鼫与 1		25	5	
459	壬午	鹿郢 6		30	10	
458	癸未	不寿 1		31	11	
449	壬辰	盲姑 10		40	20	
448	癸巳	翁 1		41	21	
440	辛丑	朱句 9		49	考王 1	
431	庚戌	18		简王 1	姬嵬 10	
425	丙辰	24		7	威烈王 1	
412	己巳	37		20	姬午 14	
411	庚午	翳 1		21	15	
407	甲戌	5		声王 1	19	
401	庚辰	11		悼王 1	安王 1	
380	辛丑	32		肃王 1	姬骄 22	
376	乙巳	36		5	26	
375	丙午	诸咎三个月，错枝		6	烈王 1 姬喜	
374	丁未	王之侯 1		7	2	
369	壬子	无余之 6		宣王 1	7	
368	癸丑	莽安 7		2	显王 1	

（续上表）

公元前	干支	越	吴	楚	周	大事记
363	戊午	12		7	姬扁 6	
362	己未	无颛 1		8	7	
355	丙寅	子搜 8		15	14	
354	丁卯	无疆 1		16	15	
339	壬午	16		威王 1	30	
328	癸巳	27		怀王 1	41	
307	甲寅	被楚灭 48		22	赧王 1	楚灭越

楚瑶族群认同宽容务实文化的探讨与评价

盘立

（靖江王陵博物馆）

引　言

思想家孔子征引文武之波澜，编撰《春秋》，第一次完成了华夏民族对自己历史的集体回忆；哲学家老子提出："执古之道，以今之有，能郑古始，是谓道记。"① 意思是世间之理可以以古知今或以今证古。老子是第一个认识到"以古知今"价值的人；庄子的"乘天地之正，而御六气之辩"②，则提出了与"古人"沟通的具体方法。中国士大夫陈古讽今，因此证彼的传统盖源于老庄；屈原代表作《离骚》以"帝高阳之苗裔兮，朕皇考曰伯庸"③ 首先交代了自己身世与血统。楚族伟大的思想家、政治革新者和爱国诗人屈原认同楚族的祖先是颛顼高阳氏，而高阳氏又是黄帝的孙子。后来的史学家和文学家继承了这一传统，东汉蔡琰代表作《胡笳十八拍》头一句便是"我生之初尚无为，我生之后汉祚衰"，以倾诉逆旅之苦回忆往事为文史题材；太史公司马迁说："楚之先祖出自帝颛顼高阳。高阳者，黄帝之孙，昌意之子也。"④ 太史公投迹高轨，完成了《史记》这一伟大历史巨著，从此华夏民族认同自己的根基，有了自己的祖宗——炎黄。

① 《道德经·第十四章》。
② 《庄子·逍遥游》。
③ 《离骚》。
④ 《史记·楚世家》。

孔子征引文武之波澜，老子铿锵昆仑之铿石，庄子追美许由之盛德，屈原摇荡诗人之性情，史迁横议华夏之渊源，蔡琰倾诉逆旅之苦楚。心系远古，千年虽遥，孰敢不至？感情之怀，不能自止。寻常人师，谁足伦比？衍而论之，不仅思想家、历史学家、文学家思考过去，普通人同样要思考过去。《论语》开门见山说“学而时习之，不亦说乎”①，论述“习”的意义。“习”告诉我们有些事情需要反复做，推己及人，有些问题要反复思考，有的文化片断要反复回味。孔子作经以教万世之旨，经学传于孔门；孔子所撰称为“经”，要反复念，弟子所传称为“传”或“记”，弟子辗转相授称为“学”，要反复回味。汉亡而经学衰，南北朝经学分为“南学”、“北学”，至隋归一统。推行世界一体化，在某些领域有必要一体化，然而却极其不利于“教化”的连续，不利于培育民族凝聚力。漫无边际地跟在洋人后面“打造”的“文化”，必然高谈而无根，“打造”而无“我”。用典使事，犹盐入菜，为的是获得美味，一个民族太需要传统文化之“盐”了。

在文化多样性中没有哪一个民族有权取得当然的中心地位，每个民族的文化都与生存发展相关，因此每个民族的文化与生存发展都相对地有它的自由空间，任何主观的强加都不能作为民族自身的道路选择和现实的存在方式。历史上百越民族文化圈内的楚、瑶族群“应战”就是楚、瑶族群自身的道路选择和现实的存在方式。从文化人类学的视角看，楚、瑶族群在“应战”中摆脱控制，摆脱各种异化力量的缠绕，使民族生命由危机变为相对平安。所有这些中，认同、宽容、务实是值得深入研究的，为此笔者试作探讨与评价。

① 《论语·学而》。

一、认同：楚瑶群体的彼此认同文化将零散的、疏离的个体连接成精神相通的群体

人本是散落的珠子，随地乱滚，古代百越文化圈内的楚、瑶族群文化就是那根柔弱又强韧的细丝，将散落的楚、瑶族群子民串起来成为社会。世间的每个人，不管愿意与否，都会在民族文化的氛围中成长。楚、瑶群体的彼此认同文化将零散的、疏离的个体连接成精神相通的群体，进而塑造出独具“应战”特色的群体人格。

夏、商之际，中原地区争战激烈，楚族群（祝融部的一支）被迫南徙，到达今汉水流域和湖北荆山一带，和当地土著居民——瑶群体相融合，在南方形成一个强大族群——楚族，民间始称“荆楚”、“楚蛮”。“实则为黄帝之后，是最早发祥于中原地区的一个具有悠久历史的部落。”① “芈姓季连一支逐渐进入汉水流域和荆山地区，古文献称之为‘荆楚’。”② 周成王时，封鬻熊之后熊绎于楚蛮，才有见于正史“楚”的正式国号兼族名。楚群体从北往南和瑶群体等当地民族相比，既不断吸收了先进的华夏文化，又采撷众长，广泛地吸取了各地土著居民文化的积极因素，从而形成了具有族群特色的彼此认同文化。这种文化的交流，如果以和平的方式进行，则交流诸方的文化均从中受益而发展；如果以某种强制或暴力的方式进行，则诸方都将受到损害，暴力的力度越强，冲击越激烈，则文化力量较弱的一方受害越严重。从这个意义上说，楚瑶族群与其他族群的文化交流可视为文化的挑战与应战，这种挑战与应战中更为突出的是“应战”精神。

商汤灭夏后，继续向四周扩张，“古帝命武汤，正域彼四方”③，建立“邦畿千里，维民所止，肇域彼四海”④ 的强大的奴隶制国家。地处“南乡”的荆楚，在受到商朝的征战打击后，被迫臣服于商，受商王室的直接统治。文献记载：“维女（汝）荆楚，居国南乡，昔有成汤，自彼氐羌，

① 魏昌主编：《楚国简史》，中国地质大学出版社，1989 年，第 3 页。

② 魏昌主编：《楚国简史》，中国地质大学出版社，1989 年，第 3 页。

③ 《诗经 · 商颂 · 玄鸟》。

④ 《诗经 · 商颂 · 玄鸟》。

莫敢不来享，莫敢不来王。曰商是常。”① 楚、瑶族群等“南乡”方国部落，都要向商朝进贡，承受剥削。另一方面，楚、瑶族群的生存环境也同样会对其生存构成某些威胁，水涝旱灾、疾病瘟疫，对民族的生存发展构成巨大的压力，楚、瑶族群同样处于人类文化的挑战与应战中。面对生存环境的压力和外族的文化征服，楚、瑶族群本能地与之进行抗争，他们只有最大限度地激发本族智慧与力量的潜能并彼此认同，不断地壮大自己，才能适应生存环境，抵抗外族文化入侵。这种抵抗是应战，只有这种应战，才会有生存发展的希望。也就是说，对于楚、瑶族群来说，生存环境的压力与外族文化的入侵是一种生死存亡的严峻考验，凭着自身的智慧和力量也通过无数次这样的应战，他们不断地顶住和战胜了种种文化挑战，从而不断地壮大和增强了自己。

随着商王室对荆楚地区的征服，楚、瑶族群接受了先进的商文化，促进了自身发展。湖北盘龙遗址的发掘，充分地证明了芈姓季连部落进入汉水荆山地区以后，兼收并蓄，既吸收土著居民文化，又接受商文化，促进了自身的发展，逐步形成了掌握先进生产技术和科学文化的强大的楚族，说明了商文化对“南土”人民，包括对楚瑶族群的深刻影响。到了商代中期，楚族不甘屈服于商之奴役，积极地起来进行斗争，经过艰苦的应战斗争和开发，占领了“江上楚蛮之地”②，公开与周王室抗衡，公然宣布认同瑶族群：“我蛮夷也，不以中国之号谥。”③ 楚族群认同瑶族群，使周王室深为震恐。西周为征服楚瑶族群付出了沉重的代价。

楚族群全力向北开拓。中原地区是楚族群的发祥地，经济文化又高于其他地区。楚族群要从被动的应战向主动的挑战转变，就是图强向北发展，在节节胜利的鼓舞下，楚族大胆地向北推进。楚地千里，成为名副其实的泱泱大国，以新的姿态出现在逐鹿中原的政治舞台上。到前 656 年（楚成王十六年），齐、鲁、宋、陈、卫、郑、许、曹八国军队南下伐楚，途中首先攻打与楚结盟的蔡国，把矛头指向楚国，楚族群再次处于应战地位。楚族群北进受挫，但楚族群面对八国的军事压力，坚决应战，维护楚

---

① 《诗经·商颂·殷武》。
② 《史记·楚世家》。
③ 《史记·楚世家》。

瑶族群的尊严，楚国国君熊通坚持认同：“我蛮夷也，今诸侯皆为叛相侵，或相杀；我有敝甲，欲以观中国之政，请王室尊吾号。”① 前636年，重耳（即晋文公）明察善任，发展生产，整顿朝政，国力迅速强大起来，中原各国纷纷投晋。如前643年，宋“叛楚即晋”。前632年，“卫侯请盟，晋人弗许”②。城濮之战，楚族群受挫，晋文公成为左右中原局势的霸主后，大会诸侯于践土（今河南原阳西南），又召集齐、秦、宋、鲁、郑、陈、蔡、莒等诸侯会盟于温（今河南温县），揭开了楚、晋长期争霸的序幕，也就是说楚族群从此处于应战态势。

但是，楚族群的应战不是消极被动的，而是积极主动的。楚族群虽遭城濮之挫，但国力未衰。前631年，郑又亲楚。前628年，楚、晋复交。前627年，陈、蔡附楚。前626年，郑、宋等归附楚。前611年（楚庄王三年），“楚大饥”③，楚庄王整顿吏治，解除北上图霸的后顾之忧，求贤若渴，罗致人才，令尹虞丘子推荐孙叔敖为令尹，“孙叔敖为楚相，截汝坟之水，作塘以溉田，民获其利”④，孙叔敖“日夜不息”⑤，“秋冬劝民山采，春夏以水，各得其所，民皆乐其生”⑥。孙叔敖以法治国，不徇私情，故楚族“上下和合，吏无奸邪，盗贼不起”⑦，“叔敖治楚三年而楚国霸”⑧。楚族群再次北上，争霸中原。楚、晋两强势均力敌，长期相持。前575年6月，晋、楚两军在鄢陵（今河南鄢陵西北）交战，社会矛盾愈演愈烈，双方都穷于应付国内的各种问题。楚族群自鄢陵之战后走下坡路，特别是东受制于吴，实力已不竞于晋，大大地削弱了与晋争霸的实力。晋、楚都被国内问题拖住，无力继续战争，双方都想息兵罢战，从频繁的用兵转向弭兵，原来的“民死亡者，非其父兄，即其子弟”⑨ 的惨象有所减少。这对楚国和中原各国社会生产的恢复与发展是有利的。

---

① 《史记·楚世家》。
② 《左传·僖公二十八年》。
③ 《左传·文公十四年》。
④ 《七国考·楚食货渠附》。
⑤ 《史记·循吏列传》。
⑥ 《史记·循吏列传》。
⑦ 《史记·循吏列传》。
⑧ 《史记·循吏列传》。
⑨ 《左传·襄公八年》。

楚北争中原，东结怨于吴国，基本上处于守势，疲于应战。吴处江东，历史悠久。前 584 年，吴伐楚、伐巢、伐徐，“蛮夷属于楚者，吴尽取之，是以始大，通吴于上国”[1]，楚地瑶族群一部分迁徙到浙江会稽山，认同了吴越文化，无形中支援了吴越族群反楚的斗争。晋国采取联吴制楚的方针，使楚东、北两面受敌，疲于应付。吴在晋的支持下，国力迅速强大起来，迫使楚不得不全力向东重点打击吴国。前 537 年（楚灵王四年），楚联合蔡、陈、许、顿、沈、徐、越及东夷军队攻吴，楚、吴争夺进一步激烈起来，这就迫使先前从楚地迁徙到浙江会稽山认同了吴越文化的瑶族群又迁回楚地，成为长沙、武陵蛮，再次认同荆楚文化。自前 584 年晋吴攻楚始，到前 504 年楚国迁都于鄀，楚、吴抗衡长达八十年，楚虽为一个大国，但已失去霸主地位。吴楚争霸，吴打败了楚又一度北上争霸。吴长期挑战楚，南边的越族在此期间迅速强大起来，并于前 496 年败吴于槜李（今浙江嘉兴西南）。从此，楚、吴争霸让位于吴、越争霸，至此春秋大国之间的挑战与应战进入尾声，春秋时代随之结束。此后，吴起变法，楚族群一度出现过宣威盛世，但总的趋势是在走下坡路，直至被秦统一。

瑶族群的应战精神，从古籍中的记载来看，在黄帝、炎帝和蚩尤之间的循环战争时就开始了。

从蚩尤和炎帝的战争以及黄帝和蚩尤的战争的前后两个阶段来看，也可以说是挑战与应战双方，一方是共工氏挑战，另一方为古夷人“以水乘木”应战。黄帝和蚩尤的战争打得很激烈。“蚩尤作兵伐黄帝，黄帝乃令应龙攻之冀州之野。应龙畜（通假字，通蓄）水，蚩尤请风伯、雨师，纵大风雨。黄帝乃下天女日魃，雨止，遂杀蚩尤。”[2] 应龙用蓄水的老办法，结果又吃了败仗，黄帝亲自出马与蚩尤较量并请来旱神女魃。蚩尤对此不适应而败阵被杀于冀州之野（一说凶黎之谷）。这里虽夹杂不少神话，但神话中也包含有历史史实，这就需要我们把历史史实从神话中剥离出来。对此，盘福东著《瑶族农民起义史》已叙述[3]，这里不再作说明，从略。

尧、舜、禹对三苗的挑战也相当惨烈，尧在位 70 载，舜在位 50 载，

---

① 《左传·成公七年》。

② 《山海经·大荒北经》。

③ 盘福东：《瑶族农民起义史》，漓江出版社，1993 年。

到夏禹才结束，长达百余年，真可谓马拉松战争，这样长期而残酷的应战，在世界其他文明民族的早期应战历史中是不多见的。从黄、炎和蚩尤之间的循环战争开始，到禹平三苗止，经历一千多年，中国历史终于从众多的所谓“万国”走向统一的奴隶制王朝。瑶族群就是在这样的历史环境中被认同，或者说在反抗兼并的应战中得以生存。这个问题相当复杂，争论甚多，不是本文三言两语能说清的，但又非交代一下不可，不能割断历史。无已，只好勾勒出一些点线。

瑶族群居荆楚，在秦楚大战中楚国败亡，秦统一中国建立秦朝。秦始皇在统一政权建立后的十余年间，从中原派大批汉人进入“武陵蛮”、“长沙蛮”地区。受楚文化影响濡化，具有强烈反抗压迫传统的瑶族群，拒绝秦统治者强加于他们的徭役，他们宁可进入深山老林，靠双手开辟自己的家园。在这个时期，他们多数居于深山中作自由游耕的“遥人”。我们可以从这种情况推想到瑶族群受楚族群“筚路蓝缕，以启山林”文化的感染濡化，瑶族群在艰难的生活中的农耕生活方式，认同了楚族群应战务实的文化。虽然“刀耕火种”是一种原始的生产方式但也是一种十分现实的生产方式，因为只要付出一分耕耘，总有一分收获。刀耕主要依赖于山地，这是看得见、摸得着、吹糠见米的开发，它不像逼宋从楚、楚吴抗衡的激烈争夺战那样输赢不定，难以捉摸。只要风调雨顺，庄稼自然会长得好，这种应战耕作就肯定赢。此外，瑶族群农耕技术原始，产量“听天由命”，他们就必须加倍努力实干。所以说，在这种长期落后的生产方式里，他们像楚族群那样“筚路蓝缕”，自然就会逐渐养成勤俭务实的文化品质。瑶族群在农耕之余，从事狩猎生产，以弥补农耕生产粮食的不足。千百年来，瑶民一直酷爱狩猎。狩猎不像农耕生产，它充满了危险和伤亡，山高林深，毒蛇猛兽时时威胁着人们的生命。对虎豹等猛兽的捕杀，练就了瑶民无畏的胆量和矫健的体魄，“履山险势如飞”熔铸着瑶族群文化性格的另一面：剽悍与进取。这种剽悍与进取可以看作是楚族群图存立强、奋发进取的文化基因。

二、宽容：瑶族的生存发展的一种天然契机

从人类学的观点看来，一个民族在其生存历史中，若其挫折远大于成

功，痛苦远多于喜悦，自然能从应战中激起更强烈的反抗精神。从秦汉到南北朝的数百年间，瑶族进行了多次反对封建王朝的斗争。如东汉时代，由于先前受楚族影响，瑶族先民的农业生产有了发展，但由于汉族地主阶级的残酷压迫、剥削，从建武二十三年至延熹三年（47—160 年）的一百多年间，原属盘瓠部落的“武陵蛮”、“长沙蛮”、“零陵蛮”先后五次起来反抗郡县官府加重赋税徭役的剥削；三国时代黄龙三年（231），武陵郡的盘瓠蛮又起兵反抗孙吴政权；南朝刘宋朝廷规定“蛮”民每户输谷数斛，还设有杂调和徭役，而这一时期的瑶族先民烙上了“种山不交税，坐船不使费”的文化心理。瑶族群的一部分与先前的楚族融合或同化，另一部分则被迫迁徙进入山区，创造了赖以生存的宽容文化。

生存环境的严峻挑战造就瑶民坚韧顽强而又宽容的心理。因为民族自身的生存繁衍，自始至终都是压倒一切的头等大事，为了这一大局，无论是在多么严峻的生存环境中和怎样的挫折中，只要这一民族尚能承受，它就一定会咬紧牙关，继续顽强地生存下去。这种艰难生存的过程，即是其民族文化宽容精神的熔铸过程。从这个意义上而言，瑶族的宽容心理不是民族心理萎缩的表现，而是他们面对强大外部压力时的一种心理调适，也可视为一种认同的方式。我们说这是楚族坚韧顽强的民族精神的反映。又因为生存环境与外族文化的影响、濡化，瑶族以“宽容”的姿态呈现与兄弟民族间进行文化友好往来等等，这对瑶族的生存发展而言是一种天然契机。楚庄王曾反省说：“周武王伐纣有贤德，我攻晋无一德，一个无德之君用晋楚将士的枯骨来建立自己的丰碑，怎么能教育子孙?”[①] 楚庄王认为战争的目的是为了保卫和平，而不是炫耀武力。因此他只在黄河岸边祭祀河神，修建祖先神庙，向祖先报告战争取得胜利就领军回国了。楚庄王能反省自己把握契机，取决于楚族具有良好的文化积淀，即宽容精神。反之，楚庄王之后的楚共王伐郑，楚、晋之间长期争夺，和过去激烈的争霸战争迥然相异。其实，这种争霸，严格来说是对楚族发展前景的拒绝，也是对楚族生存的拒绝，它是楚族衰落的斜坡。

相对于瑶族群文化而言，其历史就是一部挑战与应战的历史。在其历史进程中，有过胜利，有过荣耀，但更多的是悲怆。瑶族先民中曾有过蚩

---

① 《左传·宣公十五年》及《左传·宣公十六年》。

尤作兵伐黄帝，占据今黄河以南长江中游、洞庭、彭蠡之间的广大地区；周时，江域之地入楚，退居湖南。在其辉煌时期，瑶族先民是挑战者、进取者、生存竞争的胜利者，然而这只是短暂的一瞬，接着就退避、迁徙，昔日的辉煌很快便化作民族的一缕永恒记忆。之后的生存所面对的是大自然的威压和秦人的步步紧逼，历史上更多的是痛苦的呻吟和长长的忧伤。

在长期的民族融合过程中，外族人员不断加入，使得瑶族群“四海之内皆兄弟”的宽容文化境界成为主导，文化宽容精神光环闪烁光芒，民族主义“真”“假”之人为的藩篱被撤掉，从而使瑶族群像楚族那样坦然诚挚地迎接拥抱一切优秀的外来文化。

如果说由于民族的融合而孕育楚、瑶文化宽容精神是自发产生的话，那么瑶族历史上因民族压力所导致的宽容文化则是自觉的必然。能够承认自身的文化挫折，能够像楚族那样接受胜利者的夏文化，瑶族宽容文化的背后蕴藏着更深的心理动机：深埋了几千年百折不挠的斗争精神。他们大多有过“皇榜”、“券牌”而“见官不下跪，种山不纳税，行船不使费”的“优惠”，尽管这种“优惠”很快失去，成为历史，但它却作为一种群体的记忆深深地刻进瑶族的深层意识中，并具体表现在对祖先“盘瓠”王的狂热祭祀，对神祇强烈的崇拜中，透过祖先与英雄崇拜的文化现象，就可发现深藏的宽容文化所形成的动力。瑶族与楚族的宽容文化正是自身奋发进取的柔性反映，是楚风瑶俗刚柔兼济的民族性格的映射，是顽强生命力的文化表现。

三、务实：维持瑶族自身的生存与发展

瑶族群认同楚文化传统，使瑶族人民深深懂得只有积极主动地投入到文化的多元交流激荡中，积极吸收一切先进文化，不断学习，不断成长，才能适应新的生存环境，应对新的挑战，才能维持瑶族自身的生存与发展。

迁徙到欧美各国的瑶族同胞，以宽容的态度对待一切兄弟民族的文化，以进取、开放、务实的文化自觉，努力吸收他族的先进文化，自觉地扬弃本民族落后的东西。瑶族这种进取、开放、务实的文化自觉，是有认同、宽容的文化传统基础的，在民族文化的交流中，自然会演进为对先进

文化的渴慕与追求。这种对先进文化的渴求，实际上是其民族生存发展的源源不断的内在驱动力量。换句话说，楚文化的濡化，民族文化的多元交流，不仅丰富和发展了瑶族文化，也深深地激活了瑶族人民心灵深层的群体意志，也进一步升华了瑶族刚强进取、认同、宽容、开放、务实的瑶族文化。

楚文化传统不仅陶冶了瑶族人的性格气质，而且锤炼了他们的心理结构。不论瑶族人走到什么地方，也不论混杂在多少人中间，人们总会从言谈话语、举手投足、待人接物中辨认出他们来。与瑶族人有过接触或交往的人们对瑶族同胞的描述是：憨厚而宽容、朴实无华、真诚坦率、朴素爽直、善良务实。然而，正所谓“有一利必有一弊”，楚文化濡化的瑶族文化中也承受了太多的文化传统的沉重负荷。在数千年的历史长河中，传统文化特别是儒家的思想、道德、伦理观念、价值导向，已经深深渗透到瑶族民众的文化心理中，印刻在他们的灵魂上。这种长期地、持久地、不间断地渗透，对于形成楚、瑶风尚和塑造楚、瑶人的性格都起了重要作用。从总体上看，由于受“重本抑末”小农自然经济观念的影响，瑶族人民多以“务农桑，事稼穑”为根本、为正业。瑶族人民本分、务实，塑造了他们敦厚、朴素、诚实、忠厚的性格。瑶族人这种普遍具有的敦厚性格用他们自已的话来说就是“实在”。跟瑶族人打交道，不必担心会有欺诈。瑶族人在事业中讲求实际，很务实，很注重实效。务实是一种文化品格，也是瑶族人的品格。

四、宽容务实：朝着大致相同的目标去行进

一切传统都是过去的东西，但并非过去的一切东西都是传统。传统首先是一些被公认为正当的东西，同时也是能够被群体所接受的东西。传统的形成与演变也是一个历史过程。当一些东西逐步地被认为是具有权威性的和天经地义的，不用说明就会为人们所接受，呈现为一种巨大的习以为常的惯性力量，群体中的人们会不约而同地按照相似的模式去表现，并朝着大致相同的目标去行进，进而呈现为群体的凝聚性与亲和力。古代百越民族文化圈楚、瑶民族的认同、宽容、务实的文化传统，从物理意义的时间上说，已是数千年之久，但是时过境未迁，时至今日瑶族人民仍传承着

先人认同、宽容、务实的文化传统。

文化传统本身是宽泛的，包括物质、行为、意识形态诸多层面，被我们称为史料的典籍或实物已经难以重建楚、瑶先民生活的图景，因此，只能去感悟。《唐律名例疏议释义》中称：“中华者，中国也。亲被王教，自属中国，衣冠威仪，习俗孝悌，居身礼仪，故谓之中华。”这种自视为“天下中心”和“文化中心”的意识在今天看来固然有些夜郎自大，但这恰恰是先民对文化传统的自我体认。正是由于这种体认，当明朝末年西方传教士利玛窦带来的《万国全图》未把中国绘制在世界中心，而是处在远东一隅时，朝野哗然，愤慨异常，迫使利玛窦将中国位置绘制在世界中心，并将《万国全图》更名为《山海舆地图》。基于此，我们对中华民族文化的描述，不能说没有古代百越民族文化圈的楚、瑶民族认同、宽容、务实文化，所以写这篇文章，是与大家一道去探寻和重构最接近真实的百越民族文化图景，进而对百越民族文化作出客观公正的判断。百越民族的发展和演进，有持续的进步，也有一时的沉沦。不可将族群落后的原因全都归咎于先人和文化传统，而是要对文化传统作较为平实、客观的理解。楚、瑶民族文化的生命力就在于既保持其认同、宽容、务实的文化传统，又能充分吸收适应时代要求的文化。所以漂洋过海到美国、法国和加拿大等国的瑶族同胞，并未因见我的骤然落后和彼的突进而意迷神乱，他们既不毁己就人和尽费故常，又能客观地认知文化的发展，他们不仅未使瑶族传统文化游离于当代发达国家文化发展的主流之外，也没有人云亦云、东施效颦，而是在发达国家都市里建立瑶族社区，创造出具有瑶族特色的社区文化。如果没有民族意识，就不可能创造出具有瑶族特色的社区文化。

走向世界的瑶族同胞融入国际民族，他们懂得如何取舍，既能义无反顾地维护传统，穿着瑶族古装，过盘王节，唱盘王歌，跳盘王舞，又能以一种开放的心态来适应西洋文化。正是因为有对先人认同、宽容、务实的追溯和历史文化传统知识的累积，将其生存历程中无关紧要的东西过滤出去，留下那些影响最为深刻的事情——盘王节、盘王歌、盘王舞，进而将之传递给后人，才使瑶族文化传统得以长期保存、传承与延续。

略论东瓯与闽越族同源

钟礼强
（厦门大学人文学院）

东瓯与闽越族分别位于浙南、闽中及闽东北地区。从地形而言，这两个地区同属浙闽丘陵，地处东南沿海。《山海经·海内南经》载“瓯居海中”，“闽在海中”，但它们的族源问题并不确定。学术界对东瓯与闽越族关系问题一直存在着不同的看法，有的学者认为东瓯族不是闽越族的一支，两地民族文化构成的基础不同，各自自成体系，都是从当地的土著文化发展而来的；[①] 而有的学者认为东瓯与闽越属于同一族群，但尚未涉及族源问题。[②] 本文拟就这些问题从东瓯与闽越地区的考古发现，对当地的先民文化内涵作进一步探讨。

一、从考古发现看闽越先民的文化特征

闽越先民的文化遗存以闽江流域为中心，大致可以分为六个发展阶段，从新石器时代延续至青铜时代，反映了闽越地区先民文化的发展进程。以地层关系所揭示的相对年代关系为基础，通过年代数据，可知这个序列始于距今6500年前的新石器时代，止于距今2000多年的春秋战国时期。[③]

---

① 蒋炳钊：《东瓯族三大学术悬案的历史考察》，林华东主编：《瓯文化论集》，浙江人民出版社，2009年；梅华全、林存琪：《从文化差异看闽越与东瓯的民族属性》，《东瓯文化学术研讨会论文集》，2011年。

② 辛土成、陈缎治：《东瓯族属考察》，佟珊：《东瓯与闽越考古学文化的关系》，林华东主编：《瓯文化论集》，浙江人民出版社，2009年。

③ 钟礼强著：《昙石山文化研究》，岳麓书社，2005年，第40～59页；钟慧娟：《闽江流域文明起源进程中的多元文化因素》，厦门大学硕士学位论文，2009年，第11～17页。

第一阶段，距今约5500～6500年，以壳丘头遗址下层[1]为代表，是迄今所了解的这一地区最古老的新石器时代文化。生产工具有石、骨、贝、陶诸类。石器以磨制为主，多粗磨，有石锛、石斧、石刀，还有相当数量的打制石锛、刮削器、砍砸器等。石锛占全部石器三分之二以上，平面呈梯形、长方形，以刃部稍宽的梯形弧背石锛最多，横断面呈三角形的厚重型隆脊锛很有特点。此外，还有一定数量的骨凿、匕、镞、锥和贝铲。陶器有陶纺轮，器身厚、周边起棱、饰放射线状戳点纹。生活用具以夹砂粗陶为主，有少量泥质陶，火候低，胎厚质粗，红、黄、灰、黑诸色相杂，多用手制，陶器的内壁多凹凸不平的垫窝，部分陶器口沿有轮旋痕迹。除少量红衣外，主要饰拍印麻点纹、绳纹、条纹，戳压贝齿纹、圆形和三角形纹，刻画成组平行线纹、曲折线纹、交叉线纹，部分器物口沿作花瓣形或锯齿形，颈部或沿外壁作多股突弦线或突棱脊。代表性器型有宽斜沿、深直腹圜底釜或罐，圆筒、圆柱状喇叭形支座，以及斜腹、圜底钵，折腹、矮圈足壶，直腹、矮圈足镂孔盘，浅腹、喇叭圈足豆等。

第二阶段，距今约5000～5500年，以昙石山遗址下层为代表[2]。生产工具主要是石器，以小型石锛为主，其中以横剖面略呈等腰三角形的最富特征。大部分石器磨制不精，残留着打制的痕迹。此外，骨器和贝器等数量有限，品种不多。红陶是这一阶段的主要陶系，有细砂红陶、泥质红陶和红衣灰黑胎夹砂陶，较典型的器物有深直腹圜底釜、小口高领罐、宽沿盆、深腹小圈足豆、深腹碗、敛口钵、直口壶等。这组陶器群具有三个主要特点：一是器类简单，多为圜底器和圈足器，不见三足器和平底器。二是还有相当数量的器型为手制，器型不大规整。三是表现在装饰上，釜类器多素面通施红衣，下腹部常有一圈突棱装饰；罐类器器表常见贝印纹和短线竖篮纹等；豆、钵、盆等素面磨光，沿面多有压印的圆圈纹，重圈

① 福建省博物馆：《福建平潭壳丘头遗址发掘简报》，《考古》1991年第7期；福建博物院：《2004年平潭壳丘头遗址发掘报告》，《福建文博》2009年第1期。

② 福建省博物馆：《闽侯昙石山遗址第六次发掘报告》，《考古学报》1976年第1期；陈存洗、陈龙：《闽侯昙石山遗址发掘新收获》，《福建文博》1983年第1期；福建博物院编著：《闽侯昙石山遗址第八次发掘报告》，科学出版社，2004年；福建博物院、福建省昙石山遗址博物馆：《闽侯昙石山遗址2004年考古发掘简报》，《福建文博》2010年第1期。

纹等；碗、壶的腹部则多饰粗绳纹。

第三阶段，距今约4300~5000年，以昙石山遗址中层及庄边山遗址下层、溪头遗址下层为代表①。生产工具有石、贝、骨器、陶器等：石器磨制精细，有常型斧、小梯形锛、弓背锛、有段锛、横断面等腰三角形锛、弧形刀、石铲、柳叶形镞、菱形镞，并新出现钺形器、弧背凹刃石镰等；贝器、骨器数量较多，有铲、刀、镞、凿、锥等；陶器有纺轮、陶拍等。生活用具陶器以夹砂灰黄陶和泥质灰黑陶为主，普遍采用轮制，器型规整，火候较高，夹砂陶饰以交错条纹为主，泥质陶以素面磨光为主，尚有少量卵点，条纹红彩。以圈足器和圜底器为主，主要有宽斜沿折腹尖圜底釜、矮圈足豆、敛口深斜腹矮圈足簋、直颈鼓腹矮圈足罐、直腹盘、带耳杯、长颈鼓腹圈足壶，新出现了三足釜形鼎、圈足盉、筒口杯、塔式壶等。

第四阶段，距今约3500~4300年，以黄瓜山遗址上下两层、庄边山遗址上层、昙石山遗址上层的部分及东张遗址中层为代表②。生产工具仍以磨制的小型石器为主，有一定数量的骨、贝器及陶器；其中弓背锛较典型，有段石锛的数量增多，新出现了石矛、石戈、骨矛等；彩绘硬质纺轮最具特色。陶生活用器中，砂陶和泥陶、软陶和硬陶的比例约略各半，其中以施赭色衣的橙黄陶、深赭色衣的灰硬陶及彩绘陶最富特征。陶器中的圜底釜、浅盘圈足豆承续了昙石山中层文化因素。除此之外，整个陶器群与前面各阶段相比，在器物组合形式及形态方面，都迥然相异；器类中炊器有甗形器和釜附带支座，盛储器有尊、罐、钵、盆、盘、壶、豆、杯等。其中典型的有甗形器、宽沿釜、凹底盘、喇叭状圈足盘、单錾罐、长颈罐、圜凹底罐、小口尊、深腹簋、圈足杯、彩陶壶、猪嘴形支座，形成

① 福建省博物馆：《福建闽侯白沙溪头新石器遗址第一次发掘简报》，《考古》1980年第4期；福建省博物馆：《闽侯溪头遗址第二次发掘报告》，《考古学报》1984年第4期；福建省文物管理委员会：《闽侯庄边山新石器时代遗址试掘简报》，《考古》1961年第1期；福建省博物馆：《福建闽侯庄边山遗址发掘报告》，《考古学报》1998年第2期。

② 福建省博物馆：《福建霞浦黄瓜山遗址发掘报告》，《福建文博》1994年第1期；福建博物院：《福建霞浦黄瓜山遗址第二次发掘》，《福建文博》2004年第3期；福建省文物管理委员会：《福建福清东张新石器时代遗址发掘报告》，《考古》1965年第2期。

富有特征的一套陶器群。陶器表面装饰已经相当繁杂，除拍印的斜线条纹、篮纹、栅篱纹、方格纹以及少量的绳纹和不规则的焦叶纹（叶脉纹）外，多数器物往往在这些拍印纹饰之上，还会施赭色或黑赭色的陶衣。同时，彩绘陶器十分普遍，彩绘纹样有平行条纹、斜线三角纹、交叉网格纹、云雷纹等，多以点、线组合而成，陶衣分为红赭色和黑赭色两种。

第五阶段，距今约3000～3500年，以黄土仑文化遗存及古洋遗存为代表。[①] 同类遗存在昙石山第八、九次发掘中已发现。生产工具有石斧、石锛、石镞、砺石、陶纺轮、陶网坠等器类。玉器数量不多，在古洋遗存中只发现了玉璜饰品。生活用具和明器多为陶器，有豆、杯、罐、壶、尊、簋、鬶、钵、勺、盂、盘、釜、罍形器、虎子形器、鼓等；以印纹硬陶为主，火候高，质地坚硬致密，胎色灰白近于瓷胎，晚期发现与原始瓷共存；以轮制为主，制作精巧，造型美观，许多器类往往不拘一格，富于变化，如杯口壶、釜形豆等都是由各种单一器型的灵活组合而成，具有模仿铜器的风格；同时还盛行圜凹底器、折肩器，装饰除少量素面外，器身拍印纹饰以变体雷纹和方格纹为主，口部多采用刻画的斜线三角纹，双线中加锥点组成的变体回形纹、曲尺纹等几何图案，此外在陶器上还有多种刻画符号。

第六阶段，距今约2500～3000年，或下限年代还要晚一些，同类遗存包括东张遗址上层、溪头遗存上层、福州浮村遗址下层[②]、浦城仙阳商周遗址群和管九村土墩墓[③]、政和铁山遗存[④]、武夷山遗存[⑤]等。生产工具仍

---

① 福建省博物馆：《福建闽侯黄土仑遗址发掘简报》，《福建文博》1984年第1期；陈龙、林忠干：《闽侯古洋遗址调查》，《福建文博》1994年第1期；福州市文物考古工作队：《福建闽侯古洋平岗先秦遗存的发掘》，邓聪、吴春明主编：《东南考古研究》（第三辑），厦门大学出版社，2003年。

② 曾凡：《福州浮村遗址的发掘》，《考古学报》1958年第2期。

③ 福建博物馆：《浦城仙阳商周遗址发掘的初步收获》，《福建文博》2006年第2期；福建博物院、福建闽越王城博物馆：《福建浦城管九村土墩墓群》，《考古》2007年第7期。

④ 铁山中学、政和县文化馆：《福建政和县发现春秋石器的青铜兵器和印纹陶器》，《考古》1979年第6期。

⑤ 赵爱玉：《福建武夷山市发现东周青铜器》，《考古》1996年第5期；崇安县文化馆：《福建崇安县发现青铜器》，《考古》1987年第3期。

以石器、骨器为主，但已经普遍出土青铜器。其中管九村土墩墓出土的青铜器有剑、戈、矛、箭镞、刮刀、锛，还有尊、盘、杯等越式器达72件，其数量是福建之最。在生活用具方面，除印纹硬陶、黑衣陶外，还出现了较多釉陶、原始瓷器和玉器，这是这时期文化遗存最重要的标志之一。器物组合延续了前阶段的豆、碗、盘、盂等，具有强烈的时代特征。在这类遗存的部分陶器上，常发现一些类似文字的刻画符号。印纹硬陶的纹饰明显增多，以工整、纤细为主要风格，其中方格纹、席纹最为普遍，同时出现了较多的复合纹饰。据此，可以推断出此阶段年代约相当于中原的西周至春秋战国时期。此外，从浦城管九村大王塝发现的一座石室土墩墓经碳14测定距今2 464 ± 39年①来看，已经处在春秋时期。

以上六期，前后大体经历了4000年的发展过程，文化因素有着承续关系。

二、从考古发现看东瓯先民的文化特征

浙南地区是东瓯民族故地，东瓯先民文化遗存曾分布在灵江、瓯江、飞云江、鳌江等几个主要水系，所反映的考古学文化除墓葬有发掘外，多数遗址仅限于调查，出土物没有明确的地层依据，只能通过与其他遗址采用比较的方法来判断其年代。从新石器时代至青铜时代的文化遗存大致可分为四个发展阶段：

第一阶段，发现有仙居下汤遗址②、洞头岛九亩顶山遗存③及乐清白石杨柳滩遗址采集的石器、陶器遗存④，为新石器时代晚期。已调查发现的石器有斧、锛、钺、刀、镞、矛、凿、环状器、石网坠、玉玦等。其中有穿孔石斧、锛形斧、小梯形锛、有脊锛、有段锛及横剖面呈三角形弧背锛，弧头钺、环状钺、梯形穿孔钺，三角形斜柄穿孔石刀，柳叶形石镞，以及三角形犁、耘田器等。陶器的特点：胎体表面红色而胎心呈灰黑色，

① 福建闽越王城博物馆：《浦城县管九村大王塝土墩墓发掘简报》，《福建文博》2007年第2期。

② 台州地区文管会等：《浙江仙居下汤遗址调查简报》，《考古》1987年第12期。

③ 方加松、古成荣：《浙江洞头岛九亩区新石器时代遗存》，《考古》1991年第9期。

④ 徐定水、金福来：《浙江乐清古文化遗址发掘简报》，《考古》1992年第9期。

也有一定数量的泥质灰陶和泥质黑陶。器型可辨的有釜、罐、豆、钵、壶、簋、盉、鬶、鼎、纺轮、网坠等。其中侈口束颈釜、圈足罐、圈足镂孔豆、斜直腹平底钵、壶、簋富有代表性。器表纹饰以绳纹、篮纹、弦纹为主，此外也有直条纹、印纹、斜条纹、麦穗纹。其年代与闽江流域的第二、三阶段相当。

第二阶段，发现有温州鹿城老鼠山遗址①、下龙山遗址②、卧旗山遗址③、杨府山遗址的墓葬封土层④、泰顺下湖墩遗址⑤、狮子岗遗址⑥、平阳龙尾山遗址⑦，为新石器时代末期。石器以小型的锛、镞为主，还有斧、凿、刀、矛、锄形器等。其中锛仍延续横断面呈三角形的弧背锛、梯形锛；石镞有宽扁铤，新出现平面呈菱形有铤镞；石刀有半圆形石刀、长方形石刀；矛有穿孔石矛。陶器多为夹砂黄陶、灰陶，泥质陶的数量与硬陶和印纹硬陶大致相等，主要器型有盆、罐、豆、瓮、壶、钵、鼎、釜、甗等；以深凹圜底为突出特征，罐、钵、甗较为常见；纹饰除素面外，有座纹、条纹、篮纹、斜方格纹、弦纹、云雷纹等。发现的彩陶较多，彩陶胎体多为粗泥橙黄陶，彩陶纹样以粗细不同、长短不一的线条组成图案，多数的陶片还在此基础上施有黑彩，还有少量的黑陶。年代大致处在新石器时代末期，与闽江流域的第四阶段相当。

---

① 王海明等：《温州老鼠山遗址发现四千年前文化聚落》，《中国文物报》2003年5月28日。

② 蔡钢铁：《温州好川文化遗址的内涵特征和地理环境》，林华东主编：《瓯文化论集》，浙江人民出版社，2009年。

③ 蔡钢铁：《温州好川文化遗址的内涵特征和地理环境》，林华东主编：《瓯文化论集》，浙江人民出版社，2009年。

④ 浙江省文物考古研究所、温州市文物保护考古所、瓯海区文博馆：《浙江瓯海杨府山西周土墩墓发掘简报》，《文物》2007年第11期。

⑤ 泰顺县文博馆：《浙江省飞云江上游古文化遗址调查》，《考古》1993年第7期。

⑥ 浙江省文物考古研究所等：《浙南飞云江流域青铜时代文化遗存》，《东南考古研究》（第二辑），厦门大学出版社，1999年。

⑦ 浙江温州市文物管理处：《平阳、苍南古文化遗址调查简报》，《东南文化》1991年第1期。

第三阶段，发现有泰顺的牛头岗遗址[①]、平阳山门凤岭文化遗存[②]。采集的标本有石器、陶器、原始瓷等，石器有石斧、石锛、石戈、石镞，还有带孔石矛、砺石等。陶器以硬陶为主，彩陶仅发现一片，器型主要是罐，以长颈、方折肩、圜底内凹为特点，还有壶、豆、盂等，有些器物加施黑色陶衣。印纹硬陶纹样除少量条纹外，还有篮纹斜线相交的斜方格纹（篱笆纹）、云雷纹、叶脉纹、席纹、曲折纹等。山门凤岭发现了原始瓷，青褐釉色，釉层较厚不均匀，胎质坚硬灰白，火候高。牛头岗遗存未见原始瓷，但发现了一件刀形青铜器。年代约相当于中原的商代晚期，即与闽江流域的第五阶段相当。

第四阶段，发现有玉环三合潭遗址[③]、黄岩小人尖西周土墩墓[④]、温州杨府山土墩墓[⑤]、瑞安岱石山石棚墓[⑥]、瑞安凤凰山墓葬[⑦]、乐清杨柳滩青铜器遗存[⑧]等。出土有石器、玉器、青铜器、陶器和原始青瓷器等。石器均为磨制，器型有斧、锛、钺、凿、镞。三合潭遗址出土了犁铧、犁壁等。玉器在杨府山墓出土了一批，有镯、玦、柄形器、管形器等。青铜器器型有锸、铲、耨、削、凿、斧、锛、钻、剑、矛、镞、戈、鱼镖和鱼钩等。杨府山墓还出土了青铜礼乐器，有鼎、簋、铙。小人尖墓还出土了尊及殳端、牌饰、柄形器等；器型显得轻巧，器壁一般较薄。陶器主要是几何印纹硬陶，器型有釜、鼎、罐、钵、盘、碗、杯、纺轮、网坠等，纹饰有绳纹、弦纹、方格纹、波浪纹、网纹、曲折纹、米字纹、回纹、云雷

---

① 浙江省文物考古研究所等：《浙南飞云江流域青铜时代文化遗存》，《东南考古研究》（第二辑），厦门大学出版社，1999 年。

② 浙江温州市文物管理处：《平阳、苍南古文化遗址调查简报》，《东南文化》1991 年第 1 期。

③ 台州市文管会、玉环县文管会：《浙江玉环岛发现的古文化遗存》，《考古》1996 年第 5 期。

④ 浙江省文物考古研究所等：《黄岩小人尖西周时期土墩墓》，《浙江省文物考古研究所建所十周年纪念》（学刊），科学出版社，1993 年。

⑤ 浙江省文物考古研究所、温州市文物保护考古所、瓯海区文博馆：《浙江瓯海杨府山西周土墩墓发掘简报》，《文物》2007 年第 11 期。

⑥ 浙江省文物考古研究所：《瑞安岱石山“石棚”和大石盖墓发掘报告》，《浙江省文物考古研究所学刊》，长征出版社，1997 年。

⑦ 俞天舒：《浙江瑞安凤凰山周墓清理简报》，《考古》1987 年第 8 期。

⑧ 徐定水、金福来：《浙江乐清古文化遗址发掘简报》，《考古》1992 年第 9 期。

纹。印纹硬陶多涂刷黑褐色着色剂，素面硬陶内外表面普遍着黑，是一种区域性的文化因素。原始青瓷器型有豆、盘、盂、碗、罐、簋等，一般施釉不及底部，施黄绿或暗绿色釉，以黑釉为主，装饰多为刻画弦纹、水波纹、戳印纹和堆贴S纹等。所见的石器和青铜器标本，其数量比例相近，品种也相似，有农具、渔猎工具、兵器、手工工具等，特别是青铜器，多为农具、渔猎工具，少见兵器，体现了东南沿海地区与中原文化的不同特点。同时从原始青瓷器的制作手法、器型特征、装饰和施釉风格来看，其年代大致相当于中原西周至战国时期，与闽江流域的第六阶段基本相当。

三、东瓯与闽越先民文化之比较

综上所述，东瓯先民文化尚未出现闽越先民第一阶段的文化，即壳丘头下层文化遗存。因此，壳丘头文化应是浙南、闽中及闽东北地区目前发现最早的新石器时代文化。

东瓯先民的第一阶段的文化遗存与闽越先民的第二、三阶段的文化遗存极为相似，表现在石器方面，石斧、石锛形式多样，以中小型为特点，且都有长形石凿，平面柳叶形无铤、侧面扁平有铤的石镞，弧头石钺。如：仙居下汤遗址中出土的石锛与昙石山遗址中、下层文化中的石锛形制一致，一面磨光齐平，另一面中间有棱脊、两边向下斜、横断面略呈等腰三角形，或背部隆起有段脊的有段锛。陶器方面，仙居下汤遗址中的陶器与昙石山中下层出土的陶器非常相似，下汤遗址的陶器胎体表面呈红色而胎心呈灰黑色，还有泥质灰黑陶，同样昙石山下层的陶器以红陶为主要陶系，以红衣灰黑陶夹砂陶为主，昙石山中层以灰黑陶为主。器型均以釜、罐、豆、钵、壶、簋为主，尤其是束颈圜底釜、圈足罐、圈足镂孔豆、长颈鼓腹壶的形制十分相似；下汤遗址发现的带麦穗纹的陶片也见于昙石山文化遗存中。从生产工具来看，此阶段的农业生产工具并不丰富，种类也不齐全，其中石斧、石锛在遗址中占有重要的地位，但未发现石铲等翻土工具。尽管在杨柳滩曾发现有三角形石犁、耘田器，但出土于溪中水下，属次生堆积。因此，此时农业发展水平相对较低，应与闽江流域的昙石山文化经济形态相似①。不过，这里尚未发现过东瓯先民的贝丘遗址。

东瓯先民的第二阶段的文化遗存与闽越先民的第四阶段的文化遗存亦有许多相同因素。这个阶段的石器仍然器型较小，磨制工艺较为进步，以小型石锛、磨制石镞为特点；其中石锛仍延续横断面呈圆弧三角形的形制，石镞新出现平面呈菱形的有铤镞；这些器型与昙石山上层文化、黄瓜山文化遗存基本一致。陶器均出现橙黄陶、印纹硬陶、彩绘陶、着黑陶，器型以深凹圜底器为主要特征，陶器上拍印纹饰都是斜线条纹、篮纹、弦纹、云雷纹、方格纹。彩绘陶器十分普遍，彩绘纹样有平行条纹、交叉网格纹，多以点、线组合而成，以着黑彩陶为特征。如：狮子岗遗址出土的陶片，黑彩纹样以平行线纹或不同方向的斜线组合纹为主，纹样的基本组合元素是粗细不同、长短不一的线条组成的图案，在此基础上施有黑彩、着黑陶，黄瓜山遗存的陶器表面还施红赭色陶衣，更为丰富多彩。可见，东瓯先民此阶段的文化特点来自闽越地区的黄瓜山文化，是受闽越地区黄瓜山文化影响的结果。

东瓯先民的第三阶段的文化遗存已经进入青铜时代，持续着前期文化因素，此阶段的带孔石矛、圜凹底陶器是第二阶段石器陶器的特色。石戈只在山门凤岭遗址出现，可能源自闽越先民的黄瓜山文化遗存。陶器上施加黑色陶衣的特点在狮子岗、卧旗山、老鼠山遗存中就已出现，是传统的地方特色，可能是受黄瓜山文化影响的结果。印纹硬陶器是此阶段的主要陶器，所见的纹样有篮纹、斜线相交的斜方格纹（篱笆纹）、云雷纹、叶脉纹、席纹、曲折纹等，与闽越区的第五阶段的黄土仑文化遗存的几何印纹硬陶纹样形如一辙。黄土仑的几何印纹硬陶装饰手法除拍印外，还有刻画、锥刺、镂孔、堆贴等；其中，器身拍印方格纹和变体雷纹，口颈部分刻画斜线三角形，双线内加锥点纹组成的变体席纹、曲折纹等，并在器物肩、腹、耳两端用泥塑，各种附加堆纹都非常具有特点，这是这阶段陶器装饰的典型代表，因此，牛头岗、山门凤岭的几何形印纹陶有可能是受黄土仑文化的影响而来的。

东瓯先民的第四阶段与闽越先民的第六阶段相比，已进入相同的发展

① 钟礼强：《闽东区史前文化经济生活中的海洋适应》，《马祖列岛与海洋环境文化国际研讨会》（会议论文）2011 年。

阶段。两地的文化特征相同，磨制精致的石器、大量出现的印纹硬陶、独特的墓葬形态以及原始瓷和青铜器共存是两地共同的典型因素。墓葬分三类：土墩墓、石棚墓和土坑墓。土墩墓目前仅发掘了三处，分别在瓯江流域的黄岩小人尖、温州杨府山和闽江流域的浦城管九村。东欧先民的第四阶段和闽越先民的第六阶段两地表现出很大的共性，都出土了大量形制相似的青铜器，有剑、矛、戈、箭、镞、锛、尊；黄岩小人尖还出土了锥、斧、殳端、牌饰、柄形器等；温州杨府山还出土了铙、簋、鼎等；浦城管九村出土了刮刀、盘、杯。这类土墩墓所出的器类组合彼此相似，而与土墩墓的发源地吴越地区随葬品组合方式并不相同。石棚墓在瑞安岱石山发现，是浙南地区特有的一种墓葬形式，其形制结构都是在地面上用多块石头围立，上架一整块盖石，出土物以硬陶、原始瓷和青铜器为主，内涵与我国几种分布在东北地区的石棚墓不同，与浙北一带常见的土墩墓①也有区别。具有鲜明的地域特点，但与闽越地区铁山墓葬以鹅卵石围砌墓坑或铺设墓底以及出土物有共同特点。②

在青铜器方面，两地器类主要有剑、戈、矛、镞、锛、斧等兵器和生产工具，以及尊、簋、鼎、铙、盘、杯等少量青铜器或礼乐器。生产工具包括农具、渔猎工具、手工工具，数量大于兵器，体现了与中原文化的不同特点。出土物中，黄岩小人尖土墩墓随葬的方唇敞口尊，腹部微鼓，云雷纹上饰兽面纹和凤鸟纹，与浦城管九村土墩墓出土的青铜尊很相似；闽北武夷山和浦城管九村出土的双耳青铜短剑与黄岩小人尖土墩墓出土的双耳青铜短剑一致；温州杨府山土墩墓发现的一件青铜铙也与同时期的建瓯小桥阳泽出土的青铜铙③相似，均在云雷纹上饰乳丁；乐清杨柳滩遗址出土的青铜锛又与光泽油家垄出土的青铜锛④相似。青铜器是社会生产力发展的重要标准，两地所出的同类器相似，说明处在同一发展水平。

陶、瓷器方面，以硬陶和原始瓷共出为主要特点，器型普遍较小，主

① 王嗣洲：《试论辽东半岛石棚墓与大石盖墓的关系》，《考古》1996 年第 2 期；洪三平、刘树人：《太湖地区石室土墩墓分布规律遥感初步研究》，《东南文化》1990 年第 4 期。

② 吴春明：《闽江流域先秦两汉文化的初步研究》，《考古学报》1995 年第 2 期。

③ 王振镛：《福建建瓯县出土西周铜钟》，《文物》1980 年第 11 期。

④ 陈存洗、杨琮：《福建青铜文化初探》，《考古学报》1990 年第 4 期。

要器型包括豆、盂、罐、簋、碗，以及盘、尊等。从这些器物的制作手法、器型形态和施釉特点来看，两地都很一致。在东瓯地区玉环岛三合潭出土的原始青瓷豆、盘、盂、碗，以及在黄岩小人尖土墩墓出土的原始青瓷豆、罐、簋等，在闽越地区浦城管九村土墩墓原始青瓷组合群中均有出土，并与福清东张上层、闽侯溪头上层、福州浮村下层出土原始青瓷同类器很相似；此外，瑞安凤凰山墓葬出土印纹硬陶表面施以黑色陶衣的特点又和福清东张上层的同类器相似，这都体现了两地的陶瓷文化已进入相同的发展阶段。

此阶段两地出现了数量不等的石器、青铜器农具，除加工精制的斧、锛外，还有锸、耨、镢等。在玉环岛上的三合潭还新出现了成套石犁（犁铧、犁壁），石犁带多个圆孔，应是缚扎木制的犁脚、犁、犁后把柄之用。这套石犁是颇具特色的产品，充分显示出新时期农业生产有了长足的进步。

四、结　语

通过上述的比较分析可以看出，东瓯先民和闽越先民各阶段的文化内涵从新石器时代到青铜时代在持续不断发展的同时具有共同的特征。东瓯地区一直受闽越地区文化的传播与影响，闽越地区最早的新石器时代文化有壳丘头文化，到昙石山中下层文化时期开始向内陆和沿海北部扩散，到达了浙南地区的瓯江流域，如：昙石山中下层文化最富特色的横断面呈三角形的弧背锛、侈口束颈陶壶等，在浙南瓯江流域第一阶段文化遗存中同样有发现。后来以黄瓜山为代表的文化大量进入浙南，导致该地陶器器型都以深凹圜底器为特点，橙黄陶、着黑陶、条纹彩陶、几何印纹硬陶成为浙南新石器末期文化的主流。正如有的学者提出："瓯江流域的文化面貌和本省其他地区的很不一样，和福建省闽江下游的颇为接近。在本地区，尚未发现早于印纹陶的古代遗存。"[①] 同时，一些学者在对福建的古文化研究中，也提出浙江南部的遗址与闽北诸遗址极为相似的观点[②]。由此看来，

① 牟永抗：《浙南的印纹硬陶》，《文物集刊》（第3辑），文物出版社，1981年。
② 曾凡：《关于福建史前文化遗存的探讨》，《考古学报》1980年第3期。

他们的分析是颇有道理的。进入青铜时代以后，两地出土原始瓷器、青铜器诸多一致性反映了两地文化结合紧密。只是大约在春秋晚期以后，闽越和东瓯先民文化发展由于楚、秦、汉文化相继传入，加之受吴越文化的影响，陶、瓷器及青铜器才越来越多地和内陆有了共性。考古资料可以说明这种趋势，如闽侯庄边山类型的墓葬，随葬以楚汉式仿铜，陶礼器的鼎、豆、盒、壶组合为特征，[①] 是楚汉民族文化的考古学反映。这说明进行了新一轮的文化融合后，才出现闽越和东瓯的名称。

因此，东瓯先民和闽越先民应属于同一族群，其源头是闽江流域和瓯江流域目前发现最早的新石器时代文化——壳丘头文化。东瓯与闽越的分化大概是在春秋战国时期，是受楚、秦文化“侵入”之后而发生的。

① 林公务：《福建闽侯庄边山的古墓群》，《东南文化》1991 年第 1 期。

先秦时期百越文化在贵州的传播与发展

张合荣
（贵州省文物考古研究所）

有段、有肩石器广泛分布在中国南方地区，是南方地区先秦时期最具地域特色的标志性器物。在贵州境内也出土有大量的有段、有肩石器，除正式考古发掘出土之外，有许多是村民在耕作中零星挖出来的，通过对这些有肩、有段石器的统计和分析，我们不仅可大致知道其分布范围，还可进一步了解古代南方百越系文化在贵州的传播与发展概况。

一、贵州先秦时期有肩、有段石器发现及分布范围

（一）零星出土的有段、有肩石器

1954 年在盘县沙沱、石脑等地征集到有肩石器 2 件和青铜锄等，有肩石器器表呈红色，石质如玉，通体精磨。

1958 年在毕节征集有肩石锛 1 件，对称双斜肩，刃口倾斜。

1958 年在水城县德坞、双堡嘎乡等地征集有段石锛各 1 件。

1960 年在威宁县的麻乍、恰两沟包包、杨寨、羊街、火苗寨、中水、黑石头等地征集到有肩、有段石锛数件[①]。

1973 年在赫章县的小河乡征集到有段石锛 1 件。

1982 年在威宁县草海周边地区的王家院子、潘家院、顾家院（都属东山乡）村民手中征集到 10 余件磨制石器，其中有 6 件为有段、有肩石器，

---

① 王海平：《贵州有段石锛之研究》，贵州省历史文献研究会编；《贵州古人类与史前文化》，贵州民族出版社，1998 年。

分为有段有肩、双肩无段两种器型[1]。

1986年，在兴义市歪染乡征集到双肩大石铲1件，该石铲双肩平整、器体修长，单面刃，刃缘呈圆弧形[2]。

2009年11月，笔者等在威宁进行“三普”调查，在威宁县与赫章县交界处的羊街镇双河村老王村调查到1件双肩磨制石锛。该锛顶端横断面呈长方形，刃缘平齐，双肩对称，器型与鸡公山遗址所出较为接近。

（二）考古发掘出土的有段、有肩石器

除零星出土者外，贵州境内考古发掘还出土了较多的有段、有肩石器，这些考古出土实物不仅有可靠的地层和出土单位，还有其他伴存物，因而对了解古代百越文化在贵州的传播与交流具有更重要的价值。

2004年至2005年，贵州省文物考古研究所联合四川大学考古系等单位对威宁中水鸡公山等遗址进行了大面积发掘，遗址中出土较多的是双肩石锛和有段石锛[3]，石锛均磨制光滑，锛刃平齐，双肩对称。

2007年，贵州省文物考古研究所对北盘江拉它遗址[4]进行了发掘，遗址中清理的遗迹有房址、灰坑等，出土物主要是石器和陶器，陶器均为碎片，以夹砂粗陶为主，也有极少量泥质陶；陶色主要以灰褐陶为主，黄褐陶次之，也有少量红褐陶；纹饰主要为附加堆纹，刻画纹和戳印纹次之；器型主要有杯和花边口沿罐。石器主要是不对称双肩石器，器型有锛、钺等，通体磨光。

2008年，发掘了北盘江贞丰县鲁容沙坝遗址[5]，遗址地层共分为6层，其中第6层为新石器时代地层，第4、第5层为商周时期地层，第3层为先秦时期地层。遗址中清理出房屋、灰坑和墓葬等遗迹，出土物有陶器和

---

① 晏祖伦：《威宁东山新石器》，《贵州文物》1984年第1期。

② 贵州省文化厅编：《贵州文物精华》，贵州人民出版社，2006年，第24页。

③ 笔者领队项目，资料存贵州省文物考古研究所。《考古》2006年第8期发表有《贵州威宁县鸡公山遗址2004年发掘简报》。

④ 杨洪等：《贞丰县拉它新石器时代遗址》，中国考古学会主编：《中国考古学年鉴2008》，文物出版社，2009年。

⑤ 张兴龙等：《贵州鲁容沙坝遗址》，中国文物报社编：《中国考古新发现——年度记录2009》。

石器等，石器有斧、锛、凿等，还有专门磨制石器的砺石，以及切割石器的磨切器。有部分的磨制石器使用痕迹明显，有些用过的石器刃口损坏，有的仅残存小部分器身。在这些石器中，数量最多、类型最复杂且最有特点的是各种有肩石器，有双肩、双重肩和单肩之分，双肩多不对称且倾斜厉害，刃口亦多样，分圆弧形刃、平刃和斜刃等多种，器型有石锛、石铲、石钺等，贵州鲁容沙坝遗址成为目前贵州境内出土有肩石器数量最多的遗址。

2007 年至 2009 年，贵州省文物考古研究所对北盘江贞丰县鲁容孔明坟遗址①进行了数次发掘，揭露面积 700 余平方米，揭露出贵州省境内规模最大的一处史前石器制造场，共获得各类遗物 2 万余件，其中绝大多数为打制石器，陶片仅数十片，磨制石器数量不多但也有一定数量的双肩石器，这些双肩石器皆出自第 3 层和表土层，第 4 层还没有明确的发现，从类型上看，多属于较小的斧、锛等，器型特征与邻近的沙坝遗址比较接近。

2005 年，贵州省文物考古研究所在罗甸县红水河北岸调查发现了羊里新石器时代遗址②，随后进行了发掘，尽管该遗址破坏严重，地层堆积被扰乱，但也出土了较多的石制品，并出土有一定数量的磨制石器，多为双肩小石斧，其中 3 件通体磨光，极具自身文化特征。

（三）分布范围

将贵州境内目前零星出土和考古发掘正式出土的有肩、有段石器的地域综合起来观察，就会发现贵州境内的有肩、有段石器主要出土于今贵阳以西的贵州西部地区，中东部地区基本没有发现。而在贵州西部地区，有肩、有段石器从与广西交界的黔西南的南、北盘江一直往北伸入到乌蒙山脉核心地带的威宁、赫章、毕节等地区，依现在行政区划，包括了黔西南布依族苗族自治州、六盘水市和毕节地区，邻近的云南部分地区也有较多

---

① 张改课等：《贵州贞丰孔明坟石器制造场遗址》，中国文物报社编：《中国考古新发现——年度记录 2009》。

② 王新金：《罗甸县羊里新石器时代遗址》，中国考古学会主编：《中国考古学年鉴 2006》，文物出版社，2010 年。

发现。

依据考古发掘出土材料，可看出贵州境内的有段、有肩石器存在着一些较明显的特征：第一，就数量、种类来说，以同中国南方地区相接的黔西南北盘江流域为最多。第二，从文化特征来看，贵州境内的有肩、有段石器可分为以北盘江流域为中心的黔西南区和以威宁为中心的黔西北区，两区器型特征差异明显，如黔西南区的有肩石器器型复杂、双肩倾斜度大且不对称，而黔西北区有肩石器则器型比较单一，双肩对称且倾斜度小，接近平肩。器类上两地也有较大差异，黔西南区主要流行各种有肩石器，有段石器较少，而黔西北区则同时具有较多的有段石器。第三，贵州有肩、有段石器的传播与发展方向是由南往北发展的，是中国南方有肩、有段石器顺南、北盘江往云贵高原腹地发展的反映，黔西北区的有肩、有段石器在发展过程中融合了当地原有的文化因素，形成了具有地域特色的器物造型。

二、从鸡公山文化发展演变看百越文化的传播

有肩、有段石器通常被认为是中国南方百越族群的代表性器类，贵州西部地区先秦时期遗址中出土数量较多的有肩、有段石器，说明早在先秦时期，百越文化即传播并在相当程度上影响到这一地区，并远达位于滇东北黔西北乌蒙山核心区的鸡公山文化遗存。

鸡公山文化是以威宁县中水镇鸡公山遗址命名的一个地域性考古学文化，主要分布在滇东北昭鲁盆地和黔西北威宁中水盆地的乌蒙山脉西缘，西北隔金沙江与川西南安宁河谷相邻。受山脉走向的影响，遗存分布基本呈东北—西南走向，核心区主要在昭通市昭阳区、鲁甸县和贵州威宁县中水镇一带面积近600平方公里的山间盆地中，海拔约1 800米，属高原山地区域文化，遗存主体时代为商周时期。

鸡公山遗址位于中水盆地东北端一古河流冲积形成的小山顶部，是一处山顶遗址，海拔1 939.5米。该遗址发现于2002年，2004年至2005年进行了考古发掘，揭露面积3 000余平方米，清理出祭坑、灰坑、房屋、沟和墓葬等各类遗迹约400处，出土陶器、青铜器、玉石器、骨器、蚌器等数千件，其中陶器器型完整、组合固定，文化特征清晰，是代表该类文

化遗存的典型遗址，我们按考古学文化命名原则，提出用“鸡公山文化”[①]来概括这一类遗存，已得到学界普遍承认和肯定。

关于鸡公山文化的分期与发展工作目前还没有做得很细。但根据出土资料，可将鸡公山文化的发展分为早晚两个大的时段，早段以鸡公山遗址为代表，包括中水吴家大坪遗址和昭通过山洞、闸心场、小米寨等遗址；晚段以云南昭通鲁甸县的野石山遗址[②]为代表，包括贵州威宁中水营盘山等遗址。早晚两段文化发展既一脉相承，又具有明显的变化。

在鸡公山文化的早段，除本地独特的文化特征外，遗存中还体现有较为浓厚的百越文化因素，表现在两方面：一是遗址中出土有较多的双肩石器、有段石器，甚至还出土有少量的有段铜锛形器和海贝；二是遗址中出土有数量巨大的碳化稻米，稻米分布在众多的祭坑中，数量多，表明当时已具有成熟的稻作农业。除此之外，在鸡公山遗址中，还发现了来自于西北地区的氐羌文化因素，在K39中，出土有两件不同于本地文化系统的大双耳罐，表明顺横断山区南下的氐羌文化系统已开始影响到该地区。

鸡公山文化发展到晚段即野石山遗存时期，文化内涵和面貌有了较大变化，表现在下列几个方面：

首先，在石器方面有了显著变化。一是早段最常见的对称双肩石器基本消失，代之以大量的长条梯形石斧、石锛等；二是有段石锛还有保留，但数量已很少；三是鸡公山遗址中最典型的尖叶形长柄弧壁穿孔石刀和石镰等农业工具在营盘山遗址中还有使用，但在野石山遗址中已不见，新出现了大量弧形或长条形穿孔石刀；四是在鸡公山遗址出土的有领镯未见于野石山遗址，而野石山遗存的束腰石网坠也未见于鸡公山。

其次，在陶器方面，虽然共性仍是主要的，但陶质、陶色、器型都发生了变化。一是在陶质上，早段很少有纯泥质陶，晚段细泥陶大增，磨光陶数量也很多；二是在陶色上，早段主要以斑驳的灰褐陶、黄褐陶或红褐陶为最多，晚段陶色变深，灰黑陶、黑陶数量大增，营盘山遗址还有一定数量的夹砂灰白陶；三是在纹饰上，早段主要在陶瓶肩颈部饰戳印纹和细

---

① 张合荣、罗二虎：《试论鸡公山文化》，《考古》2006年第8期。

② 云南省文物考古研究所等：《云南鲁甸县野石山遗址发掘简报》，《考古》2009年第8期。

线纹、陶盆口沿和陶罐口沿饰瓦棱纹，晚段陶罐肩部出现较多的乳丁状装饰；四是器物形态变化也较大，鸡公山遗址中最多最典型的细长颈瓶迅速减少，被单耳、双耳或无耳的杯形口小罐（瓶）所取代，双耳带流大盆（盂）被管状长流器所取代。其他陶器的形态变化也很明显。

早段只出现2件的双大扳耳罐在晚段迅速增多，尤以野石山遗址数量最多，达上百件，形态也变得复杂，器口有敞口和杯形小口两种，有的口沿还带一小流，有无耳、单耳和双耳之分，器体颈部内束，最宽处下降到腹下部，底部宽大，这种器物在野石山遗址中取代了鸡公山遗址中数量最多最典型的细长颈瓶，成为主要器类。

在鸡公山遗址中，细长颈瓶（单系，最多三系）是最多、最典型的器物，基本上所有遗迹单位均有出土，达数百件之多。营盘山遗址下层还有较多个体出现，但上层已变得很少，到野石山遗址中，这种细颈瓶虽仍在使用但数量已很少，在发现的数百件标本中细颈瓶只有7件，已不是典型器物。

鸡公山遗址中与细颈瓶形成固定组合的折沿罐（包括单环耳、三耳、无耳）在营盘山和野石山遗址中仍大量出现，但器型有较多变化，一是口沿除弧形内折外，还有平折沿和卷沿，且颈部变宽，腹部没有鸡公山出土的鼓圆，无耳罐多在肩部出现乳突状装饰。

鸡公山遗址中大口带流单环耳或双桥形耳盆（盂）形器在野石山遗址还有保留，但数量已变得很少，代之以大量的长流形器。这种长流形器因目前未发现完整器，器型特征还不清楚，在营盘山遗址只发现2件，但野石山遗址多达77件，增多趋势明显。

总的来说，鸡公山文化从早段到晚段变化轨迹明显，石器中百越系统的双肩、有段石器迅速减少甚至消失，陶器中体现的西北氐羌文化系统特征迅速增强，大双耳罐、杯形口罐、管状长流器迅速增多成为主要陶系。造成鸡公山文化如此变化的原因应是南下的氐羌系族群影响加大，致使原有的百越文化因素受氐羌系文化的挤压而逐渐向南方退缩。

氐羌系族群的南下除在考古遗存中有明显反映外，在历史文献中也有相应的记载，如《后汉书》卷87《西羌传》中就记载羌人：“畏秦之威，将其种人附落而南，出赐支河西数千里，与众羌绝远，不复交通。其后子孙分别，各自为种，任随所之。或为牦牛种，越巂羌是也；或为白马种，广汉羌是也；或为参狼种，武都羌是也。”[①] 羌人南下进入到今川西南的西昌一带（汉越嶲郡），自然也就进入到滇东北至黔西北一带。羌人的到来改变了当地原有的文化构成，取代了原先流传在这一地区的南方文化因素。

三、从北盘江先秦时期考古遗存看百越文化在贵州的发展

流经贵州黔西南地区的北盘江，被贵州许多学者认为即是战国秦汉时期文献记载的古牂柯江，战国秦汉时期被史学家司马迁记载为“西南夷”中最大的夜郎古国即“临牂柯江”，因而许多学者即认为文献所载的古夜郎国的中心位置应在贵州黔西南境的北盘江附近，贵州考古部门也多次在该区域进行了“夜郎考古”专题调查。2005 年以来，由于红水河龙滩水电站以及北盘江董箐、马马崖等梯级水电站工程建设，我们又多次对北盘江干流水库淹没区进行了调查与复查，在贞丰、望谟至罗甸等县北盘江干流两岸发现十余处史前至汉代的文化遗址。通过发掘，发现在北盘江干流区，最迟从商周时期开始，南方百越文化已顺江而上广泛影响了该地区的文化发展，形成贵州考古遗存中百越文化特征最浓厚的地区。

在北盘江流域清理的先秦时期古遗址中，绝大多数都出土有大量的有肩石器，如沙坝遗址在其第 3、4、5 层均出土了大量的双肩磨制石器。双肩的形制有对称双平肩、不对称双斜肩、不对称双平肩、不对称双重肩等，并伴有大量的石锤、不明用途石器、砺石、石砧、毛坯等和磨制石器的加工密不可分的加工工具。据粗略统计，双肩石器数量达一百余件，加上石砧、石锤、磨石等石器加工工具和石器加工废料，总数不下万件。遗址中出土的陶器虽以碎片为主，但陶质、陶色和器型均与广西红水河流域先秦时期遗址和岩洞葬中出土陶器比较接近，尤其是在沙坝、孔明坟等遗址中亦发现了与广西红水河流域基本相同的屈肢葬俗，故从整个遗址群的发掘来看，无疑可将贵州黔西南北盘江一带看作古代百越文化区的一部分。

通过考古工作，北盘江流域先秦时期古文化的发展框架已基本建立，

---

① （南阳宋）范晔撰，（唐）李贤等注：《后汉书》，中华书局，1965 年。

新石器时代遗存有孔明坟遗址下部堆积，出土物主要以打制石器为主，石器制作工艺技术主要是继承了贵州旧石器时代晚期兴义猫猫洞文化“锐棱砸击法”传统。到商周时期，开始进入早期青铜时代，但基本上没有发现青铜器，文化遗物仍主要是石器和陶器，体现出浓厚的百越文化特征。发展到春秋战国时期，出现由多种文化因素共同融合而形成的“铜鼓山”类型文化遗存[①]，该文化遗存主要分布在黔西南山间盆地中，以位于山顶的小型聚落遗址为主。

铜鼓山类型遗存已发展到青铜时代晚期，出土了较多青铜器和铸造青铜器的范模，从这些青铜器的器类和器型来看，其文化面貌与滇东南、桂西北乃至越南北部一带的青铜文化遗存具有密切联系，南方百越文化特征也很明显。

在滇东南、粤南及桂西北南盘江至右江流域上游分布区，发现有大量的与铜鼓山类型遗存同时期的青铜时代遗存，这些遗存中也有大量铜鼓山文化典型青铜器，如广南县八宝出土的一字格铜短剑，麻栗坡县征集的一字格曲刃剑、人物图案戈、羊角钮钟等[②]。广西右江流域亦发现有大量与铜鼓山文化遗存相同或相似的青铜器，如西林普驼铜鼓墓中出土的羊角钮钟，田林县平塘、田东县罗卜洲和锅盖岭等地发现的V形銎钺，田东县锅盖岭、田阳七联村、隆平村和百育沙场等地出土的一字格曲刃短剑等，说明因水系原因，位于南、北盘江所夹地带的铜鼓山文化与这些地区之间的交流和整合非常频繁。

越南北部红河三角洲地区，是东山文化（以清化省东山县东山遗址命名的一个考古学文化）青铜时代遗存和遗物发现最多的地方，在出土的青铜器中，我们发现有一些青铜器与铜鼓山文化出土物相同，彰显着二者之间可能存在着某种文化联系。

在东山文化中，青铜短剑数量不多，被认为是从中国传来的贵重器物。1961 年，在越南的太原钢铁工地出土了 1 件一字格曲刃铜短剑，全长 32 厘米，整个剑的造型和装饰风格酷似铜鼓山遗址出土的铜短剑。

① 张合荣：《试论铜鼓山文化》，待刊稿。

② 云南省文物考古研究所等编著：《云南边境地区（文山州和红河州）考古调查报告》，云南科技出版社，2008 年。

戈分有胡和无胡两种，与滇文化所出亦基本相同。其中在和平省出土的直内戈无论是戈内还是戈援上的图案均与铜鼓山遗址出土的戈范上的图案相同，而这种铜戈从贵州的赫章可乐，直到黔西南、滇东南都有较多发现。

越南北部出土有较多鱼钩，1960 年在绍阳遗址出土 4 只，1961 年在越进遗址出土 5 只，另外在河内丹凤和清化光绿等遗址也有出土[①]。均用铜线条做成，截面呈圆形或方形。弯曲，尖利，有一钩须，其头扁或上屈以绑绳线，这种形制的鱼钩在铜鼓山遗址不仅有实物出土，还发现了铸造鱼钩的石范。

另外在东山文化青铜遗址中，还出土有三角形铜锄、铜锌、斜刃形钺、镞以及细青铜雕刻工具，如凿、锥、锉等，亦与铜鼓山及相邻地区出土物接近。

2007 年 11 月，笔者赴广西南宁参加“西部考古工作第五次协作会”，期间到广西壮族自治区博物馆参观“越南青铜器展览”。在陈列展品中，有一件 V 形銎双肩钺、两件喇叭状空首一字格曲刃剑与铜鼓山文化所出基本相同，展品未注明具体出土地，铜短剑不知是否即上述太原钢铁工地出土的青铜短剑。但不管怎样，越南北部东山文化与铜鼓山文化是有一定的交往和联系的，在没有在其他地区发现新的青铜冶铸遗址前，我们可以认为越南北部出土的青铜直内人物图案戈、一字格曲刃剑、V 形銎钺甚至鱼钩等都有产自铜鼓山的可能。

根据史料记载，夜郎族群与其南边的句町、漏卧等族群经常“更相攻击”，相互之间在地理位置上应比较接近。另外，从巴蜀经夜郎有水路交通可达番禺，因而红水河或右江干流就成为西南夷族群与两广甚至越南北部等地交往的重要通道。广泛流行于铜鼓山文化分布区内且有明确铸造产地的 V 形銎钺、一字格曲刃剑、人物图案戈、铜削刀、箭镞等在南宁地区的武鸣甚至越南北部东山文化这一较大范围内也有发现，说明当时的族群整合与文化交流范围很广。相反，广泛流行于南边百越文化区的羊角钮钟在铜鼓山遗址分布核心区的出现即有可能是从南方发展而来。尽管考古学

① ［越］黎文兰等编著，梁志明译：《越南青铜时代的第一批遗迹》，中国古代铜鼓研究会 1982 年编印（内部资料）。

文化的个性应主要关注陶器而不是关注可以流传很广的金属器，但是上述地区出土的与铜鼓山青铜器相同的大量器物至少表明相互之间文化的交流比较频繁，反映着贵州西南部在历史发展的长河中逐渐并入到南方百越文化区的事实。

四、结　语

考古出土材料表明，早在商周时期，百越文化已伸入到贵州西北端的乌蒙山核心区，但随着氐羌系文化的大规模南下，它又逐渐往南退却。以后随着族群的不断整合，在贵州的西北地区便生存着属氐羌系的彝族，西南部则生活着属百越系的布依族，这一格局的形成应与先秦时期的族群迁移与文化发展有关。不过，在今贵州境内，除黔西南外，在黔南甚至黔中地区都生活着大量属百越系的族群，除布依族外，还有水族等，但在贵阳以南的黔南地区，我们目前从考古遗存上却未能找到与百越文化有关的遗址或墓葬，相互间文化的交流与传播在这一地区就不如西部地区清晰，这可能与黔南地区考古工作的薄弱有关。

“雒田”问题研究考索

王柏中
（广西民族大学民族学与社会学学院）

在中国古代，百越族群和稻作文明有着密不可分的关系。在岭南地区百越稻作文化历史上，“雒田”便是学者广为关注的一个重要内容，同时也是一个聚讼已久的学术问题。

关于“雒田”的记述，最早见于《交州外域记》。《水经注》卷37“叶榆河”引《交州外域记》：

交趾昔未有郡县之时，土地有雒田。其田从潮水上下，民垦食其田，因名为雒民。设雒王、雒侯，主诸郡县。县多为雒将，雒将铜印青绶。①

类似的记述还见于《广州记》、《南越志》，《史记·南越列传》司马贞《索隐》引《广州记》：

交趾有骆田，仰潮水上下，人食其田，名为“骆人”。有骆王、骆侯。诸县自名为“骆将”，铜印青绶，即今之令长也。后蜀王子将兵讨骆侯，自称为安阳王，治封溪县。后南越王尉他攻破安阳王，令二使典主交趾、九真二郡人。②

《太平广记》卷482“交趾”引《南越志》：

交趾之地，颇为膏腴，从民居之，始知播植。厥土惟黑壤，厥气惟雄，故今称其田为雄田，其民为雄民，有君长、亦日雄王，有辅佐焉，亦

---

① 陈桥驿：《水经注校释》，杭州大学出版社，1999年，第642页。

② （西汉）司马迁：《史记》，中华书局，1959年，第2969~2970页。

日雄侯，分其地以为雄将。[①]

案：《索隐》引《广州记》之“骆人”，本为“骆民”，是司马贞因避唐太宗之讳而改。杨守敬《水经注疏》说：“守敬按《史记·南越传·索隐》，《广州记》交趾有骆田云云，与《交州外域记》略同。据《广州记》，安阳王治封溪县，故郦氏引《交州外域记》于此。《寰宇记》平道县下引《南越志》，雒作雄。”[②] 诚如《水经注疏》所言，“雒田”也可作“骆田”，“雒”、“骆”两字异写但可互通；不过“雄王”、“雄田”之“雄”是否本为“雒”字，尚有不同的见解。[③]

回顾“雒田”的相关研究，绝大多数学者讨论雒田问题，均注重对雒田内涵的疏解，故对“雒田”具体内容探讨者颇多；进行学术史梳理的，除了樱井由躬雄的《雒田问题再整理》和秦钦峙的《“雒田”、“雒民”、“雒王”析》等[④]，其余堪称寥寥。樱井氏的文章是笔者由秦氏文章征引所知[⑤]，具体内容无从得见，但从文章的名称推测，似乎在其之前尚有学者对雒田问题的研究做过总结性的工作；秦氏一文的贡献，是在对“雒田”史料加以考辨的基础上，引介了越南、日本和法国等国外学者的观点，这是迄今为止国内学者关于“雒田”学术史研究最有分量的成果。然而，该文对“雒田”的探研仅是文章整体的一个部分，且没有论列国内学者的“雒田”研究，足见作者并没有倾力去做“雒田”问题研究史的整理工作。

因此，对“雒田”研究加以梳理和考索，尚是一个有待补苴的学术命题。故笔者试对此略加缕析，以求对相关问题的进一步探讨有所裨补。鉴于笔者视野有限，难免有挂一漏万和归纳失当之处，然亦祈其略有管窥之效。

---

① （宋）李昉等编，华飞等校点：《太平广记》，团结出版社，1994年，第2334页。

② 柏中按：“《寰宇记》平道县下引《南越志》，雒作雄。”这句话，在科学出版社1957年影印出版的《水经注疏》钞本上没有，台北中华书局1971年影印出版的《杨熊合撰水经注疏》稿本上虽有，但不在正文，而是勾注在该书第4446页的页下地角处，字体也与栏内有异，似非一人手笔，当为成书后补上去的。

③ 参见于向东、刘俊涛：《“雄王”、“雒王”称谓之辩管见》，《东南亚研究》2009年第5期。

④ 秦钦峙：《“雒田”、“雒民”、“雒王”析》，《东南亚》1984年第3期。

⑤ 参见秦钦峙：《“雒田”、“雒民”、“雒王”析》，《东南亚》1984年第3期。

一、雒田为农田诸说

目前，关于“雒田”的研究，最为普遍的观点认为“雒田”是古骆越人开发利用的一种农田，即用以种稻的水田。

如秦钦峙认为，“所谓‘雒田’，如果说在公元前3世纪以前就有了，那它也只能是‘雒民’利用河水涨落而时有时无、雒人社会最原始的粗放的‘田’”，应该是“古代红河三角洲地区雒越人社会的一种原始农业形态”。① 林蔚文说：“有人认为《水经注》引《交州外域传》中的‘雒田’即为‘鸟田’，这似乎有误。……但从音义上看，‘雒田’是对越语的音读，其亦可写为骆田，而越南语至今称稻为Iua，与雒音同，故雒田也实指稻田之意。”②

谷因却认为：“越人之居长江以南辽阔地域，是最早即从事稻作的民族，种稻必须有水利资源，故临水而居是其族显著特点，其有水源条件的稻田必多。而且《广州记》和《交州外域记》所云仰潮水上下之骆田，只不过是越人大量稻田中一小部分特别的稻田而已。”③

谷因虽然指出“雒田”是越人一种特殊的稻田，但是却没引申阐释。还有一些学者在肯定了“雒田”为农田的基础上，又加以更具体的解说。相关的说法，主要有：

1. 雒田即架田

“架田”也称“葑田”，是一种借助水体搭架构成的水上浮田。“架田”之法，在南宋陈敷、元代王桢的《农书》及明代徐光启的《农政全书》中都有较多记述。因为其能随水体的涨落而上下浮动，后人便将其与雒田联系起来。

如孙关龙认为：“在我国以及岭南地区自晋朝以来各个朝代的史书都

---

① 秦钦峙：《“雒田”、“雒民”、“雒王”析》，《东南亚》1984年第3期。

② 林蔚文：《百越民族的农业生产（续）》，《农业考古》2004年第1期。按游修龄先生亦说：“笔者以为鸟田的名称可能是汉人对雒田的越语意译，而雒田则是越语的音译，故亦可写作骆田。越南语至今称稻为Lau，与雒音同，故雒田也即稻田之意。”见游修龄：《中国稻作史》，中国农业出版社，1995年，第136页。

③ 谷因：《“陆梁”新解》，《贵州民族研究》1994年第1期。

程度不同地记载着骆田，亦可以说：骆田的耕作在我国和岭南地区一直没有间断，自先秦以来代代相传。在古代，‘雒’通‘骆’。雒田或骆田，即为架田、浮田，在长江流域又称为葑田。……沼泽水乡之处无耕地可用，乡民以木桩作架，将泥土、水草置于架上，以种植庄稼。木架飘于水上，随水高下，庄稼不至于淹没。这种架田一能随时移动，二能随潮上下。王祯在其《农书》中，称之为‘活田’。在岭南则多建于河口入海处。岭南居住着百粤族，即百越族，而‘骆者，越别名’也。所以，在岭南称架田，葑田为骆田或雒田。”① 孙氏等还认为：“‘随潮水上下’的技术是很科学的。在河流入海的河口地区，由于海水咸重、河水淡轻，两者互不交融，形成了海水在下、河水在上的上下水层。随着海洋潮汐的上涨，河海上下层水在河口地区形成为楔状水，形成淡水舌，淡水舌即淡轻的上层水，是可以灌溉田地的。……《水经注》曰：‘交趾昔未有郡县之时，土地有雒田。’交趾在上古时代指我国岭南之地，岭南的郡县之设始于秦始皇三十三年，即公元前214年。‘昔未有郡县之时’，是指公元前214年之前，说明我国岭南在公元前214年之前已开始‘耕海’，利用海洋进行种植，出现了‘雒田’。而且，雒田或架田的耕作在我国一直没有间断，自先秦以来代代相传。架田，是中国人在土地利用上的一个伟大的创造，是耕海的一个重要手段。”②

彭年也引述陈敷《农书》而力主架田为雒田，他说：“在江河出海口或海边水面，打桩架田，置泥土于架上为‘田坵’，然后种植庄稼于‘田坵’之上。‘田坵’浮于水面随水起落升降而不沉没。这就是骆田。”并且他又提到“骆田以‘骆人’得名。《后汉书·马援列传》李贤注说：‘骆者，越别名也。’这就是说，骆田是先秦时期岭南越族创造的‘海耕’即海洋农业的一种耕作形式。……‘鸟耕’是指鸟夷族耕耘之田地，即‘鸟田’，如骆越族耕耘的‘田坵’称‘骆田’一样。而‘象耕’才是鸟田的耕作形式。所谓‘象耕’，就是利用野象踩踏滨海泥泞水田，使泥土松软，

① 孙关龙：《岭南，中国和世界海洋农业文化的源地》，《学术研究》1999年第3期。张莉持说（“在岭南称架田，葑田为雒田或骆田”）同此，见所著：《南海地区古代的海洋经济活动》，《海洋开发与管理》2001年第3期。

② 孙关龙、孙永：《古代海耕与今日海洋农牧化》，《固原师专学报》（社会科学版）2002年第5期。

便于播种稻谷，又将杂草踏入土中，化作肥料。这是我国古代除‘骆田’之外的另一种‘海耕’形式”。[①] 足见彭氏与孙氏一样，都将雒田视为“耕海”或“海耕”的早期海洋农业的创举。

不过，也有学者对“雒田”即“架田”的说法提出质疑，如曾雄生认为：“架田之名始见于元代王祯《农书》，其曰：‘架田，架犹筏也，亦名葑田。’它是宋元以后发展起来的一种利用水面种植的集约经营性农田。而雒田存在于交趾未有郡县之时，也即秦汉以前，其上限则不知其期，据史书记载，秦汉以前交趾一带的农业还很原始，‘烧草种田’，‘不知牛耕’。至东汉时，‘九真太守任延，始教耕犁，俗化交土，风行象林，知耕以来，六百余年，火耨耕艺，法与华同’。在此之前，尚处于原始农业阶段的交趾一带要经营架田这样高度技术性农田，是难以想象的。”[②]

“雒田”即“架田”的说法，在清代即已出现。清代人张澍（1776—1847）辑阚骃《十三州志》时，在“百粤有骆田”条下注曰：“澍案：骆音架，即架田，亦即葑田也。”[③] 曾雄生据此认为“雒田即架田，亦即葑田”的说法“源于清人张澍，后人多以采用”[④]。不过细考之，张澍此说亦非原创，而是有所借鉴。如王士祯（1634—1711）《皇华纪闻》卷3就载有：“阚骃《十三州志》云：‘岭南有骆田。’骆，音架。王氏《农书》云：‘架田即葑田，以木缚架为田，浮水面，以葑泥附木上而成。田随水上下。’此亦其类，但不葑泥耳。”至于王士祯之前是否还有这种说法，则尚待进一步考究。

2. 雒田即鸟田

所谓“鸟田”，主要见诸于《越绝书》和《吴越春秋》，如《越绝书·越绝外传记地传》记载：

> 大越海滨之民，独以鸟田，大小有差、进退有行，莫将自使。其故何也？曰：禹始也，忧民救水，到大越，上茅山，大会计，爵有德，封有

---

① 彭年：《远古秦汉海洋渔农文化史事拾摭》，《广东教育学院学报》2002年第4期。

② 曾雄生：《“象耕鸟耘”探论》，《自然科学史研究》1990年第1期。

③（清）张澍：《十三州志》，清道光元年（1821）《张氏丛书三十六种》刊本，第47页。

④ 曾雄生：《“象耕鸟耘”探论》，《自然科学史研究》1990年第1期。

功，更名茅山曰会稽。及其王也，巡狩大越……因病亡死，葬会稽。……尚以为居之者乐，为之者苦，无以报民功，教民鸟田，一盛一衰。当禹之时，舜死苍梧，象为民田也。禹至此者，亦有因也，亦覆釜也。①

《吴越春秋·越王无余外传》也记载：

禹崩之后，众瑞并去，天美禹德，而劳其功，使百鸟还为民田，大小有差、进退有行，一盛一衰，往来有常。②

这是关于“鸟田”较早的文献记录。由于“雒”字可通“鸟”，加之“雒田”有“潮水上下”，“鸟田”则“大小有差，进退有行，一盛一衰，往来有常”。两者的记述有可以比对和联想之处。因此，后之学人多有持“雒田”即“鸟田”说者。

如石钟健说：“骆越地区有‘骆田’，二字写作‘雒田’，见《交州外域记》。至于此书为什么称为‘雒田’，书上未作解释。笔者怀疑《交州外域记》的‘雒田’就是《越绝书》上的‘鸟田’，当是同一传说的不同称谓。在这里不论称作‘鸟田’，或者称作‘雒田’，又不论对这两个名词采取哪种解释，其实所反映的都不过是鸟田助耕这个传说，所不同的，则在两越书把这个传说较完整地记载下来，《交州外域记》仅记载了这个传说的比较模糊的前一部分，而《十三州志》则把这个传说后来的变化增补进去。《交州外域记》用的这个‘雒’字，在汉代通写作‘骆’，‘雒’和‘骆’当是两个同音异写字。……可见，‘雒田’这个词本身已经包含着一个‘鸟田’的传说在内。这样说来，《交州外域记》失载的那个‘鸟田’传说，已经隐含在这个‘雒’字之内了。”③

曾雄生认为：“象田、鸟田作为一种原始农业形态，是特定环境和特

① （汉）袁康、吴平辑，乐祖谋点校：《越绝书》，上海古籍出版社，1985 年，第 57 页。

② （汉）赵晔撰，（元）徐天祜音注，苗麓校点，辛正审订：《吴越春秋》，江苏古籍出版社，1999 年，第 101 页。

③ 石钟健：《试证越与骆越出自同源》，《百越民族史论集》，中国社会科学出版社，1982 年，第 193～194 页。

定历史条件下的产物。……鸟田的发生离不开沼泽这种自然环境，而沼泽又多沿江近海。……无独有偶，在具有同样自然条件的广东珠江和越南红河等地的河口三角洲地带，历史上也有鸟田的分布，称为雒田。”① 在另外一文中，他又从语言学的角度对这一看法加以补充：“游修龄教授在与笔者的私人通信中提到：‘现代越语称稻为 Lau，其音似雒，古代越人在沼泽上种稻，利用候鸟的去秽，称这种田为雒田，汉族是译它的意，作鸟田，到南方，汉人少，越人多，汉人便译它的音作雒田或骆田，骆田是纯粹的译音，雒田则是音意兼译，这是汉人惯用的方法。’”②

游修龄所著《中国稻作史》一书中，对“鸟田”即“雒田”的观点有更为具体的阐释，他说：“鸟田又名‘雒田’（音骆，又作骆田）。雒是形声字，‘各’为声符，‘隹’是象形。据《说文》段注，短尾为隹，长尾为鸟。如从雁为短尾来看，称雒田更合适些，‘骆’只是形声，无义可会。王充所记的鸟田是在钱塘江、山阴江和上虞江的海滨三角洲地带。雒田则分布在交趾，汉时的交趾包括今西江和红河流域：‘交趾昔未有郡县之时，土地有雒田，其田从潮水上下，民垦食其田，因名为雒民。’钱塘江三角洲、珠江三角洲和红河三角洲都有鸟田或雒田，是因为河口三角洲受潮水冲击，形成许多积水沼泽，在此基础上产生鸟田或雒田是自然条件所决定的。笔者以为鸟田的名称可能是汉人对雒田的越语意译，而雒田则是越语的音译，故亦可写作骆田。越南语至今称稻为 Lau，与雒音同，故雒田也即稻田之意。”③

冯广宏也认为：“《吴越春秋》、《越绝书》还提到滨海之地有鸟田，‘大小有差，进退有行，一盛一衰，往来有常’，说是大禹留给越民的功德。潮水浸过的田中可能留下一些螺贝，鸟来觅食，同时也踏融了泥土，积下了粪肥，成为肥沃的农田，故有鸟田之称，正与‘雒田’同义。句吴氏的鸟田，也许兼有雒田之名，所以他们到达广汉，也把此号移来，遂有雒县这个名字。”④

另外，也有些学者认为“雒田”与“鸟田”两者还有明显差别。如刘

---

① 曾雄生：《“象耕鸟耘”探论》，《自然科学史研究》1990 年第 1 期。

② 曾雄生：《“象耕鸟耘”再论》，《中国农史》1992 年第 1 期。

③ 游修龄：《中国稻作史》，中国农业出版社，1995 年，第 136 页。

④ 冯广宏：《考古揭示蜀人三源说》，《阿坝师范高等专科学校学报》2005 年第 3 期。

付靖认为鸟田在东南沿海的句吴、于越，雒田在交趾、南粤。“如果‘鸟田’是水稻和水田，那么‘雒田’又是什么呢？……笔者认为两者是有所区别的：由于地理位置的不同，东部大越海滨的‘鸟田’是指普通的水稻田，南方交州外域的‘雒田’则是指种植浮稻的深水田。”①

更有学者认为，“雒田”与“鸟田”根本不是同一回事。如林蔚文说：“古代东南沿海地区部分越人在农业耕作中，还存在奇特的‘鸟田’、‘象田’、‘麋田’现象，有人甚至将这‘三田’视之与越人的土地制度有关，其实这是一个很大的误解。‘鸟田’大致上见于于越地区。……春秋晚期于越的‘鸟田’现象，就其内容而言，是雁鹄等候鸟南来啄食草根秽物的体现。就其自然环境而言，则需气候温暖、多水多草和多沼泽湖泊。这些条件于越地区基本上都具备了，因此‘鸟田’在此地就较常见。……两千多年来，于越的这一鸟田现象，使许多人迷惑不解。除了《越绝书》等之禹德所致之说外，晚近人们更多地认为其是于越人民有意识的农耕形式之一，甚或认为其为井田制之雏形，其实这都是与事实不符的。两千多年后的今天，黄海之滨的江苏滨淮农场麦田上出现的新鸟田现象，为我们解开这一谜底提供了生动有力的证据。据《文汇报》1989 年 7 月 20 日的报道说，当时该地区麦田上空，出现了成千上万只海鸥争先恐后地捕捉麦叶上的麦黏虫的奇特现象。令人惊奇的是，这些海鸥像受过训练一样，捉虫时都排成一列列很长很有规则的队伍，最长的 500 多米，最短的也有 100 多米，像扫荡一样在麦田上一连五六天来回翻飞。这则震动人心的报道，不禁使人立即想到《越绝书》等古籍中‘大小有差，进退有行，一盛一衰，往来有常’以及‘春拔草根，秋吸其秽’等记载。这些上下左右来回翻飞的海鸥，与古籍记载中的‘鸟田’是何等的相似啊！在这一活生生的事例面前，许多不实之说可以不攻自破。因此，于越的‘鸟田’，可以视为古代于越人利用益鸟以耘田拔秽的特殊‘农耕方式’。在这里，鸟类是主动的，于越人是被动的，不存在人为的因素。因为如果鸟类不来，也就谈不上‘鸟田’。当然，另一方面，由于于越人有着悠久的崇鸟习俗，益鸟们的啄秽活动，不但在于越农业生产中起到良好的作用，同时还在越人的崇

① 刘付靖：《百越民族的水稻、浮稻与“鸟田”传说新解》，《民族研究》2003 年第 1 期。

鸟心理中增加一层神秘的色彩，这是属于百越民族文化史方面的内容，在此不多述。”① 简言之，林蔚文认为“鸟田”是雁鹄等候鸟南来啄食草根稃物的体现，是古代于越人利用益鸟以耘田拔稃的特殊“农耕方式”；而“雒田”是岭南雒越人水耨的一种特殊方式。②

3. 雒田即种植浮稻的深水田

如上文所述，刘付靖认为南方交州外域的“雒田”是指种植浮稻的深水田。她说：“交州又名交趾，泛指五岭以南，西汉武帝置交趾刺史部，辖境包括今天的粤桂两省（区）大部、越南北部和中部，交州外域就是指今天的东南亚地区。”她还引述吴存浩《中国农业史》道：“今天东南亚地区仍然种植水稻和浮稻，其中以泰国和缅甸的浮稻最多。浮稻在深水条件下种植，采用撒播形式，雨季来临时，稻田积水，水位上升，稻茎也逐渐伸长。在8月至10月份时，水深每日可增加8~10厘米，浮稻有时一天可长高30厘米；在发生大暴雨、大洪水和急流时，浮稻的根会脱离土壤，上部的叶子浮在水面，整株浮稻随水漂移，吸收水中的养分，继续生长，水退后，根部又扎入淤泥；12月至翌年1月份，洪水全部退出，浮稻也已经成熟，可以收割。”③ 由此，她推断：“《交州外域记》说雒田‘从潮水上下’，正是浮稻的特殊生长形态。”并且又引证实例道：“根据《交州外域记》的记载，古代交趾的越族普遍种植浮稻，在交趾的故地今天的粤桂区，仍然有许多靠近水源的深水田，人们往水中撒播谷种，夏季里遇上暴雨、洪水和急流时，田里的积水急剧上涨，稻禾的秆茎也迅速生长，长得要比普通水稻快，就像浮稻一样漂在水面上。笔者的家乡在古代交趾所属的南越海滨之地广东省湛江市，中小学时代学校经常组织学生下乡学农，每逢在深水田里收割长秆茎的稻禾时，同学们最害怕在水里遇上蚂蟥和蛇类。笔者认为《交州外域记》的作者熟识交广地方风物，见过当地人仍然在种植的浮稻，故能准确地描述浮稻‘从潮水上下’的特殊生长形态。”④

刘付靖对“雒田”的这一阐释，是借助于民族学资料及自身生活体验

---

① 林蔚文：《百越民族的农业生产（续）》，《农业考古》2004年第1期。

② 林蔚文：《百越民族的农业生产（续）》，《农业考古》2004年第1期。

③ 吴存浩：《中国农业史》，警官教育出版社，1996年，第19页。

④ 刘付靖：《百越民族的水稻、浮稻与“鸟田”传说新解》，《民族研究》2003年第1期。

所得出的，得到了吴天明一定程度上的肯定。[1] 刘氏所说的东南亚地区的浮稻，元代人周达观就曾有记述，在周达观所著《真腊风土记》卷17“耕种”条下，就对真腊淡水洋（今柬埔寨洞里萨湖）畔的农业生产和当地的浮稻品种加以记录：

大抵一岁中，可三四番收种。盖四时常如五六月天，且不识霜雪故也。其地半年有雨，半年绝无。自四月至九月，每日下雨，午后方下。淡水洋中水痕高可七八丈，巨树尽没，仅留一杪耳。人家滨水而居者，皆移入山后。十月至三月，点雨皆无。洋中仅可通小舟，深处不过三五尺，人家又复移下，耕种者指至何时稻熟，是时水可浄至何处，随其地而播种之。耕不用牛，耒耜镰锄之器，虽稍相类，而制自不同。又有一等野田，不种常生，水高至一丈，而稻亦与之俱高，想别一种也。[2]

其时淡水洋畔的真腊农家，每年随湖水涨落之期而上下迁居，并借助湖水涨落的有利条件，使用相对简单的农具进行传统的农业生产。对于书中所记之“不种长生”的野田稻品，夏鼐先生引据学者的研究作如下注释：

“别一种”水稻。按：伯氏注云：“按其地水稻，诚如记中所述，水涨虽高，稻头常在水面。”（冯译本第156页）又按：陈正祥云：此指浮稻，又名深水稻（Oryza sativa）之一种，栽培于洪水定期泛滥地区，水深经常达两米，有时可达四至五米。浮稻生长期介乎五月至次年一月之间。在涨水期间，浮稻植株一天最快可长二十厘米，故禾头总能露出水面，最高可至五米。但洪水太快，则浮稻亦无法适应，而被淹死。浮稻单位面积虽不低，但品质较劣。（《研究》第3页）陈氏又以为原文“不种常生”当为“不种常禾”之误。（《研究》第3页注3，又56页注179）此订正颇有理

① 吴天明：《“鸟田”新证兼考“人田”、“麋田”、“象田”》，《浙江社会科学》2003年第6期。

② （元）周达观著，夏鼐校注：《〈真腊风土记〉校注》，中华书局，1981年，第136~137页。

由，但亦可能原文未误。浮稻是直接播种的，而其他稻种皆采秧田移植法。[①]

可见其与吴存浩、刘付靖所言之浮稻，是大致相类的水稻物种。

4. 雒田即沙田/潮田/涂田

关于"沙田"、"潮田"和"涂田"的名称，基本上都是在历史发展过程中因俗而成的，并不是科学意义上的田地分类。如刘志一认为，《广东新语·地语》指出："潮田，潮漫汐干，汐干而禾苗乃见。"说明这是一种利用潮水进行灌溉的农田。"涂田"是利用潮水涨落所淤积的滩涂开辟的农田。徐光启在《农政全书》中指出："濒海之地，复有此等田法：其潮水所淤泥沙，积于岛屿，或垫溺盘曲（水边小湾汊——刘注），少不等。上有碱草丛生，候有潮来，渐惹涂泥。初种水稗，斥卤既尽，可为稼田。所谓：泻斥卤兮生稻粮。……涂田、淤田，各因潮涨而成。""沙田"也是如此，指"南方江淮间沙淤之田也"，即受江河水或潮水涨落而形成的沙洲形态农田。[②]

虽细绎有别，但宏观来看，共性多于差异性，如大多分布在入海河流的感潮河段，均是河海沿岸的田地利用具体形式等。在以往的"雒田"研究中，有许多学者认为"雒田"即为其中的一种或数种。

如潘雄就认为"雒田"即"沙田"。他说："'骆'是因潮汐涨落灌溉稻田而得名，即红河三角洲土著从潮水退（落潮）后，田地重新露出水面的过程来构词的，故名'骆（落）田'。但是在珠江三角洲的土著则从土地成因构词，他们认为潮汐带来砂土堆积，所以把这些利用潮汐灌溉的土地称为'沙田'（《广东文史资料》第五辑"广东沙田之一面"）。可见虽然自然条件相似、耕作程序和方式相同，但因族属不同而引起命名的差异。"[③]

游修龄以清人屈大均《广东新语》为据，视"雒田"为"涂田"，认为："南方的涂田利用以屈大均的《广东新语》叙述最为详细。该书引《广州记》云：'交趾有骆田，仰潮水上下，是名雒田，其禾耐风旱而早

---

① （元）周达观著，夏鼐校注：《〈真腊风土记〉校注》，中华书局，1981年，第138～139页。

② 刘志一：《"象田"、"鸟田"考》，《中国农史》1991年第2期。

③ 潘雄：《骆越非我国南方诸族先民考》，《史学集刊》1984年第2期。

实。’骆田是以种姓名田，当是涂田之一种。”①

宋正海在《中国古代的潮田》一文中，对“潮田”的种类、灌溉原理和方式等进行了系统考察，对“骆田”“仰潮水上下”的可能性进行了科学论证，认为“骆田即潮田一种”。但同时他也采信张澍之说，认为其“也是中国古代架田的一种”②。持“雒田”为“潮田”说的还有林蔚文，他说：“有人认为《水经注》引《交州外域传》中的‘雒田’即为‘鸟田’，这似乎有误。《交州外域传》说：‘交趾昔未有郡县之时，土地有雒田，其田从潮水上下，民垦食其田，因名为雒民。’从字面上看，交趾骆越人的雒田如上述，由于‘其田从潮水上下，’当视为‘潮田’或即仰潮水俯仰的水耨法较为妥当，其与‘鸟田’似无关系。”③而日本学者片仓穰将“雒田”视为“利用海潮涨落调节河水而进行灌溉的水田”④，似乎也含有“雒田”为“潮田”说的意味。

刘志一较上述学者的看法更为综合，他认为：“‘雒田’是怎样的田呢？‘其田从潮水上下’，显然是利用海边或入海口滩涂开辟出来的随潮水涨落而存在的农田。它可能包括‘潮田’、‘涂田”、‘架田’（即葑田）、‘沙田’四种形式。……古雒越人创造这四种形式的农田都与潮水上下有直接或间接的关系，却与所谓“鸟田”之类没有任何联系。但说明他们在水稻种植与农田开垦方面为人类作出了巨大的贡献。”⑤

5. 雒田即山谷坡田

“雒田”为“山谷坡田”说，是从比较语言学角度衍生出来的一个观点。

如覃晓航认为：“历史上有关‘雒田’之名的解释分歧甚多，但有代表性的看法只有两种：一种认为‘雒田’之‘雒’字源于壮语的 rok^8（鸟），故‘雒田’即‘鸟田’。另一种认为‘雒田’之‘雒’字源于壮语的 $lu:k^8$（山谷），故‘雒田’即‘山谷之田’。……史载‘雒田’的特点是‘从潮水上下’，这种田实际上是望天田，因为古时候生产力低下，

① 游修龄：《中国稻作史》，中国农业出版社，1995 年，第 131 页。
② 宋正海：《中国古代的潮田》，《自然科学史研究》1988 年第 3 期。
③ 林蔚文：《百越民族的农业生产（续）》，《农业考古》2004 年第 1 期。
④ 秦钦峙：《“雒田”、“雒民”、“雒王”析》，《东南亚》1984 年第 3 期。
⑤ 刘志一：《“象田”、“鸟田”考》，《中国农史》1991 年第 2 期。

壮族先民无力进行水利建设，其田间管理主要还是靠自然灌溉。……壮族的na^{2}lu：k^8（山谷川）是靠sa：u^{2}水（槽水）自然灌溉的：天下雨，槽水涨，谷田水上升；天干旱，槽水落，谷田水下降。这种情况与《水经注》所说的‘其田从潮水上下’是一致的。因此，可以得出结论：《水经注》所说的‘潮水’并非海潮，而是古越人山谷田中的槽水sa：u^2。它印证了‘雒田’之名与壮语na^{2}lu：k^{8}的音译关系。”①

覃乃昌等也引证民族学的材料，在多篇文章中阐释了这一观点，如：“史书上记载的‘骆越’指的就是耕种骆（洛）田的越人部落群体，骆田即洛田，即岭坡谷地中的田。史书记载的‘随潮水上下’，耕种骆田，指的就是耕种这种岭坡谷地中溪流两旁的田。”② 又如：“左江流域还有许多含‘绿’、‘禄’、‘绿’、‘鹿’、‘六’、‘罗’的地名，它们是壮语‘山岭间的谷地’的汉字记音。许多学者认为，它们与‘骆’同音同义，‘骆田’实为古越语和今壮语中的‘骆那’，即‘山岭之间的一片田’。”③ 再如：“‘洛’同‘雒’、‘骆’，只是记音用字的不同。根据考古学资料，壮族地区的古人类一般先是居住石山岩洞，以后才逐步到山间平地开田造地定居的。至今壮族地区仍分布有大量带‘六’、‘碌’、‘渌’、‘洛’、‘雒’、‘骆’、‘鹿’、‘陆’、‘罗’（均用汉语柳州方言读音）的地名，这些地方大都是岭坡间的谷地，而且大都有溪流并且是耕作稻田的地方。……骆越是指耕种骆田的越人部落群体。骆田即‘洛田’、‘渌田’，即岭坡谷地中的田，史书中说的‘随潮水上下，耕种骆田’，指的就是这种岭坡谷地溪流两旁的田，每当下雨，溪水上涨时引水灌田，待雨停水退后即耕种，现在一些壮族地区仍然如此。”④

---

① 覃晓航：《从“雒田”和“畓”的语源看古越人的谷田文化》，《中南民族大学学报》2005年第1期。

② 覃乃昌：《红水河稻作文化》，《农业考古》2004年第1期。

③ 覃乃昌等：《左江流域文化考察与研究》，《南宁师范高等专科学校学报》2007年第1期。

④ 覃乃昌：《〈麽经布洛陀〉与华南珠江流域的稻作农业——〈麽经布洛陀〉与稻作农业史研究之一》，《百色学院学报》2008年第4期。

二、“雒田”属水耨的耕作方法

越南著名历史学家陶维英认为雒田是骆越或瓯雒垦殖的田地，“仰潮水上下”，实际上是“利用潮水高涨而引水入田，使草腐烂，使土成泥，一俟潮水降落时，再排出积水，当时也可能已有筑堆田畔蓄水。这就是《史记》上所说的楚越人在农业上使用的‘水耨’方法”。①

林蔚文也认为：“《水经注》所谓的骆越人仰潮水上下，民垦食其田的‘雒田’，实际上也是古代骆越人利用水资源进行水耨的一种比较独特的耕作方式。……出于‘其田从潮水上下，’当视为‘潮田’或即仰潮水俯仰的水耨法较为妥当。”②

陶维英又举了一个越南“八月革命”以前偏僻地区农村‘水耨’的实例，他说：“在刈割稻谷以后，放水把田中的杂草耨烂，再把牛赶到田里践踏使土壤柔软后再插秧，而不使用犁耕。这就是‘水耨’的耕作方法。”③ 足见其所述及的水耨法，主要是以水耨草以便耕作。

不过，林蔚文也强调：“当然，作为水耨的含义，其也当是多层次的，可以认为，除‘仰潮水上下，民垦食其田’的‘雒田’外，大致上还有蓄水育苗、耘田、灭草等多种的方式。”④ 雒田仅是水耨诸法之一。

三、“雒田”是骆越的土地制度

关于“雒田”问题的探讨，学者们并不拘于其名称、形态等自然属性，还较多地结合当时的社会发展状况，探讨其生产力及土地关系等社会属性。这方面的主要观点有：

1. 雒田是原始社会组织的土地形式

越南史学家陶维英是持这一观点的典型人物，他认为：“越人的田地

---

① ［越］陶维英著，刘统文等译：《越南古代史》，商务印书馆，1976年，第225页。

② 林蔚文：《百越民族的农业生产（续）》，《农业考古》2004年第1期。

③ ［越］陶维英著，刘统文等译：《越南古代史》，商务印书馆，1976年，第233～234页。

④ 林蔚文：《百越民族的农业生产（续）》，《农业考古》2004年第1期。

为稻田，它的居民乃系聚居靠近河流的田野上和一些有溪涧的山谷地。当时居民称为雒民，垦殖的田地又称为雒田。我们知道，雒为姓氏，是雒越人的氏族和部落的姓名。从以上所述，我们知道，当时的田地是部落的公有土地，在部落中，每一个成员都可以分到土地耕种，以维持生计。这就是原始公社社会的公田制度。”①

秦钦峙认为：“所谓‘雒田’，如果说在公元前3世纪以前就有了，那它也只能是‘雒民’利用河水涨落而时有时无、雒人社会最原始的粗放的‘田’。……我认为公元前3世纪以前的‘雒田社会’或‘雄王时期’还停留在原始社会父系氏族公社的发展阶段；在氏族之上，则是部落和部落联盟。……如果把‘雒田’看作古代红河三角洲地区雒越人社会的一种原始农业形态，联系上述史料所反映的在汉代雒越人的生产力水平，以及对汉代雒越人社会状况给予综合观察的话，雒越人在汉武帝设置郡县以前所具有的父系氏族社会的特征——‘雒民’、‘雒将’、‘雒侯’、‘雒王’的涵义也就不难解释了：‘雒民’即父系氏族社会的成员，‘雒将’即氏族的族长，‘雒侯’即部落酋长，‘雒王’即父系氏族公社部落联盟的军事首领。”②

刘稚认为：“秦置象郡（公元前214年）前，交趾地区还处于原始社会阶段，居民主要从事采集、渔猎和原始农业。生产工具主要是石器和一部分铜制工具。《交州外域记》载：‘交趾昔未有郡县之时，土地有雒田，其田从潮水上下，民垦食其田。’这种完全靠江河水位高低来决定有无收获的雒田，表明其生产技术是落后的。”③ 可见刘稚虽然没有考证这种雒田的具体形态，但还是能从文中看出，他也认为“雒田”属交趾地区雒越人的原始农业生产。

郭振铎、张笑梅也根据《交州外域记》的记载，认为“从原文看，古代雒越地区聚集着原始的部落及其社会组织，原始村社的土地称为雒田，公社成员称为雒民。……雒越人农业很原始，直等到潮水退落再行耕种，收获极其有限，当时的狩猎仍占重要地位”④。

---

① ［越］陶维英著，刘统文等译：《越南古代史》，商务印书馆，1976年，第225页。

② 秦钦峙：《“雒田”、“雒民”、“雒王”析》，《东南亚》1984年第3期。

③ 刘稚：《略论越南封建土地所有制》，《东南亚》1984年第4期。

④ 郭振铎、张笑梅：《越南通史》，中国人民大学出版社，2001年，第6页。

何平认为："我们知道，越南北部地区在古代被称为交趾，在交趾被置为中国的郡县之前，当地的社会还十分原始落后。《交州外域记》记载当时交趾社会的生产力和生产关系时提到：'交趾昔未有郡县时，土地有雒田，其田从潮水上下，民垦食其田，因为雒民。'看得出当时生产力还很低，与之相适应的土地制度，还是原始的土地公有制。后来中原王朝在当地设置了郡县之后，乃'设雒王、雒侯主诸郡县'，生产关系才逐渐开始发生根本的变化。"这表明何平也认为交趾早期的"雒田"，是"原始的土地公有制"。[①]

2．雒田为奴隶制社会的土地形式

也有学者认为，"雒田"是雒王所代表的雒越奴隶制国家的土地形式。如郭振铎早年的著述就曾持有这种观点："文郎国位于红河中下游，因有广大的被河流冲积的疏松黄土平原，加上湖泊众多，雨水频繁，很便于发展原始农业，故旧史称之为'专事农桑之国'。但文郎国的水利灌溉工程在古代是一种巨大的劳动，必须动用众多的奴隶才能为奴隶主开垦稻田，奴隶成年筑堆田畔，利用潮水高下而引水入田并采用刀耕水褥之法，这都必须付出艰苦的劳动，故旧史载：'交趾昔未有郡县之时，土地有雒田，其田从潮水上下，民垦食其田，故名为雒民。'"[②] 可见，郭氏认为雒田是文郎国奴隶制的原始农业。

辛土成将"雒田"视为一种归属于雒王等统治阶级的国有土地。他认为："在岭南地区的越人，则有雒田、象田。《交州外域志》云：'交趾昔未有郡县之时，有雒王、雒侯、雒将。……土地有雒田，其田从潮水上下，名为雒田。民垦食其田，因名为雒民。'可知，岭南地区有象田、雒田。所谓雒田，就是水田。其田是属雒王、雒侯、雒将所占有，其民是与土地紧紧捆绑在一起，为王、侯、将所役属。从上述记述中，归纳起来，其内容有三：一是土地是属王有，并按人口的多寡，分给大小不等的耕地；二是耕地设置堤防和沟恤，以利用潮水，增加产量；三是居民分批来鸟田、象田、陵陆田、雒田耕种，实行换土而居。它反映的是百越民族地

① 何平：《越南古代社会的演进与奴隶制问题》，《东南亚》2005 年第 1 期。

② 郭振铎：《越南在公元前三世纪左右有哪几个古老的国家？当时的社会制度怎样？》，《史学月刊》1964 年第 7 期。

区早期农业的耕作方式。”①

秦钦峙的《“雒田”、“雒民”、“雒王”析》一文，引述了越南社会科学委员会编写的《越南历史（第一集）》及法国学者H·马斯佩罗、日本学者片仓穰和后藤均平等关于“雒田”社会属性认识的论述，并认为他们均过高地估计了当时的社会发展程度和农业组织水平，不同意他们认为这一时期已经进入阶级社会——甚至是卢梭所谓的“封建制”社会的说法。②

四、“雒田”乃民族称谓

在“雒田”问题的相关研究中，除了前述与农业生产相关的解说外，还有一种观点认为“雒田”根本不是农田，也与农业无关，而是一种民族称谓。

例如，徐松石认为“骆田”和“鸟田”意同马来语的“Lautan”，是古越“僚蛋”族——而非农田的称呼，即俗称“海洋人”或“水上人”的“海夷”、“鸟夷”。他认为：“这些鸟田人，在广东、广西和交趾，则称之为骆田人。鸟田和骆田这两个名称只是一音的异译。……古人曲解，以为骆田（或雒田）乃指田地，其实乃指民族。当日居民浮家泛宅，所以有随潮水上下之句。倘若是指田地，哪会能随潮水而上下呢？当日注释者附加注释，指为田地，真是画蛇而添足了。”③

徐松石的这一观点，主要的依据是比较语言学范畴的语言比较事例，堪为别有新意的解释。徐氏的这一看法，不乏有个人的合理猜测和丰富想象，目前虽有学者引述④，但就“雒田”问题的研究而言，尚非一种附议者多有的学术观点。

---

① 辛土成：《百越民族稻作农业初探》，《中国社会经济史研究》1987年第2期。

② 秦钦峙：《“雒田”、“雒民”、“雒王”析》，《东南亚》1984年第3期。

③ 徐松石：《百粤雄风岭南铜鼓》，载两卷本《徐松石民族学文集》（下卷），广西师范大学出版社，2005年，第769~770页。

④ 如蒋炳钊：《古民族“山都木客”历史初探》，《厦门大学学报》（哲学社会科学版）1983年第3期；林琳：《论“羽人”、“裸民”》，《广西民族研究》1996年第2期；罗漫：《布依族族名、族源与文化丛论》，《中央民族大学学报》（社会科学版）1998年第3期；刘小云、杨天保：《杨成志和徐松石之比较：以西南民族研究为中心》，《广西民族研究》2008年第3期等。

与徐氏关于“雒田”含义的研究相似，学者对“雒田”得名问题有所探讨。如前文所引学者之论：潘雄认为“雒田”（“骆田”）之“雒”（“骆”）即涨落之“落”，源于其“仰潮水涨落”的自然形态；覃晓航认为“雒田”之“雒”字源于壮语的rok^8（鸟）和lu：k^8（山谷），是有关“雒田”之名两种有代表性的看法。也有学者认为“雒田”之名源自“雒越”的族称，而不是相反。如前引谷因的文章，在提到“《广州记》和《交州外域记》所云仰潮水上下之骆田，只不过是越人大量稻田中一小部分特别的稻田而已”之后，接着又说：“广大越人不可能以此少量的稻田——骆田作为‘骆’这一族名的始源。‘交趾的骆田’和‘骆侯’这类名称，当沿袭自我国东南故有的民族称谓而来，绝不是骆越之名源于交趾的骆田。”①

五、结　语

综上所述，对有关“雒田”问题的研究成果作一简要的概述，从中可见，学界关于“雒田”的探讨，有农田形态、耕作方式、土地制度及民族称谓等诸多方面，也涉及农学、历史学、语言学、民族学、人类学等不同学科学术方法的运用，其中绝大多数还是将其视为特殊地理和历史条件下的农田。不过由于“雒田”历史记述的时代距今久远，且文献不足又充满歧义，故学术观点也见仁见智，呈现出“百家”争鸣之态。所幸的是，学术问题不怕争鸣，真理越辩越清。

笔者认为，历史问题的探讨必须遵循历史主义的态度。对历史问题的考索，要以科学理论为指导、以史料为依据，并将其置于特定的历史条件下去考察，绝不能无视历史记载而夸大事实，也不能对史料作过度阐释。

① 谷因：《“陆梁”新解》，《贵州民族研究》1994年第1期。

试论《越人歌》背后的象征意义

周羽

（桂林博物馆）

一、越人歌：壮族民歌的最初印记

壮族是我国南方古百越族群中西瓯、骆越部族的后裔。春秋战国时期，瓯骆民族的歌谣就以独特的形式、韵律与风格享有盛誉。西汉刘向在《说苑·善说》篇中记载了楚国令尹鄂君子皙泛舟湖中欣赏的《越人歌》。在《说苑》中，记载该歌的词先用近音汉字记录，然后译成楚语：

今夕何夕兮？搴洲中流；

今日何夕兮？得与王子同舟！

蒙羞被好兮，不訾诟耻。

心几顽而不绝兮，得知王子。

山有木兮木有枝，

心悦君兮君不知。

这首歌在20世纪80年代经壮语文学家韦庆稳先生潜心研究，在他的《〈越人歌〉的初步研究》及《〈越人歌〉与壮语的关系试探》等论文中，利用语言的规律和丰富的民族语言资料，通过深入的对比分析和严谨的逻辑论证，终于把《越人歌》翻译考证为壮族先民的歌。歌的起头句“今夕何夕兮？搴洲中流”与北部壮族传统夜山歌中常用的起兴句ham ni ham ka maʔ fei a tok loŋ θu̯(今晚是什么晚上？乌鸦衔火落在社屋边）十分相似。[①]可见壮族民歌与其先民的民歌有着深刻的渊源关系。

关于《越人歌》产生的时间，据游国恩《楚辞的起源》考证，这首

① 郑超雄：《壮族文明起源》，广西人民出版社，2005年，第18页。

《越人歌》出世的时候，必在楚康王五十五年中，认定为（公元）前五五〇（年）间的产品，即早于屈原生活的楚襄王时代，为公元前6世纪的作品，与《诗经》作品时代的下限相近。越人的歌唱艺术在先秦深受赞誉并广泛流传的情景在史料中屡有记载。如《汉书·元后传》云：成都侯王商“穿长安城，引内丰水注第中大陂以行船，立羽盖，辑濯越歌”，表明欣赏越歌曾成为长安贵族们的一种时尚。可见，越人歌有着非常悠久的历史。

作为瓯骆后裔的壮族，承袭其先民古越人“尚越声”、“作越歌”风习，他们“自幼习歌”、“乡村唱和成风”、“皆临机自撰”，并且有定期聚会作歌的节日活动。清人李调元《南粤笔记·粤俗好歌》所载：“东、西粤皆尚歌，而西粤土司中尤盛。”（在古籍文献中，“粤”通“越”）“聚会作歌”是宋初乐史《太平寰宇记》对岭南一种典型民俗事象的记述。它最初是氏族部落时代的群体祭祀形式和族外婚制向对偶婚制过渡阶段的社交活动。在宗教活动和生活中的各种功利目的的推动以及壮族及其先民喜歌善歌的民族特质的支撑下，这一活动不断地演变发展。发展到后来，已经完全脱离原来的原始宗教色彩，取而代之的是用歌声表达各种思想，即“以歌代言”。在每次的聚会作歌中，以相互酬唱为主要内容，“每场聚集人众不下千人”，“唱和竟日”犹如唱歌的圩市。经《岭外代答》等文人笔记、诗歌和地方史志的一再描述后，这种活动成为今天人们耳熟能详的“歌圩”传统。壮族人民在歌圩上竞歌赛歌，加强感情交流，直接促进了壮族民歌的发展。通过以上列举出的古籍资料可以看出，古人对歌圩这一民俗事象也多有记载，但总体看来，多出自于汉族文人或是壮族中的知识精英之手，他们或是出于一种猎奇心理，把歌圩当作一种异族的奇风异俗加以记录，或是壮族本族的知识精英为了抬高自己民族的地位，而有意识地对壮族民歌进行润色修改，而真正能对壮族民歌进行较完整记录的资料并不多见。《说苑》中的《越人歌》，却对2000多年前的壮族先民的歌曲作了较为客观的记录。因此可以说，在中国的古籍资料中，《越人歌》是壮族民歌的最初印记。

二、《越人歌》背后的象征意义

（一）关于《越人歌》的研究误区

世人很早就开始了对《越人歌》的关注。在《说苑·善说》篇中，《越人歌》是在“襄成君始封之日”条中出现的，且并没有一个题目。后人曾把它单独抽取出来，并收进多种诗集中。清人杜文澜《古谣谚》称为《越人拥楫歌》，《梁任公近著》命作《鄂君歌》；清人沈德潜收入《古诗源》始名之《越人歌》。上述的这些文人的收录虽使《越人歌》为后人所知晓，但也使后人对《越人歌》的理解或研究局限于单独的以歌论歌上，即对《越人歌》的理解脱离了最初记录这首歌的《说苑》，而单独对这首古歌进行理解研究。再加之世人对壮族民歌或歌圩的了解，很大程度上停留于男女互诉情感的基础上，因此对这首歌的理解，极容易根据歌词的翻译，把它理解为一首情歌：

今夕何夕兮？搴洲中流；

（今天是什么样的日子啊，我驾着小舟在长江上漂荡；）

今日何夕兮？得与王子同舟！

（今天是什么样的日子啊，我竟然能与王子同船泛舟。）

蒙羞被好兮，不訾诟耻。

（承蒙王子看得起啊！不因为我是舟子的身份而嫌弃我，甚至责骂我。）

心几顽而不绝兮，得知王子。

（我的心里如此的紧张不止，因为我知道他居然是王子！）

山有木兮木有枝，

（山上有树木，而树上有树枝，）

心悦君兮君不知。

（我心里这么喜欢王子啊，可是王子并不知道。）

因此后人普遍认为这首《越人歌》，描写了越人船女与尹楚令尹鄂君子皙同舟共游的喜悦心情，并倾吐了对鄂君子皙的深情爱意。清代李调元在《南粤笔记》中就有关于“粤歌始自榜人之女”（即为鄂君子皙唱《越人歌》的榜枻越人女子）的记述，实际上也就是把这首歌认定为是越人船女唱给鄂君子皙听的情歌。此外，现在相当一部分研究《越人歌》的论文，也均把这首歌定性为一首词情感人、韵律优美的情歌。

对于语言学家或是文学家，采取以歌论歌的研究方法无可厚非，但对于文化人类学或是民俗学方面的研究来说，要做的还不仅仅只是把关注点放在已有的研究对象或研究对象的背景信息上，或者是不仅仅只是探究研究对象的来源，而是要对研究对象文化层面有更多的分析，尽量达到对历史的重构。因此笔者认为，要对《越人歌》进行研究，不仅要把关注点放在它的语言文字上，还要通过最早记录这首歌的《说苑》一书，找到作者刘向记录这首歌的真实目的，进而更加清晰地还原这首歌的本来面目。

（二）《说苑》中的《越人歌》

《说苑》是西汉时期一部富有文学意味的重要文献。该书博以群书，分类纂辑了先秦至汉初的史事和传说。著者刘向，身为宗室后裔，是历宣帝、元帝、成帝三世的大臣，其时西汉王朝已由强盛转向衰落。刘向忧心社稷、力图改善皇权统治的良苦用心使他在编撰《说苑》时以政治为叙述重心，以历史故事作为基本的表述方式，采取了综融各家、以儒家为主导的思想方针。正如《汉书·楚元王传》载："向睹俗弥奢淫，而赵、卫之属起微贱，踰礼制。向以为王教由内向外，自近者始……数上疏言得失，除法戒。书数十上，以助观览，补遗阙。"[①]《说苑》中引用了大量的材料，这些材料的来源大致分两部分：一部分源于刘向以前的经传、史书和诸子之书；另一部分则源于刘向校书过程中积累的各种著作在流传过程中形成的异文。这其中有相当一部分不见于前代的典籍记载，唯见于《说苑》。毫无疑问，《越人歌》的记载当属后一种情况，因而今天我们所见的对《越人歌》的最早记载现于《说苑》。

但是，作为一首距刘向生活年代已达500年之久，且还为我国西南地区的少数民族所传唱的一首古歌，在"非我族类，其心必异"的中原封建王朝统治阶层的心理主导下，刘向为何还要将其选编入书，有何用意，《越人歌》在该书内又充当了什么样的角色呢？

---

① 转引刘琳霞：《刘向〈说苑〉考论》，河南大学硕士学位论文，2003年。

让我们来看看《说苑》中对《越人歌》的完整记载：

襄成君始封之日，衣翠衣，带玉剑，履缟舄，立于游水之上。大夫拥钟锤，县令执桴号令，呼："谁能渡王者于是也?"楚大夫庄辛过而说之，遂造托而拜谒，起立曰："臣愿把君手，其可乎?"襄成君忿作色而不言，庄辛迁延沓手而称曰："君独不闻夫鄂君子晳之泛舟于新波之中也，乘青翰之舟，极蔄芘，张翠盖而□犀尾，班丽袿衽，会钟鼓之音毕，榜枻越人拥楫而歌。歌辞曰：'滥兮抃草滥予? 昌枑泽予，昌州州。□州焉乎，秦胥胥。缦予乎，昭澶秦踰，渗惿随河湖。'鄂君子晳曰：'吾不知越歌，子试为我楚说之。'于是乃召越译，乃楚说之曰：'今夕何夕兮? 搴洲中流；今日何夕兮? 得与王子同舟！蒙羞被好兮，不訾诟耻。心几顽而不绝兮，得知王子。山有木兮木有枝，心悦君兮君不知。'于是鄂君子晳乃揄修袂行而拥之，举绣被而复之。鄂君子晳，楚亲王母弟也，官为令尹，爵为执珪，一榜枻越人，犹得交欢尽意焉。今君何以踰于鄂君子晳，臣何以独不若榜枻之人，原把君之手其不可何也?"襄成君乃奉手而进之，曰："吾少之时，亦尝以色称于长者矣，未尝遇僇如此之卒也。自今以后，愿以壮少之礼，谨受命。"(《说苑》卷11《善说》"襄成君始封之日"条)①

在故事中，刘向通过楚大夫庄辛之口，道出了这首《越人歌》。从上面这段记载，我们可以看出，《越人歌》向我们展现的已不是我们原来通过字面所理解的越女与鄂君子晳之间美好的爱情故事。故事的主角发生了变化，越女变成了越人船夫，情歌变成了越人对鄂君表达感戴之情的赞歌，这首《越人歌》向我们传达更多的应当是当时楚越人民之间的一种亲密关系，此时的《越人歌》已被刘向赋予了一种历史的、道德的和象征意义上的特点。

（三）象征意义被赋予的条件：历史与当前对应关系的建立

其实类似于上述《越人歌》这样一种政治意义上的赋予并非先例，若要论及源头，应该追溯到对《诗经》的注释上。《诗经》是中国古代诗歌

---

① 转引刘琳霞：《刘向〈说苑〉考论》，河南大学硕士学位论文，2003年。

作品总集，按照传统的说法，这些诗歌都为孔子所选编，他希望人们通过学习他的诗选，可以学习德行。其后经过汉武帝“罢黜百家，独尊儒术”，儒家思想一跃成为当时社会的主流思想，孔子也理所当然地被摆在了一个至高的位置上。于是对于《诗经》这部有助于君子修身，同时又出自大圣人之手的权威之作，学习它不仅是为了了解自然的历史或民族的过去，也是为了理解王国的政治史。[①] 统治阶级的知识分子们纷纷对其奉若圭臬，并进行了一次又一次的注释解读。这些象征意义使这部诗集的教化价值得到进一步的强化，从而也造成了对诗歌所赋予的象征意义在汉代尤其盛行，且被人们普遍接受。由此看来，刘向在他的《说苑·善说篇》中将《越人歌》选编入内，实际上是希望通过《越人歌》，或者说是《越人歌》的故事，在民歌和当前的社会、政治现象之间建立一种对应的关系。在这种情况下，《越人歌》也被从自身生长的社会场景中抽取出来，服务于进谏者（即刘向）向统治者劝谏的政治需要。由此可见，在所引用的对象与当前之间建立一种对应的关系，是赋予对象象征意义的首要条件。

《说苑·善说篇》中《越人歌》提到的楚国是我国先秦时代历史最悠久的古老国度，历经了从弱小到强大的发展过程。楚国在发展的过程中，不断合并与之相邻的小国，融合该地的百越民族，使其成为楚国臣民，并最终发展成为江南百越之地的强国。楚国在开拓自己的国土时，对周边的百越民族既有战又有和。在楚成王时期，就对今湖南、江西两省的越族发起了大举进攻，“于是楚地千里”。楚悼王时期，“吴起相悼王，南并蛮越，遂有洞庭、苍梧”（《后汉书·南蛮传》），于是今湖南全境并入楚国版图。在随后的时间里，楚国版图继续南扩。根据蒋廷瑜先生的研究，楚国的南界实际上已经越过南岭山脉，溯湘江而上，进入了漓江流域，大抵在今广西北部桂林附近。湘漓二水的分水岭可能是比较稳定的楚越交界处。[②] 随着楚国的不断扩张，越来越多的楚人迁徙到了原来的越地，带去了先进的楚文化。楚国的国土面积进一步扩展。

楚国在征战周边小国与部族的同时，也注重与他们加强联系，施行仁

① ［法］葛兰言著，赵丙祥、张宏明译：《古代中国的节庆与歌谣》，广西师范大学出版社，2005 年，第 3 页。

② 朱燕英：《从长沙楚墓看越文化对楚文化的影响》，《百越文化研究》，厦门大学出版社，2006 年，第 105 页。

义，加强融合。从春秋时期开始，中原各诸侯国以自己经济文化上的先进而自称华夏，把较为落后的周边小国或部族称为戎、狄、蛮、夷，以便在声罪致讨时有所借口，但楚国却是一个例外。早在楚人先君鬻熊在荆山创业时，楚人就与临近的越人交往密切。楚人也以蛮夷自居，《史记·楚世家》记载："我，蛮夷也，不与中国之号谥。"说明楚人主动与中原保持一定距离，而在生活习俗、文化品位上与百越民族极为相似。正因为楚人主动亲近百越，因此"熊渠甚得江汉间民和"。百越之地广袤千里，政权又极其分散，这给楚人拓展疆域创造了良好的条件，楚人占据越地后，对越人并不驱逐，而是让他们按照自己的习俗依旧安居乐业。① 因而后世的政治家及史学家对楚国的这种怀柔的民族政策津津乐道，尤其对楚国统治阶层所奉行的儒家仁义行为甚为赞赏。

《越人歌》的故事就发生在楚国与百越民族交好的背景下。据《史记·楚世家》记载，子晳为楚共王的儿子，是楚康王、楚灵王的同母弟。子晳曾于公元前 528 年短期任过楚令尹。② 而故事的另一位主角，那位越人应该是一位有聪明才智的歌手兼船夫。两广地区自古都是水路纵横，壮族的先民很早就善于划船，因此这位越人从居住地顺水路来到楚地完全有可能。又从歌圩是壮族盛行的悠久传统风俗来看，壮族的先民一向是擅长唱歌的。这就是说在上古壮族的先民中，一定有不少歌手兼船夫之人，而这位越人似乎就是其中比较突出的一个。③ 在楚国的奴隶制社会中，担任令尹的楚国贵族的子晳不因越人的异族身份而轻视他，相反却是按照楚人的礼节，双手扶了扶越人的双肩，又庄重地把一幅绣满美丽花纹的绸缎被面披在他身上（鄂君子晳乃揄修袂行而拥之，举绣被而复之），足见子晳的仁义之举。

---

① 熊传善：《楚国与百越民族》，《百越文化研究》，厦门大学出版社，2006 年，第 125 页。

② 《说文》："令尹：令，发令也；尹，治也；令尹，握事者也。"令尹是楚国在春秋时代的最高官衔，是掌握政治事务、法号施令的最高长官，其执掌一国之国柄，身处上位，以率下民，对内主持国事，对外主持战争，总揽军政大权于一身。令尹主要由楚国贵族当中的贤能者来担任。

③ 韦庆稳：《〈越人歌〉的初步研究》，《百越史研究论文集》（第一辑）（油印本），1980 年，第 92 页。

儒家讲“仁”，而仁德的最高境界是博施于民而能济众，贤人治国是儒家仁政德治思想的重要组成部分。作为西汉当时有名的儒家的典型代表，在刘向的心目中，孔子是践履仁义之道的不朽典范，因此他明确地强调仁义道德不仅是人立世之本，更是立国之本。刘向提倡治理国政要以教化为主，以德化治天下。在汉成帝时，刘向任秘书校，当时皇家所藏的主要图书都经刘向整理过。这为他博览群书、历观前代之兴衰成败提供了机会。可以说，刘向对历史故事的熟悉程度是不用怀疑的。同时，刘向生于西汉由盛转衰的转折时期，因此在他的《说苑》中所选择的历史材料都和当时的现实有着密切关系，这样更容易实现古今对接、以古鉴今。《越人歌》的故事所提到的子晳的仁义、礼贤下士的美德与刘向所遵从的儒家治国之道显然一致。所以这样一来，《越人歌》很自然地就与现实之间建立了一种联系，我们也就不难理解刘向要把《越人歌》的故事引入《说苑》中的意图了。

当然，对于这段历史的真实性笔者还是持一种怀疑态度，因为《说苑》毕竟还是《越人歌》的最初出处。这样就有两种可能的情况：第一种情况是《越人歌》为刘向在校书过程中积累的各种著作在流传过程中所形成的异文。这其中有相当一部分不见于前代的典籍记载，唯见于《说苑》，如果是这样的话，《越人歌》还是真实可信的。第二种情况是刘向为了更好地证明自己的理论体系，而对历史进行一些加工改造。在这种情况下，《越人歌》的真实性可想而知。《越人歌》就是为了阐明刘向对君主的进谏，即君主应以仁治国、以德化治理天下，并应识贤、任贤、尊贤礼士。

到底真实情况怎样，毕竟先人已逝，我们不得而知。但刘向毕竟还是在《说苑》中为我们后人记录了《越人歌》。同时，刘向在对此歌的记录上，保留了大量的古音，还对文字进行了润饰，并多与音韵结合，这些都为后人研究古音声韵提供了宝贵的材料。

三、余论：从越人歌到歌圩文化的传承与整合

《越人歌》是我国古代使用壮侗语民族的古老民歌，从歌词的表面来看，这就是一首言辞优美的情歌，但在西汉刘向的笔下，却被赋予了特殊的政治象征意义，变成了一首越人对楚国贵族子晳表达感戴之情的曲子而

被选编入具有政治进谏意味的《说苑》一书中，从而成为君主施行仁政、礼贤下士的成功范例而被刘向当作向当朝君主进谏的有力证据，这也就是《越人歌》背后的真实象征意义。

短短的一首《越人歌》，不管是越人船女向鄂君子皙表达爱意也好，还是越人船夫向鄂君子皙表达感激爱戴之情也罢，都是壮族先民“以歌代言”文化习俗的一种体现。文化习俗的传承，有一种不是生物生理遗传基础，却又类似于遗传基因的特点。个体生活的历史中，首要的就是对其所属的那个社群传统上手把手保留下来的那些模式和准则的适应。从个体落地伊始，社群的习俗便开始塑造他的经验和行为。[①] 我们常说壮族具有喜歌善歌的民族特质，应该说就是骆越先民文化习俗的一种传承。一个民族的文化习俗，一经形成，便具有牢固的稳定性与坚韧的持久性。在我国封建社会，曾一度把壮族的民歌视为“下里巴人”，把壮族的歌圩当作遗风陋俗、伤风败俗来打压取缔，但壮族的歌圩传统仍以一种坚韧不拔的力量承受着外来的压力，继续着自身的发展。当然，随着社会交往、交流的其他形式的扩大化，也因为现代商品经济和大众文化以及新的娱乐方式的冲击，随着壮族传统的以歌传情、倚歌择偶的社会基础的消失，歌圩受到很大的冲击。但笔者坚信，壮族2000多年来形成的文化传统不会因为一时的冲击而彻底退出历史舞台，它会在历史的变迁与现代化背景中寻找着适应自己的发展道路，进行新的文化整合。

① ［美］露丝·本尼迪克特著，王炜等译：《文化模式》，社会科学文献出版社，2009年，第2页。

从“伏羲”的古越语特点说起

董楚平
（浙江省社科院）

语言是惰性最大的文化因素，后人可以篡改某些历史情节，却很难篡改语言“化石”的历史信息。中国上古传说时代的人物，其人名特点可分为两类：

第一，各书称呼统一，用字固定，字义明显，名字即反映了他的职位、业绩、功罪是非者，如有巢氏、燧人氏、神农氏、轩辕氏、黄帝、嫘祖、炎帝、蚩尤等。这些名字，甚至这些人，大多为后世杜撰。

第二，各书称呼不统一，所用之字不固定，字义费解，有的字仅为某人专用，后世不通行，如鲧、共工、尧、舜、禹、少昊、太昊、颛顼、驩兜（鵩吺）等，这些人物大多是真实的，如果这些人名有时两个字，有时一个字，两个字的第一字属鱼韵或其邻韵，则很可能是古越语人名。

查古代文献，人名写法最多歧者，莫过于伏羲。伏羲的写法多达数十种，归纳之，第一字有雹、包、庖、炮、泡、句、伏、虙、宓等；第二字有牺、羲、戏、虧等。还有舍弃第一字，只取第二字，再加一个形容词“皇”，如伏生《尚书大传略说》称“戏皇”，《路史》注引《孝经·句命决》称“皇羲”，司马彪《续汉字·律历志下》称“皇牺”，《文选》扬雄《剧秦美新》称“羲皇”。它们的取舍标准完全一致，皆舍第一字，取第二字，可知伏羲这个人名主词是第二字，第一字可以省略，仅“发声”而已。这是古越语人名特点之一。“伏羲”在文献里，第一字变化较多，第二字变化较少。戏古作虧，是繁构，增添声符“亏”。牺由羲附会而来，所谓“教人取牺牲以供庖厨”（《书序》孔疏）。张楫《字诂》说：“羲古字，戏今字。”可知第二字是基本固定的，不是纯粹的记音符号，取此字可能有特定的含义。“伏羲”人名的第一字，由于仅是“发声”之词，是纯粹的记音符号，无义，故变化很大。但变来变去皆源于上古音的幽部，幽、侯、鱼，古可旁转，是古越语发声词之常见韵部。《路史》说，“包羲”又作“句羲”，亦曰：“有句氏。”（《后纪一》）现有甲、金文未见包字。1975 年湖北省云梦县睡虎地十一号墓出土的秦简，包字与甲骨文句字（前八·四·八）形近，汉简包字与句字也形近。由于包与句自古形近，不能排除包羲原为句（音 gou 勾）羲的可能性，如果是句（勾）羲，那更是十足典型的古越语人名了。

过去学者对伏羲研究最为精深的，莫过于闻一多。他的《伏羲考》洋洋数万言，所引文献资料可谓搜罗殆尽，并吸收芮逸夫的人类学论文《苗族的洪水故事与伏羲女娲的传说》、常任侠的考古学论文《重庆沙坪坝出土之石棺画像研究》的研究成果，把文献资料与人类学、考古学资料融会贯通，进行综合研究。《伏羲考》的主要学术价值在于：①文献资料十分翔实，为后来的研究者提供方便；②对伏羲作多学科的综合研究，方法新颖，值得后人学习。

芮逸夫与闻一多的研究结论都认为伏羲是西南少数民族的祖先。现代的西南少数民族，族系不一，而且都经历过漫长复杂的迁徙、演变过程。而伏羲之名，见于《易·系辞下传》、《庄子内篇·人间世》以及长沙子弹库出土的《楚帛书》，女娲之名见于《天问》，它们都是先秦资料，可知伏羲是十分古远的人物，很难与现代西南少数民族挂钩。

太湖地区是古越人的重要聚居地，又是良渚文化的发源地。20 世纪 90 年代，笔者在研究良渚文化时发现，良渚文化的神像与文献记载的伏羲形象非常吻合，“伏羲”这个人名又有鲜明的古越语特点，因此推测：伏羲是太湖地区古越人的祖宗神，即上帝；良渚文化是史前古越文化一个重要的地区类型。

一、良渚神像“鸟首龙身”

1986 年与 1987 年，浙江省文物考古研究所分别在余杭的反山、瑶山出土大量玉质礼器。其中有几件刻着人与动物合体的神像。这些神像，以反山第 12 号墓出土的“琮王”与“钺王”所刻的形象最为完整。神像头戴羽冠，人面，胸腹部饰有兽面纹，四肢像人的手脚，而脚端有鸟爪。其中，羽冠、人面、兽面纹作浮雕突出处理，可知是神像的主要部分。有的玉器只刻出这三个主要部分，其他则予省略，有的玉器只刻神像的上部或下部，或把各部另行组合，分开刻制，这些都是以局部代表整体。例如瑶山出土的三叉形冠饰M7：26，左、右二叉皆刻人面与羽冠，中叉刻羽冠与兽面，共刻了三个神像，每个神像只刻其一部分。瑶山出土的三叉形冠饰M10：6，三个叉仅刻羽冠，下面刻一个大兽面纹，三个羽冠共着一个兽面，可见神像各部分的组合是极其自由的。良渚文化玉琮大多只刻大眼兽面纹或小眼人面纹，或两者的组合，更是以局部（眼）代表整体（神像），大眼纹与小眼纹都是良渚文化神像的简化标志。以局部代表整体，是良渚文化主题纹饰最常用的手法。认识良渚文化这种最常用的艺术手法，是我们正确理解良渚神像的钥匙。掌握了这把钥匙，就不会被那些繁简参差的表面现象所迷惑，产生种种穿凿附会的猜想。

研究这个神像的论文已发表不少，关于神像的性质，有祖先神、太阳神、太阳神与祖先神的综合体，有巫骑兽、神骑兽等说。笔者已发表两篇小论文，一篇论证为良渚文化的祖先神（上帝）①，一篇与太阳神之说进行商榷②。近来，"骑兽论"颇为盛行，此说既脱离刻纹实际，又脱离人类童年的历史实际。刻纹毫无"骑"的姿势，根据良渚文化的艺术水平，刻出骑的姿势是轻而易举的事。人类文明早期所崇拜的神基本上都是亦人亦兽的"怪物"。当时，祖先崇拜已开始人形化，即开始在人类自身寻找祖先，但又未能摆脱动物图腾的遗俗，于是就出现人与动物合体的神像。这是世界众多民族进入文明时代早期的普遍现象，古埃及遗留下来的狮身人面像，就是一个显例。中国在这方面也毫不例外，《山海经》里的神，几乎全是亦人亦兽，即人与动物合体的"怪物"；各地发现的伏羲女娲"人面蛇身"交尾图，用实物证明《山海经》所记并非虚妄。把人兽合体的神像说成是神人骑兽，是现代人思维惯性在起作用的缘故：只要人与兽在一起，就想到骑，而没想到上古时代的神全部都是人兽合体的"怪物"。

那么，这尊良渚神像是人与什么动物的合体呢？关于这个问题，拙文《良渚文化上帝小考》与《良渚文化神像释义——兼与牟永抗先生商榷》

---

① 董楚平：《良渚文化上帝小考》，《浙江学刊》1996年第5期。

② 董楚平：《良渚文化神像释义——兼与牟永抗先生商榷》，《浙江学刊》1997年第6期。

已作出论证，大意如下：《山海经》从不描写神的冠帽，神的头才是介绍的重点，或“人首”，或“鸟首”，或某兽之“首”，因为头比冠帽重要得多。良渚文化神像的冠刻得那么大，那么精，难道真的只为了介绍神的冠吗？神像于不显眼之处露出鸟爪，已暗示羽冠是象征“鸟首”。此神之形状既有鸟首，又有鸟爪，说明其本是鸟神，是吴越地区传统图腾的遗存。兽面纹装饰在神的胸腹部，胸腹部是身躯的主干，胸腹部饰兽面纹是象征此神为“兽身”。这不是一般的兽，而是神兽——龙。反山出土有两种形制特殊的冠状器，所刻神像也头戴羽冠，人面，但颈项以下是盘曲的龙身，这是神像“龙身”的直接证据。《山海经·南次二经》写吴越地区，说其神状皆“龙身而鸟首”，文献记载与考古发现合若符节。

良渚文化既崇拜鸟，又崇拜龙，两者的关系如何呢？根据太湖、钱塘江地区的历史文化背景，鸟应该是原生的信仰，是图腾；而龙是次生信仰，是图腾以外的新神灵。犹如商民族，到东周时期，其后裔宋人还以玄鸟作为自己的始祖，但在商代青铜器中，“饕餮纹”是母题纹饰，“饕餮”是商族新的神灵。据马承源先生研究，商代青铜器的“饕餮纹”是一种龙纹[①]；李学勤先生也认为“饕餮”是龙的一种，良渚文化神像的兽面纹与红山文化的块状玉龙有相似之处[②]。如此看来，良渚文化与商文化都以鸟为图腾，都以龙为新神灵。

良渚神像基本轮廓是人形，说明当时已进入文明时代的早期阶段，已开始有了一定程度的人性觉悟，企图把人从动物界中剥离开来。鸟首与龙身不可等量齐观，鸟是自然物，龙是人造的，龙出现得较晚，是中国人与自然力抗争的表现，也是人性觉悟的一种表现。鸟首是图腾遗俗，龙身是新的宗教崇拜。前者是出于对历史的怀念，后者是出于现实的需要。现实比历史更重要，因此“兽（龙）面纹”是神像最突出的部分，良渚文化玉琮以饰大眼“兽（龙）面纹”最为多见，正如商代铜器以“饕餮纹”最为多见。

---

① 马承源：《中国青铜器》，上海古籍出版社，1988 年，第 317 ~318 页。

② 李学勤：《良渚文化玉器与饕餮纹的演变》，《东南文化》1991 年第 5 期。

二、伏羲：风姓，人面蛇（龙）身

这尊人面、鸟首、龙身的神就是伏羲，是太湖地区史前时期古越人的祖宗神（上帝）。此说主要理由有五条：

第一，伏羲的名字有古越语特点（即见上述）。

第二，伏羲风姓，古书无异辞。如《尚书·序》旧注："包羲氏，三皇之最先，风姓。"《帝王世纪》："庖牺氏风姓也。"古书未见伏羲他姓之说。风字本从鸟。"甲骨文只有从鸟的凤字，没有从虫的风字。甲骨文从鸟的凤字，绝大多数假作风雨之风，因古人以为凤鼓翼而生风，故凤风同字。"① 伏羲风姓，说明他以鸟为图腾，中国古代风姓部族皆为东部以鸟为图腾的民族。

"图腾"是外来词，中国与它相当的是"姓"。"姓"表示血统、种族，与图腾一样，是不可改变的。姓字从生，"因生以赐姓"（《左传》隐公八年），《论衡·诘术篇》解释说："因其所生赐之姓也。若夏吞薏苡而生，则姓苡氏；商吞燕子而生，则姓为子氏；周履大人迹，则姬氏。"

王充是东汉人，当时已"姓"、"氏"不分，所谓"苡氏"、"子氏"、"姬氏"，按先秦原义，都应改称姓，不得称"氏"。

"苡"，《史记》作姒。"燕子"，即燕卵。姬，因巨迹之巨而姓姬，古姬字一般属之韵，有时读鱼韵。例如《列子·黄帝篇》"姬，将告汝"，张湛注："姬，音居。"《庄子·达生篇》姬作居。《山海经·大荒西经》"吴姖之尸"，袁珂按："姖，《藏经》本作姬。"② 居与巨古皆鱼韵，姬姓，可能本作姖姓，姓巨迹也。

《后汉书·西南夷传》："夜郎者，初有女子浣于遯水，有三节大竹流入脚间，闻其中有号声，剖竹视之，得一男儿，归而养之。及长，有才武，自立为夜郎侯，以竹为姓。"

夏因禹母吞苡而姓姒，商因玄鸟遗卵（"子"）而姓子，周因姜嫄践巨迹而姓姬（姖），夜郎因竹生男儿而姓竹。以上四姓都因图腾而来。已有

---

① 董楚平：《〈国语〉"防风氏"笺证》，《历史研究》1993年第5期。

② 袁珂：《山海经校注》，上海古籍出版社，1991年，第407页。

不少学者指出，姜姓以羊为图腾。抓住各族的姓，就容易找到他们的图腾。伏羲风姓，说明他属东部以鸟类为图腾的民族。良渚神像头戴羽冠，脚露鸟爪。羽冠象征鸟首，鸟是良渚文化的图腾。伏羲的“风姓”与良渚神像的“羽冠”、鸟爪正好对应。

第三，古书记载及各地画像，伏羲皆“蛇身”或“龙身”，中国自古龙蛇混称，蛇身也即龙身。此外再无别的说法。汉代时候，山东灵光殿壁画有伏羲、女娲交尾图，东汉王延寿《鲁灵光殿赋》说“伏羲鳞身，女娲蛇躯”。良渚神像“龙身”也与伏羲对应。

第四，伏羲出生于太湖，本是太湖雷神。

《山海经·海内东经》：“雷泽中有雷神，龙身而人头，鼓其腹则雷①，在吴西。”

《淮南子·地形训》：“雷泽有神，龙身人头，鼓其腹而熙（戏）。”

雷泽“在吴西”，即太湖。

《山海经》郭璞注引《河图》曰：“大迹在雷泽，华胥履之而生伏羲。”

《易·系辞传》疏引《帝王世纪》曰：“有大人迹出于雷泽，华胥履之而生包牺。”

华胥，古氏族名。《列子·黄帝篇》有华胥氏之国。华胥即姑苏。姑字上古音为见母鱼韵；华字上古音为匣母鱼韵。见匣旁纽，同属牙声。既同韵，又旁纽，自可通假。胥与苏也属鱼韵，也可通假。《越绝书》与《吴越春秋》常称姑苏为“姑胥”。故以声韵言，华胥完全可以读作姑苏，此其一；雷泽在“吴西”，华胥氏离“吴”不会太远，此其二。《海内东经》是战国时所作，当时吴指姑苏。《列子·黄帝篇》说华胥氏之国在“台州之北”。台州在浙东，姑苏在台州之北，方位正合。故以地理方位求之，华胥也可释为“姑苏”。总之，华胥与伏羲，母子二人皆为太湖附近人氏。太湖一带，正是良渚文化遗址最密集地区。

第五，《山海经·大荒南经》曰：“帝俊妻娥皇，生此三身之国。”又云：“东南海之外，甘水之间，有羲和之国。有女子名曰羲和，方浴日于

---

① 今本《山海经》脱“则雷”二字，袁珂：《山海经校注》据《史记·五帝本纪》正文引补，可从。

甘渊。羲和者，帝俊之妻，生十日。” 郝懿行云：“《史记》（《五帝本纪》）正义引《帝正世纪》云：‘帝次妃娵訾氏女曰常仪。’《大荒西经》又有帝俊妻常羲，疑与常仪及此经羲和通为一人耳。”《大荒西经》载“有女子方浴月。帝俊妻常羲，生月十有二，此始浴之。”

帝俊妻的名字有四种写法：娥皇、羲和、常仪、常羲。娥、羲、和、仪，四字古皆歌部。其中，娥、羲、仪是同源字，皆源于戈字，更可通假。例如：《诗·蓼莪》之莪，鲁峻碑引作羲。《礼记·檀弓》“蛾结于四隅”，《释文》曰“蛾又作蛾”。《大荒西经》“常羲”，《吕览·勿躬》作“尚仪”。上文说过，伏羲的主词是羲，伏（包、虙）字可省，加一个形容词称“羲皇”。同样，常羲（常仪、羲和）的主词也是羲（仪、娥），“常”与“和”都可省，加一个形容词称“娥（羲）皇”。常羲的名字与伏羲一样，都有古越语特点，常羲很可能是伏羲氏之国的女子，嫁给商族的帝俊。查现有文献资料，唯“羲”能生日月。查现有考古资料，唯良渚文化的始祖神能生日月①。“羲和之国”在“东南海之外”，《山海经》尤其是《大荒南经》所说的“东南海之外”，应理解为东南沿海一带，这里是良渚文化的主要分布区。羲和是伏羲之女，羲和之国也即伏羲之国。然则良渚文化的始祖神当为伏羲。良渚文化早于商文化，伏羲氏之女嫁给帝俊后，把良渚文化女子生日月的神话带到商文化中去。良渚文化后来在江南消失，商文化是其重要承接者。“殷墟玉器除继承二里头文化的玉器传统之外，更多的继承了良渚文化的玉器品种，尤以纹饰中的兽面纹、云雷纹引人注目。”② 良渚文化的“饕餮纹”还成为商代青铜器的主要纹饰。这两个东方文化相似性本来就较多，通婚联姻可能更加强了他们之间的联系。

综合上述五条理由，当可证明伏羲是太湖地区古越人的祖宗神，也即良渚文化的上帝。后来，由于良渚文化北迁，先后被商、周文化吸收，伏羲的名字得以在中原古文献中流传开来，饕餮纹也得以在商周青铜器中保留下来。

---

① 董楚平：《鸟祖卵生日月山》，《故宫文物月刊》1997 年 14 卷第 12 期；又《中国最早的创世神话》，《杭州师范学院学报》1998 年第 2 期。

② 郑振香：《殷墟玉器探源》，《庆祝苏秉琦考古五十五年论文集》，文物出版社，1989 年，第 324 页。

从越濮“裸国”到南岛“裸番”

何斌　吴春明
（广东省文物考古研究所、厦门大学历史系）

服饰形态与人体艺术是人类装饰文化的重要组成部分，或因文化演化步伐的先后，或由于生态环境不同、文化区系的差异，不同族群的装饰文化会有截然的差别。在东亚古代“文明”的视野中，上古以来的华夏“楚楚衣冠”，就不断遭遇华南越、濮之“化外裸国”的冲击。直至近古、近代包括台湾原住居民在内的南岛土著仍然“裸以为俗”。从越濮“裸国”到南岛“裸番”，透露出亚洲东南海洋地带土著民族史时空变迁的基本轨迹。

一、考古与史籍中的越、濮早期“裸国”

华南史前至上古时期的岩画、青铜器和陶俑等考古资料中，出现不少裸身人群的影像，可以追溯为土著“裸国”的存在。云南沧源、广西左江、福建仙字潭、广东宝镜湾等史前岩画，都是史前、上古的濮系和越系先民留下的，都有不少裸体人物形象，其中的许多有鲜明的男女生殖器外露，笔者认为这与古时的裸人有关。

广西左江沿岸六县200多公里发现70多处岩画地点都有明显的裸体男女形象。总第86组的左二侧面人像头上抬、手臂上举扶一铜鼓，躯干粗直，屈膝蹲腿，胯间为尖翘的男性生殖器。总第94组的左上5人一排侧面人像均挺胸收腹、屈臂向上、腿半蹲、跨间均画上翘的男性生殖器。总第97组中部4人一排侧面人像均仰首、手臂前举、叉腿站立、胯间均画上翘的男性生殖器，都应是裸身的男性（图1：1、2、3）。如总第53组双手上举、腰间佩剑、双腿半蹲的人像，胯间连一个小扁圆的女性生殖器。总第71组的左侧正面人像头上双角饰、双手上举、腰部横配剑、腿半蹲、足间置一铜鼓、胯下突出半圆的女性生殖器，都应是裸身的女性（图1：4、5）。总第56组中下方一对相互拥抱的侧面人像，右一人仰首举臂大腹，应为女性，左一人握住女性手并骑在她身上的应为男性，表现的是公共场所的裸身性交场面（图1：6）。①

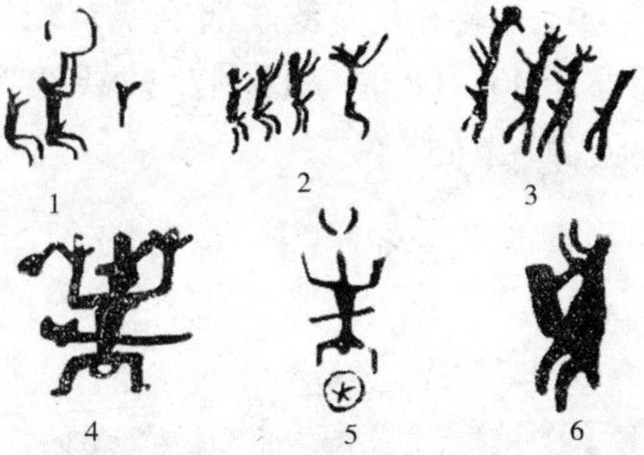

图1　广西左江岩画的裸身男、女形象

福建华安仙字潭岩画描绘的是一幅部落群体活动的场景，画面中多个人像两胯之间有突出的生殖器，为裸身的男性，而若干人像的胸部画着一对圆形乳房，甚至两胯间还有一个圆圈或一点表示女性生殖器，为裸身的女性（图2）。②

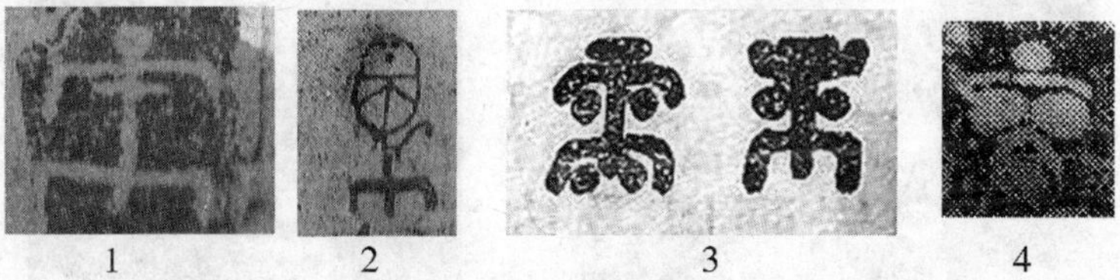

图2　福建华安仙字潭岩画上的裸身男、女形象

云南晋宁石寨山的多件铜器上出现了“裸国人”。最明确的“裸人”

---

① 王克荣、邱钟仑、陈远璋：《广西左江岩画》，文物出版社，1988年，第68～89页。

② 林钊、曾凡：《华安汰内仙字潭摩崖的调查》，《文物参考资料》1958年第11期；林涛：《福建华安县仙字潭石刻》，《考古》1988年第4期。

见于第一次发掘所获的“鼓形四耳器”，即“杀人祭铜柱储贝器”（M1：4），这个鼓形储贝器的铜鼓腰部线刻8人，多为裸体，手持斧、矛、弓箭等器，作奔驰状，可能为狩猎图像（图3）；储贝器盖有人物塑像51人，中部立柱缠绕二蛇，柱旁为一立牌，牌上捆缚着一个双乳突出的女性裸人，另一个反绑双臂的裸体人跪在地上，为杀人祭柱的场面（图4）。M6：1、M13：356、M12：26、M20：1等多件战争或祭祀场面的储贝器上，也都出现了裸体人。此外，M6：68是一件剑身残缺的人形剑茎，剑茎上铸一双乳暴露的裸身女人像（图5）。①

图3　云南晋宁石寨山“杀人祭铜柱储贝器”（M1：4）腰部线刻的一群裸人

图4　云南晋宁石寨山“杀人祭铜柱储贝器”（M1：4）器盖群雕上的裸人

图5　云南晋宁石寨山铜剑（M6：68）上女裸人形剑茎

① 云南省博物馆：《云南晋宁石寨山古遗址及古墓葬》，《考古学报》1956年第1期；云南省博物馆：《云南晋宁石寨山古墓群发掘报告》，第74～78页，文物出版社，1959年；云南省博物馆：《云南青铜器》图版1－76、1－146，文物出版社，1981年。

两广的一些两汉墓葬随葬品中，还发现有一种“托灯陶俑”，男女都有，形象异于汉人，深目高鼻、高颧厚唇、身材矮小，这批陶俑还都上身赤裸，男性胡子、胸毛发达，女性双乳暴露，是典型的“裸人”（图6）。学界倾向认为是南越国时期的“异族家奴”，或认为是源自东南亚的“马来人”，或认为是来自东非或西亚土著。① 笔者认为，史前、上古华南土著与东南亚土著人群具有密切的亲缘关系，岭南汉墓所见这些“裸俑”的形体质特征，不但见于东南亚土著马来人，而且与华南土著濮、越人先民也有相当共性。考虑到秦汉时期“徐闻合浦道”及沿越南海岸之航路发达的海洋交通史，而前述汉唐间的骆越、日南、昆仑、扶南、蒲类等“裸国”也正好集中分布在这条华南早期通海夷道上，完全可以相信这些被华夏、汉人所雇佣的“非我族类”、“异族家奴”就是来自这些“裸国”族群。

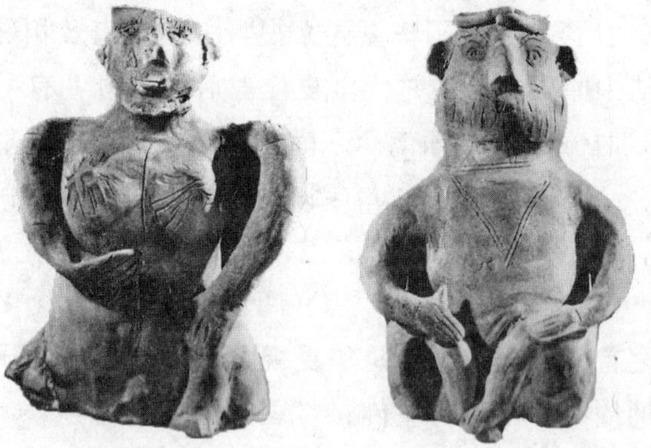

图6　广州汉墓 M5046 及 M5061 出土的异族男、女裸俑

此外，台北十三行遗址出土了距今 1800 ~ 500 年间早期铁器时代的陶偶。这件陶偶的右手和下肢残缺，头戴帽或饰品，左耳穿洞，颈围项链，胸部有文身图案，并裸露双乳，显然是一裸身形象（图7）。

① 广州市文物管理委员会等：《广州汉墓》，文物出版社，1981 年；黄增庆：《广西贵县汉墓的清理》，《考古学报》1957 年第 1 期；胡肇椿：《广州出土的汉代黑奴俑》，《中山大学学报》1961 年第 2 期。

图7 台北十三行早期铁器时代陶偶的裸身形象

华南考古资料中出现的史前、上古裸身形象的族群，正是早期汉文史籍中的“裸国”社会，体现了华夏人文视野中的华南及相邻的东南亚山地土著形象。约从中原历史传说时代至夏代前后，南方就有一支“裸国民”。《淮南子·坠形训》载：“自西南至东南方：结胸民、羽民、獾头国民、裸国民、三苗民、交股民、不死民、穿胸民、反舌民、豕喙民、凿齿民、三头民、修臂民。”俞伟超先生考三苗民在洞庭、鄱阳两湖之间，獾头民在洞庭湖西北岸，则此一“裸国民”当在两者之间。[①]

作为百越之首的吴国，也曾是华夏视野中著名的“裸国”，断发文身，裸以为饰，不通周礼。《春秋左传》“哀公七年”语：“大伯端委以治周礼，仲雍嗣之，断发文身，裸以为饰，岂礼也哉。”《论衡·书虚篇》：“禹时，吴为裸国，断发文身。”《风俗通义》也说：“裸国，今吴郡是也。披发文身，裸以为饰。”对吴国的裸俗，后世文献也多有转载，如宋代《路史》卷9上“高辛”：“伯卒仲继，剪发文身，裸以为俗，是为熟哉。”据说，夏禹治水到东南，也得“居越而越”、入乡随俗，裸而后入吴，这就是《论衡·恢国篇》所说的“夏禹裸入吴国，太伯采药，断发文身。唐、虞国界，吴为荒服，越在九夷，衣贯头，今皆夏服、褒衣、履舄”。

汉代前后，位于今广西左右江流域至越南红河中下游流域之间的骆越

① 俞伟超：《先楚与三苗文化的考古学推测》，《文物》1980年第10期。

国地带，也有一支“裸国民”。《史记·南越列传》引赵佗语：“南方卑湿，蛮夷中间，其东闽越千人众，号称王，其西瓯、骆、裸国亦称王。”从赵佗言语之西瓯、骆、裸国的排列顺序看，此“裸国”应是较骆越距离南越更西、更南地带的土著人群（方国）。也有学者认为，《史记·南越列传》的这句话中，“骆”与“裸”不应断开，赵佗说的是“西瓯、骆裸国亦称王”，即骆越就是“裸国”。①

汉晋间的日南郡还有“裸种”、“裸国”，今位于越南境内。《水经注》卷36“温水”载：“（日南庐容）王死，文害王二子，诈杀侯将，自立为王，威加诸国。或夷椎蛮语，口食鼻饮，或雕面镂身，狼荒裸种。”“夷皆裸身，男以竹筒掩体，女以树叶蔽形，外名狼荒，所谓裸国者也。虽习俗裸袒，犹耻无蔽，惟依暝夜，与人交市暗中。”又引《林邑记》语“汉置九郡，儋耳与焉，民好徒跣，耳广垂以为饰。虽男女亵露，不以为羞。暑亵薄日，自使人黑，积习成常，以黑为美”。

在西南濮、越交界地带的山地也有一支“裸濮”，见于古哀牢国境、东汉永昌郡内，约位于今滇西山地。《华阳国志·南中志》载：“永昌郡，古哀牢国……。明帝乃置郡，以蜀郡郑纯为太守。属县八，户六万，去洛六千九百里，宁州之极西南也，有闽濮、鸠僚、僄、越、裸濮、身毒之民。”

在与我国西南濮、越地带山水相连的中南半岛及相邻岛屿，汉唐以来的“昆仑”、“扶南”、“蒲类”等都有“裸人”。《岛夷志略》“昆仑”条载：“虽则地无异产，人无居室，山之窝有男女数十人，怪形而异状，穴居而野处，既无衣褐，日食山果鱼虾，夜则宿于树巢。”此昆仑位于今中南半岛南端，是越南最南端的海岛。

“扶南”是以今柬埔寨为中心的中南半岛古国，约当中古汉晋时代，是著名的“裸国”。《晋书·扶南国传》：“扶南西去林邑三千余里，在海大湾中，其境广袤三千里，有城邑宫室。人皆丑黑拳发，倮身跣行。”又《梁书·扶南国传》：“扶南国俗本裸体，文身披发，不制衣裳，以女人为王，号曰柳叶……吴时遣中郎康泰、宣化从事朱应使于寻国，国人犹裸，

① 石钟健：《左江岩壁画的时代问题》，载《华山岩壁画资料集》，广西少数民族历史调查组1962年12月印。

唯妇人著贯头。泰、应谓曰：'国中实佳，但人亵露可怪耳。'"

三国时吴国孙权派康泰、朱应出使东南亚，在其著《南州异物志》中谈到"蒲类"的裸形情况。"歌营在句稚南，可一月行到，其南大湾中有洲，名蒲类，上有居人，皆黑如漆，齿正白，眼赤，男女皆裸形。"[①] 据学者考证，歌营、蒲类在今马来半岛克拉地峡至印度洋尼科巴群岛之间。[②]

这一地带唐时也有"裸人国"，义净《大唐西域求法高僧传》卷下载："从羯荼北行十日余，至裸人国，向东望岸可一二里许。……丈夫悉皆露体，妇女以片叶遮形。商人戏授其衣，即便摇手不用，传闻斯国当蜀川西南界矣。""羯荼"即今马来半岛上的吉打（Kedah），学者认为，羯荼北行十日余、东望岸一二里的"裸人国"就是吴时的蒲类"裸形国"。[③]

二、南岛土著民族志上的"裸番"

在亚太民族史上，在古代"中国—四方"民族文化关系框架的"东南方"，以"百越—南岛一体化"为核心的华南、东南亚及太平洋群岛上的土著族群是一个跨时空的文化整体，源于华南的百越史前先民文化，发展为近古、近代以来的海洋世界的南岛语族等土著民族文化。[④] 在这一跨时空的近代土著民族志上，"裸以为俗"的"裸番"社会仍然散布其间，他们就是史前、上古考古与历史资料中越、濮"裸国"族群的孑遗。

---

① （宋）李昉等撰：《太平御览》卷790"四夷部十一·歌营国"引《南州异物志》。

② 岑仲勉：《南海昆仑与昆仑山之最初译名及其附近诸国》，原载《圣心》1933年第2期，收入《中外史地考证》（上册），中华书局，1962年；韩振华：《康泰所记西南海上诸国地理考释》，原载《协和大学学报》1950年第2期，收入《韩振华选集》（第一卷），香港大学亚洲研究中心，1999年。

③ 岑仲勉：《南海昆仑与昆仑山之最初译名及其附近诸国》，原载《圣心》1933年第2期，收入《中外史地考证》（上册），中华书局，1962年；韩振华：《康泰所记西南海上诸国地理考释》，原载《协和大学学报》1950年第2期，收入《韩振华选集》（第一卷），香港大学亚洲研究中心，1999年。

④ 吴春明：《华南民族考古与南岛语族起源研究》，《东南考古研究》（第三辑），厦门大学出版社，2003年。

（一）清代中南半岛“袒身跣足”族群

虽然在上古、中古的史籍文本中看不到华南、东南亚土著“裸国”形象，但清代乾隆二十六年（1761）《皇清职贡图》中，却留下了这些“裸国”后裔珍贵的“袒身”画面。《皇清职贡图》卷1“马辰国夷人”条记载：“马辰国即文郎马神，在东南海中，相传汉马援南征士卒之裔。……男剪发勒以红帛，腰围以花罽，出入必佩刀，常负竹筐以盛椒，女袒身跣足，系布裙过膝间，披幅帛于胸，背汲水则载瓦瓶于首。”（图8：左）马辰国位于今越南中南部，其先民应就是前述汉晋日南、昆仑的“裸种”。同卷“柬埔寨国夷人”条记载：“男剪发裹头，身衣仅蔽下体，女挽髻露肘臂，惟蔽其乳，围裙跣足。”（图8：中、右）他们便无疑是汉晋时扶南的“裸国”后裔。所以，这些画面，可以一定程度上体现上古、中古时期华南、东南亚土著“裸国”的形象。

图8　《皇清职贡图》卷1马辰国、柬埔寨国夷人

（二）台湾原住居民的“裸体不衣”

台湾原住居民的“裸身”记忆最早存在于始祖传说中。泰雅族、赛夏族都有大阴人露阴的传说，说古时候有一个叫“哈鲁斯（Halus）”的身材魁梧的大阴人，洪水到来时他就用他的阴茎作为桥梁使用，女人很容易通过，而男人一踏上就马上断了。[①] 排湾族拉帕拉帕社传说的祖先是石头中生出的一对姐妹马利肯、马拉乌斯，她们平时裸体，仅以长发垂盖两腿之间，一个叫塔伊鲁的男人发现了她们，之后结为夫妇，成立番社。[②]

明清以来台湾原住居民的“不衣”、“裸体”开始大量出现于汉文史籍。明末陈第《东番记》提到：“东番夷人不知所自始，居彭湖外洋海岛中。……地暖，冬夏不衣，妇女结草裙，微蔽下体而已。”《明史·外国列传》“鸡笼山”条载：“鸡笼山在澎湖屿东北，故名北港，又名东番，去泉州甚迩。……男女椎结，裸逐无所避。女或结草裙蔽体，遇长老则背身而立，俟过乃行。”

清代宦游采风民族志不少着墨“裸番”。康熙二十六年（1687），台湾府儒学教授林谦光看到：“暑月，男女皆裸体对坐。”（《台湾纪略·风俗》）[③]。康熙三十三年（1694），高拱乾《台湾府志》卷7“风土志·土番风俗”载：“（土番）男女皆跣足裸体，上衣短衫，以幅布围其下体。”[④] 康熙三十六年（1697），福建采硫大使郁永河，“至大武社，宿。……三少妇共舂，中一妇颇有姿，然裸体对客，而意色泰然”。“男女夏则裸体，惟私处围三尺布，冬寒以番毯为单衣，毯缉树皮杂犬毛为之。……老人头白，则不挂一褛，箕踞往来，邻妇不避也。”[⑤] 康熙四十四年（1705），台湾知县孙元衡见到裸番，“道逢裸体人，惟识穷桑氏；穴山安尔宫，弋肉哺其子”[⑥]。康熙六十一年（1722），巡台御史黄叔璥也将其在半线番社看

① ［日］铃木作太郎著，陈万春译：《台湾蕃人的口述传说》，《民学集刊》（第一册），（台北）中国口传文学学会，2003年，第7、8、16页；台湾总督府临时台湾旧惯调查会著：《蕃族惯习调查报告书（第一卷——泰雅族）》，“中研院”民族学研究所，1996年，第25页。

② ［日］铃木作太郎著，陈万春译：《台湾蕃人的口述传说》，《民学集刊》（第一册），（台北）中国口传文学学会，2003年，第52～53页。

③ 林谦光：《台湾纪略》“风俗”，载“丛书集成初编”《台湾纪略、台湾杂记》合编，中华书局，1985年。

④ 高拱乾：《台湾府志》卷7，《台湾文献史料丛刊》（第一辑），台北大通书局，1984年，第187页。

⑤ 郁永河：《稗海纪游》卷中第18～19页，卷下第33～34页，《台湾文献丛刊》（第44种），《台湾文献史料丛刊》（第七辑），台北大通书局，1984年。

⑥ 孙元衡：《赤嵌集》卷一乙酉“山行书所见有感”，《台湾历史文献丛刊》，台湾省文献委员会，1994年，第15页。

到的裸人记录在诗作中："今兹半线游，修色欲与争。……王化真无外，裸人杂我氓，安得置长吏，华风渐可成。"[①]

清代番俗史志有许多翔实的"裸番"描述，图文并茂。康熙五十六年（1717）的《诸罗县志》卷8"风俗志·番俗"载："（生番或野番）跣足，上体常裸，以幅布稍蔽下体前后，曰遮阴。"该书卷首《番俗图》共有"乘屋"、"插秧"、"获稻"、"登场"、"赛戏"、"会饮"、"舂米"、"捕鹿"、"捕鱼"、"采槟榔"十幅，除"赛戏"图外，其余均见上身裸体的成年男女和全裸的孩童（图9）[②]。

图9　《诸罗县志》"番俗图"中的原住民裸体男女

乾隆九年（1744），任巡台御史、给事中六十七在其所著《番社采风图考》中，也有多篇谈到原住民的裸身。《布床》篇说："长不畏风寒，终岁赤裸。"《文身》篇也说："番俗裸以为饰。"《乳儿》篇更坦言："番无男女不亲之嫌。番妇乳儿，见者从旁与相戏狎，甚喜，以为爱子，虽抚摩其乳不禁也。若过而不问，殊有怫意。"[③] 台湾省立图书馆藏《六十七两采风图合卷》的12幅《番社采风图》同样展示了原住民裸以为饰的男女形

① 黄叔璥：《台海使槎录》卷5《番俗六考·北路诸罗番六》附载，《台湾文献史料丛刊》（第二辑），台北大通书局，1984年，第118页。

② 周钟瑄：《诸罗县志》，《台湾文献史料丛刊》（第一辑），台北大通书局，1984年。

③ 六十七著：《番社采风图考》，台湾省文献委员会印行"台湾文献丛刊"第90种，1961年，第7页。

象，如“渡溪”、“乘屋”、“迎妇”、“捕鹿”、“耕种”、“割禾”都有多人裸身。中研院史语所藏《台番图说》的17幅番俗图中，大部分和六十七的《番社采风图》相同，只有部分不同，但均有上身赤裸者。此外，台北故宫博物院藏《台湾内山番地风俗图》24幅，也多与《番社采风图》、《台番图说》相似，另有“牵手”、“禾间”、“鬪捷”、“互市”、“文身”、“捉牛”、“树宿”、“浴儿”、“馌饷”等新景观，也多见上身赤裸的原住民男女。①

《皇清职贡图》卷3记录了台湾、凤山、诸罗、彰化四县的12社群24幅番人男女形象画。如“诸罗县诸罗等社熟番”条载：“男番首插雉毛，以树皮织为长衫，夏常裸体。”“凤山县山猪毛等社归化生番”条载：“其居择险隘处叠石片为屋，无异穴处，男女披发裸身，或以鹿皮蔽体，富者偶用番锦哔吱之属，能织树为布。”“淡水右乃武等社生番”条语：“生番倚山而居，男女俱裸，或联鹿皮，辑木叶为衣。”“彰化县内山生番”条语：“巢居穴处，茹毛饮血，裸体不知寒暑。”② 这些原住民男女都被描绘成袒胸露乳的裸身形象。

16世纪末期以来，葡萄牙、西班牙、荷兰等西方国家先后靠近或在台湾进行短暂的殖民统治，“裸番”资料也出现于欧洲人的笔下。1582年7月16日，一艘葡萄牙人商船上的西班牙神父阿·桑切斯（Alonso Sanches）这样描述：“所有的财物散落在那里的海滩上任其腐坏，之后一些赤裸带着弓和箭袋的土著民，精神振奋未有迟疑地到来。”③ 美国印第安那大学Lilly图书馆有C. R. Boxer收藏的约16—17世纪之交西班牙人创作的台湾原住民风俗画，保存了迄今最早的土著裸身图像，如“鸡笼原住民”、“淡水原住民”。④

日据时代早期的原住民调查研究主要由东京人类学会和台湾总督府临

---

① 六十七著：《番社采风图考》附《台番图说》、《台湾内山番地风俗图》，台湾省文献委员会印行“台湾文献丛刊”第90种，1961年。

② 傅恒主持编纂：《皇清职贡图》卷3，辽沈书社，1991年。

③ 周婉窈：《一五八二年美丽岛船难余生记》，《艾尔摩沙：大航海时代的台湾与西班牙》，“国立”台湾博物院，2006年，第25页。

④ 萧宗煌等策划：《艾尔摩沙：大航海时代的台湾与西班牙》，图录第VII部分“面向外来文化的台湾原住民”，“国立”台湾博物院，2006年，第172～175页。

时台湾旧惯调查会组织，台湾“蕃族”调查的先驱森丑之助，曾受台湾总督府委派，深入山地调查，拍摄原住民社会文化图景，撰有著名的《台湾番族志》（1917）和《台湾番族图谱》（1915）。其中《台湾番族图谱》（宋文熏先生编译中文版《日据时代台湾原住民族生活图谱》）一书就收录了大量珍贵的日据初期原住民各族生活场景的照片，其中有不少“裸蕃”资料（图10）。①

图10　日据前期的台湾布农族裸民（1901—1915）
（引自《日据时代台湾原住民族生活图谱》）

日据时代后期台北帝国大学土俗人种学教师浅井惠伦教授在台调查期间也拍摄了不少原住民社会生活的照片（约1930—1940年间），战后带回日本，直到20世纪末才由日本横滨国立大学的笠原政治教授编辑成《台湾原住民族映像——浅井惠伦教授摄影集》一书出版。该书有不少裸身的原住民，既有口叼烟斗的原住民男女，也有上身裸露、双乳下垂的原住民妇人，更有学校中、屋舍前成群裸身的雅美族青年，反映了日据后期台湾山地“裸番”的发展变化（图11）。②

① ［日］森丑之助著，宋文薰编：《日据时代台湾原住民族生活图谱》，图版111、190～200，求精出版社，1977年。

② ［日］笠原政治编，杨南郡译：《台湾原住民族映像——浅井惠伦教授摄影集》，台北南天书局，1995年，第161～198页。

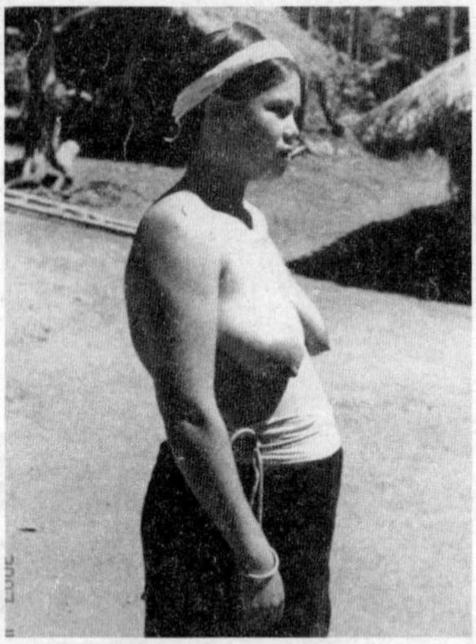

图11　日据后期的台湾土著裸民（约1930—1940）
（引自《台湾原住民族映像——浅井惠伦教授摄影集》）

在原住民的偶像艺术品中，排湾、鲁凯两族的祖先立雕像最有代表性，从博物馆收藏到原住民村寨都有大量遗留，这些木刻、石雕的祖先神像中相当一部分是裸身形象。比如，笔者在台北十三行博物馆原住民文物特展中拍摄到的葛浩博先生收藏的排湾族祖先立雕，就是一对女性乳房和男性生殖器暴露的裸身形象（图12）。

图12　排湾族祖先裸身立雕像

（三）东南亚、太平洋群岛南岛语族“裸以为俗”

从华南沿海向外扩展开去，在东南亚至南太平洋的广阔群岛上，“裸以为俗”的南岛语族早就引起了 17 世纪以来西方航海家、传教士和人类学家的兴趣，并相继记录于各种文献与影像资料中，从萨摩亚少年的聚会场合，到汤加青年的结婚仪式，甚至夏威夷部落酋长的觐见饮宴，体面裸身与上古华南“裸国”及台湾“裸番”社会具有密切的关系。

16—17 世纪之交西班牙人的风俗画中，就有菲律宾的 Cagayan 人和太平洋密克罗尼西亚的 Ladroncs 人仅在私处以一叶障之，而全身赤裸的“原始形象”（图 13）。①

图 13　16—17 世纪的“裸以为俗”的南岛语族

（左：菲律宾 Cagayan 人；右：密克罗尼西亚 Ladrones 人）

（引自 The Lilly Library of Indiana University，R. Boxer Collection）

英国人航行南太平洋海域要晚至 18 世纪。比如，1768—1779 年间，库克（James Cook）船长三次太平洋探险，给欧洲带去了丰富的土著社会

① 萧宗煌等策划：《艾尔摩沙：大航海时代的台湾与西班牙》，图录第Ⅳ部分“跨洋贸易的世纪”、第Ⅷ部分“东西方异文化观点”，“国立”台湾博物院，2006 年，第 110、190、200 页。

知识，其中有不少欧洲画家笔下的南岛语族社会文化画面。美国夏威夷Bishop博物馆的Terence Barrow博士在《波利尼西亚人的艺术与生活》中收集了欧、美、大洋洲各大博物馆收藏的这些反映太平洋土著社会生活的绘画、照片，以及土著社会的神像、器具、服饰等物质文化标本，内容丰富，年代从18世纪后期至20世纪后期，绝大多数资料都表现南岛语族土著“裸以为俗”的社会生活。[1] 这些图像真实地反映了两百年来太平洋土著“裸国”的变迁。新西兰Alexander Turnbull图书馆还藏有J. Webber创作的画作“夏威夷土著欢迎库克仪式”（An offering before captain Cook in the Sandwich Islands），描绘的是库克船长在夏威夷土著神庙前受到酋长们接待的场景，神庙前有两尊木雕神像，全身裸体的十余个部落酋长们排两列，席地而坐，气氛庄重、严肃（图14）。

图14　J. Webber画作“夏威夷土著欢迎库克仪式”（1779）
（引自T. Barrow，1972，第21页，新西兰Alexander Turnbull图书馆藏）

美国夏威夷火奴鲁鲁艺术馆收藏Louis Choris于1816—1817年间创作的夏威夷国王Kamehameha I世之妻Kaahumanu皇后之像，皇后之尊与其身

① Terence Barrow, *The Art and Life of Polynesian*, Charles E. Tuttle Company, Inc, 1972.

后的仆人都裸身，形象气质高雅、庄重。新西兰 Alexander Turnbull 图书馆收藏了 Mosselot 于 1838 年创作的画，该画原载 Abel du Petit - Thouar 编的《维纳斯号护卫舰环球航行记》（Voyage autour de monde sur la fregate La Venus，1840—1845）一书。描绘法国护卫舰维纳斯（Venus）号抵达复活节岛时土著人舞蹈欢迎的场面，这批土著男女也是裸人。T. Barrow 收藏有新西兰达尼丁（Dunedin）的 Burton Brothers 照相馆于 1859 年为一对汤加酋长夫妇拍摄的一张合影，这对汤加青年男女上身赤裸，下身着树皮布，形象酷爽（图 15）。

图 15　汤加酋长夫妇合照（1859）

（引自 T. Barrow，1972 年，第 64 页，该书作者收藏）

新西兰达尼丁 Burton Brothers 照相馆还有一张 1890 年的老照片，拍摄的是萨摩亚大酋长之女 Taupou 举行的 kava 饮宴的盛大景象，照片中的 Taupou 是 Kava 饮宴的主持和领舞者，是象征部落威望的神圣处女，所有参宴者均上身裸体，包括地位崇高的 Taupou（图 16）。Kava 饮宴习俗尚存于萨摩亚、汤加、斐济等地。

图16 萨摩亚大首长之女 Taupou（上中）的 kava 饮宴照（1890）
（引自 T. Barrow，1972，第 76 页，该书作者收藏）

此外，太平洋土著社会具有发达的作为祖先偶像崇拜的传统雕刻艺术，室内木雕和田野大型石雕偶像形态变化万千，从东南亚群岛到太平洋的三大群岛都有，其中绝大多数是男女性征表现明显的裸体形态（图 17）。

图 17 南岛语族的一组木雕裸神
（自左向右分别为：美国夏威夷 Bishop 博物馆藏社会群岛祖神，苏格兰 Glasgow 大学 Hunterian 博物馆藏新西兰神像，华盛顿美国自然历史博物馆藏斐济女神，美拉尼西亚新喀里多尼亚岛女神）

从华南史前、上古华南大陆，到近代民族志上台湾原住民及东南亚、太平洋南岛语族，跨时空的“裸体不衣”、“裸以为俗”现象，构成了亚太海洋地带土著社会文化的一道特殊景象。这些曾为华夏、汉人与欧洲殖民者“衣冠文明”所不齿的“野蛮”文化现象，实际上是越濮先民与南岛社会民族文化有内在关联的重要线索。

蛙图腾的民族考古研究

彭维斌
（厦门博物馆）

民族原始宗教具有重要的内涵。近现代民族志材料显示，在黎族、壮族、布依族等百越后裔各少数民族的传统宗教中仍存在着极为兴盛的蛙崇拜内涵。文献资料与田野调查也证明，宋元以来，在中国东南部地区，尤其福建汉人民间信仰中依然盛行蛙（神）崇拜。从蛙神的内涵与形式来看，东南汉人民间信仰中的蛙崇拜不是华夏北方汉人固有的宗教内涵，而应是史前、上古百越民族与汉唐以来中原北方南下汉民之间的族群交叉、文化融合，是以东南汉人为主体社会群体的背景下，百越蛙图腾崇拜文化在东南汉人人文体系中的积淀与传承。

一、考古所见百越民族的蛙图腾崇拜文化

青蛙崇拜是百越民族原始宗教的内涵之一。从江苏江阴、浙江余杭、江西新干出土的青蛙都是玉石（事神致福礼器或祭器专用材质[1]）制作来看，百越各族群及其先民存在着兴盛的青蛙崇拜。如浙江余杭瑶山 M7 出土一件玉雕牌饰，以透雕和阴线刻技法琢出的图案如变形的伏蛙（图 1：1)[2]。江苏江阴祁头山遗址标本 T1325②：2 玉蛙，青色圆雕，两后足猛蹬

① 《越绝书》载："夫玉者，亦神物也"；许慎《说文解字》解释"巫"（"灵"）时说："灵，巫也，以玉事神，从玉。"

② 浙江省文物考古研究所：《余杭瑶山良渚文化祭坛遗址发掘简报》，《文物》1988 年第 1 期；芮国耀、沈岳明：《良渚文化与商文化关系三例》，《考古》1992 年第 11 期。

(图1：2)[1]。江西新干大洋洲商代墓出土的四件动物形玉器中有一件青蛙造型雕件，绿松石质，立体圆雕，作匍匐欲跃之势[2]。福建武夷山汉城遗址出土的个别陶器中，在器物耳部等处有蛙形堆塑（图1：3)[3]。云南安宁太极山古墓葬出土一件蛙状铜钺（图1：4)[4]。铜鼓是骆越统治者财富和权力的象征，也是宗教祭仪的专用法器，多有铜鼓者号为“都老”，“铸鼓二三，便可僭号为王”，在所有铜鼓上的雕像中，以蛙的雕像最为广泛也最为典型[5]。有青蛙塑像装饰的铜鼓，从中国的广东、广西、贵州、云南，到越南北部、泰国、缅甸东北，覆盖了最主要的铜鼓分布区[6]，这应该是骆越民族青蛙崇拜的最佳实物证据。其中，累蛙堆塑有着明显的以蛙喻生殖的宗教意涵。累蛙即叠踞的青蛙，小的为一大一小相背负；大的有三叠、四叠，大蛙背上背中蛙，中蛙背上背小蛙。这种累蛙有两种情形：一是青蛙交媾之状，这是主要形式；另一种为母蛙负小蛙，两种都是青蛙富于繁衍的象征。“这显然是希望蛙类、蛙族繁殖繁庶的象征。”[7] 这应该说表达了人们盼望人口增殖、民族兴旺的心愿（图1：5、6、7、8)。另外，左江崖画上的蛙形人物也往往离不开铜鼓，赵国华先生认为此处的铜鼓“其实是蛙腹的变形物”[8]。

除了直接崇拜青蛙动物神灵之外，青蛙还作为族群始祖的图腾形态受到土著民族的崇拜。石寨山 M13：65“8 人乐舞铜扣牌”[9]，舞人分别跪坐于两层建筑物上，上层左边 3 人双手抬至耳侧，掌心朝外，呈蛙状舞姿。

---

① 祁头山联合考古队：《江苏江阴祁头山遗址 2000 年度发掘简报》，《文物》2006 年第 12 期。

② 彭适凡：《新干古玉》，台湾典藏艺术家庭股份有限公司，2003 年，第 109 页。

③ 福建省博物馆：《崇安城村汉城探掘简报》，《文物》1995 年第 11 期；吴春明、林果：《闽越国都城考古研究》，厦门大学出版社，1998 年，第 188 页。

④ 云南省文物工作队：《云南安宁太极山古墓葬清理报告》，《考古》1965 年第 9 期。

⑤ 陈丁山：《蛇斗蛙纹图饰蕴意探源》，广西文物考古研究所编著：《广西考古文集》（第三辑），文物出版社，2007 年，第 535 页。

⑥ 蒋廷瑜：《铜鼓艺术研究》，广西人民出版社，1988 年，第 82 页。

⑦ 萧兵：《楚辞与神话》，江苏古籍出版社，1987 年，第 124 页。

⑧ 赵国华：《生殖崇拜文化论》，中国社会科学出版社，1996 年，第 256 页。

⑨ 云南省文物考古研究所、昆明市文物管理委员会、晋宁县文物管理所：《云南晋宁石寨山第五次抢救性清理发掘简报》，《文物》1998 年第 6 期。

1985 年在云南元江县东北它克发现的一处崖画，画面 54 个人物图像多为蛙状舞人，这应是以蛙为图腾的部族模仿蛙图腾始祖的原始祭祀舞蹈仪式场面的真实反映。也有人从族称分析认为，蛙最初是瓯部落的图腾，因为“瓯”是中原汉族记的壮语“蛙”的近音，瓯部落应为蛙部落。春秋战国时代，西瓯人统一岭西各族，蛙图腾上升为民族保护神①。

百越崇拜青蛙并以之为图腾，是自然环境因素和文化环境因素共同作用的结果。东南多水泽的自然地理环境与温暖湿润的气候条件适合青蛙的繁殖与生存，青蛙旺盛的生殖能力，对自然气候变化的敏感性，对农业生产的保护作用都让处于未开化状态中的越人感受到青蛙的天然优势是自身不可比拟的。在长期崇拜青蛙的文化氛围中，越人甚至认为青蛙拥有克敌制胜、消灾弭祸的神力②，因此对其崇敬有加。《韩非子》卷 9《内储说上·倒言七右经》载：“越王句践怒蛙而轼之。御者曰：‘何为式？’王曰：‘蛙有气如此，可无为式乎？’士人闻之曰：‘蛙有气，王犹为式；况士人之有勇者乎？’是岁，人有自刭死以其头献者。”③

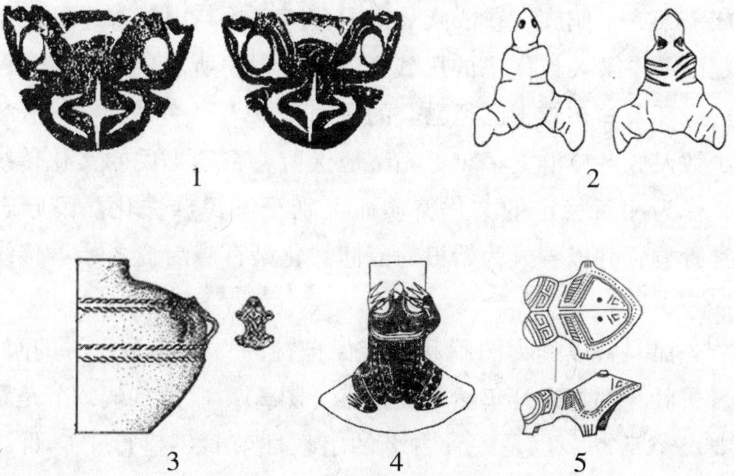

1　2　3　4　5

① 梁庭望：《壮族风俗志》，中央民族学院出版社，1987 年，第 78 页。

② 杨豪：《岭南铜鼓上铸蛙源于图腾崇拜说》，《中国铜鼓研究会第二次学术讨论会论文集》，文物出版社，1986 年，第 283 页。

③ （战国）韩非：《韩非子》，中国文史出版社，2003 年。

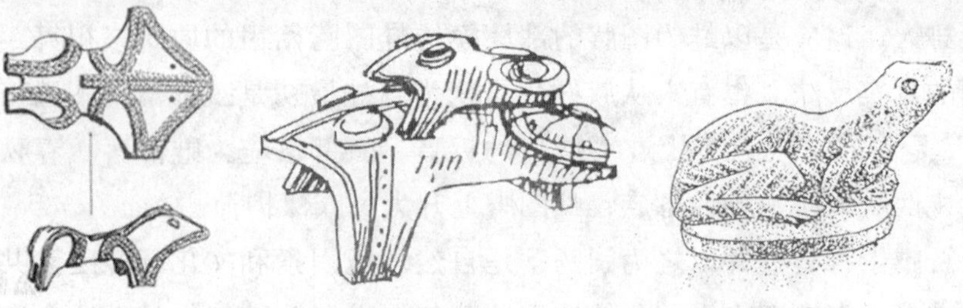

6　　7　　8

图1　百越民族考古文物上的青蛙崇拜图像

1. 浙江余杭瑶山 M7 出土玉雕牌饰上的变形蛙　2. 江苏江阴祁头山遗址出土的玉蛙　3. 福建武夷山闽越国遗址出土的日用陶器附有蛙形耳　4. 云南安宁太极山古墓葬出土的蛙形铜钺　5. 越南清化省永绿县出土铜鼓上的蹲蛙纹饰　6. 广西浔江出土的铜鼓蹲蛙纹饰　7. 广西Ⅱ型铜鼓上的累蹲蛙纹饰　8. 云南江川“独蛙鼓”上的蹲蛙纹饰

二、百越后裔各族群传统文化中的蛙图腾信仰

壮族、黎族、侗族、布依族、中国台湾省的高山族等，是百越民族在“越人汉化”、“汉人越化”的民族史变迁过程中所形成的东南多民族分布格局的边缘环节。相较于已经融合的东南“汉人”主体社会，壮、黎、侗等东南少数民族各族群更多、更完整地保留着百越先民的文化传统，并代代传袭，作为相对稳定的文化特质而区别于汉民族文化。民族志材料显示，崇拜青蛙，并以青蛙为始祖的信仰文化是百越后裔各族群传统文化的重要内涵。

壮族先民是曾以蛙为图腾和民族保护神的百越支系之一的瓯骆民族，直至今日，壮族的蛙崇拜仍然十分兴盛（图2）。壮族的蚂蚜节是祭祀蛙图腾的重要民俗活动，也是一种古老的宗教性节日，盛行于广西红水河沿岸，具有青蛙崇拜与生殖崇拜的双重内容。蚂蚜节分三个阶段：找蚂蚜、孝蚂蚜和葬蚂蚜。蚂蚜节的第一阶段为正月初一，三五个壮族村寨联合起来，成群结队到田野寻找冬眠的蚂蚜。如谁先捉到蚂蚜，马上鸣放七声地炮，敬告天地，他当即被尊为“蚂蚜郎”（即天女之婿）或“蚂蚜父”，被拥戴为节日的首领，这一幕即变成由他主持的他与青蛙结为婚姻关系的喜剧，蕴涵着两层含义：一是与青蛙始祖神结婚便于求雨；二是与青蛙联姻，有助于获得较旺盛的生育能力，因为青蛙有较强的生育能力。找到青蛙后，经师公（巫师）歌颂青蛙的来历和功德并念咒作法，将其弄死，然后放入一节竹筒“宝棺”里，移放到用竹筋的彩纸扎成的“花楼”中，再安置于村头的凉亭（社亭）里供人们吊祭。蚂蚜节中弄死青蛙祭奠的习俗可能是生殖崇拜的一种曲折的表现形式。① 第二阶段是给蚂蚜守孝，时间从正月初一一直到月底。白天，由孩子们抬着蚂蚜，挨家挨户祝贺，在每家门前唱古老的蚂蚜歌。夜幕降临，男女青年和老人们欢聚凉亭，争着为蚂蚜守灵，并在凉亭旁唱歌跳舞。孝蚂蚜以“青蛙歌圩”作为高潮。届时，四方的人汇集而来，高歌庆贺蛙婆升天，祈盼降下吉祥。入夜火把通明，青年男女对唱山歌，通宵达旦，彼此中意者便有可能结为伴侣。第三阶段是葬蚂蚜，时间是在游村第二十五天。守灵二十五夜之后，是日，人们杀鸡宰鸭，蒸五色饭，大宴亲朋。早饭后，由蚂蚜郎带领人们把蚂蚜送到坟场。下葬时，请长者打开上一年埋葬的蚂蚜宝棺验尸，如果尸骨呈黑色或灰色，便以为这是年景不佳的预兆，须烧香叩头，祈求蚂蚜上天为人们说好话。若是金黄色，顿时欢声雷动，铜鼓齐奏，并鸣地炮廿一响，把新蚂蚜安葬。② 壮族的蚂蚜节显示着青蛙作为图腾始祖、生育神和农业保护神的重要职能。壮族民间还广泛流传着《青蛙皇帝》的传说，其中提到一只蛙神成为国君，与公主婚配，繁衍子孙。③

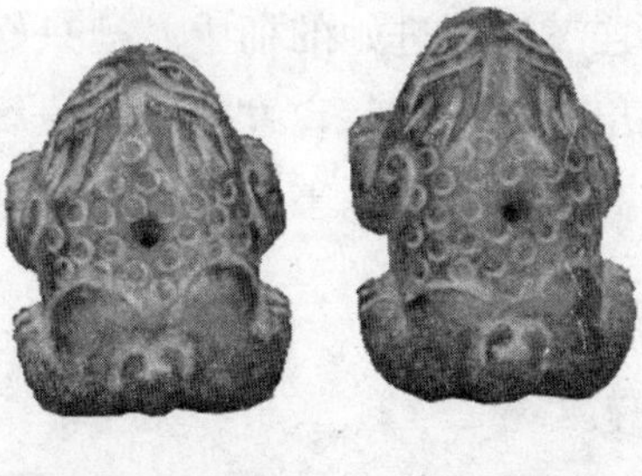

图2　广西红水河沿岸壮族崇拜的青蛙（蚂蚜）雕塑

① 王翼祥：《简论我国稻作文化中的生殖崇拜内涵》，《贵州民族研究》2002 年第 1 期。

② 梁庭望：《壮族风俗志》，中央民族学院出版社，1987 年，第 92～93 页。

③ 梁庭望：《壮族图腾初探》，《学术论坛》1982 年第 3 期。

青蛙也是海南黎族的重要图腾崇拜物。黎族所使用的铜锣和鹿皮鼓上都铸有青蛙纹，而且铸有青蛙形象的铜锣通常被视为宝物，称为“锣精”[①]。在五指山以南的黎族居住区，常可见到清代至近代的陶瓮、陶罐口沿肩上堆塑着头朝器口的青蛙，一些墓砖上也模印着青蛙图案，当地人认为青蛙能保佑死者灵魂平安[②]。黎族有五大方言群，各方言群的妇女织绣筒裙时都织有青蛙纹图案。根据祁庆富和马晓京的研究，王学萍主编的《黎族传统文化》所载的80幅黎锦照片中，虽分别名为“动物纹”、“龙纹图”、“赛牛图”等，“但仔细探究纹样内容的深层结构，就会发现，所有的纹样，无一不与蛙纹样有着或明或暗的内在联系。该书中的‘人纹’，除个别外，都是‘蛙人纹’。许多图案的主体部分是蛙或蛙人纹，而几何纹的主干是蛙纹或蛙人纹的变形。一部分花卉纹如‘百花图’，实际上是蛙人纹的几何图案化”[③]。不仅织锦纹样如此，黎族文身图式中，蛙纹图案也很多（图3），特别是美孚黎和侾黎两个支系的文身中，蛙纹几乎是必不可少的。美孚黎的蛙纹主要刺于前臂、手背和小腿上，既有由线条构成的抽象的几何图形，同时又有一定的写实风格，有的头、身和四条腿俱全，有的局部省略或夸张化。侾黎的蛙纹主要在小腿部，系简体的叠蛙纹[④]。

在广西三江侗族自治区河里南寨附近有一座“三王庙”，庙里供奉着三只用生铁铸成的青蛙神像。侗族传说，古时候有一位女子到河边挑水，突然从河的上游漂下来一节竹筒，正好漂进她的桶中，她把竹筒倒出后重新打水，但竹筒仍接二连三地漂进她的桶中。她只好把竹筒挑回家。她把竹筒剖开后，从里面跳出三只青蛙，青蛙把皮蜕掉后变成三个男孩。三个男孩长大后，各个武艺高强，为民除害，被人们称为“三王”。三王死后，

---

① 邢关英：《黎族的图腾崇拜——黎族先民的原始宗教研究之一》，《中国各民族原始宗教资料集成·黎族卷》，中国社会科学出版社，1999年。

② 张一平、阎根齐：《海南黎族图腾浅议》，《百越研究》（第二辑），2009年，第350页。

③ 祁庆富、马晓京：《黎族织锦蛙纹纹样的文化人类学阐述》，《民族服饰与文化遗产研究——中国民族学学会2004年年会论文集》，云南大学出版社，2005年。

④ 刘军：《肌肤上的文化符号——黎族和傣族传统文身研究》，民族出版社，2007年，第134~141页。

人们立庙塑像祭祀他们。由于三王有求必应，因此庙里香火十分旺盛。①

布依族认为青蛙是雷神之子，祭祀它可求得风调雨顺。布依族还流传蛙神与布依族女子婚配的传说。传说中蛙神能用神力帮助农户，吐一口水能淹没农田，而且能将居住的石洞变成华丽的宫殿，自己也变成英俊壮美的小伙②。此传说的故事情节虽较复杂，但明显带有青蛙图腾始祖信仰的遗韵。

傣族崇拜青蛙，认为它多子善游，所以傣族男子常把青蛙纹作为文身的重要题材，认为青蛙纹有助于多生子以及使人擅长于水中活动③。

日本学者藤崎济之助采集的赛夏族始祖创生神话是其先民以青蛙为始祖图腾的主位记忆与传承，“古时有一个叫 saivala 的人，在河边钓鱼，钓到一只青蛙，青蛙化为人形，被此人抚养长大，成为赛夏族的祖先”④。

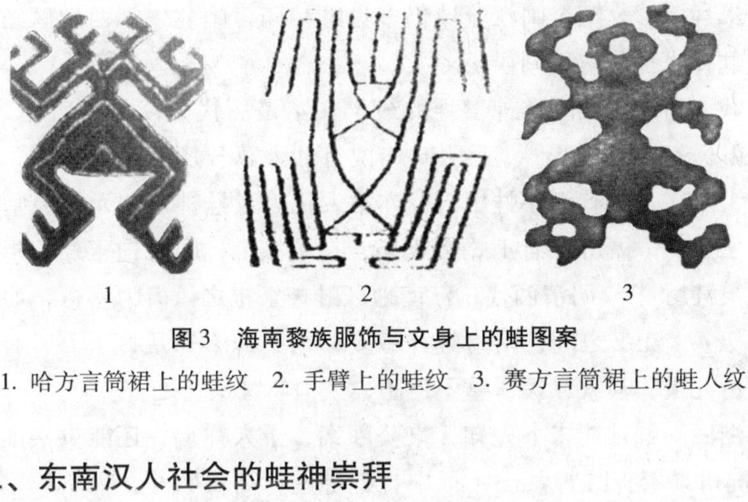

1　　　　2　　　　3

图 3　海南黎族服饰与文身上的蛙图案

1. 哈方言筒裙上的蛙纹　2. 手臂上的蛙纹　3. 赛方言筒裙上的蛙人纹

三、东南汉人社会的蛙神崇拜

东南汉人社会是远古以来生存、繁衍于东南地区的百越民族，与不同

---

① 刘宗碧：《论侗族宗教文化的基本特征》，《黔东南民族师范高等专科学校学报》，1998 年第 2 期。

② 雷广正：《布依族的传统宗教》，宋恩常编：《中国少数民族宗教初编》，云南人民出版社，1985 年。

③ 陈俊东、黄牛：《傣族纹身》，《华夏人文地理》2002 年第 4 期。

④ ［日］藤崎济之助著，黄文新译：《台湾之蕃族》，转引自达西乌拉弯·毕马：《台湾的原住民——赛夏族》，台原出版社，2003 年，第 11 页。

时空南迁的北方华夏、汉人族群融合而形成的地域主体社会。[1] 根基深厚的百越文化传统与强势的汉民族文化动态融合、分层存在的特征，塑造了与北方华夏、中原汉文化有显著差异的东南区域“汉文化”。

正如摩尔根所说：“早已灭亡民族的习俗和发明可能变成它们所经历的各民族的共同财富。”[2] 百越民族作为独立的族群已消失在历史的舞台上，但其文化却被融合了的东南汉人所继承，这从东南土著民族的青蛙崇拜中可以看出。但在汉文化信仰的长期浸淫下，青蛙崇拜产生了相当程度的变异，一方面，青蛙作为自然崇拜内涵积淀在汉人民间信仰的基层；另一方面，青蛙的自然本体被人格化，在汉文化的不断塑造下，演化成一方民众奉祀的地域主神。

唐宋元明清的许多文献史籍、志怪小说、民间传说都记载了东南民间的蛙神崇拜情形，至今闽江流域仍多见蛙神庙，闽北、闽西地区还崇奉人格化的蛙神张圣公与珨瑚侯王。

记载东南汉人民间蛙神崇拜的最早文本是唐代张读的《宣室志》，上已提到蛙怪幻化为人形[3]。元明时传说有仙人葛长庚，号白玉蟾，民间又有玉蟾大王庙，时有大小蛙出入，亦常人化为青蛙神。如元代吴师道《敬乡录》云：“（福州）有玉蟾大王庙，在子城上，时见白玉蟾，形大小不一，威灵甚厉。”[4] 明清两代，江南地区蛙神祭祀之风极为盛行，如《聊斋志异》云：“江汉之间，俗事蛙神最虔，祠中蛙不知几百千万，有大如笼者，蛙游几榻，甚或攀援滑壁不得堕，人恒斩牲禳祷之。”[5]

闽浙民间蛙神能未卜先知，秉公断案，予人祥瑞，还能御兵匪于城门外。“杭州崇奉青蛙神甚虔，祠中青蛙神座，高仅数寸，大不盈掌。凡神之游人家，在杭州必具鼓乐送之归，富者加以演剧。人家视神之色以卜休

---

① 吴春明：《东南汉民人文的百越文化基础》，《百越研究》（第一辑），2007 年，第 34 页。

② ［英］爱德华·泰勒著，连树声译：《原始文化》，上海文艺出版社，1992 年，第 38 页。

③ 宗力、刘群：《中国民间诸神》，河北人民出版社，1986 年，第 464 页。

④ 《茶香室四钞》卷 20，转引自宗力、刘群：《中国民间诸神》，河北人民出版社，1986 年，第 462 页。

⑤ （清）蒲松龄：《聊斋志异》，上海古籍出版社，1998 年。

咎，大抵黑则主凶，碧则主吉……”[①]“（福建）延平府城东且有庙。……其形时大时小，所至之家，必多喜庆。若止庙社官衙，亦主地方安稳。……永安、沙县，土匪猝起，环攻郡城，城内兵单饷乏，困守月余，溃可立待，郡人计无所出，惟日祷神庙及泮池旁神所宅处。一日，朱沁石太守巡城归，猝见神止署前新竹枝上，乃拜延入署，朝夕临祷，甫二日而神曲，而胡怀江观察适自省率大兵至，匪众遂解围遁，城赖以全，太守乃倡建神庙，郡人子咸来集，不日落成，即今岿然在延平府城东者也”。[②]《八闽通志》曾载一蛙神断案的故事：元代彭庭坚任崇安县尹时，“曾有蛤蟆至县厅，向庭坚鸣。祝之，遣人随以出，果得一尸。盖其妻有外私而害之也，遂正其罪”[③]。《闽都别记》第38回曾载一则冤魂变为青蛙的传奇故事：一少妇名黄罕，知其夫投水死，回家后，梦有蛤蟆跳在身旁，于是去石缝中找到一只蛤蟆，对其说：“你是我夫危而享，可跳三跳。”那蛤蟆闻言果然跳三跳，于是黄罕大哭不止，以美味伺之，夜间亦同床共眠，随身不离[④]。

江西抚州金溪地区的蛙神称为“青蛙使者”，据说它能祛除各种病疫，保佑人升官发财，因此，被当作神灵受到官民的顶礼膜拜。“抚州金溪县近郭，有一蛙，状貌绝大，狰狞可畏。据土人云：自东晋时即见之，渐著灵异，商贾祭祷，获利必倍，病者祀之立瘥。迩来仕宦此地，亦必虔谒，因其号为青蛙使者。其隐见无常，有终身不得一见，亦有一人屡遇者。”“创（金溪）县时，堪舆杨文愿立三庙以禳瘟疫，北为天符，南为太紫，中为水门，庙有神物，号青蛙使者，颇著灵爽。邑不通水路，岁端午于陆地竞渡，数十人负一舟，植木其上，其巅如屐状，高者至数十尺，立人于木末为戏，亦文愿设以御灾，而使者实主其事。又云：水门庙所祈使者，形即青蛙，背上金星七。好事者以锡作盆，置金椅于内，闭以锡盖，去来自如。相传开县时作官舍，取土深数丈得之。神为人言，云掌邑中五瘟使者，故祀于此。康熙甲寅春，有大蛇自神龛出，啖使者，还吐出，若支解然，既又复故。观者盈庙门，蛇不为动。三日乃去。既去，使者坐椅上如

① （清）黄伯禄：《集说诠真》，台北学生书局，1989年。

② （清）施鸿保：《闽杂记》，福建人民出版社，1985年，第86页。

③ （明）黄仲昭：《八闽通志》卷37，福建人民出版社，2006年。

④ （清）里人何求：《闽都别记》，福建人民出版社，1987年，第213页。

常。未几，土贼杨益茂据城。识者以是为兆。康熙壬申，侯官毛公翼坦来守是邑，首禁龙舟，为疏诣庙，与使者对坐，告曰：'使者既为一邑主，毋好戏龙舟，费吾百姓钱。吾为令：使者不得瘟吾百姓。'使者自是潜其形，瘟气亦绝。公去，使者乃来庙中，戏龙舟亦如故。"①

明清时期东南民间信仰中的蛙神仍多以动物原型为偶像。《闽杂记》载："一日蛙神出游，止凤仙花叶上，见其身大如顺（治）康（熙）钱，背色绿润若可鉴，腰间金纹一缕，灼烁有光，腹下红白色，目眶亦有金圈，睛如点漆，灼灼瞪视。掬置茶盂中，以盖盖之，旋视之，则盂空矣。人谓此青蛙将军也。去来莫测，虽扁铁匣，亦能自逸也。"② 也有介于动物原型与人形之间的青蛙神，如金溪县："三庙神像，皆肖人形，做紫黑面不一，真形即蛙也。居天符庙者，号为火眼金睛。伏椅上，肥大可重三四两，色嫩绿。项至尻有云纹如沙糖色，即俗所谓背上七星者，其实不似也。腹下紫色，足三肉爪，如人指，淡黄色，爪端各出横肉分许如量概形。后又见三使者，皆在瓷盘，盛水居之，大小不一，竟无前者之形相。一小者身仅长寸余，而爪端若枯竹枝，槎枒岐出者，几长与身倍，此尤异也。或祀以酒，竟能吸饮逾时，体稍变赤，如醉状。"③ 《闽都别记》第264回所载蛙神已可幻化为小孩。长乐县芝山有一水潭，潭边一水鸡（青蛙）精，常变为一个四五岁的小孩，个矮，头仰，目圆，口阔，腰大，前绿后青，肢长手短，赤身裸体，说家在水中，一遇人路过，即跳入水中不出④。也有以人为蛙神的，如《闽杂记》载："（浙江杭州府）涌金门内金华将军庙，本祀吴越将曹杲，俗亦讹为青蛙。……又闻神宅在府学泮池旁，尝降乩言，本唐末武臣，死黄巢之难者。"⑤ 《闽都别记》还提到长乐县一乡童刘鹤龄，因诈吞了水鸡（青蛙）精的土丸，自己也变成了水鸡精，并能水遁，潜入京城骚扰帝后，为此永乐皇帝命张天师降之，后封其

① （清）董含：《三冈识略》，辽宁教育出版社，2000 年。

② （清）施鸿保：《闽杂记》卷 5，福建人民出版社，1985 年，第 85 页。

③ 王秋桂、李丰楙主编：《中国民间信仰资料汇编》卷 20《铸鼎余闻》，（台北）学生书局，1989 年。

④ （清）里人何求：《闽都别记》（下），福建人民出版社，1987 年，第 5～8 页。

⑤ （清）施鸿保：《闽杂记》卷 5，福建人民出版社，1985 年，第 85 页。

为青蛙神，颁敕为江、浙等地城隍、土地庙配神[①]。

近代以来，闽北、闽东地区的蛙神崇拜依然兴盛，民间一般把蛙神称为“青蛤将军”。福州城内水部地方，还存有一座称为“蛤埕庵”的蛙神庙，祭祀的蛙神称为“振威将军”。蛙神庙临河，庙旁停放有端午竞渡用的龙舟两艘，舟的首部作蛙形，色绿，当与所祀蛙神有关。当地民众还根据青蛙不同花纹、颜色，分别称为“铁线将军”、“金线将军”等，20世纪30年代前后，福州民众仍多有祭祀“金线将军”。[②] 闽东也可见到崇蛙文化遗迹，如民国十四年《霞浦县志》卷11载：“雨蛙，一名寒蛤，亦呼花鬼。形似蛤蟆，天将雨则鸣。性善攀木，常栖树上，人或称为绿袍将军，辄以酒饲之。”[③]

现代，从武夷山到南平樟湖坂，再到福州仓山与马祖北竿岛，沿着福建水上人家活动的路线都可见到蛙神庙。马祖列岛芹壁村蛙神庙位于天后宫后方（图4：1），民间传说，蛙神祖庙建庙久远，明万历年间遭破坏，庙宇废弃，恰逢天后招兵，青蛙神应募为天后的铁甲将军，落户芹壁村。[④] 从闽北、闽东蛙神庙的分布与这则民间传说可以看出，闽地的青蛙神形象多为动物原型，但也有人格化偶像神，如闽江流域的张圣君和闽西的琀瑚侯王就是已经人格化的青蛙神。

南平樟湖坂蛇王庙对面，隔着空阔的闽江就有一座蛙神庙，内祀黑脸蛙神张圣君。相传张圣君是永泰县人，早年以修锄柄为生，人称“张锄柄”，后上闾山学法，救世济民，羽化升天。在庙前有一座古朴的石雕蛙神像，为明末清初遗物。如今，每年七月廿一日张圣君生日之时，神庙所在的溪口村都会举行蛙神出游活动，届时，一种背绿腹白、脑后长有黑圆点的青蛙，会陪同蛙神一道巡游（图4：2）。

琀瑚侯王是广泛流传于闽西长汀、连城地区的“青蛙精”的人格化偶像神。至今仍保存较完好的琀瑚侯王庙宇建于明英宗正统年间（1436—1449）[⑤]，整座庙占地700余平方米，主殿除供奉琀瑚侯王及其夫人（称婆

① （清）里人何求：《闽都别记》（下），福建人民出版社，1987年，第5~8页。

② 林蔚文：《福建民间动物神灵信仰》，方志出版社，2003年，第192页。

③ 霞浦县志编纂委员会整理：《霞浦县志》，1929年。

④ 《天后宫铁甲将军立碑记序》，http：//fuzhou. fznews. com. cn，2008－3－18。

⑤ 邹日升主编：《连城县志》卷32《风俗宗教》，群众出版社，1993年，第845页。

太）之外，还有配祀神定光古佛、伏虎禅师、蛇阳菩萨、土地伯公等，由此可见珨瑚侯王在当地受崇敬的程度。民间传说珨瑚侯王是个“青蛙精”，有一次李世民被人追赶，跑到乌泥河边，河水很大不能渡过，珨瑚帮助他渡过河。后来李世民当了皇帝，就封他为侯王①。珨瑚二字早期的写法并不是王字旁，而是虫字旁，明末清初新泉理学家张鹏翼将虫字旁改为王字旁②，使之更符合侯王的“身份”，但如此一来，青蛙精崇拜的原型就被掩盖了。珨瑚侯王在宋代就已人格化了，在宋代时连城民间就有祭祀他的香火，“按宋人余良弼云：惟王姓王，讳延钧，禀忠勇刚正之节，五代史世家章矣”③。当地人传说原来的珨瑚侯王庙建在洋坊尾，明代以后在马埔扩建大庙，成为当地民间信仰的中心。珨瑚侯王的起源与闽西“峒、猺”民族有关，据文献记载，广为流传蛤瑚侯王的长汀、连城等地一直都是东南土著后裔的聚居地区。杨澜《临汀汇考》云：“长汀为光龙峒，宁化为黄连峒。峒者，苗人散处之乡。大历后始郡县其巢穴，招集流亡，辟土之谷而纳贡赋。”④ 民国《长汀县志》载清初范绍质《猺民纪略》云：“汀东南百余里，有瑶民焉。……乡人呼其曰畬客。”⑤ 后来，迁徙此地的汉民继承了珨瑚信仰，但将其与李世民、闽王王延钧联系起来，掩盖其原始的动物精灵本质，将其塑造成人格化的地域主神。

---

① 杨彦杰：《珨瑚侯王——一个跨宗族的地方土神》，［法］劳格文（John Lagerwey）主编：《客家传统社会》（下），中华书局，2005 年，第 818 页。

② 吴泰钧：《珨瑚公王辨》，载光绪三十二年培田《吴氏族谱》卷终。

③ 杜士晋：《蛤蝴王庙考》，康熙《连城县志》卷 10。

④ （清）杨澜：《临汀汇考》卷 1《方域考》，转引自杨彦杰：《珨瑚侯王——一个跨宗族的地方土神》，［法］劳格文（John Lagerwey）主编：《客家传统社会》（下），中华书局，2005 年，第 819 页。

⑤ （民国）黄恺元等修：《长汀县志》卷 13《杂録》，1942 年。

1

2

图 4　福建民间的蛙神崇拜

1. 福建马祖北竿芹壁村供奉的青蛙神　2. 福建南平樟湖坂的蛙神

四、蛙图腾崇拜的民族史意义

从上述东南地区民族考古学的多种资料分析可知，蛙图腾崇拜是自上古、史前东南越人到现今散居华南各地的越人后裔各少数民族，乃至是东南地域的社会主体“汉人”文化的共同内涵。史前上古以来，贯穿于东南百越民族社会生活与宗教崇拜等各方面的蛙图腾崇拜文化；越人后裔各族群的传统蛙神祭仪活动，日常生活中的蛙始祖神话，服饰、文身图案中的蛙形象，青蛙禁忌文化；东南汉人民间信仰中能未卜先知、祛病断案、予人祥瑞的蛙神，人格化的地域主神玱瑚侯王等，是百越蛙图腾信仰文化在东南民族史变迁过程中不同历史阶段连续发展的结果。

一定地域的文化形态与该地域的地理生态条件和人文历史是分不开的。东南百越的蛙图腾崇拜在东南汉人社会的传承是东南自然环境和文化环境共同影响下的产物。东南地区的自然地理生态环境是大自然长期演化而形成的，适应东南早期人类及其文化、文明出现与发展的整体环境。东南部温润多雨、河湖网布、草木茂盛的自然环境是青蛙繁殖生存的理想之地。青蛙吞食害虫、帮助庄稼生长、繁殖力强、能预报天气的习性必然引起东南土著越人的关注。费尔巴哈在谈到自然崇拜对象时曾说：“那些最必需的、最主要的、最有影响的又最能激发人的依赖感的自然对象，同时也含有这些刺激眼睛的感慨，激起的惊异、赞叹以及其他类比印象和情调的一切特质。”① 在原始的万物有灵观念的影响下，青蛙的上述特性使得东南土著越人认为青蛙拥有自身无法比拟的灵力，因此，他们崇拜青蛙，奉之为图腾始祖。

汉代以来，随着百越所建的王国的相继灭亡和中原北方汉人南迁步伐的加快，“汉越融合”成为百越故地民族历史发展的主流。一部分避居山林、海岛的越人后裔“山越”、“溪峒”等逐渐发展成现今的畲、黎、壮、侗、高山等少数民族，大部分越人从身份上转化为汉人，与不断南迁的汉人共同构成东南汉民社会的主要群体。这些居于百越故地的东南各民族的生存空间与其先民并无二致，其文化核心依然是建基于东南自然环境上的越人文化传统。千百年来，这种人文传统已积淀成一种文化基因，注入东南各民族成员的文化深处，无论族群迁徙到何处，经济方式发生什么变化，抑或被外来文化如何深刻地影响着，这一基因依然存在，并继续发生作用。因此，蛙图腾崇拜文化从百越先民传承至百越后裔各少数民族和东南汉人文化当中，是东南特殊的自然地理生态环境使然，也是生于斯长于斯的越人文化基因持续存在并发生作用的历史必然。

① ［德］费尔巴哈（Feuerbach）著，林伊文译：《宗教本质讲演录》，商务印书馆，1937年，第52页。

百越考古

试探海南考古材料中的百越文化因素

郝思德　黄兆雪
（海南省博物馆、昌江县博物馆）

百越民族是分布在我国东南和南部地区的一个古老民族，其所孕育的具有鲜明特色的百越文化，是一种广布于辽阔地域上的古老土著文化。百越民族是一个大部族的共同体，分布范围甚广，遍布于我国南方大部分地域。早在商周时期，随着古越族的不断迁徙和流动，其部族种姓也随之不断繁衍、增多，在不同地域所形成的考古文化及其内涵特征也存在着一定的差别。但是，百越文化是百越民族共同创造的土著文化，在其形成和发展的进程中，是构成百越族群特征和部族文化的基本精神纽带和主要原因，故在百越文化基本内涵上表现出较多的文化趋同性，某些共同的文化因素也显得更为突出。其中，有肩石器、有段石器、几何形印纹陶、釜形陶器和铜鼓等遗物是较具有代表性的文化因素，也是构成百越文化内涵特征的重要内容。

海南考古材料中颇具自身特点的某些文化因素，如其中的石器、陶器、铜鼓等文物，较明显地体现出受到百越文化的影响。本文试就这些考古材料中所反映出的百越文化因素进行初步分析和探讨，从而了解和认识海南古代文化与百越文化相互间的关系，这对研究海南古代民族的发展历史有着十分重要的意义。

一

海南史前考古工作经过几十年的长足发展，已取得了较可喜的成绩。对已发现的田野调查材料和科学发掘成果进行一定的分析探讨和初步研究，就可以粗略地勾勒出海南史前考古文化的基本轮廓和一般框架。海南史前文化大致可分为四个发展阶段，即过渡文化阶段（指从旧石器时代末期至新石器时代早期之间的衔接阶段）及新石器时代早、中、晚三期发展阶段。[①]

海南新石器时代早期是以东方市新街遗址为代表的一种文化遗存，属于贝丘遗址的类型，[②] 主要的生产活动和生活来源是渔猎、采集经济；生产工具的制作较为落后，仍保留海南史前文化过渡阶段的一些打制技术遗风。发现的石器主要是用交互打击法制作而成，选用的材料多为砾石，器型甚少，仅有砍砸器、斧形器、刮削器等器类。磨制石器较少见，器型只有斧、锛等，器身平面一般略呈梯形。在海南新石器时代早期文化发展阶段还未出现有肩石器或与其相近似的器物。

在海南已发现的 400 多处新石器时代文化遗址和遗物点中，[③] 采集和出土的各种石器近千余件，器型主要有斧、锛、铲、凿等，另有少量锄、刀、镞、矛、犁、戈、石拍及网坠、砺石等。其中，有肩石器与有段石锛在海南的出现，一般是到了本地区史前文化新石器时代中、晚期的两个发展阶段。在海南岛分布有几何印纹陶的众多古代文化遗址中，均发现有一定数量的有肩石器。有肩石器主要指有肩石斧、有肩石锛、有肩石铲三种器型。这类有肩石器是古代先民在制作过程中，有意识地采用打制、切割、磨光等加工技术而做成的生产工具。可以认为，有肩石器的柄、肩、器身等形制特征均为人工所为，器型规整，磨制较好，刃部较锋利，有的还留有使用过的遗痕。

有肩石器中的石斧、石锛、石铲（含大石铲）及有段石锛是这两个文化发展阶段中较有代表性的器物，也是颇具地域文化特色的生产工具。从发现的数量上来看，有肩石锛最多，有肩石斧次之，有肩石铲和有段石锛则少些。从有肩石器的分布范围来看，有肩石锛在海南各个市县几乎都有发现，有肩石斧则主要在海南部分市县有所发现，有肩大石铲和有段石锛

① 郝思德：《海南史前考古概述》，《海南历史文化》（第 1 卷），南方出版社，2011 年。

② 海南省文物保护管理委员会：《海南省的考古发现与文物保护》，《文物考古工作十年》，文物出版社，1990 年。

③ 海南省文物考古研究所：《海南考古六十年》，《中国考古六十年》，文物出版社，2009 年；郝思德：《海南史前文化初探》，《东亚玉器 · 庆祝中国考古艺术研究中心创立二十周年论集》，香港中文大学出版社，1998 年。

仅在少部分市县有一定的出土。这些有肩石器都是海南新石器时代经济生活中使用较为普遍的工具，既有本地区的考古文化特征，又与岭南两广地区的古代文化有着十分密切的关系，还受到岭南地区古代文化的一定影响。[1]

有肩石器和有段石锛主要是中国南方地区考古学中区分不同文化类型的标型器，也是百越民族分布地区中多种古代文化基本内涵的特征之一和重要的组成部分。同时，这种有肩石器和有段石锛也是区别古越族各个种姓分支的一个较重要的标识物。因此，一般认为有肩石器和有段石锛是我国南方古代具有明显地方特征的社会物质文化之一，也是百越民族先民创造的一种古老文化。

二

有肩石斧在海南新石器时代中期文化遗存中已有一定的发现，如在陵水石贡遗址[2]、移辇遗址[3]的考古调查和发掘中，均出土过类似的石斧，但数量不多。到海南新石器时代晚期文化遗存时，发现的有肩石斧较多，并且还出现了带双肩的长身石斧，这是海南史前文化中较具地域特点的一种器型。[4] 有肩石斧器身适中，通体磨制，一般通长 7 ~ 12 厘米，刃宽 5 ~ 7 厘米，器身或扁平，或两面稍鼓起，双肩平直且互相对称，双面刃，刃边

---

① 参见郝思德：《海南史前考古概述》，《海南历史文化》（第 1 卷），南方出版社，2011 年；郝思德：《海南史前文化初探》，《东亚玉器 · 庆祝中国考古艺术研究中心创立二十周年论集》，香港中文大学出版社，1998 年。

② 冯永驱：《陵水县石贡沙丘遗址》，《中国考古学年鉴 · 1993》，文物出版社，1994 年；郝思德、李钊：《陵水县石贡新石器时代遗址》，《中国考古学年鉴 · 2007》，文物出版社，2008 年。

③ 郝思德、蒋斌：《陵水县移辇村新石器时代遗址》，《中国考古学年鉴 · 2008》，文物出版社，2009 年。

④ 广东省博物馆：《广东海南岛原始文化遗址》，《考古学报》1960 年第 2 期；王克荣：《海南岛的主要考古发现及其重要价值》，《海南黎族苗族自治州博物馆馆刊》（创刊号），1987 年。

大多呈弧形，上为短方柄，用以捆绑木把呈曲柄的生产工具。① 海南岛发现的有肩石斧在器型特征上与两广百越族分布地区古代文化遗址出土的同类器物大同小异。

有肩石锛在海南大部分市县均有分布，其中以岛内南半部地区为主，又较集中地在南部昌江、东方、陵水、白沙、保亭等新石器时代中、晚期文化遗存发现为多。② 有肩石锛发现数量很多，据初步统计，目前采集和发掘出土有400余件，在海南发现的有肩石器中占大多数。有肩石锛器型一般稍小，石质有板岩、页岩、砂岩等，大都通体磨光、形制规整，一般通长3~7厘米不等。形制上与有肩石斧较相似，唯器型较小些，双肩齐平，顶部带短方柄，一般为单面刃，常呈斜直状，有的近呈漫弧形。

在陵水县的石贡、移辇遗址和东方市新园遗址均各自出土了几十件有肩石锛。③ 这些有肩石锛器型大小有别，大多经磨制加工而成，又以单面斜刃为主，有的还保留有使用过的残痕。石贡、移辇遗址属于贝丘遗址类型，新园遗址属于沙丘遗址类型。从考古学文化时代序列上来看，它们都是海南新石器时代中期文化遗存，在地理环境和经济生活来源上有较多的共同点和文化联系，生产活动以渔猎和捕捞、采集为主，还未出现原始农业生产活动。因此，这些遗址仅出土器型较小的有肩石锛，可能与古代先民所从事的经济活动有关。在昌江县乌烈新石器时代中期文化遗址中采集到60余件石器，其中有肩石锛30多件，另外，还有一些半成品和石器原料。④ 从遗址所处的地理环境及遗物发现的现场和保存状况来分析，是否可以初步推测该遗址中当有一处石器制作加工场所遗迹，这还有待于通过今后的考古发掘和进一步探讨来加以认识。

众多有肩石锛的发现，或许表明海南当地百越先民已较熟练地掌握了在石器上加工带“双肩”的技术，当然也可能和他们从事的经济活动有一

---

① 郝思德、王明忠：《海南史前文化遗存经济生活初探》，《海南省民族博物馆馆刊》2005年第1期。

② 郝思德：《从考古、民族学材料看海南骆越文化》，《越文化实勘研究论文集》，中华书局，2005年。

③ 郝思德、王大新：《东方市新园遗址》，《中国考古学年鉴·2007》，文物出版社，2008年。

④ 见昌江黎族自治县博物馆编的第三次全国文物普查档案资料。

定的关联。海南有肩石锛在形制上也与两广地区古代文化中发现的同类石器基本相近，有的几乎完全一致，应该是受到了两广地区百越文化的直接影响。

一般认为，有段石锛是我国东南部和南部地区新石器时代晚期至青铜器时代较为重要的一种生产工具。据目前的考古发现所知，有段石锛主要发现于新石器时代晚期的福建、广东等省，在中国的台湾、浙江、江西、江苏及海南等省也有一定数量的发现。其中，广东曲江石峡遗址出土的有段石锛地层关系较为明确，年代也偏早些。[①] 有关学者指出，有段石锛“应是中国大陆东南区即闽、粤、浙、赣、苏一带发生，然后北向华北、华东；东南面传于台湾、菲律宾以至波利尼西亚诸岛”[②]。到商周时期，有段石锛仍在百越民族部分地区流行使用。

海南新石器时代晚期文化遗存发现的有段石锛数量不多，有 30 余件，多为磨光，一般器身较小，单面刃，多为平腹，背部微隆起成段，并没有在背部加工成很明显的沟段。由此看来，在海南发现的有段石锛较为落后，远不及福建和两广地区加工精良的有段石器，但这类有段器物在形制上仍与两广地区百越文化中的有段石锛较为相近。双肩有段石锛只见于海南陵水坡村、文昌昌田坡、定安佳笼坡等遗址，[③] 板岩石质，单面刃，通体磨光。一件下段短宽近长方形，宽刃，上段扁平有短方柄，段与肩齐平，通高 4.2 厘米、宽 6.2 厘米、厚 1.6 厘米。另一件上下两段近同高，上段扁圆，有长方柄，下段略呈梯形，段与肩取齐，通高 7 厘米、宽 4 厘米、厚 1.6 厘米。这种有肩有段石锛应是海南新石器时代晚期百越先民的遗物。

自有肩石器和有段石锛由东南沿海地区的百越先民开始使用后，再经过骆越族主要活动的两广地区，跨海传到骆越族分布较南的海南岛。当地

---

① 杨式挺：《试从考古发现探索百越文化源流的若干问题》，《岭南文物考古论集》，广东省地图出版社，1998 年。

② 林惠祥：《中国东南区新石器文化特征之一：有段石锛》，《考古学报》1958 年第 3 期。

③ 杨式挺：《海南自治州文物普查散记》，《广东文博》1983 年第 2 期；王亦平：《海南与两广地区史前文化的关系》，《海南师范学院学报》（社会科学版）1994 年第 4 期。

的骆越先民在掌握加工有肩和有段石器技术的基础上，根据自身生产劳动实践的需要，把两种技术相结合，加工制造出带双肩的有段石锛。由于经过改良，在工具上可以装上木柄，较之无肩有段石锛使用时方便且更有力，不失为当时一种较进步的生产工具。

海南发现的有肩石器，除了与两广地区古代文化的同类器物有一定的相似之处外，还具有不少自身的地方文化特点。如双肩与柄之间大多呈直角，且相互对称；斧的柄很长，而锛的方柄略小，肩较宽；斧的器身修长，锛的器体稍短。这些文化特点在两广地区的有肩石器中较为少见。海南的有肩石器在时代上有早、晚之别，但人体上与两广地区古代文化发展进程是同步的，只是在发展的进程中显得稍微滞后。但从文化的传播和影响上来看，海南与岭南两广地区的古代文化又有一脉相承的关系，当也属于岭南百越文化的特征之一。海南应该是百越文化因素分布在中国最南的一个地域，或许海南的有肩石器会再从海南岛传播到海外更远的地区去。

在海南新石器时代晚期遗址中发现了一定数量的大石铲，这些大石铲在全岛大部分市县都有所分布。主要集中在海南南部地区的陵水、通什、三亚、白沙、保亭、琼中、乐东及定安等市县。① 这些大石铲在外形上与有肩石斧较为近似，但形制硕大，是一种形制较为特殊的大型生产工具。大石铲可能是作为农业生产工具来使用，但不排除某些大石铲会有其他用途，如作为礼器。发现的这些大石铲多为采集得来，且均为零星地出现，通过考古发掘出土的甚少。在海南发现的大石铲中，除有少量梯形大石铲外，其他主要是以有肩石铲为代表性的器物。有肩石铲器型规整，器身硕大，铲身扁平修长，弧形双面刃，带双肩，肩部或短平，或斜直，腰部多为直腰，少见束腰，上有短方柄，大都通体磨光，有的加工很精致。

通什市冲山镇出土的一件大石铲，平面呈长梯形，顶部平直，双面弧刃，通体精磨，通长 34 厘米、宽 6.5 ~8 厘米、厚 2 厘米，这是海南目前已知的最大的一件石铲。昌江县叉河镇出土的一件石铲较小，平面近呈梯形，弧形双面刃，通体磨制，通长 20 厘米、宽 10 厘米、厚 2.5 厘米。定

① 参见郝思德、蒋斌：《陵水县移辇村新石器时代遗址》，《中国考古学年鉴·2008》，文物出版社，2009 年；广东省博物馆：《广东海南岛原始文化遗址》，《考古学报》1960 年第 2 期；王克荣：《海南岛的主要考古发现及其重要价值》，《海南黎族苗族自治州博物馆馆刊》（创刊号），1987 年。

安县发现的一件有肩石铲，器身平面近似长方形，带短双肩，上部有方柄，双面弧刃，通体磨制很精，通长23.5厘米，肩、腰宽均为9.9厘米。儋州出土的一件有肩石铲，器型很大，器身平面近为长倒梯形，短柄，宽肩、长身、弧刃，肩宽于刃，通长29厘米。①

大石铲产生的时间，一般认为是在岭南地区的新石器时代晚期，较兴盛时期大约在青铜文化时代，有的地区则可能沿用到汉代。海南出土有肩石铲的遗址与两广地区以大石铲为特征的新石器时代晚期文化遗存基本相同，在文化上有一脉相承的关系。这种以大石铲为代表的遗址最具地方特色，当属于一种地域性的古代文化遗存，分布范围主要在广西南部地区的扶绥、合浦、北流、玉林、崇左、柳州、靖西等地②，以及广东西部地区的封开、德庆、兴宁和海南部分市县。大石铲在岭南这一广大区域的发现，为我们探讨海南岛与雷州半岛、粤西、桂南等所谓的"大石铲文化"遗存地之间的文化传播及交流关系提供了重要信息，也为了解和认识古代百越先民的迁徙和流动提供了实物资料。

一般认为，"大石铲文化"遗存分布的区域正是百越先民的活动范围。发现大石铲遗存的地区大都属台地、山坡类型，分布在江河流域沿岸一带。而岭南这一片广大区域正是百越民族分布最南的一支——骆越人活动的地方，大石铲在这个地区被发现，并非偶然。大石铲作为一种考古文化遗物，当应是骆越族及其先民制作和使用的，相似的地理环境和生态条件，为骆越人从事原始农业生产提供了方便，他们制造这种石制工具，可能是用来作为从事原始农业生产的工具或祭祀时的礼器。在广西贵县城郊桐油岭和合浦文江塔的西汉晚期土坑墓随葬品中各发现了一件石铲，这说明大石铲在当地汉代的农业生产中还起着一定的作用③，可能反映了骆越部分地区因文化发展的不平衡性，以及受到自然条件的限制，其社会经济

① 郝思德：《海南古代文化与百越文化》，《中国考古学会第七次年会论文集》，文物出版社，2010年。

② 广西壮族自治区文物工作队：《广西南部地区新石器时代晚期遗存》，《文物》1978年第9期；广西壮族自治区博物馆：《广西考古十年新收获》，《文物考古工作十年》，文物出版社，1990年。

③ 黄增庆：《西瓯、骆越的文化特点及其对我国文化的贡献》，《百越民族研究》，江西教育出版社，1990年。

文化发展带有一定的滞后性，明显落后于百越系统的其他民族。尤其是地处骆越文化分布较边远的海南岛地区，其经济文化的发展也很不平衡。1957 年在海南琼中县斩对山遗址发现两件有肩石斧与铁刀及两件宋代瓷片，① 这可能反映了海南岛地区的环海地带虽然受到北来汉文化的影响，但直到汉代当地仍处在新石器时代晚期的末尾阶段。在海南岛的中部山地丘陵一带，社会经济文化发展更为落后，一些地方如琼中甚至到宋代才结束原始社会的晚期阶段。

三

海南各地区古代文化遗址出土的陶器，是区分考古学文化类型的重要标型器之一，也是我们认识和探讨海南古代文化与百越文化关系的重要实物资料之一。海南古代文化中的新石器时代，大致可分为早中晚时期三个不同发展阶段。其中，陶器最早在新石器时代早期文化遗存中就已出现，时间为距今六千多年或更早些。东方市新街遗址发现的早期陶器全为夹砂粗陶，多为灰褐陶胎，手制，火候一般不高，陶土中夹有粗砂粒或贝壳末，器壁薄厚不匀，制作粗放古朴。器类很单一，形制不规整，已有敞口鼓腹圜底釜和圜底罐等，纹饰除素面外，也有绳纹和少量篮纹等。但圜底陶釜的出现，是一个很重要的文化信息，因为它是百越文化区最显著和最大的共同点，也是百越民族始终固有的“釜文化”基本内涵特征之一。

到新石器时代中期文化遗存时，陶器以夹砂粗红褐陶居多，粗砂灰褐陶次之，仍全为手制，火候较高，器型有圜底釜、圜底罐、圈足碗、平底钵和盆等，部分陶器上较流行饰桥状耳。圜底釜仍是古代先民日常生活很重要的炊煮器之一。纹饰以绳纹为主，此外也有划纹、镂孔、红衣等。在发掘陵水县石贡、移莘二处遗址时，发现了用几块石头堆砌近似灶的遗迹，其近旁就出土了粗砂灰褐素面陶釜和有肩石器，还有贝壳和动物遗骨，这正是海南百越先民“釜文化”的真实生活写照。海南新石器时代早、中两期遗存与我国南方广东、广西部分地区同时期的遗存在文化面貌

① 梁钊韬：《我国东南沿海新石器时代文化的分布和年代探讨》，《考古》1959 年第 9 期。

上较趋向近同，基本上属于同一个岭南史前文化范畴。因此，陶器上的这些特点也就与两广地区的新石器时代早、中两期文化遗存大致相近。这从一个侧面反映了海南新石器时代早、中两期文化遗址是一种较为单纯的夹粗砂陶的文化遗存，至今尚未发现广东东部和北部地区较流行的早期几何印纹陶，也不见广东和中国香港地区的夔纹、云雷纹、菱形纹、椭圆纹和几种花纹组合的纹饰。

海南岛新石器时代晚期文化遗存，分布范围明显扩大，主要集中在南部和北部地区的很多市县，如陵水县港尾和古楼坡遗址、三亚市牙龙湾和下马岭遗址、文昌市西边坡遗址、琼中县荒堂坡和腰子村遗址、临高县昌栏村遗址等。出土的石器比较流行有肩形式，主要器型有有肩石锛、有肩石斧、有肩大石铲和双肩有段石锛等，其中石锛数量比石斧多，另石铲也较多。发现的陶器虽大部分仍为夹砂粗红陶，但已有少量泥质灰褐陶器。纹饰除素面为主外，也出现了一些施有几何形纹饰的陶器，还有少量几何印纹硬陶出现。器型主要有釜、罐、碗、钵、杯、鼎等，其中釜仍为圜底器物。

夹砂灰褐陶圜底釜作为百越文化最有特色的基本文化因素之一，它始终伴随着海南史前时期新石器文化发展的全过程，在早、中、晚三个不同发展阶段中或少或多均有一定的发现，但它作为最重要的炊煮器，一直是百越先民长期保持的生活习俗之一。以圜底为特点的夹砂陶釜所代表的“釜文化”，是百越地区最具地方特色的一种文化因素，也是百越文化最明显的共同点，这种“釜文化”与古代中原和楚地的“鬲文化”形成了鲜明的地域文化对比。[①] 虽然，百越文化区各种姓分布受到了北来的中原地区的古代文化影响，但“釜文化”的传统始终在百越族分布区保持和发展着，其固有的文化因素并未衰落或消失，而中原地区的“鬲文化”也未能波及和入侵越地。夹砂圜底陶釜在海南地区一直沿用到汉代甚至南朝时期，如1998年发掘的东方市荣村遗址就出土了33件夹粗砂圜底陶釜，另还发现一座用两件陶釜作为葬具的儿童瓮棺墓[②]。可见，作为百越民族传统文化特征的“釜文化”，其生命力十分顽强，始终在百越族分布最南的

---

① 邱立诚：《百越文化传播与交流的考古学证据》，《越文化实勘研究论文集》，中华书局，2005年。

② 海南省文物考古研究所：《海南东方市荣村遗址发掘简报》，《考古》2003年第4期。

海南岛地区传承着。

在海南新石器时代晚期已开始出现几何形印纹陶，几何形纹样有方格纹、水波纹、条纹、菱形纹、之字纹等。几何形纹饰的施纹方法以刻划为主，也有少量拍印的几何形纹样。但海南这一时期的几何形印纹仍为简单的纹饰，表现出粗放、原始的风格，正处在岭南广东、广西地区几何形印纹陶的早期阶段，显得较为滞后，文化发展也相对比较缓慢。到秦汉时期，海南古代文化发展仍不平衡，部分地区依然停留在新石器时代晚期文化阶段的末期。但海南岛几何印纹陶已有一定的发展，在海南南部、西部地区部分遗址和墓葬中发现有拍印的米字纹、方格纹、方格纹底带戳印及刻划的水波纹、多道弧纹的陶器①。饰有几何印纹的陶器也几乎全为泥质硬陶，器型主要有瓮、罐、盆等。这些几何印纹硬陶与广东雷州半岛地区的同类器物较相近。总的来看，在海南几何印纹陶遗址中，基本上未发现曲尺纹、云雷纹、夔纹、双线方格纹、复线方格纹、斜方格纹及组合性纹饰等典型的几何形印纹，而这些几何形印纹纹饰正是广东北部地区印纹陶文化发展到鼎盛时期较具代表性的文化特征之一②。

几何印纹陶是百越民族另一个重要的文化特征，其中的夔纹和米字纹是百越族群中流布最广的几何印纹纹样。有学者指出，几何印纹陶产生于新石器时代晚期，兴盛在相当中原时代的商周时期，衰落于秦汉。几何印纹陶广布于我国新石器时代晚期南方各个地区，主要集中于浙江、福建、江西、江苏、广东和湖南等地，而且分布较为密集，在这些地区均发现有代表性的几何印纹陶文化遗址。据有关考古材料分析所知，在几何印纹陶发展的兴盛时期，夔纹陶器主要分布在广东珠江三角洲、广东的北部和西部地区，米字纹陶器则主要分布在苏闽赣等地区。到几何印纹陶文化发展的晚期，米字纹陶逐渐取代了夔纹陶。米字纹陶器在海南的出现，则可能要晚到西汉南越国时期。据已知考古文物证实，海南岛的几何形印纹陶出现的时间虽与广西、云南、贵州等地大致相近，但都明显晚于粤北、粤东和湖南等地。这从一个侧面反映了我国南方地区几何形印纹陶的发展去向是由北向南、向西进行的，而不是由南向北、由西向东的流传路线。

---

① 郝思德、王大新：《海南考古的回顾与展望》，《考古》2003 年第 4 期。

② 彭适凡：《中国南方古代印纹陶》，文物出版社，1987 年。

四

从海南的考古发现所知，目前见到的青铜器物很少，仅有40件，除少量铜斧、铜绹纹环形器外，主要是铜鼓和铜釜，其中铜鼓也是具有地域文化特征的重要器物之一。

铜鼓在中国古代南方分布广泛，范围大体上与几何形印纹陶的分布地区相近。据现有考古材料来看，铜鼓较集中分布在广西、云南、广东、贵州、四川和海南等省区[①]，其中广西、广东、云南、海南等地则是百越民族世代活动的地域。在海南陵水、昌江、儋州、东方、临高等市县发现的十几件汉代铜鼓[②]，依其形制特征来看，基本上是属于北流型、灵山型铜鼓的范围，其中又以北流型鼓居多。北流型、灵山型铜鼓的分布地区大致相同，即主要在广东西部和广西东部、广西东南部一带，大致在北至梧州、藤县，西至南宁，南抵海南岛，东达广东云浮、高州等地区[③]。

北流型铜鼓器型特征是鼓面外伸成垂檐，且大于鼓身，鼓腰向内收束，鼓足外移，附绹纹环状小耳或条形小扁耳。鼓面和鼓身多用二弦或三弦分晕，鼓面中央太阳纹稍隆起，呈六芒或八芒。鼓面纹饰主要有勾云纹、雷纹、翔鹭纹、铜钱纹等，鼓身多饰弦纹、菱形纹、雷纹、竖条短纹等，纹饰细密，铸造较精。1967年昌江县出土的一件北流型铜鼓，面径100厘米、高56厘米、足径98厘米，鼓面上有四只立蛙造型，现藏于海口市博物馆[④]，这是目前海南发现的面径最大的一件北流型铜鼓，至今保存完好。1999年儋州市出土两件形制相同的北流型铜鼓，器型较小，面径45厘米、高40厘米、足径残高42厘米，鼓身饰两对绹纹环状耳，现藏于儋州市博物馆[⑤]。一般认为，灵山型铜鼓是由北流型鼓发展而来的，时间上稍晚些，其特征是器型较小，鼓面略小于鼓身，鼓胸圆凸，腰部稍缓收，附桥形小扁耳。鼓面和鼓身一般多用弦纹，太阳纹不隆起，分八芒或

① 中国古代铜鼓研究会：《中国古代铜鼓》，文物出版社，1988年。
② 郝思德：《海南汉代铜鼓初步研究》（未刊稿）。
③ 李伟卿：《中国南方铜鼓的分类与断代》，《考古》1979年第1期。
④ 海口市博物馆：《海口文物志》，海口市博物馆，1993年印。
⑤ 见儋州市博物馆藏品目录。

十芒。其纹饰有雷纹、水波纹、菱形纹、圆珠纹、竖条短纹等，纹饰显得较粗犷。1978 年陵水县英洲镇出土的一件灵山型铜鼓，面径 60 厘米、高 32 厘米、足径 57 厘米，现收藏于海南省民族博物馆①。

从北流型和灵山型铜鼓的分布地区、流传路线及年代来考察，与百越族分布最南的一支——骆越人的活动区域和时代基本上相吻合。如更进一步地说，则可能是骆越族的后裔俚人所铸造、使用的文化遗物。据《后汉书·马援传》记载："（马援）于交阯得骆越铜鼓。"李贤注引裴渊《广州记》曰："俚僚铸铜为鼓，鼓唯高大为贵。"由此可见，北流型、灵山型铜鼓当为骆越族及其后裔俚人铸造和喜爱的乐器与重器，这表明骆越人及其后裔俚人十分流行自铸和使用铜鼓的习俗。海南岛是骆越族分布最南的地区，发现的这十几件铜鼓，正是当地骆越人使用铜鼓习俗的生动历史写照。至于海南岛汉代铜鼓究竟是本地铸造的，抑或是从两广百越地区传入的，尚待今后进一步工作和探讨来加以认识，在当前还缺乏科学考古材料的情况下，不能贸然地说海南发现的十几件铜鼓就是从广西流传过来的②，我们当持谨慎和客观的科学态度。

从大的文化背景来考察，海南与广西、广东、福建、江西等省区都属于几何印纹陶文化的分布区域，其几何印纹陶文化遗址的特征大致相同，都同为一个大的百越文化系统。广东西部和广西东部、东南部一带的春秋战国至秦汉时期的遗址、墓葬中，常发现有仿中原商周时期青铜器的云纹、雷纹、夔纹、菱形纹等几何形纹饰。而海南岛在骆越族活动的南部地区，限于琼州海峡阻隔，几何印纹陶文化发展相对缓慢，在几何印纹陶上少见中原地区商周青铜器上流行的云纹、雷纹等纹饰。但海南岛发现的汉代的铜鼓仍以云纹、雷纹、菱形纹作装饰纹样，这表明该地区与分布有同样纹饰铜鼓的广东西部、广西东部、广西东南部一样，都是在几何印纹陶文化遗址的分布范围内。作为骆越族的后人，他们先后受到中原地区青铜文化的影响，都能采用中原地区商周青铜器上较流行的纹饰来装饰铜鼓。

钱纹是中国古代传统艺术装饰纹样之一，常见于古代各类铜器上。钱纹是由圆廓、方孔、弧线、角线等构成，是几何形纹样之一，古代铜鼓的

① 见海南省民族博物馆藏品目录。

② 黄晶：《千面铜鼓》，《海南日报·海南周刊·收藏》，2011 年 5 月 16 日。

钱纹即与这种传统艺术装饰有关。在广西、广东发现的北流型、灵山型铜鼓上的钱纹多为五铢钱纹、“四出”钱纹等，它们与汉代使用的货币五铢钱、四出五铢钱形制较相似。海南几件铜鼓上的钱纹装饰，也与广东、广西等地北流型、灵山型鼓所饰的钱纹很相近。两广地区汉代的北流型鼓、灵山型鼓上常用五铢钱纹作重要装饰，显然是受到中原这种装饰艺术的影响，这从一个侧面反映了该地区早在汉代就已同中原地区产生了较密切的经济文化联系。同时，两广地区也将中原文化的影响传播到海南岛地区。

从区域文化的大背景来看，海南原始文化遗存当属华南地区史前文化的范畴，尤其与岭南两广地区有着十分密切的关系，同属于一个经济文化区。广东、广西是骆越族主要的分布地域，海南岛则是骆越族活动最南的地区，他们在古代都共同创造了几何印纹陶文化。同时，这一地区也较流行有肩石器、有段石器，夹砂圜底陶釜也是常见的炊煮器之一，这些文化面貌大体上是相一致的，文化交流上也有着较密切的关系，应属于同一个古代文化范畴。由于海南岛孤悬海外，处于岛屿地理的特殊环境，这给文化交往和影响带来了不便，文化的交流和传播受到限制。据初步研究，作为骆越文化特征之一的几何印纹陶，其流程路线是由北向南、向西进行的。很明显，同属骆越族活动地区的海南岛，其几何印纹陶也应受到北来岭南两广地区文化的影响，只是起步较晚，在时间上要略晚于两广地区。而且，几何印纹陶文化也不如两广地区发达，仅发现一些简单的几何形纹饰，缺乏较典型的几何印纹陶器。海南古代文化同百越族文化是有着一定联系的，如考古材料中的有肩石器、有段石器、几何印纹陶、圜底陶釜、铜鼓等百越文化因素，是显而易见的事实，这也是无可置疑的。

有学者认为：“以几何印纹陶为主的文化发源于东南沿海地区。以几何印纹陶为主的文化的居民，可能都是（或大部分是）属于百越族的。”①著名的历史考古专家郭沫若先生指出：“在江苏、浙江、江西、福建、广东、台湾等省，普遍发现了以几何印纹陶为特征的文化，其石器也有一定的特征。郑州商代前期遗址中出土的几何印纹硬陶，就和这种类型的文化有一定的联系。这是古代越人的文化。”②

---

① 曾昭燏、尹焕章：《古代江苏历史的两个问题》，《考古》1955 年第 6 期。

② 郭沫若：《中国史稿》（第一册），人民出版社，1976 年。

长江中游新石器时代晚期的聚落级差及城市萌芽

王银平
（福建省昙石山遗址博物馆）

本文所述长江中游地区主要指两湖地区；所述新石器时代晚期是指屈家岭文化时期至石家河文化早、中期；所述聚落级差是指不同聚落之间规模及发展水平的差异。聚落级差的分析不仅要借助于聚落面积的估算，而且要依据聚落内部代表性遗物和遗迹的考察。人类早期社会聚落级差的出现或聚落分化的发生，标志着特定地域聚落间的联系形式在向一个更高的阶段演进。而在聚落间规模梯次细化过程的背后，还伴随着社会组织结构的复杂化。位于级差化的聚落群之最高级别的中心聚落，在许多方面都更接近于早期城市，至少可以说是萌芽阶段城市的原始形态。由此可见，聚落的级差与城市萌芽是两个紧密衔接的历史过程。本文欲以长江中游地区屈家岭文化和石家河文化为考察对象，探讨一下两文化分布圈内的聚落级差以及聚落级差化背景下城市的萌芽。

一、屈家岭文化和石家河文化的聚落级差

从考古学角度考察聚落级差，无疑要以聚落遗址的比较研究为基础和前提来进行。然而这种聚落遗址的比较，并非单纯的聚落遗址面积的对比，还应包括对遗址考古学文化内涵的比较。这是因为聚落级差不仅仅是一种规模意义上的差异，更是一种经济、技术上的差异。在聚落遗址中，哪一类遗迹最具代表性，能够帮助我们管窥聚落整体的规模和发展水平？房屋及周边的日常生活设施遗存，无疑是聚落空间结构的主体。然而，这并不意味着居住遗迹储存了聚落发展过程中遗留下来的全部信息。实际上，能够真正反映聚落特质的重要信息，常常来自于居住遗迹外围，诸如环壕一类防御设施遗存、墓地等埋葬设施、反映当时人们意识形态的祭祀

设施和反映当时人们的社会生活的各种手工作坊等，这样才能全面地了解，甚至是复原当时人们的社会生活状况。

在长江中游地区的屈家岭和石家河文化考古中，环壕聚落遗迹可说是一大特色。其中不仅包含成片的居住遗迹，还有作为埋葬设施的墓地和作为宗教设施的祭祀场所等聚落的有机组成部分。然而，仅凭以上这些建筑物本身的研究还远远不够，出土遗物的比较研究也是绝对必要的。换言之，对长江中游地区新石器时代晚期聚落级差的探讨，需要依赖针对环壕聚落、墓地以及祭祀等构筑物遗迹的全信息式的考察。

在此，我们首先需要弄清楚的是长江中游地区聚落级差始于何时。就目前考古发现的环壕聚落资料看，能够将时间推移至距今6000年前的大溪文化早期[①]，即澧县城头山城的始建时期。城头山城是迄今为止在中国境内发现的时代最早的史前城址。该城址平面呈相当规整的圆形，内径314~324米，面积约8万平方米。城内各功能区域的划分也较具体，中心偏西南部是400平方米的居住区；偏西部发现多座陶窑，为大溪文化制陶作坊；西北部发现大溪文化晚期至屈家岭文化晚期的墓葬区约500座；南部城墙下发现大溪文化壕沟及碳化稻谷；东部城墙下发现古稻田和祭坛。城内功能区域划分得如此具体，充分体现了社会复杂化的景象。此种规模也能反映出，城头山城当时应是一个拥有相当人口规模和社会动员力的聚落。除此城外，纵观其余几座城垣聚落，皆始建于屈家岭文化时期。虽然，目前长江中游地区发现的大溪文化早期环壕聚落数量，尚不足以让我们对当时的环壕聚落分布状况有一个准确的把握，但是可以大致推测，聚落级差在大溪文化早期就已经出现。

纵观屈家岭文化时期和石家河文化早、中期的聚落遗址，在一些地区已有具体的调查数字，如鄂东北孝感地区8个县，1978—1980年系统普查发现屈家岭文化时期遗址52处，“龙山文化时期”遗址98处（一说屈家岭文化遗址42处，“龙山文化时期”遗址65处[②]），两遗址的地点大多是重合的，而这里所谓的“龙山文化时期”遗存基本上属于石家河文化早、

① 湖南省文物考古所：《澧县城头山古城址1997—1998年度发掘简报》，《文物》1999年第6期。

② 孝感地区博物馆：《湖北孝感地区古文化遗址调查》，《考古》1986年第7期。

中期[①]；湖北荆门普查发现这一时期的遗址 18 处[②]；洞庭湖地区有文章介绍说仅澧阳平原就分布着 200 多处屈家岭文化至石家河文化的遗址[③]，是一个经济比较发达的地区。

由于屈家岭文化至石家河文化早、中期的聚落有明显的大小和结构上的区别，即大型或小型的聚落、环壕土城式聚落或一般性聚落。因此，以下结合各聚落的面积和有无环壕，试分析诸聚落的级差状况。环壕土城式聚落与一般性聚落本身就是两级大的聚落梯次，而其中环壕土城式聚落又可以细分为 3 个等级的梯次。

第一梯次为天门石家河古城，略呈圆角长方形，面积约 120 万平方米。城内不同功能区域的划分更是具体，中央谭家岭遗址面积 20 万平方米，为居住区；西北部邓家湾遗址为专门的祭祀区和墓葬区；西南部三房湾遗址似乎为手工业作坊区。城外中、小型聚落环城一周成片分布，有肖家屋脊、罗家伯岭等近 20 处，其内部结构和普通聚落没有大的区别。

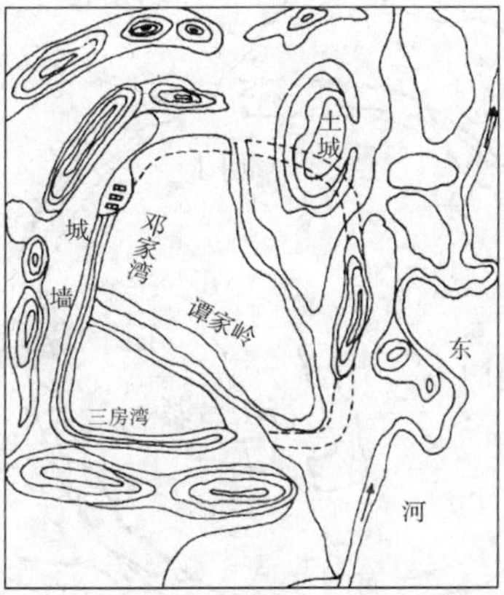

石家河古城平面示意图

（采自《屈家岭文化古城的发现与初步研究》1994 年）

---

① 孝感地区博物馆编：《孝感地区文物普查资料汇编》，内部资料。

② 荆门市博物馆：《荆家城新石器时代遗址调查》，《考古》1992 年第 2 期；荆门市博物馆：《荆家城新石器时代遗址调查》，《江汉考古》1987 年第 2 期。

③ 湖南省文物考古研究所：《澧县城头山屈家岭文化城址调查与试掘》，《文物》1993 年第 11 期，此数字为屈家岭文化时期和石家河文化早、中期遗址之和，但二者遗址多有重合。

第二梯次为陶家湖古城，西面城墙略直，其他三面呈圆弧形，面积约67万平方米。因破坏较严重，仅在南部中心发现一处高1～1.5米的台地，有大量的红烧土，似与建筑有关。虽然目前考古发掘的资料对于城内的功能区域划分还很模糊，但对于面积与规格如此大的城垣聚落来说，其功能区域应较第三梯次的城垣聚落完备些。

第三梯次有石首走马岭、江陵阴湘城、澧县城头山、澧县鸡叫城①、荆门马家皖②、公安鸡鸣城、应城门板湾③，遗址面积一般在10万～20万平方米之间。此梯次的城垣聚落面积虽小，但城内的功能区域的划分却很完备，如发掘较充分的城头山城址，城内中心偏南部为居住区，偏西部为制陶作坊区，西北部为墓葬区，东部城墙下发现古稻田和祭坛。荆州阴湘城东部为房屋遗迹，中部为原始稻作遗迹，西部也可能为居址遗迹，西部偏南为墓葬区。

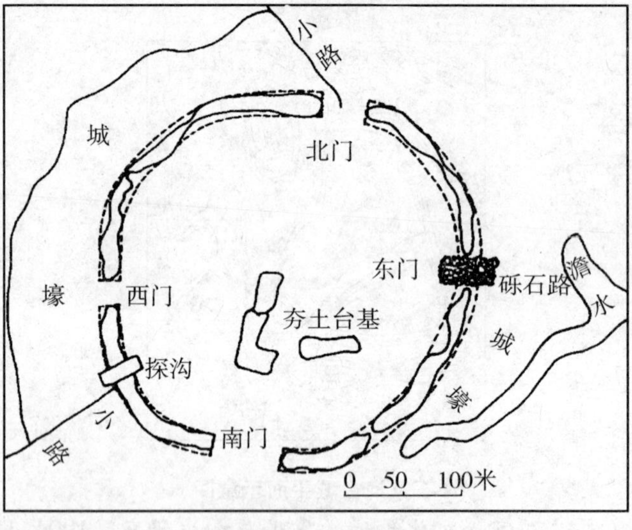

城头山城址平面图

（采自《澧县城头山屈家岭文化城址调查与试掘》1993年）

---

① 张弛：《长江中下游地区史前聚落研究》，文物出版社，2003年，第141页。
② 荆门市博物馆：《荆家城新石器时代遗址调查》，《江汉考古》1987年第2期。
③ 陈树祥：《应城门板湾遗址发掘获重要成果》，《中国文物报》1999年4月4日。

这一时期，两湖地区不但文化发达，遗址更是星罗棋布。上述大型遗址的数量并不是很多，其他大量的遗址面积都比较小，一般面积在数千至数万平方米之间。这一时期面积在数万平方米的一般性聚落的整体布局情况还不是很清楚。据说在有的遗址上已发现了聚落的环壕，如澧县星星和宋家台都有椭圆形的环壕，其中前者的规模大约有 280 米 ×250 米，环壕内的聚落面积在 6 万平方米左右，只是这类小型遗址都没有发现大型防御城垣。还有些面积更小的小型聚落，如太山庙遗址，残存面积仅有 1 000 平方米。还有部分遗址仅进行了局部发掘，如季家湖、杨家山子、三元宫、罗田庙山岗[①]、坟山堡（资料尚未发表）、澧县朱家台[②]、岳阳老屋台子[③]等遗址，考古工作有待深入。

两湖地区在新石器时代后期是文化最发达、人口最多、聚落最密集的一个时期。从屈家岭文化时期开始，聚落的数量就有了成倍的增加，到了石家河文化早、中期，数量更是超过了以前各个时期聚落的总和。[④] 这一时期聚落的变动多发生在屈家岭文化时期和石家河文化早、中期之间的一般小型聚落中，而大型聚落的聚落结构大致保持了长期的稳定。从屈家岭至石家河文化时期，始终都存在着环壕土城聚落和一般聚落两个梯次的聚落，不仅在聚落面积上存在着巨大差距，在聚落内部的功能区域划分方面也存在着不同程度的差异，环壕土城聚落间级差也表现得甚为明显。伴随着聚落级差的存在与扩大，聚落梯次的增加不仅仅意味着聚落规模的扩大，聚落间关系也由最初单个环壕聚落逐渐发展到具有多个附属聚落的大型聚落群，即石家河遗址群。

二、长江中游地区的城市萌芽

当我们探讨屈家岭文化至石家河文化早、中期的聚落级差问题时，会遇到这样一个概念困惑：如何定义以石家河古城为中心的石家河遗址群所

---

① 湖北省文物考古所等：《湖北罗田庙山岗遗址发掘报告》，《考古》1994 年第 9 期。

② 湖南省文物局：《1979 年以来湖南省的考古发现》，《文物考古工作十年》（1979—1989），文物出版社，1990 年。

③ 张弛：《长江中下游地区史前聚落研究》，文物出版社，2003 年，第 170 页。

④ 张弛：《长江中下游地区史前聚落研究》，文物出版社，2003 年，第 170 页。

反映的社会生活空间？石家河古城内显然有着居住区、墓葬区及其他如祭祀活动区等不同的功能区规划，再加上其四周宽大的环壕和城垣，可见其本身就是一个较完整的聚落体系。城垣的四周除西北角以外，均分布着大大小小二十多处台地，且每一处台地都是一个聚落点，其中最大的一处面积已达30万平方米，更有的聚落还三五成群地分布。因此，石家河遗址群所揭示的聚落空间，并非一般聚落的尺度扩张，也非多个一般聚落的无机组合，而是一种更高级的聚落形态。大多数学者一般把“城市”视为聚落复杂化和大型化的终点[①]。那么，石家河遗址群是否可以用“城市”来定义呢？

英国著名考古学家柴尔德（V. G. Childe）曾在其《城市革命》（*The Urban Revolution*）一文中列举了早期城市的10项标准[②]：①扩大的人口规模以及高人口密度；②从事手工业生产的专门人员；③财富的集中与再分配；④大规模的公共设施和建筑物；⑤统治阶级与被统治阶级；⑥文字的出现与应用；⑦科学技术的产生；⑧艺术活动；⑨远距离贸易；⑩以地域为基础的集团构成。

虽然柴尔德的这一观点并非在任何情况下都成立，但对我们思考中国早期城市起源问题仍具有重要的指导意义。20世纪90年代至今，我国学者对于城市起源问题的探索或多或少、或深或浅地涉及了一个问题，即城墙。的确，城墙对于城址考古而言，是最易识别的标志性遗迹。然而，城墙并非城市的唯一条件，从遗址群内的手工业生产遗迹，大规模的公共设施和建筑物的遗迹，是否出现文字和以地域为基础的集团构成等方面的考古资料似乎可以证明石家河遗址群所具备的特征，显然已大致符合柴尔德有关早期城市的10项标准。以下根据遗址群内具体的考古遗存，并结合柴尔德早期城市的理论进行探讨。

（1）面积以及遗址数量，不仅能反映出以地域为基础的集团的构成，更能反映扩大的人口规模。石家河遗址群主要分布于现代石家河镇以北约8千米范围内，新石器时代遗址的分布十分密集，在这个范围以外，遗址

① 刘恒武：《良渚文化的聚落级差及城市萌芽》，《东南文化》2007年第3期。
② V. G. Childe. *The Urban Revolution*. Town Planning Review 21 - 1，1950.

仅有零星分布。[1] 该遗址群面积大约 8 平方米，目前已确认新石器时代晚期的遗址约 38 处。其中，石家河古城处于该遗址群中心，面积约 120 万平方米，并以该古城为中心，在古城遗址周围分布着若干处中、小型的遗址。另一方面，无论从古城的规模，还是宽大的环壕或者城垣都可以看出这并非少数人在短期内可以完成的。可见当时仅城内的人口规模就已不可小觑。由此可以推知，石家河遗址群曾是一个众多人口、多个地域集团的共生空间。

（2）手工业生产出现专门化是石家河遗址群中体现的一个重要特色。手工业得到突出发展，出现专门的门类和生产者。石家河遗址群定点成批生产专类陶器的遗迹，显示了制陶业的专业化程度。如城内三房湾堆积中夹杂有大量的红陶杯及其他器物，估计其中埋藏的红陶杯数量在数万乃至数十万件以上。邓家湾遗址中发现数以万计的陶塑小动物和人偶，以及三处成片的套接陶缸。肖家屋脊遗址也发现了数量众多的套接陶缸。更值得一提的是，石家河的玉器制作更是专业化程度颇高的手工业。石家河也伴随发现了与玉石制作场有关的大量玉石半成品和材料实物，如罗家柏岭建筑遗迹就可能是“一处手工业作坊性质的建筑遗迹……是制作玉器的场所”[2]。以上证明石家河遗址群中手工业生产专门化程度已经达到了相当水平，且种类多样。

（3）大规模的公共设施与建筑物。在遗址群中心部位发现一系列由土垣、环形壕和土台构成的大型配套工程，即石家河古城。由于城垣、护城壕和壕外土台三者间的空间关系基本整合，工程浩大，整体面积达 180 万平方米，城内使用面积也在 120 万平方米左右，显然是遗址群的中心。

（4）特殊礼制设施。石家河遗址群存在着别处所不见的宗教遗迹和用品。邓家湾遗址发现了两处祭祀区及数以万计的陶塑和两处陶缸套接带。在三房湾遗址发现了数量庞大的红陶杯。肖家屋脊遗址出土了套接陶缸。其中具有特殊用意的陶塑品是石家河遗址群特有的文化产品。可见，当时人们宗教方面的意识形态已趋于成熟和统一。这点从城内的邓家湾和城外

① 四川大学博物馆中国古代铜鼓研究学会编：《石家河遗址调查报告》，《南方民族考古》（第五辑），文物出版社，1992 年。

② 湖北省文物考古研究所、中国社会科学院考古研究所：《湖北石家河罗家柏岭新石器时代遗址》，《考古学报》1994 年第 2 期。

的肖家屋脊等遗址都发现套接陶缸带就可以看出。也可以推测，城内外的各聚落人民无论在意识形态上还是在居住形式上都已趋于统一，并有了主从关系。

（5）统治阶级和被统治阶级的出现及财富的集中与再分配。石家河遗址群中心城内有一处专门的祭祀、墓葬区，即邓家湾。根据笔者另一篇文章[①]的分析，其中的竖穴土坑墓可大致分为四个等级，随葬品由数十件到数件或无，墓葬规格从四面有二层台的土坑墓到窄长方形的浅坑墓；晚期的瓮棺葬也以有无随葬玉器为区分，且数量差距较大。这些皆反映出阶层分化的加剧和财富分配的失衡。

（6）文字的出现与应用。石家河遗址群中刻划符号，即陶文或陶符的资料，已有发现。所以，石家河社会已经拥有文字的可能性不能轻易排除。但目前的刻划符号多发现于套接的陶缸上，故应与当时的宗教祭祀有关，这还不能说明这些刻划符号就是成熟的文字。

（7）艺术活动。石家河遗址群内发现的大量玉器，基本都出于瓮棺葬中，种类多样，工艺精美。像玉蝉、玉人、玉牌等造型独特、纹饰繁缛、工艺复杂的玉器，应出自专业生产者之手。此外，玉器的设计与制作也不失为一种高水平的艺术活动。石家河文化的陶塑工艺品，如陶塑小动物、人偶，是我国原始文化艺术的精华之一，已受到考古界和美术界的重视。从技术方面看，如此成熟的手工业（且玉器的精贵常作为上层建筑的标志）应有专门的手工业作坊。再从造型方面看，陶塑生动、形象、逼真，可见手工人员的审美和技术加工已趋于成熟。

（8）关于石家河遗址群与外界的贸易活动，可大致分为石器、陶器和铜器三个方面。虽然目前还没有找到确凿的考古资料作为佐证，但应该可以肯定的是该遗址群的手工业得到了突出发展。从现有考古资料来看，石器方面，石家河居民的日常生活区内没有石材的产地，但却出土过不少石斧等器物的半成品，这既表明这些器物的精加工是在本地进行的，也表明石材的流通可能是以半成品的形态进行的[②]。陶器方面，张绪球先生认为：

---

① 王银平：《四川文物》待刊。

② 四川大学博物馆、中国古代铜鼓研究学会编：《石家河遗址调查报告》，《南方民族考古》（第五辑），文物出版社，1992 年。

“数量如此庞大的陶塑品的造型几乎完全一样，当然不是为了自我欣赏，也不可能像普通实用陶器那样，大量留作自用，生产目的是很明确的，就是为了交换。在江汉平原乃至中原同时期的遗址中发现的那些陶塑小动物和人偶，与邓家湾所出完全一样，可能正是这种交换的结果。”铜器方面，虽然在邓家湾和肖家屋脊石家河文化的早、中期地层中，数以十次地发现了孔雀石，但在石家河及其周围近百公里的范围内根本没有铜矿。这些铜矿石来自何处我们不得而知，但可以肯定的是，人们为了炼铜，是在远方将铜矿石交换回来的。此外，食盐等生活必需品也必须通过跨区域的交换来获得。考古资料同时也证明，屈家岭文化和石家河文化的联系范围已远远超越了两湖地区乃至长江中游地区。

综上所述，随着社会阶层分化与产业分工的发展，不同阶层的居民聚于一地，使石家河遗址群居民的总体呈现出复杂性和多样性。同时，遗址群人口密度稍有扩大，人口数量也有所增多，这些都是普通村落所缺乏的。且石家河遗址群所反映出的人类生活空间，已经超出一般聚落的范畴，十分接近柴尔德关于“早期城市”的定义。更值得注意的是，通常被视为人类社会进入文明阶段的重要指标之一的金属工具制造术，即金属类遗物，在石家河遗址群中已有发现，且集中出土铜片、铜渣和矿石材料之多居国内同时代遗址之首①。在石家河遗址不但发现了冶铜证据，同时也发现了使用铜器的证据。根据对石家河遗址群中所出玉器的研究，证明在玉器加工方面，已使用了金属②，可见其作为社会演进里程碑的意义不容忽视。如果认为石家河古城用以“城市”的概念，还较为模糊且证据不充足，而“大型聚落”又不能准确指示和概括出石家河古城的复杂程度和发展高度，我们就应用“萌芽状态的城市”来定义这种早期城市的初始状态。

三、结　论

长江中游两湖地区新石器时代的聚落级差始于大溪文化早期，聚落级

---

① 任式楠：《史前城址考察》，《考古》1998年第1期。

② 张绪球：《长江中游新石器时代文化概论》，湖北科学技术出版社，1992年，第281页。

差扩大化过程经屈家岭文化时期，到石家河文化早、中期达到高峰。石家河文化遗址群显示出两湖地区聚落级差扩大化以及社会复杂化的最高程度，显然已是处于萌芽状态的城市。

最后，探讨一下聚落级差与城市萌芽的关系。聚落级差是聚落发展不平衡的结果。部分聚落在规模尺度和复杂程度上，凌驾于其他聚落之上，并逐步导致聚落级差的发生。因此，大型聚落的出现和城市的萌芽是聚落级差扩大化的表现[①]。聚落级差应是生产技术进步与发展、社会结构变化、阶层分化以及礼仪制度的健全等几方面的因素导致资源分配的失衡和聚落关系的分化，进而发展成聚落间从对抗、联盟到统合的关系，继而产生了超大型的聚落，即聚落遗址群，这也必然为早期城市的诞生提供了动力。因此可以说，对长江中游两湖地区新石器时代晚期聚落级差的探讨，并佐以充分的实物资料，是研究当时社会进程的基础，同时也是探索长江中游地区城市起源的前提。

① 刘恒武：《良渚文化的聚落级差及城市萌芽》，《东南文化》2007年第3期。

岭南新石器时代圈足陶器传统的产生与确立

何国俊
（海南省博物馆）

岭南，北倚南岭，东南邻海，西接云贵，构成了一个相对封闭的独立自然地理单元，拥有自身特色的古代文化，是中华民族多元一体格局中的特殊环节。苏秉琦先生把“以鄱阳湖—珠江三角洲为中轴的南方地区”作为中国早期古文化区系类型中的一个重要分区①；李伯谦和严文明先生更进一步将岭南确立为一个独立的文化分区，他们分别将其称为“岭南区”和“粤桂区”②。

岭南作为一个相对独立的考古学文化分区，土著文化传统的继承和发展一直是文化的主要特征。起源于岭南本土的砾石打制石器和燧石细、小石器不同于华北的石片砍砸器、刮削器文化传统，是岭南特色的旧石器传统。新石器时代，岭南旧石器传统延续，新出现并确立了以磨制常型（长方形或梯形）锛、斧类器为主的本土新石器传统。新石器时代早期出现的夹砂绳纹圜底釜是岭南最早的陶器形态，随后发展并确立为贯穿岭南整个新石器时代的圜底陶器本土传统。新石器时代中期，由于受岭北文化南下的影响，圈足陶器传入并发展，并在新石器时代晚期确立为岭南新石器时代另一陶器传统。

一、新石器时代早期——圜底陶器传统的建立

岭南是中国新石器时代早期文化遗存最丰富的地区之一，北部桂东北

---

① 苏秉琦、殷玮璋：《关于考古学文化的区系类型问题》，《文物》1981 年第 5 期。

② 李伯谦：《我国南方几何形印纹陶遗存的分区、分期及其有关问题》，《北京大学学报》1981 年第 1 期；严文明：《中国史前文化的统一性和多样性》，《文物》1987 年第 3 期。

地区分为四期文化。第一期文化以甑皮岩第一期遗存为代表，距今12000～11000年[1]，是岭南乃至中国最早的新石器时代文化，出土敛口圜底釜1件，为夹粗石英灰白陶，烧制温度极低，陶质粗松，器表开裂呈鳞片状，捏制而成，器表大部分素面，仅在近口部分隐约可见似粗绳纹。同类型的大岩第三期[2]和庙岩第五期[3]遗存中，也出土少量的同类陶器。桂东北地区的第二、第三、第四期文化中，陶器仍然是单一的圜底类器，但制作水平有所提高，火候提高、质地变得坚硬，形制也相应增多。

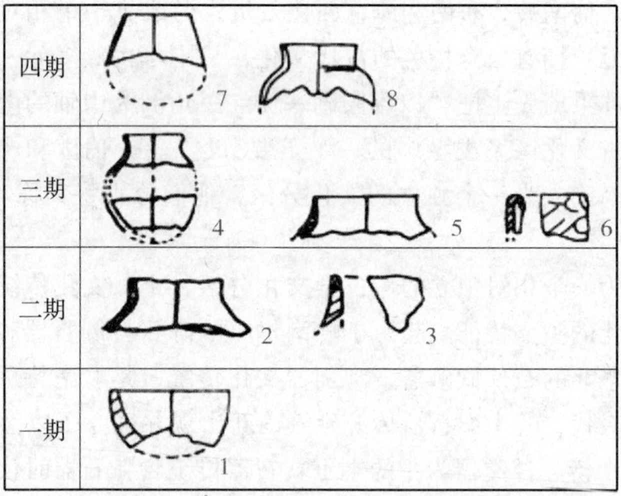

图1　桂东北地区新石器时代早期文化中的圜底陶器

（1. 甑皮岩 DT6（28）：072；2. 甑皮岩 DT4（28）：052；3. 甑皮岩 DT4（28）：060；4. 甑皮岩 DT6（14）：002；5. 甑皮岩 DT6（18）：010；6. 甑皮岩 DT6（17）：001；7. 甑皮岩 DT4（13）：003；8. 甑皮岩 KDT5：049）

---

① 广西壮族自治区文物工作队等：《广西桂林甑皮岩洞穴遗址的试掘》，《考古》1976年第3期；傅宪国等：《桂林甑皮岩遗址发现目前中国最原始的陶器》，《中国文物报》2002年9月6日第1版；中国社会科学院考古研究所等：《桂林甑皮岩》，文物出版社，2003年。

② 傅宪国、贺战武、熊昭明、王浩天：《桂林地区史前文化面貌轮廓初现》，《中国文物报》2001年4月4日。

③ 谌世龙：《桂林庙岩洞穴遗址的发掘与研究》，《中石器文化及有关问题研讨会论文集》，广东人民出版社，1999年。

岭南西部、东部地区，其新石器时代文化出现晚于北部。西部最早的新石器时代文化以柳州白莲洞第四期①、鲤鱼嘴第一期②和邕宁顶蛳山第一期③为代表，距今10000年；东部则是以南澳象山④和丰顺汤屋山⑤为代表的小石器文化，距今9000多年，夹砂绳纹的圜底类器是两者的唯一陶器特征。岭南西部和东部后续的新石器时代早期文化中，圜底陶器仍然是单一的陶器文化内涵。

纵观整个岭南新石器时代早期（距今12000～8000年），夹砂绳纹的圜底类器开始出现并发展，烧制火候逐步提高，形制变得相对规整，器型和纹饰增多，由此确立了岭南新石器时代圜底陶器传统，并为后世所延续。

二、新石器时代中期——岭北圈足陶器的传入

岭南新石器时代中期（距今8000～5000年）文化可以分为中、西、东三个区域形态。这一时期，岭北外来文化传入，岭南出现了不同于土著文化传统的新文化因素，新石器时代早期封闭的土著文化格局被初步打破，中部地区初步呈现多元文化的面貌，而东部和西部地区仍然维持传统的土著文化面貌，表现出“中轴”融合地带与“东、西两翼”土著地带构成的三个区域文化内涵明显差异的空间格局。

岭南的中部地区，包括桂东北的漓江和桂江流域、珠江三角洲、粤北

---

① 柳州白莲洞洞穴科学博物馆、北京自然博物馆、广西民族学院历史系：《广西柳州白莲洞石器时代洞穴遗址发掘报告》，《南方民族考古》（第一辑）；广西柳州白莲洞洞穴科学博物馆编著：《柳州白莲洞》，科学出版社，2009年。

② 柳州市博物馆、广西壮族自治区文物工作队：《柳州市大龙潭鲤鱼嘴新石器时代贝丘遗址》，《考古》1983年第9期；傅宪国、蓝日勇、李珍、刘文、孙国瑞：《柳州鲤鱼嘴遗址再度发掘》，《中国文物报》2004年8月4日。

③ 中国社会科学院考古研究所广西工作队、广西壮族自治区文物工作队、南宁市博物馆：《广西邕宁县顶蛳山遗址的发掘》，《考古》1998年第11期。

④ 南澳县海防史博物馆、中山大学韩江流域考古课题组：《广东南澳县象山新石器时代遗址》，《考古与文物》1995年第5期。

⑤ 邱立诚、曾骐、文衍源：《广东丰顺县先秦遗存调查》，《考古与文物》1998年第3期。

的北江流域，这是紧密相连的三个地理单元，又和岭南以北地区存在着天然的便利通道：桂东北地区越南岭（越城岭），溯沅江和湘江而下与长江中游环洞庭湖地区相通，沿漓江、桂江而下经西江进入珠江三角洲；珠江三角洲依北江与粤北地区相连；而粤北地区是赣江的发源地，隔大庾岭和赣鄱地区相邻。这一中轴地区的新石器时代中期文化中，岭南土著文化传统是文化的主体内涵，但岭南以北的外来文化传入并发展，改变了封闭的土著文化格局。

（一）桂东北地区

桂东北地区新石器时代中期的第一期文化以甑皮岩第五期为代表，包括大岩第五期等遗存，距今约 8000～7000 年。陶器传承岭南圜底陶器传统，以夹砂陶为主，少量泥质陶以敞口罐、高领罐和敛口釜常见，还有直口或敛口的釜、盆、钵及盘口釜，敞口、斜直腹或弧壁的盆。

陶器中新出现圈足器，有盘、豆（碗）和壶，豆为敞口、斜弧壁，下附喇叭形矮圈足；还有圆柱状、束腰、空心或实心的支座，这是岭南发现最早的圈足类器。

圈足陶器这种新文化因素，来自于岭南以北的长江中游环洞庭湖地区同时期或稍早时期的文化。长江中游地区最早的圈足类器出现年代超过 8000 年，早于本地区圈足器的出现。在彭头山文化（距今 9000～7500 年）第四期坟山堡遗址①中出现浅盘矮圈足盘，城背溪文化（距今 8500～7500 年）第三期②中出现镂孔大圈足盘和圈足碗。圈足盘是长江中游环洞庭湖地区新石器时代特色陶器，在彭头山文化第四期和城背溪文化中就已经出现；皂市下层文化③中，镂孔高圈足盘属于代表性器物。本地区新出现的少量圈足盘，虽然不见完整器，但是可辨器型有素面浅盘矮圈足盘，也有镂孔高圈足盘，和环洞庭湖地区同时期或稍早时期的同类器相似，是受到

---

① 岳阳市文物工作队：《钱粮湖农场坟山堡新石器时代遗址试掘报告》，《湖南考古辑刊》（第 6 集），《求索》杂志社，1994 年；张春龙：《洞庭湖地区新石器考古新收获——岳阳钱粮湖农场坟山堡遗址的发掘》，《中国文物报》1992 年 6 月 14 日。

② 何介钧：《长江中游新石器时代文化》，湖北教育出版社，2004 年，第 22 页。

③ 湖南省文物考古研究所：《湖南临澧县胡家屋场新石器时代遗址》，《考古学报》1993 年第 2 期。

后者的影响所产生的。圈足碗（豆）也和城背溪文化第三期所出的同类器形制相似。

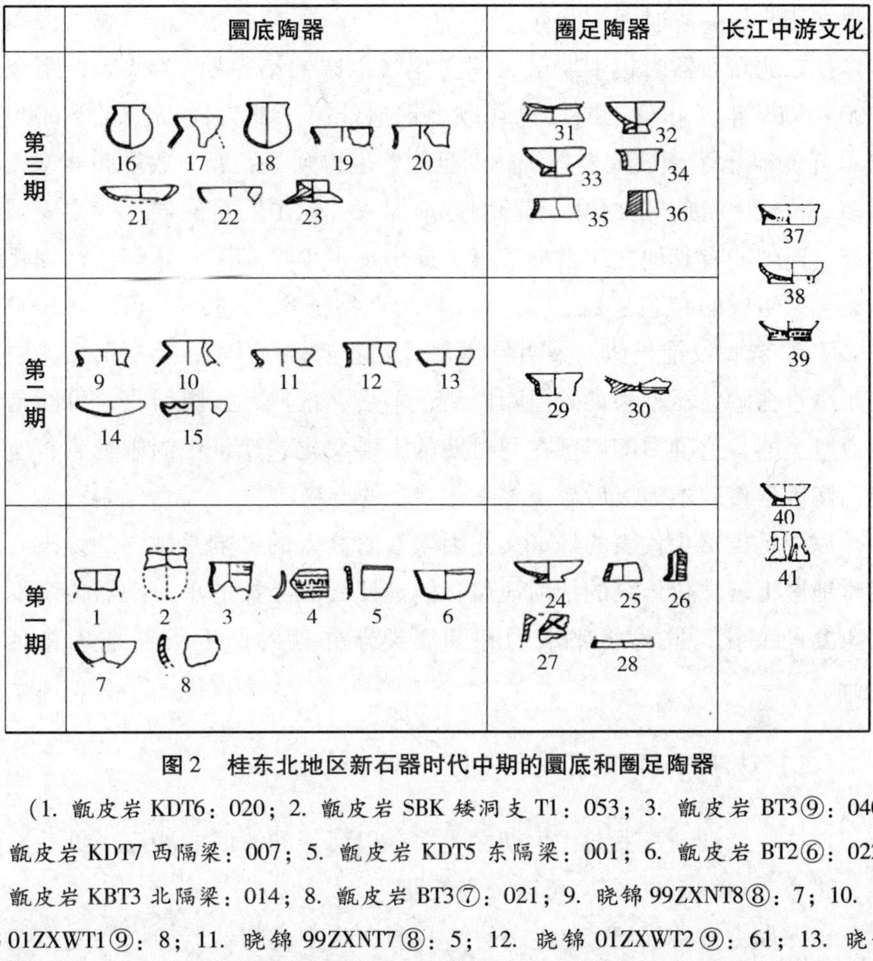

图2　桂东北地区新石器时代中期的圜底和圈足陶器

（1. 甑皮岩 KDT6：020；2. 甑皮岩 SBK 矮洞支 T1：053；3. 甑皮岩 BT3⑨：040；4. 甑皮岩 KDT7 西隔梁：007；5. 甑皮岩 KDT5 东隔梁：001；6. 甑皮岩 BT2⑥：022；7. 甑皮岩 KBT3 北隔梁：014；8. 甑皮岩 BT3⑦：021；9. 晓锦 99ZXNT8⑧：7；10. 晓锦 01ZXWT1⑨：8；11. 晓锦 99ZXNT7⑧：5；12. 晓锦 01ZXWT2⑨：61；13. 晓锦 01ZXWT2⑨：84；14. 晓锦 01ZXWT2⑨：96；15. 晓锦 01ZXWT2⑨：85；16. 晓锦 M3：4；17. 晓锦 01ZXWT4④：28；18. 晓锦 M4：2；19. 晓锦 01ZXWT2⑥：33；20. 晓锦 01ZXWT1⑦：16；21. 晓锦 99ZXNT4③：19；22. 晓锦 98ZXNT7⑤：8；23. 晓锦 01ZXWT2⑤：35；24. 甑皮岩 K 矮支 T1：055；25. 甑皮岩 BT2⑥：006；26. 甑皮岩 K 水支 T3：020；27. 甑皮岩 KAT1：008；28. 甑皮岩 BT3⑨：033；29. 晓锦 01ZXWT2⑨：100；30. 晓锦 01ZXWT2⑨：94；31. 晓锦 99ZXNT11③：1；32. 晓锦 M4：1；33. 晓锦 M3：1；34. 晓锦 01ZXWT2⑦：30；35. 晓锦 98ZXNT4③：22；36. 晓锦 01ZXWT1④：21；37. 胡家屋场 T102④：330；38. 坟山堡 T8④：30；39—41. 城背溪 T6③）

除了圈足器，本期还出现了岭南地区最早的陶器座，有靴形和束腰喇叭形两种形制，后者同圈足豆形状相同。器座是配合圜底类器使用的一种辅助类器具，也可看作是圜底类器向圈足和三足类器变化的中介，和上述几类在相当长一段时间内共存。

桂东北新石器时代中期第二期文化（以晓锦第一期①为代表，距今约6500～6000年）和第三期文化（以晓锦遗址第二期为代表，距今6000～5500年）继承了圜底陶器传统，圈足陶器也得到了发展，数量和器型逐渐增多。长江中游地区文化因素影响逐渐深入，除了圈足陶器这一主要因素之外，还伴随有其他文化因素：第二期出现了少量彩陶，彩陶纹饰为弧线和粗直线组成的赭色彩绘图案，和湖北宜昌杨家湾遗址②（距今6000～5600年）彩陶纹饰相似，表明受到大溪文化彩陶的影响；第三期文化中出现了少量白陶，器型为夹砂白陶口沿，平沿、敞口、弧腹斜收，可能是盆或豆盘类器，这种白陶器型在同时期的大溪文化各遗址中尚未见到，应该是白陶因素传入本地区后与土著文化结合的产物。

以圈足类器为代表的外来文化因素暂时介入的影响是微弱的，没有改变本地区土著文化传统的统治地位，但是使圜底类器的单一陶器传统发生了重要的变化，并为将来成为和圜底类器并存的两大陶器系统奠定了基础。

（二）珠江三角洲地区

珠江三角洲新石器时代中期文化遗存以河旁和海滨的沙丘（贝丘）为主，距今7000～5000年，可以分为五期③。

以深圳大黄沙⑤层④为代表的第一期文化中，陶器器型以岭南传统的

---

① 广西壮族自治区文物工作队等：《广西资源县晓锦新石器时代遗址发掘简报》，《考古》2004年第3期；广西壮族自治区文物工作队等：《资源县晓锦新石器时代遗址发掘简报》，广西壮族自治区博物馆编：《广西考古文集》，文物出版社，2004年。

② 余秀翠、王劲：《宜昌杨家湾新石器时代遗址》，《江汉考古》1984年第4期。

③ 何国俊：《岭南新石器时代考古学文化因素初步分析》，厦门大学博士学位论文，2010年。

④ 深圳博物馆、中山大学人类学系：《深圳市大黄沙沙丘遗址发掘简报》，《文物》1990年第11期。

圜底釜、罐类器为主。新出现少量圈足碗（豆）和钵，是珠江三角洲最早的圈足陶器，年代早至距今7000年。

第二期文化（以咸头岭第一期[①]为代表）中开始出现了圈足盘这一典型器型，新出现的还有白陶和彩陶。

圈足陶器在第二期、第三期（以咸头岭第二期和大黄沙④层[②]为代表）、第四期（以咸头岭第三期为代表）、第五期（以大黄沙②层为代表）文化中得到继承和发展，数量增多。

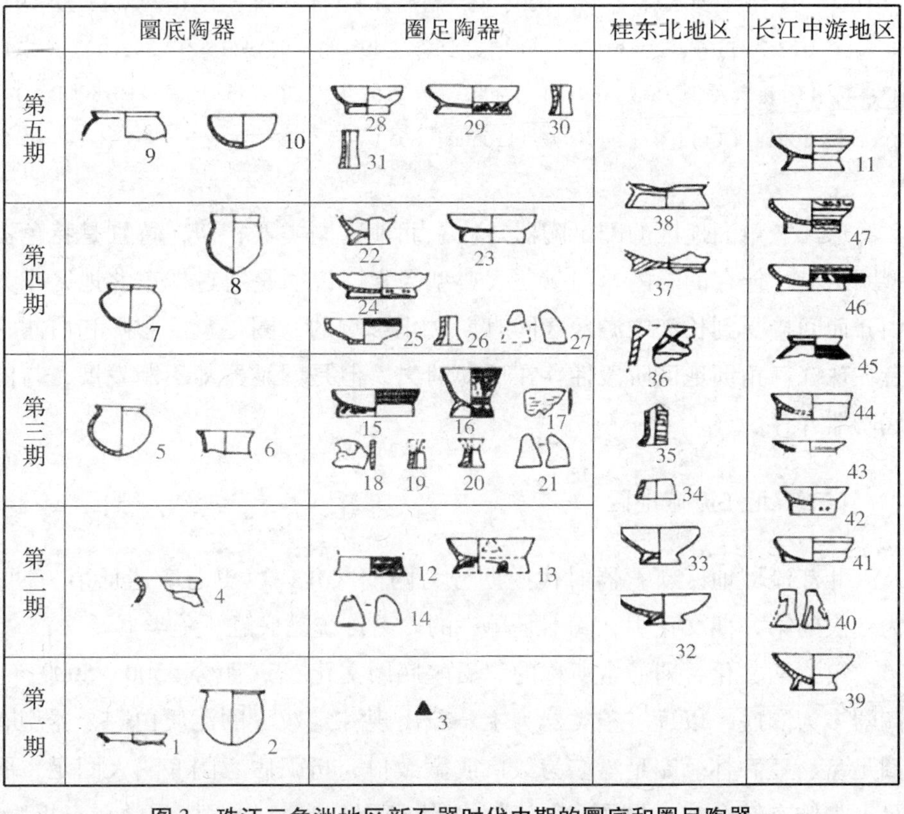

图3　珠江三角洲地区新石器时代中期的圜底和圈足陶器

① 深圳博物馆、中山大学人类学系：《深圳市大鹏咸头岭沙丘遗址发掘简报》，《文物》1990年第11期；深圳市文物考古鉴定所等：《广东深圳市咸头岭新石器时代遗址》，《考古》2007年第7期。

② 深圳博物馆、中山大学人类学系：《深圳市大黄沙沙丘遗址发掘简报》，《文物》1990年第11期。

(1. 大黄沙T201⑤A：7；2. 大黄沙T202⑤B：5；3. 东湾四层；4. 咸头岭T12⑧；5. 龙穴M1：2；6. 龙穴ZL0：13；7. 草堂湾T2⑥：2；8. 大梅沙T119②：1；9. 大黄沙T201②：3；10. 大黄沙T202②：3；11. 汤家岗M7：1；12. 万福庵；13. 咸头岭T6⑤：1；14. 咸头岭T14⑥：6；15、16：龙穴；17. 蚝岗H8：9；18. 蚝岗H8：82；19. 咸头岭T1④：92；20. 咸头岭T1④：93；21. 咸头岭T1④：6；22. 大梅沙T113②：3；23. 草堂湾T2⑥：1；24. 草堂湾T3⑤：2；25. 金兰寺；26. 草堂湾T2⑤：1；27. 咸头岭T4③：2；28. 大黄沙T201②：13；29. 沙坑；30. 大黄沙T202②：2；31. 大黄沙T101②：9；32. 甑皮岩K矮支T1：055；33. 晓锦M3：1；34. 甑皮岩BT2⑥：006；35. 甑皮岩K水支T3：020；36. 甑皮岩KAT1：008；37. 01ZXWT22⑨：94；38. 晓锦01ZXWT1⑥：2；39、41. 城背溪T6③；40. 胡家屋场T5③：39；42. 王家岗H3：4；43. 胡家屋场T5③：39；44. 胡家屋场T102④：330；45. 高庙T1015④B：44；46. 高庙T0914（14）：4；47. 高庙T1105⑩：665)

珠江三角洲地区的圈足陶器与桂东北地区同类器相似，特别是特色器型圈足盘、伴存的彩陶、白陶三大典型因素，说明是通过桂东北地区作为中介而间接受到长江中游地区同时期文化影响的。圈足盘、彩陶和白陶三者在珠江三角洲地区阶段性存在后即消失，但是圈足器却不断发展，与圜底陶器并存。

(三) 北江流域地区

北江流域地区新石器时代中期分为两期文化，以史老墩遗址第一期[①]为代表的第一期文化中，陶器是单一的岭南传统圜底罐、釜类器。

第二期文化，即通常所称的“石峡底层文化[②]”，距今5500~5000年。陶器多为圜底，以罐、釜类器为主。新出现一定数量的泥质白陶，器型有圈足盘、豆和杯。圈足盘多为敛口或微敛口、折弧腹、圜底、大圈足，圈足上多饰有镂孔或小圆圈纹；豆的形状和圈足盘相似；杯为敞口、折腹、

① 邱立诚、金志伟、张镇洪、于宪宝、区坚刚：《广东英德沙口狗了冲古文化遗存调查与试掘》，《江汉考古》1998年第1期；《英德沙口史老墩遗址》，英德市博物馆等编：《英德史前考古报告》，广东人民出版社，1999年。

② 广东省博物馆、曲江县文化局石峡发掘小组：《广东曲江石峡墓葬发掘简报》，《文物》1978年第7期。

平底。

北江流域以镂孔圈足盘为代表的圈足陶器，与珠江三角洲地区同类器相似，时间上明显更晚，当是由前者传入而产生的。

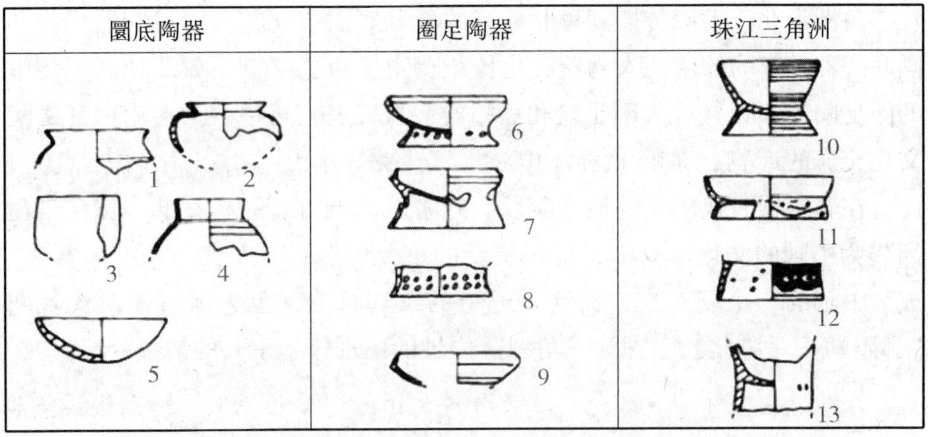

图 4　北江流域石峡底层文化的圜底和圈足陶器

（1. 石峡 T1D；2. 石峡 T4D；3. 石峡 T1DH3；4. 石峡 T11：0167；5. 石峡底层文化；6. 石峡 T3C④；7. 石峡 T19③：H1；8. 石峡 T6C：0247；9. 石峡底层文化；10. 后沙湾 T2⑥：5；11. 后沙湾 T2⑥：7；12. 后沙湾 T2⑥：9；13. 后沙湾 T2⑥：1）

新石器时代中期，岭南东部的韩江流域地区（以石尾山遗址①、陈桥村和海角山遗址②为主）和西部的西江中上游地区，仍是单一的圜底陶器传统。而圈足陶器因素由长江中游地区传入桂东北地区，再传至珠江三角洲地区，最后传至北江流域。因此，岭南中部地区文化中，除了占据主流的本土圜底陶器传统外，还出现了圈足陶器的新文化内涵，圈足陶器不断发展，逐步成为和圜底器同等地位的两大陶器系统。

在距今 7000 多年，长江中游环洞庭湖地区文化溯湘水而上越南岭进入岭南，由桂东北地区经漓江、桂江后沿西江而下进入珠江三角洲地区，“湘江—漓江—桂江—西江”成为岭北文化进入的传播通道。因此，在这一中轴线上的桂东北和珠江三角洲地区的文化中新出现了圈足器（圈足盘

① 广东省文物管理委员会：《广东潮安的贝丘遗址》，《考古》1961 年第 11 期。

② 广东省文物管理委员会：《广东潮安的贝丘遗址》，《考古》1961 年第 11 期。

为代表）、彩陶、白陶等长江中游文化因素，而中轴线两侧的各文化分区均保持着纯粹的岭南土著文化传统。

距今5000多年，已是岭南新石器时代中期的最后阶段。此时，圈足陶器在桂东北和珠江三角洲两地已历经两千多年的发展而不断成熟，并由珠江三角洲沿北江上溯传播到粤北地区的石峡底层文化，为圈足陶器成为和圜底陶器并存的岭南两大陶器文化传统奠定了重要基础。粤北地区文化中的圈足陶器（以镂孔大圈足盘和豆等器型为代表）可以视为岭南内部之间文化交流的产物，是岭北长江中游地区外来文化因素本土化的表现。由此，在新石器时代中期的最后阶段，岭南以“洞庭湖—桂东北—珠江三角洲”为中轴的文化格局中，出现了新的重要内容：“珠江三角洲—粤北”成为中轴的一个新补充，而这一通道的顺利打通，也为新石器时代晚期“鄱阳湖—（粤北）—珠江三角洲”中轴的出现作了重要的铺垫。

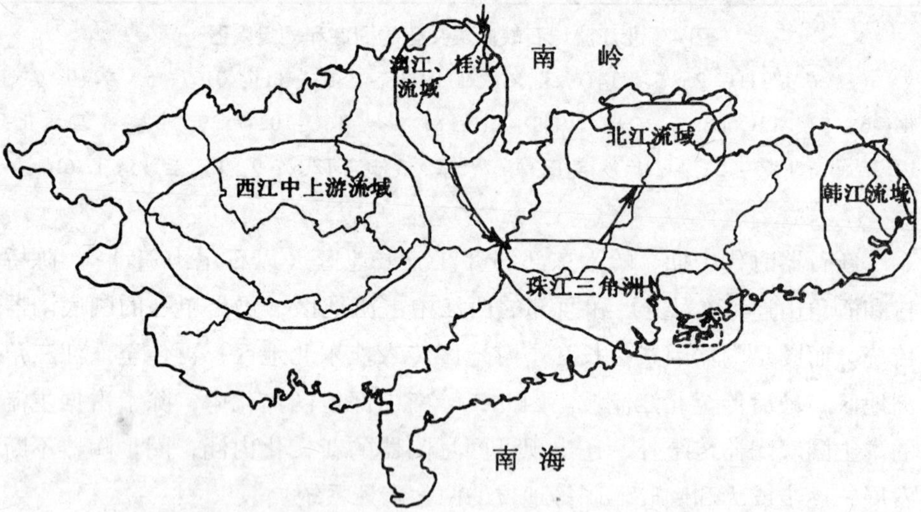

图5　新石器时代中期岭北圈足文化因素传入线路图

三、龙山时代——岭南圈足陶器传统的确立

岭南进入新石器时代晚期（距今5000～4000年，即通常所说的“龙

山时代”）之后，迎来了文化发展的一个高峰期。土著文化因素的传承和发展是文化的主体内涵：磨制的常型（长方形和梯形）锛、斧类器仍然是代表性石器，而起源于珠江三角洲地区的有肩类石器也占据了相当地位；圜底类陶器仍然是代表性的本土陶器传统。

岭北文化大规模地传入岭南，岭南各地区不同程度地受到了影响，呈现多元文化面貌，导致了这一阶段新石器文化的多区系特点：位于南岭南北交界最前沿地带的北江、浔江流域地区，受到了岭北文化最直接和深入的影响，是多元文化融合的集中地带；岭北文化再由北江、浔江流域传入到珠江三角洲地区，由此，新石器时代中期文化格局中的“桂东北—珠江三角洲—粤北”的中轴向“北江、浔江流域—珠江三角洲”演变。同时，北江、浔江流域这一多元文化集中区向东翼的韩江流域扩张，致使后者由土著文化传统向多元文化局面转变，而西翼则保持封闭的土著文化格局。

这一时期，圈足陶器不断发展，分布区域不再局限于“桂东北—珠江三角洲—粤北”的中轴地带，而是传播至岭南全境。圈足器在陶器中所占的比重增大，器型更加多样化。相对于圜底和圈足器，新石器时代中期出现的平底和凹底器、龙山时代由岭北传入的三足器和袋足器，一直处在相对弱势的次要地位。由此，岭南确立了圜底器和圈足器两大系统并存的主流陶器传统，与北方以三足器和袋足器为特征的陶器传统相对应。

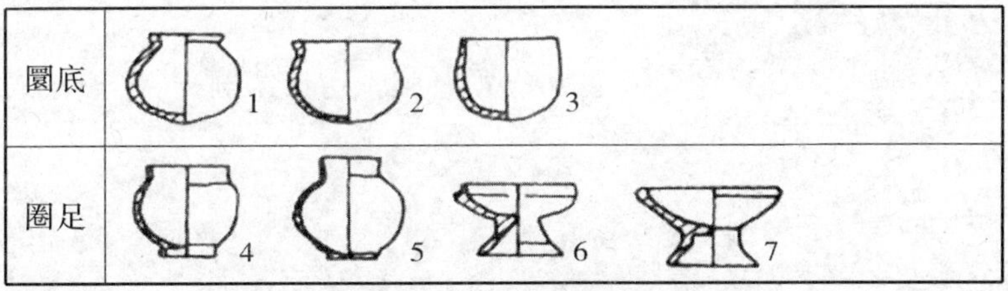

图 6　岭南龙山时代的圜底和圈足陶器

（1. 涌浪 92：1121；2. 石峡 M42：23；3. 邕旺 T1：18；4. 石峡 M69：20；5. 后沙湾；6. 银洲 M37：3；7. 银洲 M32：3）

作为一个独立的古文化分区，岭南新石器时代文化的主体内涵一直是土著文化传统的传承，起源于岭南本土的圜底类陶器传统占据着举足轻重的地位。新石器时代中期，长江中游洞庭湖地区的文化开始南下，岭南封闭的古文化格局被打破，圈足陶器传入岭南，并不断发展、壮大，传播至岭南全境，最终在新石器时代晚期确立为和圜底类器并存的两大陶器系统。圜底类器和圈足类器为主的岭南陶器系统，与北方以三足器和袋足器为代表的陶器系统相对立，体现了岭南乃至华南地区独特的本土文化面貌。

昙石山遗址出土“塔式壶”考辨

王有为
（福建省昙石山遗址博物馆）

昙石山遗址出土塔式壶

1996年，福建昙石山遗址第八次考古发掘编号M125墓中出土了一件形态特殊的陶器，因其相对明显的个性差异且出土于墓主人头部的特殊位置，有学者认为其或为具有某种宗教意义的“法器”① （见右图）。该器物基本特征为泥质灰黑陶，平顶、长颈、实心，顶缘外凸且起棱两道；扁折腹，上、中腹各起棱一道，颈腹交接处镂一椭圆形大孔，腹部中空；下附喇叭状圈足，足部有4个对称不规则圆形镂孔；通体呈灰黑色、素面；器身通高28.6厘米，顶径3.5厘米、腹径15厘米、足径11.8厘米。由于该器型在目前国内考古中尚属首次发现，缺少旁证，具体用途不明且相关研究资料不足。长期以来，学界对该器物的认识普遍较为模糊，以致有关此器物的命名问题众说纷纭、难以定论。科学、合理、准确地认识和把握该器物的属性，对更为全面详实地剖析和了解史前时期，尤其是新石器时代晚期福建地区的经济、社会发展水平及宗教信仰习俗等概况，推动我国先秦时期丧葬礼制的承传与创新研究，进而从全局上诠释和丰富我国古代缤纷灿烂的传统文化都有着十分重要的价值和意义。

本文主要通过与汉晋时期我国东南地区墓葬中较为常见的随葬冥

---

① 钟礼强：《福建原始宗教的文化内涵——以昙石山文化为例》，《厦门大学学报》（哲学社会科学版）2004年第2期。

器——“魂瓶”，以及作为我国古代较为流行的重要墓葬类型——“瓮棺葬”的对比研究初步认为：昙石山遗址出土该陶器和我国汉晋后以江浙为中心的长江下游地区墓葬中一般常见“魂瓶”在器身形制、埋葬位置、宗教内涵及演化轨迹等方面都存在很多共性，两者应具有某种相同或相近的渊源关系；此器可能是我国古代初具冥器性质的原始“魂瓶”，是特定时期特定区域内我国瓮棺葬制发展演化的结果，也是瓮棺自身的一种变体形式。

一、研究现状

目前，关于此器学术界主要有“灯”和“壶”两种说法，但细加斟酌两者均难以成立。

1. “灯”说

有些学者根据或参照日本长野县绳纹时代所出土的类似陶器将该器物命名为“灯”，随后便又有了“东方神灯”、“中华第一灯”、“中华第一神灯”等多种不同的叫法或称谓①。

首先，从文献记载来看，“灯”，古作“登”、“镫”、“锭”、“燈”。《礼记·祭统》载：“夫人荐豆执校，执醴授之执镫”；《楚辞·招魂》：“兰膏明烛，华镫错些”；东汉许慎《说文解字》曰：“镫，锭也。锭，镫也。因为锭中置烛，故谓之镫”；西晋郭璞注《尔雅·释器》曰：“木豆谓之豆，竹豆谓之笾，瓦豆谓之登”，郑云注：“瓦豆谓之镫”；周代“登”通“镫”，汉代方写作“燈”。春秋以前文献中尚未发现有“灯”字记载。“登”字下从“豆”，“豆”作为我国先秦时期普遍使用的一种饪食器，形制一般类似高足盘，上部呈圆盘状，盘下有柄，柄下有圈足。此特殊造型灵活方便，作为灯具使用有着天然的优越性，仅需在盘中附加一支钉便可将烛火固定，移动简单灵活且方便实用，而盘中支钉的出现也就成了区别灯和豆的主要标志。至此，一定程度上也就可以说完成了由豆到灯的转

① 日本庆应大学名誉教授江坂辉弥先生根据日本长野县绳纹时代所发现的类似陶器，将其命名为“灯”，随后欧潭生先生将其命名为“中华第一灯”，马长冰先生又根据中外风俗传统文化将其称之为“东方神灯”。

变，我国历史上最早的完整意义上的“灯”也就此产生，可见最早的灯应该由豆发展而来[①]。陶豆是目前所能见到的我国古代最早的灯具，迄今我国考古发现最早的“灯”的实物也出现在战国时期。

而作为照明之物，“灯”显然是与“火”分不开的。《说文》注：“主，灯中火主也……今俗别作炷。”可见“炷”当为灯中承载火的主要部位，也就是盘中支钉灯芯所在。在更早的西周文献中虽未见“灯”字出现，但已有“烛”字记载。《仪礼·士丧礼》注：“火在地曰燎，执之曰烛”；《说文》：“烛，庭燎大烛也。按：樵也。未执曰樵，执之曰烛，树地曰庭燎”；《周礼·司烜氏》注：“树于门外，曰大庭燎。”可见，西周时“烛”应是一种由易燃材料制成的火把，没有点燃的火把通称为樵；用于执持的已被点燃的火把，称之为烛；置于地上用来点燃的材料称为燎；放在门外的燎称大烛，门内的则为庭燎。因此，从文献记载上看，“烛”应是我国古代最早的照明用器，也是灯的前身；但此时“烛”只是一种火把、火炬，并非真正意义上的灯具。

其次，从器型结构上看，昙石山遗址出土的该陶器上部呈圆锥形，顶端扁平，颈部颀长，下腹中空且较深，整体基本呈下宽上窄的塔状，仅于器身中部颈腹交接处镂一椭圆形孔作为器口。可见在整体器型和局部结构上，该陶器都与作为我国古代早期一般概念上“灯”的陶豆差别较大，其作为灯具使用不仅无法较好地固定火源、通透空间不足，而且还会使得光线辐射面过窄、光照亮度值降低，显然有悖实用标准；另外，器身通体更未见有烟熏、油渍等火烛燃烧的迹象，亦缺乏作为灯具使用的直接证据。因此，将其命名为“灯”的说法应有失偏颇。

2.“壶”说

还有些学者则主要根据该陶器器型本身上部呈喇嘛塔状，下部为昙石山遗址同期出土文物中常见的折腹壶形，遂将其称之为“塔式壶”[②]。

壶，是我国古代出现较早、使用普遍的一种盛器。《春秋公羊传·昭公二十五年》载：“国子执壶浆”，注：“礼器，腹方口圆曰壶，反之曰方

① 高蒙河：《铜器与中国文化》，汉语大辞典出版社，2003年，第237页。

② 福建省文物局主编、福建博物院编著：《闽侯昙石山遗址第八次发掘报告》，科学出版社，2004年，第23、109页。

壶，有爵饰”；《说文》：“壶，昆吾圆器也。”从考古实物发现看，新石器时代陶壶一般多为圆形，由口、颈、腹、足组成，部分在颈或肩部附单或双耳，且口部一般均位于器身顶端。商周以后壶的式样逐渐增多，相继出现了方形、扁圆形、弧形、八角形壶等；六朝时才开始出现腹部置流和曲柄的鸡首壶、羊首壶等；唐宋以后壶的流部逐渐增长，曲柄样式更日渐丰富。

从昙石山遗址出土的该陶器器型上看，上部为平顶、长颈、实心，中部折腹，下附喇叭状圈足，口则位于器身中部颈腹交接处，在形体结构上也明显和新石器时代一般陶壶差异性较大；在功能上虽可作盛器壶使用，但因口端位于器身中部缺少引流部位，进出水都不甚方便，也不大符合实用原则和标准。所以，认其为“壶”的观点亦略显牵强。

二、对比分析

“魂瓶”是吴晋六朝时期我国南方尤其是以江浙为中心的长江下游地区墓葬中较为常见的一种随葬冥器。一般认为它起源于汉代的五联罐，是专门为随葬烧制的陪葬物。五联罐的名称也是由其本身造型而来，一般是在主罐口或肩部附加四个小罐，与主罐连为一体且均小于主罐。后来主罐不断增大，小罐不断缩小，颈部堆贴纹饰则逐渐增多，内容也越来越复杂。东晋后一度消失不见，至宋代又出现了“五管瓶”，在瓶身肩部附加五个圆形或棱形的空心管。因而不同时期从不同的角度或根据不同的标准相继出现了“皈依瓶”、“谷仓罐”、“堆塑罐”、“龙虎瓶”、“塔式罐”等不同称谓。另外，五联罐之所以取“五”还有“五谷丰登”之意，反映了当时人们祈求田园富庶、六畜兴旺，寄意永远安康的美好愿望，并以此作为逝者灵魂栖息之所，也是生人和亡魂沟通的桥梁，同时又是亡魂返祖升天的通道。所以，“魂瓶”的诞生是人们灵魂观念与宗教信仰思想的产物和体现。

比较我国东南地区汉晋及以后墓葬中出土的诸多“魂瓶”和昙石山遗址出土该陶器可以看出，两者无论在形制外观、出土位置、宗教内涵，还是在演化轨迹等方面都存在很大共性。

1. 形制外观

“魂瓶”作为一种特殊的随葬冥器，尽管其形态各异、内容繁杂、数量较多，不同时期也有着不同的叫法或称谓，但无论是从汉代的五联罐到六朝式样繁多的青瓷堆塑罐，还是从唐五代的青瓷粮罂瓶、五管瓶到宋元影青堆塑瓶、塔式罐等，在器型结构上，一般“魂瓶”都由上、中、下三部分组成。上部多为盘口，口下为长颈，进而在颈部进行模印、贴塑各种纹饰；中部为腹，以圆腹或折腹较为常见；下部则为附足，多圈足或平足；器身整体大都呈下宽上窄的塔状。而晚期“魂瓶”口上多置盖，再于盖钮上附各种堆塑动物纹，尤其是六朝后“魂瓶”颈部越来越长，腹部渐收。到了宋元时期的“魂瓶”则更多为细长颈、圆折腹，有些口上还附有塔式盖。另外，考古发现有些出土“魂瓶”中还常见在瓶身底部、上肩或盖等局部镂孔现象。

相对而言，昙石山遗址出土该陶器在器型结构上同样也由上、中、下三部分组成。上部为平顶、长颈、实心，顶缘外凸且起棱两道；中部为扁折腹，且中、上腹亦各起棱一道；下部则为喇叭形圈足。整体亦呈下宽上窄的塔状，而在器身中部颈腹交接处也有一椭圆形镂孔为器口所在。这与吴晋六朝时期我国长江下游地区墓葬中常见的“魂瓶”在整体器型和局部结构上都较为接近，两者应具有某种相同或相近的渊源关系。

2. 出土位置

据考古发现，汉晋及以后墓葬中出土的“魂瓶”一般是按照男左女右竖向方式摆放于墓主人头部两侧位置，且大多仅见于中上阶层的大中型墓葬[①]。由于昙石山遗址第八次发掘所发现墓葬均属土坑浅穴、不规则长方形墓，大部分墓葬都有不同程度破坏且均未发现葬具，仅能从随葬器物数量上初步判断墓葬的等级和规模。而从两者出土位置上看，和一般“魂瓶”类似，昙石山遗址的该陶器也出土于墓主人的头部侧上方，同时从该墓伴出的其他随葬器物多达20余件，在陪葬品数量上明显多于其他同期墓葬，这也是昙石山遗址本次发掘同期出土文物最多的墓葬之一（见附表），且已发现有夫妻合葬现象。

---

① 仝涛：《长江下游地区汉晋五联罐和魂瓶的考古学综合研究》，四川大学博士学位论文，2006年。

显然，此时的昙石山社会贫富状况已有了分化，产生了私有制，婚姻形态出现了一夫一妻制[①]，说明它已属于父系氏族社会[②]，或已进入阶级社会萌芽阶段的龙山时代[③]。也有学者据先秦典籍《周礼》、《山海经》等文献记载认为，昙石山文化的分布地域正处于商周时期古闽族的地望之内，昙石山文化或可称为先闽族文化[④]，其中晚期可能已进入阶级社会。故若仅从随葬器物数量上看作为昙石山文化发源地和典型代表的昙石山遗址，其中期文化遗存 M125 的墓主人应该已属于当时社会较为富足的中上阶层或是具有某种特权的宗教部落领袖。因此，作为少数人特权和专有陪葬物的“塔式壶”仅于此墓出土，在墓葬类型、性质和出土位置上亦和一般“魂瓶”基本接近。

附表　昙石山遗址第八次发掘中期墓葬随葬器物情况统计表

序号	墓号	随葬器物	件数	备注
1	M106	陶纺轮、釜、壶、豆、盘、圈足杯	10	
2	M108		0	
3	M109	圈足杯	2	
4	M110	釜、壶、簋	5	
5	M116	簋、钵	4	
6	M118	釜、圈足罐、壶、豆、簋、钵、杯	9	
7	M119	陶纺轮、釜、壶、盘、簋、碗	11	
8	M122	圈足杯	1	成年女性
9	M123	石锛、釜、壶、盘	6	
10	M124	残圈足	1	

① 曾凡：《关于昙石山文化的社会性质问题》，《中国考古学会第一次年会论文集》，文物出版社，1979 年。

② 钟礼强：《论闽江中下游新石器时代晚期文化的社会性质》，《南方文物》2004 年第 3 期。

③ 吴春明、林果：《“冶城历史与福州城市考古”学术讨论会综述》，《中国史研究动态》1999 年第 3 期。

④ 林忠干：《昙石山文化的再研究》，《东南文化》1991 年第 5 期。

（续上表）

序号	墓号	随葬器物	件数	备注
11	M125	陶纺轮、釜、圈足罐、壶、豆、盘、簋、杯、器盖	21	成年男性
12	M129	簋	3	
13	M130	陶纺轮、鼎、釜、壶、簋、钵	16	成年男性
14	M132	釜、壶	2	
15	M133	壶	1	
16	M136	石锛、石凿、石锥、石镞、骨锥、骨镞、圈足罐、盘、簋、圈足杯	28	成年男性
17	M137	陶纺轮、陶网坠、釜、圜底罐、碗	5	成年男性
18	M138	石锛、釜、壶、豆、簋	9	

3. 宗教内涵

从意识形态角度看，“魂瓶”本身即已体现了吴晋六朝时期佛教所倡导的“三世因果，六道轮回”和道教中“去世而仙”的生命思想。器身上下各部分取意不同，上部有引魂升天成仙，并祈求死者在异世界保佑的功能，下半部则是魄的归所。[①] 它把天上、人间、生死轮回思想完全糅合在一“器”之上，当是原始宗教和灵魂信仰思想的物化反映。相信“万物有灵，鬼魂不死”是原始宗教的思想基础[②]，“魂瓶”的诞生也正是当时社会人们的这种灵魂观念及宗教思想在丧葬方式与礼制上的一种具体体现和映射。

埋葬死者是灵魂崇拜的主要形式。古人认为人死后灵魂不灭，“人死，是魂上天，魄入地，进入不同的世界”[③]。《左传·昭公七年》曰：“人生始化为魄，既生魄，阳曰魂。”《礼记·郊特牲》载：“魂气归于天，形魄归于地。故祭求诸阴阳之义也。”而《易经·系辞》有云，“天数五，地数五”，认为“五”是天地之数，在此基础上形成的阴阳五行学说发展到汉

① 寻婧元、朱顺龙：《吴晋时期堆塑罐功能探析》，《东南文化》2010 年第 4 期。

② 钟礼强：《福建原始宗教的文化内涵——以昙石山文化为例》，《厦门大学学报》（哲学社会科学版）2004 年第 2 期。

③ 马昌仪：《中国灵魂信仰》，上海文艺出版社，1998 年，第 167 页。

代已经成为当时人们的主导思想。作为一般意义上最早的“魂瓶”——五联罐的出现也正是当时阴阳五行学说盛行以及人们“升天成仙，入地为鬼”灵魂信仰观念的产物。《荀子·礼论》：“丧礼者，以生者饰死者也，大象其生，以送其死，事死如生，事亡如存。”汉代厚葬之风盛行，又以孝治天下，“世之厚葬为荣，薄终为耻”，重视“事死如事生”，这种思想必然要体现在丧葬习俗中。因此，“魂瓶”便成了当时人们以求安息亡者灵魂的物质载体，希望以此达到安抚死者、超度亡灵，使死者灵魂得到安息的同时，生者也得到庇佑和保护的目的。

如前所述，昙石山遗址出土该“塔式壶”不具实用功能，显然是和当时人们的某种宗教信仰或灵魂观念有关，其发展演化过程和规律应与特定时期特定区域内人们的意识形态、宗教思想及生产力水平等多种因素息息相关，是人们灵魂不灭观念和鬼神宗教信仰思想的产物。反映在器物本身，两者另一共同之处就是都存在局部穿孔现象。考古发现证明部分出土“魂瓶”中还常见在瓶身底部、上肩或盖等局部穿孔情况，且穿孔数量、大小和形状各异。一般考古学者和民俗学家认为这种穿孔现象与当时人们的灵魂信仰有关，是供死者灵魂自由进出的通道。而昙石山遗址出土的该陶器亦于器身中部颈腹交接处镂一椭圆形大孔作为器口，其功能和寓意当与某些局部穿孔的“魂瓶”类似，也应具有和代表某种相同或相近的灵魂观念及宗教思想。

4. 演化轨迹

关于“魂瓶”的起源问题学术界历来关注较少，与之相关的深入研究性文章也相对十分匮乏。一般只是笼统地将东汉中晚期出现和开始流行的“五联罐”作为“魂瓶”的起源，但通过对比研究可以看出“魂瓶”的真正起源可能与我国古代出现较早、分布较广且持续时间较长的墓葬类型之一的“瓮棺葬”有关，是由早期“魂瓶”或由瓮棺演化而来。

首先，从器型上看，很多尤其是晚期瓮棺和一般“魂瓶”包括昙石山遗址出土的此陶器在整体样式及局部结构上大都较为相似或接近，均由上、中、下三部分组成，且整体上基本都呈下宽上窄的塔状。同样，很多瓮棺底部或棺盖上也存在局部穿孔现象，有的钻成很规则的圆形，有的则敲打成各种不规则形状。一般认为这种穿孔现象均与当时人们的宗教观念和灵魂信仰有关，棺体上的穿孔也是供死者灵魂自由进出的通道[①]。而“瓮棺葬”作为我国新石器时代至汉代较为流行的墓葬类型之一，其本身具有较强的时代特征和地域差异。尤其是吴晋六朝时期作为一般意义上“魂瓶”出现和主要流行地的长江下游地区却始终很少发现瓮棺葬，相对处于瓮棺葬流行的中空地带。同时，作为一般意义上“魂瓶”出现并开始流行的汉晋时期却恰巧又是我国古代瓮棺葬制整体开始由盛转衰并日渐隐退的消失期，这无疑也就为“魂瓶”作为我国古代瓮棺葬制发展演化的结果在吴晋六朝此特定时期和以江浙为中心的长江下游此特定区域内以瓮棺变体的形式出现提供了时间与地域上的双重证据及保障。

其次，根据尸骨相对于瓮棺的放置方法不同，一般可将瓮棺葬分为两种：一种是将尸骨全部装入瓮棺的“装入葬”；一种是只用器物盖头、套头，或盖、套住上半身，其他部位则暴露在外的“非装入葬”[②]。前者主要流行于我国北方黄河流域及长江中上游地区，且占全部瓮棺葬的大部分；后者则发现较少，仅在东部沿海地区，如浙江余姚河姆渡[③]、江苏吴县草鞋山[④]、连云港二涧村[⑤]、山东曲阜西夏侯[⑥]等遗址中有少量发现。“装入葬”普遍存在于早期儿童瓮棺葬，“非装入葬”则多见于晚期成人二次葬。相对而言，以江浙为中心的长江下游地区始终都处在瓮棺葬流行的薄弱地带，此种墓葬在该区域发现较少，仅在河姆渡等文化墓葬中有少量发现且多属于“非装入葬”类型，严格意义上讲不能算真正的“瓮棺葬”。作为瓮棺葬的一种类型，“非装入葬”在以江浙为中心的长江下游此特定区域内发展到后来或仅留存一种形式，死者尸骨完全不被装入瓮棺，仅在死者头部放置代表和象征意义上的瓮棺，而这种被象征性抽象化了的瓮棺也就变成了早期初具冥器性质的“魂瓶”。

---

① 孙长初：《谷仓罐形制的文化演绎》，《东南文化》2000年第7期。

② 许宏：《略论我国史前时期瓮棺葬》，《考古》1989年第4期。

③ 河姆渡遗址考古队：《浙江河姆渡遗址第二次发掘的主要收获》，《文物》1980年第5期。

④ 南京博物院：《江苏吴县草鞋山遗址》，《文物资料丛刊》1980年第3辑。

⑤ 江苏省文物工作队：《江苏省连云港市二涧村遗址第二次发掘》，《考古》1962年第3期。

⑥ 中国社会科学院考古研究所山东工作队：《西夏侯遗址第二次发掘报告》，《考古学报》1986年第3期。

因此，“魂瓶”的真正起源可能与瓮棺葬有关，早期“魂瓶”或由瓮棺演化而来，是作为瓮棺的变体出现并在以江浙为中心的长江下游地区此特定区域内流行的一种特殊随葬冥器。昙石山遗址地处福建东部沿海，是昙石山文化的代表和发源地，北近且晚于同为新石器时代典型海洋文化代表之一的浙江河姆渡文化，两者山水相连、唇齿相依，在诸多方面都有着很大的相似性和一致性。其完全在河姆渡文化辐射半径范围以内，不能排除受其影响的可能性，故迄今在福建昙石山文化类型新石器时代中晚期墓葬中也尚未发现有瓮棺葬现象。以此看来，昙石山遗址出土的该“塔式壶”应是我国古代初具冥器性质的原始“魂瓶”，是特定时期特定区域内我国瓮棺葬制发展演化的结果，是表征性抽象化的瓮棺，是原始宗教信仰、灵魂不灭思想的产物，也是瓮棺自身的一种变体形式。器身上部圆锥形、塔状长颈，或为引导亡者灵魂升天成仙之道；下部圆折腹，当是魂魄栖息之所；颈腹交接处的椭圆形镂孔，则是专供死者灵魂自由出入的通道。

三、余　论

宗教是人类社会发展到一定历史阶段的产物。同其他事物一样，宗教也是由低级到高级、由简单到复杂逐渐发展起来的。从中国传统宗教产生的过程来看，中国原始宗教的产生首先是基于灵魂观念的出现，而灵魂信仰作为宗教思想的基础在春秋战国之前都是以单一的“一元灵魂观”存在的，认为人是由肉体和灵魂两部分组成，人活着灵魂附着于肉体，死后灵魂则脱离肉体独自继续存在，尤其是最原始的宗教形式——图腾崇拜较为盛行的新石器时代更为如此。因此，作为新石器时代晚期遗存的昙石山遗址出土的这件“魂瓶”以孤件形式出现就不足为奇，完全符合当时“一元灵魂观”的宗教信仰思想。随着春秋战国时期各种宗教思想的不断发展，尤其是阴阳五行学说诞生后人们的灵魂观念也随之发生改变，逐渐形成了由“魂”和“魄”两种信仰组成的“二元灵魂观”。汉晋时期这一思想最终形成并渐趋成熟和完善。所以，汉代后“魂瓶”一般成对出现，按照男左女右竖向方式分别置于死者头部，这正是当时普遍被认可的“二元灵魂观”思想在丧葬礼制和方式上的重要反映与体现。

综上所述，本文主要通过汉代以后我国东南地区墓葬中常见随葬冥器“魂瓶”的对比研究初步认为：昙石山遗址出土的该“塔式壶”并非实用器，应是我国古代初具冥器性质的原始“魂瓶”，可能来源于我国早期瓮棺葬，由瓮棺演化而来。“原始”意味着最初、最古老，同时也意味着不成熟，加之该器型在目前国内考古发现中尚属首例，缺少旁证且相关研究资料匮乏，难免有疏漏不足之处，还有待深入探讨。

关于桂东与桂东北早期岩洞葬的探讨

洪德善　官春燕

（桂林博物馆、云南大学民族考古研究中心）

从目前掌握的考古材料来看，广西早期岩洞葬主要集中分布于桂西、桂西南、桂西北和桂中地区的左江、右江、红水河、柳江流域。学界普遍认为这些区域内的早期岩洞葬应是骆越的葬俗。这种埋葬习俗也零星见于桂东、桂东北地区，对于这一区域内的岩洞葬的族属，学界分歧较大：一说为骆越；一说为西瓯。骆越之属又有世居骆越与迁居骆越之异见。此外，亦有学者对这一区域岩洞葬的断代提出了与发掘报告不同的意见。诸如此类的问题，仍值得探讨。

一、报告地点①

到目前为止，桂东与桂东北地区共报告早期岩洞葬3例：

（1）富足村岩洞葬。位于桂林市灵川县潮田乡富足村后龙山的一处天然洞穴内。1998年灵川县文物管理所进行洞穴遗址调查时获得线索，查实为一处岩洞葬。随葬器物有青铜剑、戈、矛、镞、钺、凿、刮刀、砺石、玉玦等数十件，被扰动，后只征集到其中的12件青铜器和1件砺石、1件玉玦，其余大部分流散。

（2）水头村岩洞葬。位于桂林市灵川县海洋乡水头村西北的牯牛山一处天然洞穴内。1991年被村民首先发现并扰动，随葬品有青铜器、石器和陶器共40余件。

（3）龙中岩洞葬。位于贺县沙田镇龙中村红碌岩山西南麓的半山坡上。1991年被村民无意中发现，随葬器物有青铜器、陶瓷器、海贝共33

① 见广西文物考古研究所等编著：《广西先秦岩洞葬》，科学出版社，2007年。

件，虽被扰动，但器物组基本完整。

二、文化因素分析

岩洞葬极为隐秘，难以发现，其被发现往往带有偶然性，发现者绝大多数为非专业人员，因而一旦被发现，即意味着被扰动，文化面貌的原始性被破坏，甚至（大）部分文物流失，给我们的研究工作带来很大的困扰。就目前所能收集和掌握的信息，桂东与桂东北地区的岩洞葬文化因素比较复杂（表1）。

先秦时代的岭西地区主要分布着两大族群，即西瓯和骆越。骆越的分布范围学界基本上已有共识，其分布地域大体相当于左江流域、右江流域、邕江—郁江流域、海南以及越南北部红河流域。今广东的茂名，广西的陆川、博白、郁林、贵港、灵山、合浦一带应是西瓯、骆越的交错杂居地区。

表1

文化因素 \ 岩洞葬	富足村岩洞葬	水头村岩洞葬	龙中岩洞葬
西瓯文化	青铜斧2（LF：04；LF：05）、剑 1（LF：03）、矛 1（LF：06）、刮刀 2（LF：11；LF：12）、玉玦 1（LF：02）	青铜剑 1（LS：01）、斧 2（LS：06；LS：07）、刮刀 1（LS：08）	青铜鼎 2（HL：11；HL：12）、斧 1（HL：07）
骆越文化	青铜矛 1（LF：06）	青铜钺 1（LS：05）	铜鼓 1（HL：05）、海贝 12
楚或中原文化	青铜戈 1（LF：07）	青铜戈 1（LS：03）	青铜罍 1（HL：04）、盉 1（HL：17）、牺尊 1（HL：15）

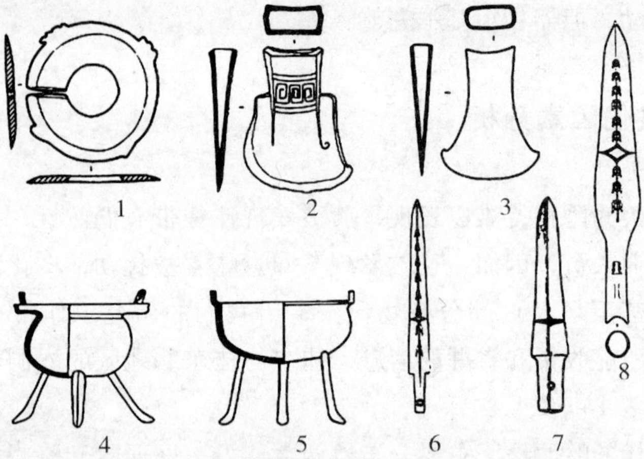

图1　1. LF：02　2. LS：05　3. LF：04　4. HL：12
5. HL：11　6. LF：03　7. LS：01　8. LF：06

骆越的青铜文化特征包括流行土葬和岩洞葬，最具代表性的青铜器有镂空细纹匕首、斜刃钺、圆銎长骹矛、靴形钺、桃形镂空铜镞、人面弓格剑、铜鼓等[①]。

关于青铜斜刃钺（又称单面弧刃钺，图1：2），据李龙章和蒋廷瑜两位先生的统计，在武鸣马头元龙坡、来宾古旺山、武鸣安等秧、南宁邕江、田东右江、百色萝卜洲，以及越南富寿的富厚、安沛的安合、老街的铺卢、海防的越溪都有类似的钺出土（水）[②]，是典型的骆越文化遗物。铜鼓也是骆越文化的典型器物，在瓯骆杂居地带有发现，西瓯中心区域则很少见到。

关于西瓯的具体分布地域，学界尚有一些分歧，这主要集中在西瓯的东部与北部边界。有学者指出，粤中、粤北、桂东北与湘南、湘北的先秦越文化的族属皆为西瓯[③]；在岭南地区的西瓯人主要生活在灵渠以南的桂

① 蒋廷瑜：《西瓯骆越青铜文化比较研究》，《百越研究》（第一辑），广西科学技术出版社，2007年，第88、89、96页。

② 李龙章：《岭南地区出土青铜器研究》，文物出版社，2006年，第167页；蒋廷瑜：《西瓯骆越青铜文化比较研究》，《百越研究》（第一辑），广西科学技术出版社，2007年，第98页。

③ 秦建中：《试说湖南先秦文化与西瓯的关系》，《民族研究》1991年第4期。

江流域及西江中游[①]。从历史文献和现代不断丰富的考古学材料及近现代民族学材料来综合考察，西瓯的分布地域已日渐明晰：南岭以南，青云山、九连山以东，云开大山、云雾山以北，红水河以东，郁江下游至西江流域应是西瓯分布范围。在这一地域范围内，战国秦汉时期的土著文化面貌有诸多相同之处：盛行腰坑葬俗。这一葬俗在战国到东汉前期都有发现，与中原地区普遍殉人、殉狗习俗不同。这一区域的腰坑内以放置 1 件陶器为主，器型有瓮、罐、碗、钵、盒、三足盒、杯、瓿、釜、匏壶等；墓室底部铺鹅卵石的做法比较常见；随葬器物具有比较明显的区域特征，出土有扇形钺、双肩铲形钺、重肩凸字形钺、人（兽）首柱形器、盘口鼎、竹叶（柳叶）形刮刀。陶器以印纹硬陶为主并多在陶器上刻划符号等，应为战国秦汉之际西瓯族的主要文化特征。

灵川富足岩洞葬出土的有“角”玉玦（图 1：1）应是西瓯文化的典型玉饰。此类型的玉饰在平乐银山岭墓地出土 6 件。富足岩洞葬出土的青铜剑（图 1：6）与水头岩洞葬所出的剑（图 1：7）有些细部差异，但基本形制相同，即扁（圆）茎，多数在茎上有一个或两个圆形穿孔。此型剑在平乐银山岭墓地出土与采集总数超过 40 件，此外在岑溪花果山、清远马头岗、罗定南门垌、广宁铜鼓岗、封开利羊墩、贺州高屋背岭等地都有出土，亦是西瓯文化的典型器物。青铜刮刀更是西瓯地区的流行工具。贺县龙中出土的青铜鼎（图 1：4、5），盘口、撇足、多带立耳或附耳，被认为是典型的“越式鼎”。此型鼎在广宁铜鼓岗、罗定背夫山、乐昌对面山、广州南越王墓、贵县罗泊湾、贺县河东高寨等地有出土，应是西瓯文化遗物。

西瓯与骆越两大族群同处一个地理单元，关系密切，史籍上也有瓯骆连称，文化上既各有特点，又相互融合。桂东与桂东北岩洞葬也表现出瓯、骆交融的特点。与灵川富足出土的青铜矛（图 1：8）近似的器物在武鸣安等秧、武鸣独山、田东锅盖岭也有出土，因而蒋廷瑜先生认为这种圆銎长骹，骹上铸有“王”字符号的矛为典型的骆越文化遗物之一[②]。但在

① 蒋廷瑜：《西瓯骆越青铜文化比较研究》，《百越研究》（第一辑），广西科学技术出版社，2007 年，第 103 页。

② 蒋廷瑜：《西瓯骆越青铜文化比较研究》，《百越研究》（第一辑），广西科学技术出版社，2007 年，第 97 页。

西瓯分布范围内此类矛也有出土，如罗定背夫山、广宁龙嘴岗。“王”字符号在封开利羊墩、罗定南门垌、广宁龙嘴岗所出的青铜刮刀，以及罗定背夫山人首柱形器上亦有出现，因而目前还难以确定此类矛特别属于哪一族群，本文暂将其视为西瓯与骆越共有的文化现象。风字形钺（有时称斧，图 1：3）也是这种情形。

此外，还有岭北楚文化、中原文化、西南地区滇文化影响的印记。贺县龙中岩洞葬出土的青铜罍、盉、牺尊很可能就是楚地或中原地区南传的器物。青铜戈是商周以来常用的兵器之一，岭南也出土不少，但其基本形制皆见于中原和荆楚地区，缺少鲜明的地域特点，因而它也是中原直接南传的或在中原文化影响下的产物。骆越之俗贵铜鼓，目前资料表明，铜鼓起源于古代云南地区，岭南地区铜鼓受其影响的痕迹明显。另一值得注意的是贺县龙中岩洞葬随葬的海贝。随葬海贝在岭西地区并不流行，目前只在贺县龙中岩洞葬发现 12 枚，宜州鹞鹰山岩洞葬 19 枚，忻城矮山岩洞葬 5 枚，翠屏山岩洞葬 2 枚，武鸣敢猪岩岩洞葬 2 枚。关于广西岩洞葬中的海贝的性质与功用是否充当了一般等价物，即所谓的“贝币”尚难定论。但从目前的分布范围来看，可能与西南夷有关系。夏商时期，贝币在中原流行。中原商王朝大量地从云南输入铜、锡，作为青铜器制作的原料。中国科学技术大学运用铅同位素比值法对殷墟 5 号墓所出部分青铜器进行了测定，结果表明，这些青铜器的矿料不是取自中原，而是来自云南[①]。在这场贸易中，贝币充当了一般等价物。青铜时代西南夷地区以海贝作为财富随葬是很常见的现象，而且还有一种专门的储具——铜鼓型贮贝器非常流行。岭南与云贵高原是两个相对独立的地理单元，但二者毗邻，珠江水系贯通两大区域，有着比较便利的交通：溯珠江而上，沿珠江支流红水河北侧向西，经苗岭南侧，可入黔南、黔西及滇东地区，目前所发现的海贝正是分布在这一水路通道附近。

① 中国科学技术大学科研处：《科研情况简报》（6），1983 年 5 月 14 日。

三、年代与族属探讨

（一）年代问题

桂东与桂东北岩洞葬的年代也是一个至关重要的问题，是探讨其族属的重要基础之一。调查简报将灵川富足岩洞葬定在战国时期，水头村岩洞葬定在春秋或战国早期，贺县龙中岩洞葬定在战国晚期。

对这三处岩洞葬时代的推断，李龙章先生提出了不同意见，因龙中岩洞葬出有秦汉时期才流行的石寨山型铜鼓，其年代应改定到秦至西汉文帝时期；灵川富足村与水头村岩洞葬都应定在战国晚期[①]。

与同一区域内的战国晚期至秦汉之际的墓地，如平乐银山岭[②]、灵川马山[③]的土坑墓相比较，岩洞葬随葬器物组合形式、时代特征有相近之处，但也有较明显的差异，如没有铁器随葬，陶器较少或无等。造成这种差异的原因，笔者认为主要还是年代与族属的不同。灵川两处岩洞葬的年代比平乐银山岭、灵川马山要稍早，因而，原报告所定的时代大致无误。至于龙中岩洞葬随葬石寨山型铜鼓，是否就意味着其时代下限晚至西汉文帝时期，仍有疑问。目前，古代铜鼓的型式划分及各型式铜鼓的年代是相对年代还是绝对年代都尚未达成共识，这仍是一个国际性的重大课题，尚有待于进一步的研究。

（二）族属问题

有研究者认为，从目前所发现的情况来看，“广西先秦岩洞葬的随葬品比较丰富，岩洞葬中主人的身份普遍要高于同时期的土坑墓墓主，墓主可能是当地氏族或部族的首领及其族人或家人”[④]，在学术界公认的骆越族

---

① 李龙章：《岭南地区出土青铜器研究》，文物出版社，2006 年，第 270、274 页。

② 广西壮族自治区文物工作队：《平乐银山岭战国墓》，《考古学报》1978 年第 2 期。

③ 广西文物工作队等：《广西灵川马山古墓群清理简报》，《广西考古文集》，文物出版社，2004 年，第 228 页。

④ 广西文物考古研究所等编著：《广西先秦岩洞葬》，科学出版社，2007 年，第 156 页。

群分布范围内，岩洞葬墓主生前是当地氏族或部族首领的判断颇有见地。但桂东与桂东北地区可能不尽相符。如平乐银山岭、灵川马山战国土坑墓，墓葬形制、丧葬习俗等所反映的文化面貌大体一致，且分层明显，部分（特别是有杖头饰）墓葬随葬品丰富，墓葬规模也比较大（表2：1、2、3、4、6），有些墓葬则规模小、随葬品少（表2：5、7），同一族群的上、下层人物应在同一墓地。平乐银山岭、灵川马山都是典型的西瓯墓地，因而葬在岩洞中的不太可能是西瓯族群的首领一类的人物。桂东与桂东北先秦岩洞葬的发现，说明西瓯族也流行岩洞葬的埋葬习俗①是值得商榷的。

表2

序号	墓号	墓葬形制	随葬器物	备注
1	银山岭 M8	墓口 380cm × 210cm，墓底 380cm × 148cm，方形腰坑（罐），卵石铺底，有二层台	陶器：杯 1 钵 2 罐 1 铜器：剑 1 矛 2 镞 7 三棱镞 1 条形镞 1 钺 1 镦 1 刮刀 2 铁器：锄 2 斧 1 削 1 其他：砺石 4	
2	银山岭 M55	墓口 520cm × 220 cm，墓底 440cm × 140 cm，有二层台，有棺、椁痕，铜棺环 8 件	铜器：剑 1 矛 3 镞 22 钺 1 刮刀 3 镦 1 杖头饰 1 铁器：锄 1 削 2 铜铁合制器：鼎 2 其他：砺石 4	
3	银山岭 M64	墓口 303cm × 160 cm，墓底 240cm × 99 cm，方形腰坑（三足盒），有二级二层台	陶器：杯 5 三足盒 1 纺轮 1 铜器：斧 1 刮刀 1 杖头饰 1 铁器：锄 1 刮刀 2 其他：砺石 1 玉玦 5 绿松石 2	
4	银山岭 M74	墓口 378cm × 182 cm，墓底 328cm × 120 cm，方形腰坑（盒），有二层台，有棺、椁痕	陶器：杯 1 盒 1 钵 2 瓿 1 铜器：剑 2 矛 1 镞 11 钺 1 斧 2 刮刀 2 削 1 鼎 1 镦 1 盆 1 杖头饰 1 铁器：锄 2 锛 1 矛 1 其他：砺石 2	有竹席痕

① 广西文物考古研究所等编著：《广西先秦岩洞葬》，科学出版社，2007 年，第 171 页。

（续上表）

序号	墓号	墓葬形制	随葬器物	备注
5	银山岭 M159	墓口 280cm × 80 cm，墓底 280cm × 80 cm，方形腰坑（盒）	陶器：盒 1 铜器：剑 1 镞 2 铁器：斧 1 其他：砺石 2	
6	马山 M3	墓口 500cm × 250cm ~ 280 cm，墓底铺河卵石及石块，圆形腰坑（罐），四面有两层台	陶器：器盖 3 罐 1 盆 1 瓿 1 纺轮 1 铜器：勺 1 铁器：2 件 玉器：镯 1	被盗严重
7	马山 M6	墓口 420cm × 198 cm，圆形腰坑（罐），四面有两层台	陶器：杯 1 罐 1 釜 1 铁器：锸 1 刀 1	

从随葬器物来看，龙中岩洞葬墓主身份非同一般，精美的青铜罍、盉、牺尊显然非普通人所能拥有；石寨山型铜鼓更突出了墓主地位的尊贵。目前岭南出土的石寨山形铜鼓均在广西，考古发掘点有西林普驮、田东锅盖岭、百色龙川、隆林扁牙、贵县（今贵港市）高中、罗泊湾、贺县（今贺州市）龙中等地。共出土铜鼓 11 面①，其中确定出土于墓葬的有西林普驮、田东锅盖岭、贵县罗泊湾与贺县龙中。除田东锅盖岭情况不明外，其余三处都是高等级墓葬，墓主应是部族首领一级的人物无疑。岩洞葬、随葬铜鼓、海贝叠加在一起，贺县龙中岩洞葬的主人属骆越族的部落首领一类的人物②是可信的。

灵川富足村、水头村岩洞葬的随葬物品虽以西瓯文化元素为主，但西瓯上层的墓葬在土坑墓中亦可以区分。从随葬器物来看，此两处岩洞葬与同一时代同一区域的土坑墓相比并无特殊表现，尚够不上西瓯部族首领等级，但作为一种特殊的葬俗，必定有着特殊的文化内涵与意义，我们认为，应还是有族属的差别，灵川岩洞葬同样为骆越族人的墓葬。

① 李昆生、黄德荣：《中国与东南亚的古代铜鼓》，云南美术出版社，2008 年。

② 彭长林：《广西早期岩洞葬初探》，《广西民族研究》2001 年第 4 期。

四、结 语

古代的族群我们可以通过文献记载和考古材料确定其活动的中心区域，但很难确定其活动边界和文化边界。人口的迁徙会使一种文化的分布变得错综复杂。西瓯与骆越也是如此，很难精准地划分二者的分布区域和文化边界。正如费孝通先生所说的一样："中国少数民族有它的特点，就是相互关系深得很，分都分不开。"① 一些重大历史事件的影响，加大了瓯、骆族群你中有我、我中有你的复杂情况。史籍上瓯骆连称、"荆楚疲于瓯骆"等，就是那个时代对这一现实的"映像"。从历史上来看，楚国的开疆拓土和秦开岭南对西瓯与骆越影响最大。

商周时代，瓯、骆的边界尚不明晰，桂东北地区可能也有骆越民族居住，楚国开疆拓土是瓯、骆分化与分布区域大变动的分水岭：迫使骆越南迁，西瓯进入骆越居地。西瓯在积极抵抗楚国势力南下的过程中日渐强悍，成为一个善战的民族，后又给南下的秦军以重创。当然，在战国秦汉之际，也不排除部分骆越族北迁，与西瓯联合抗击楚、秦南下，亦有部分西瓯人迫于生存压力南迁与骆越杂居，逐渐形成战国秦汉之际西瓯与骆越的分布格局。平乐银山岭、灵川马山、岑溪花果山、贺州高屋背岭、武鸣安等秧墓地的考古发现与发掘都可以佐证这一点。

综上所述，桂东、桂东北地区早期岩洞葬发掘报告所定时代大致无误；其族属为世居或迁入此地的骆越族，是瓯、骆杂处的反映。

① 费孝通：《谈深入开展民族调查问题》，《中南民族学院学报》1982 年第 3 期。

论浙江商周原始瓷生产的历史地位与社会背景

陈元甫
（浙江省文物考古研究所）

中国是世界四大文明古国之一，辉煌灿烂的华夏文明，为人类文化宝库奉献了无尽的宝藏，中国瓷器和瓷文化则是这丰厚宝藏中璀璨瑰丽的明珠。瓷器最早发明于中国，当全世界还在普遍使用陶器时，中国早已出现了瓷器，瓷器的兴起和繁荣在中华文明的历史进程中占有极为重要的地位，成为中国文明的特点之一。原始瓷是中国瓷器的鼻祖，它的创烧成功，是中国陶瓷发展史上的一个里程碑，由此揭开了中国瓷器发展的序幕。中国之所以被英文译成“China”，原始瓷应是首当其功。如果没有原始瓷的出现，就没有东汉以后的成熟青瓷，更不可能有后来那些光怪陆离的各种瓷器。

原始瓷，又称原始青瓷，是瓷器初创阶段的一种制品，也可称之为早期青瓷，是中国瓷器的重要组成部分。它产生于夏商之际，是越人的伟大发明与创造。原始瓷的研究在中国瓷器发展史研究上具有十分重要的地位。浙江是中国青瓷的故乡，也是原始瓷生产的重要起源地。对原始瓷窑址的考古研究，既是探索越文化的需要，也是研究中国瓷器发展史不可或缺的一项重要内容。

一、浙江商周原始瓷生产的历史地位

浙江是百越民族中最古老、最强大的一支——于越人的主要活动区域和建国之地，既是原始瓷出土数量最多最为丰富的省份，也是原始瓷窑址分布最多最为集中的地方。过去历年来，在浙北杭嘉湖地区的德清与湖州以及浙东宁绍地区的绍兴、萧山、诸暨等地，均已发现不少原始瓷窑址。最近几年，在“瓷之源”课题的推动下，我们对商周原始瓷窑址，特别是原始瓷窑址分布比较集中的浙北东苕溪中游地区，重点开展了大量的野外专题调查，由此又新发现了一大批烧造原始瓷的窑址，窑址数量大幅度增加，窑址的时代从商代到战国。在调查发现的基础上，又先后对西周春秋时代的德清火烧山窑址、战国时期的德清亭子桥窑址和商代的湖州南山窑址进行了实际的发掘工作，获得了大量的原始瓷产品标本，调查和发掘工作都取得了许多令人瞩目的重要新成果。

现有资料表明，浙江是商周原始瓷窑址分布最多最为集中的地方。窑址发现数量最多，规模巨大，目前发现的窑址已达一百三四十处，主要集中分布在两个区域。第一个区域是钱塘江以南的萧绍平原，包括萧山、绍兴、诸暨等地区，其中以萧山进化镇范围内最为集中，这里已发现茅湾里、前山、安山等窑址20多处，绍兴的皋埠吼山和富盛长竹园、诸暨的阮市栳山坞也都有一些原始瓷窑址发现。这一区域的窑址烧造年代普遍较晚，均为春秋晚期至战国时期，而且大多数都是原始瓷器与印纹硬陶器同窑合烧，产品也较为单一，主要是碗、杯类日用器物，不见大型的仿铜礼乐器类产品。第二个区域是钱塘江北，以德清为中心，包括湖州南部在内的东苕溪中游地区。这里原始瓷窑址最多最为密集，目前发现的已超过一百处，绝大部分集中分布在德清县境内的龙胜村周围一带，与之毗邻的湖州南部青山、埭溪一带也有一批窑址发现，这一区域是浙江原始瓷窑址分布的重点地区。就商周时期的原始瓷而言，出土范围很广，在南方地区的浙江、江苏、安徽、江西、广东、福建、湖北等很多省份均有发现，甚至北方中原地区也有出土。但烧造原始瓷的窑址除浙江以外，仅在江西、福建、广东等少数省内有所发现，并以浙江发现的数量最多，如此众多的商周原始瓷窑址的发现，是绝无仅有的。江西、福建、广东等省发现的原始瓷窑址不但数量很少，而且都只是某一时段的窑址，时代不连接，不成系统。浙江发现的原始瓷窑址，特别是浙北东苕溪中游地区的原始瓷窑址群，不但数量极多，而且时代上从商代—西周—春秋—战国，各个历史时期的原始瓷窑址均有发现，从早到晚自成序列，而且时代越晚，产品越丰富，规模不断扩大，是商周原始瓷窑址从早到晚发展序列最全、最完整的地区，其中战国原始瓷窑址是其他地方所没有的。大量各时代原始瓷窑址的系统性存在，凸现出浙江地区在商周原始瓷产生和发展过程中所具有的独特地位，表明这里一直是商周时期原始瓷的中心产区。

从目前的出土资料看，原始瓷产生于夏商之际，但迄今为止这一时期和商代的原始瓷出土不多，窑址的发现则更少，南方其他地方见于报道的商代原始瓷窑址，只有江西省的清江吴城[1]和鹰潭角山[2]，不仅数量少，时代也都不是很早。浙江以往的考古调查资料中，商代的原始瓷窑址也仅知湖州黄梅山一处，由于未经正式发掘，对其产品面貌和年代的认识也只限于地面调查采集；加之浙江商代考古分期序列的缺乏，对其年代的认识也就显得相当模糊，一般将其判定在商代晚期。因此，商代原始瓷窑址的发现与研究成了浙江商周原始瓷窑址考古中比较薄弱的环节。最近三年，在浙北东苕溪中游开展的商周原始瓷窑址专题调查，在这方面取得了重点突破。在浙北东苕溪中游的德清和湖州南部地区，新发现了湖州南山、周家山、瓢山、北家山、德清水洞坞、安全山等一大批商代原始瓷窑址，发现的窑址数量已达 30 多处，主要集中在湖州青山片区，青山片区内已发现 20 多处，在德清龙胜片区 5 平方千米左右区域内也发现商代窑址 8 处。在调查发现的基础上，对湖州南山商代窑址进行了重点考古发掘，揭露出长条形的龙窑遗迹 3 处，发现贮料坑、水沟、淘漂池等作坊遗迹，出土大量商代原始瓷标本。该窑址地层堆积丰厚，废品堆积最厚处超过 1.2 米，最厚的探方可分成 15 层，地层叠压关系清晰，早晚关系明确，为窑址的分期断代提供了充分而可靠的地层依据[3]。

浙北东苕溪中游地区发现的商代原始瓷窑址群，不但数量众多、分布集中、规模巨大，为其他地方所不见，而且时代很早。已发掘的湖州南山窑址，根据窑址废品堆积的叠压打破关系，可分为早晚五期，其中第四、五期的主要器物豆、罐等，在殷墟商城遗址中可找到相似的器物，其年代在商代晚期；第三期与马桥遗址第Ⅲ阶段风格接近，可推测年代约在商代前期；如此上推，第一、二期时代可能已在商代早期前后。南山窑址无论是窑炉的形制结构，产品的胎、釉、成型技术，还是装烧工艺，确实都具

---

① 江西省文物工作队：《鹰潭角山窑址试掘简报》，《江西文物》1983 年第1 期。

② 江西省文物工作队、鹰潭市博物馆：《江西鹰潭角山窑址试掘简报》，《华夏考古》1990 年第 1 期；江西省文物考古研究所、樟树市博物馆：《吴城——1973—2002 年考古发掘简报》，科学出版社，2005 年。

③ 《浙江东苕溪中游商代原始瓷窑址群的调查与发掘》，《中国文物报》2011 年 1 月 14 日。

有相当的原始性：窑炉坡度较陡；火膛很大，与窑床分界不明显；窑底高低不平，不铺沙；产品原料选择不严；加工上也不精细，反映在胎泥上粗细差别很大，胎泥内含杂质较多，往往夹杂许多细微的黑色斑点，颗粒较粗，胎色多呈青灰或淡灰；少数器物釉层明显，但多数器物所施釉浆极为稀薄，釉层不够明显，有的器物仅在肩和上腹等部位出现明亮釉面，或仅装烧时朝下坡火膛的一侧釉层比较明显，而朝上坡的另一侧无明显玻化釉层，反映出施釉和烧制技术上的很不成熟，施釉处于萌芽阶段。这些都说明它们还属于原始瓷刚产生的早期形态，是真正意义上的“原始瓷”。从调查采集和试掘出土标本比较，已发现的商代窑址群中的其他窑址产品，从器类、器型到胎釉面貌，都具有基本一致的共同特征，表明它们的时代相仿，整个商代窑址群的年代可以从商代早期前后一直延续到商代晚期。这是国内首次发现的大规模商代原始瓷窑址群，也是目前发现的最早的商代原始瓷窑址群，更是目前已知唯一的商代原始瓷窑址群分布区。这一商代大规模窑址群的新发现充分表明，包括德清、湖州市区南部在内的浙北东苕溪中游地区，是中国瓷器的重要起源地。

战国时期是原始瓷发展最为主要的阶段。在战国原始瓷窑址的分布方面，浙江地区又有着独一无二的地位。迄今的考古材料表明，战国时期的原始瓷窑址都集中分布在浙江，其他地方均没有发现，浙江地区是战国原始瓷的唯一烧造地。从现有资料看，浙江商至春秋早期的原始瓷窑址集中分布在以德清为中心，包括湖州南部在内的东苕溪中游地区，春秋中期以后至战国，瓷业生产开始扩展到了越国中心的萧绍平原。在萧山、绍兴和诸暨等地也出现了一批春秋战国时期原始瓷窑址，但浙北东苕溪中游作为原始瓷中心产地的地位始终没有改变，这里仍然是战国原始瓷窑址分布的重点区域，窑址数量最多，生产规模最大。

战国时期浙江地区原始瓷烧造达到了最鼎盛的时刻，窑址数量最多，目前发现的战国原始瓷窑址已达五六十处之多，生产规模巨大。新品种、新器型大量出现，器类器型空前丰富。快轮技术的运用已达到相当普遍和娴熟的程度，使包括大型器在内的各种原始瓷器型均显得更加规整匀称，胎壁益薄。装烧上在以亭子桥为代表的浙北东苕溪中游德清龙胜战国窑址群中，已创造性地发明和使用了用以抬高窑位的大型支垫窑具，一般小型器物继续采用单件着地装烧或多件着地套装叠烧的方法，大型器物则使用支垫具单件支烧，装烧工艺已显得相当成熟。所见支垫具有喇叭形、直腹圆筒形、束腰形、倒置直筒形、托形、覆盘形、圈足形等，形式丰富多样，以往被认为到东汉时期才开始使用的各种支垫具，实际上在德清战国窑址群中已基本出现和使用，成为此时大批高质量原始瓷烧制成功的重要技术支撑，它将我国瓷器生产中开始使用这种支垫窑具的历史，从原来认为的东汉提早到了战国时期。由于快轮技术的熟练运用，胎釉质量进一步提升，加上各种支垫窑具的创造使用，制瓷技术的全面提高与成熟，使得产品质量普遍很高：烧成温度显得很高；胎质细腻坚致；釉面匀净明亮，玻璃质感强；釉色多青中泛黄；胎釉结合良好，使此时的原始瓷产品呈现出一种遒劲挺拔、昂然向上的精神风貌，产品质量几乎可与成熟青瓷媲美，达到了原始瓷生产的最高水平，已接近成熟青瓷，为成熟青瓷的出现奠定了深厚的技术基础。浙江是成熟青瓷最早出现的地区，是中国青瓷的故乡，上虞东汉时期的小仙坛窑址产品早被公认为是最早的成熟青瓷。而东汉成熟青瓷无疑是在战国原始瓷的基础上烧制成功的，成熟青瓷的出现与原始瓷有着直接的关系。从目前材料看，战国原始瓷窑址的分布唯有浙江一地，其他江西、福建和广东等地迄今均没有发现。因此，浙江的原始瓷生产在中国成熟青瓷的起源中，更具有无可替代的重要作用和地位，浙江不但是原始瓷的重要起源地，更是成熟青瓷的直接起源地。

战国原始瓷生产的最大亮点，是大量仿铜礼器、乐器，以及少量兵器、农具和工具的新出现。以亭子桥窑址为代表的浙北东苕溪中游战国原始瓷窑址群，重点烧造仿青铜的礼器和乐器，是目前已知专门为越国王室贵族烧造高档仿铜礼仪用品的唯一窑区。仿铜礼器中既有西周和春秋早期曾出现过的鼎、豆、尊和簋，更有大量新出现的鉴、盆、盘、钵、壶、提梁壶、提梁盉、镂孔长颈瓶、罐、瓿、甗、匜、烤炉、镇、璧等，品种十分多样，形式极其丰富。仿铜原始瓷乐器乃是战国时期才出现的新品种，一些专用于墓葬明器的编钟、句鑃、錞于、磬、筝、振铎、缶、鼓座等仿铜原始瓷乐器开始大量烧造和使用。另外，此时甚至还烧造专用作墓葬明器的矛、斧、锛、凿、锸、镰刀等仿铜兵器、工具与农具，反映出此时原始瓷仿青铜器范围的进一步扩大，产品几乎涵盖了社会需求的各个方面，对青铜器的模仿更是达到了登峰造极的地步。如果说西周时期是仿铜原始瓷制品的肇始期，那么，战国时期则是仿铜原始瓷器物的鼎盛期。大量形式多样仿铜礼器的涌现，尤其是仿铜乐器乃至兵器、工具和农具的出现与加入，赋予了原始瓷更为丰富的文化含义。东苕溪中游地区此类烧造仿铜原始瓷器物窑场的发现，为近些年江浙地区越国贵族墓中出土的一大批仿铜原始瓷礼乐器找到了明确的烧造产地。研究表明，以瓷代铜普遍随葬仿青铜的原始瓷礼器与乐器，是战国时期越国贵族墓葬特有的普遍现象，是越国贵族墓葬区别于中原和其他地区贵族墓葬的主要葬俗特征，也是于越民族一直以来恪守的民族传统[①]。在绍兴、上虞、杭州、余杭、长兴、安吉、海盐、江苏无锡等地已发掘的一些大型越国贵族墓中，均存在不实际随葬青铜礼器与乐器，只随葬仿青铜陶瓷礼乐器的葬俗现象，出土了大量仿青铜的原始瓷礼器与乐器。江苏无锡鸿山邱承墩越国贵族墓，出土的仿青铜原始瓷礼器和乐器竟达 500 余件[②]。德清梁山战国越墓中还发现有用仿青铜斧、锛、锸等原始青瓷工具与农具随葬的现象[③]。随着江浙一带越国贵族墓中仿青铜原始瓷礼器与乐器的大量出土，寻找与探索它们的窑口和产地，无疑就成为越文化考古研究中的一项重要学术课题。过去由于没有明确的窑址发现，这一问题始终未能找到明确的答案。烧造原始青瓷的窑址，虽在江西、福建、广东等地也有一些发现，但战国时期的原始瓷窑址均集中发现在浙江，而且目前发现烧制仿青铜礼器与乐器的窑场唯有德清一地。以亭子桥窑址为代表的德清战国窑址群，所见产品器类基本囊括了江浙地区大型越国贵族墓中已出土的各类仿铜原始瓷礼器与乐器，以及兵器和农工具。因此，浙北东苕溪中游德清战国原始瓷窑址群的发现和发掘，终于为这些年江浙地区越国贵族墓葬中出土的大批仿铜原始瓷礼乐器找到了明确的烧造地，表明战国时期为越国上层贵族烧造高档次生活与丧葬用瓷的窑场就在今天浙江东苕溪中游的德清地区，这里一直是战国时期生产高档仿铜原始瓷制品的中心窑场。

---

① 浙江省文物考古研究所：《浙江越墓》，科学出版社，2009 年。

② 南京博物院等：《鸿山越墓》，文物出版社，2007 年。

③ 浙江省文物考古研究所：《古越瓷韵——浙江出土商周原始瓷集粹》，文物出版社，2010 年。

二、浙江战国原始瓷生产高度发展的社会背景

浙江地区商代早期前后产生的瓷业生产，历经西周、春秋时期的不断精进和提高，到战国时期已发展到了顶峰阶段。原始瓷生产出现了空前繁荣和兴盛的局面，这不但表现在烧造原始瓷地域的扩大和窑址数量的大量增加，规模进一步扩大，而且表现在生产技术的成熟和产品质量的明显提高，更突出地表现在原始瓷仿铜制品的大量出现和产品种类的极大丰富。仿铜礼器器类进一步扩大和多样化，出现了任何青铜礼器基本都可在原始瓷制品中找到相同实物的局面，特别是编钟、句鑃、錞于、磬、筝、振铎、缶、鼓座等大批仿铜乐器和矛、斧、锛、锸、凿、镰刀等仿铜的兵器及农工具的新出现，使原始瓷对青铜器的模仿达到了无所不能、无所不仿的地步，这是以往任何时期都未曾出现过的繁荣景象。

瓷业的产生和发展是以原料、燃料和技术为必需条件与基础的，浙江原始瓷生产得以不断发展和壮大，与该地区具有丰富的瓷土矿源和充足的山林燃料，以及深厚的技术积淀自然密不可分，但促使战国时期浙江越地原始瓷生产的高度发展和繁荣，特别是大量仿铜礼器、乐器以及兵器、农具和工具的出现，除了矿源和燃料丰富、制作相对简单、成本比较低廉，美观实用的原因之外，应该有着其他更为重要的社会原因与文化背景。这其中，越国提倡务实，注重耕战，越国贵族盛行用大量仿铜原始瓷礼乐器替代青铜器礼乐器随葬的埋葬习俗和文化传统，无疑是促使战国时期原始瓷生产出现高度发展和繁荣的重要原因之一。

现有考古资料表明，越地的原始瓷从它刚刚开始产生的那一刻起，就被赋予了珍贵的价值和当作礼器的重要历史使命，其珍贵的程度类似中原的青铜器，于越人一开始就把原始瓷作为最珍贵的东西随葬于墓内，浙江目前发现的商代土墩墓中，就已经有原始瓷器的出现。发展到了西周春秋时期，当中原和其他国家贵族都热衷于将昂贵的青铜器随葬于墓内之时，位于太湖南岸的于越人却一直保持着自己用原始瓷随葬的特有的埋葬习俗，更出现了随葬仿铜原始瓷礼器的尝试。在部分大、中型土墩墓中已出现用尊、鼎、簋、提梁卣、桶形器等仿铜原始瓷礼器随葬的现象，原始瓷被制作成仿铜的礼器，承载了更多更特殊的含义。但越墓中始终没有把青

铜器特别是青铜礼乐器随葬于墓内，以瓷代铜仿制礼器随葬，成为越人一项重要的埋葬习俗和葬制葬仪的一个重要组成部分。战国以后越国开始强大，越王句践灭掉吴国，进而引兵北上，称霸中原，“诸侯毕贺，号称霸主”，国力已是十分强盛，但不随葬青铜器，只随葬原始瓷器的葬俗现象，反而表现得更为突出和强烈。这不但反映在墓主身份较低的一般小型墓葬上也使用大量原始瓷随葬，更表现在一些身份较高、本可随葬青铜礼乐器的大型贵族墓，却仍流行使用仿铜原始瓷礼乐器随葬的习俗。这些大型贵族墓并没有用真正的青铜礼乐器随葬于墓内，还是用仿青铜的原始瓷礼乐器来代替青铜的礼器与乐器随葬，只是此时随葬的数量有所增加，使用更为普遍。不随葬青铜器，只随葬原始瓷，成为越人一直恪守的一个重要葬俗传统。仿铜的原始瓷礼乐器虽然不能与真正的青铜礼乐器同日而语，但它在越墓中的意义与中原的青铜器完全相同，同样是墓主生前身份与地位的象征。因此，使用原始瓷礼乐器而非青铜礼乐器随葬，是越国贵族墓葬最重要的特征之一，与同时期中原和其他国家贵族普遍盛行随葬青铜礼乐器的现象形成了鲜明的对比，具有强烈的地区和民族文化特色。

那么，究竟是何种主要原因使越国贵族死后不用青铜礼乐器随葬呢？我们并不赞同越国因国家贫穷而无力随葬青铜礼乐器的观点，也不认为是青铜原料缺乏和战事频繁的原因①。事实上，越国在句践灭吴之后，又引兵北渡淮河，争霸中原，徙都琅琊，与齐、晋等诸侯会于徐州，由此开始登上统领中原列国的霸主之位。越国称霸达一百多年时间，越国号称天下强国，势力十分强大，国家非常强盛，而且更是获得了原先吴国等地的青铜矿产资源。因此，要仿照中原和其他地方贵族用青铜礼乐器随葬，应该已成为轻而易举的事情。而且，在相同战争环境下，同时期其他国家贵族普遍使用青铜礼乐器随葬的事实，也说明战事的频繁也并非是导致越国贵族不随葬青铜礼乐器的关键因素。由此可见，战国时期越国贵族没有随葬青铜礼乐器的现象，显然并非是国力不支、矿源缺乏和战事影响原因所致，而是于越民族长期以来的葬俗传统，是由本民族的这种传统葬俗所决定的。这是因为，不随葬青铜礼乐器的现象，并非越国建立之后才出现，在越建国之前，浙江地区广为流行的西周、春秋越族土墩墓中，就未见有

① 陈元甫：《越国贵族墓随葬陶瓷礼乐器葬俗探论》，《文物》2011年第3期。

随葬青铜礼器或乐器的现象，就没有随葬青铜器的葬俗。迄今为止，浙江在杭嘉湖、宁绍和金衢地区已发掘的西周春秋时期土墩墓已达数百座，其中不少是规模巨大的贵族墓，但在这些大大小小的土墩墓当中，都没有发现随葬青铜礼乐器的实例，只有在一部分大型土墩墓中，随葬有制作精良的仿铜原始瓷礼器。因此，大量考古发掘材料清楚表明，实际上在于越正式称王建国之前的西周春秋土墩墓葬俗当中，就已包含了不用青铜礼器而用仿铜陶瓷礼器随葬这一重要内容。说明越立国之后，特别是称霸中原、国家强大之后，虽在墓葬形制上产生了重大变化，由传统的土墩墓改变成具有中原特色的土坑木椁墓，但在埋葬习俗上仍一直顽强地恪守着自己不用青铜器随葬的传统。甚至可以这样认为，越国在接受和仿效中原葬制葬仪的同时，仍一直选用陶瓷材料制作随葬明器主要是出于希望体现并保存其自身的民族特性这一主观愿望。墓葬陪葬品是一种明器，象征性地让死者带到另一个世界去“生活使用”，并不需要有实际的使用价值，因此，越人就独辟蹊径，用原始瓷来代替青铜器随葬，而把有限和珍贵的青铜原料用到需要实际使用而且是最需要的工具、农具及兵器的制作上去，用于发展生产，增强军队战斗力。这种有别于其他国家的特殊葬俗和主观意识，正是古代于越人求真务实、注重耕战实际的民族精神的最好体现。浙江地区出土战国青铜礼乐器数量甚少，但青铜兵器和农具、工具出土极多，且品种丰富，制作精湛，正好反映出越国非常注重耕战实际的客观事实。

众所周知，手工业的产生与发展与人们的生活生产以及意识形态方面的需要密切相关，而人们生活生产和意识形态方面需求的增加与提高，反过来又促使手工业的进一步发展与提高，原始瓷生产也不例外。越国灭吴称霸，国家强大之后，一方面在建构社会伦理秩序以及力图获得与华夏各族一致的文化认同感的背景下，对中原礼乐制度和文化极力的模仿与推崇，大批贵族在死后都要随葬大量代表其生前身份与地位的礼乐器；另一方面又不愿意或不轻易放弃本民族长期以来形成的具有自身个性的葬俗传统和精勤耕战、求真务实的民族精神。这样，不但导致使用原始瓷仿制青铜礼乐器随葬之风再度兴起，而且对这种青铜替代品的需求量较以往也大为增加，此时的原始瓷生产除了要满足整个社会的生活需求外，还必须生产出大量的墓葬专用品来满足大批贵族用于死后陪葬的需求。战国时期越地瓷业生产出现的高度发展，窑场规模的空前扩大，大量仿铜礼器甚至乐器、兵器、工具、农具的出现，正是在这种背景下产生的。而且，由于越墓中随葬的大量原始瓷礼乐器，虽不是真正可实用的青铜器，但因它代表着青铜器，仍然具有象征墓主生前身份与地位的作用，与实际的青铜礼乐器有着相同的意义，也是贵族们专用的高等级物品，与一般的用品不同。因此，在制作上也必然要讲究质量，在对青铜礼乐器的仿制上要求形象与逼真，做到一丝不苟，这就必须要在生产技术上有所创新与突破，在制作上要不惜工本地去追求质量，对产品质量精益求精，更上一层楼。德清发掘的亭子桥战国窑址，在烧造仿铜礼乐器的同时，也烧造一般的生活日用品，但从装烧方法上可以明显看出，该窑场主要是重视了一批仿铜礼乐器的烧造质量，这正是上述分析的最好例证①。这样，越国贵族盛行用大量原始瓷仿铜礼乐器随葬的埋葬习俗，自然成为推动原始瓷生产高度发展的强大社会动力，不但促使战国时期越国的制瓷业出现了规模空前提高和以生产大量高档仿铜礼乐器为标志的崭新局面，而且产品的质量进一步提高到了接近成熟青瓷的水平，瓷业生产得到了前所未有的繁荣和发展，达到了原始瓷烧造的最鼎盛阶段。同时，战国时期瓷业生产工艺技术的成熟，又包括礼器、乐器、兵器、农具和工具在内的各种仿铜制品的大量生产，获得了更大的拓展空间，也对越国贵族墓随葬更多的仿铜原始瓷制品起到推波助澜的作用，这无疑也是战国原始瓷生产高度发展的重要原因之一。

① 浙江省文物考古研究所、德清县博物馆：《德清亭子桥——战国原始瓷窑址发掘报告》，文物出版社，2011 年。

浙江温岭大溪古城的文化内涵及其与闽越文化的关系

田正标
（浙江省文物考古研究所）

一、大溪古城城址及有关工作的回顾

大溪古城遗址位于浙江省温岭市大溪镇以北约 3 千米，大塘岭西南侧山脚下。古城遗址北靠大山（塘岭），东、西两侧分别有较低的山岭龙山、虎山护卫，南面面向相对较为开阔的平地，是理想的筑城之所，古城所覆盖的行政村包括大岙、里宅及横后村的一小部分。根据南宋陈耆卿编修的《嘉定赤城志》卷 39 记载："古城，在黄岩县南三十五里大唐岭东，外城周十里，高仅存二尺，厚四丈。内城周五里，有洗马池、九曲池、故宫基址崇一十四级，城上有高木可数十围，故老云即徐偃王城也。城东偏有偃王庙。"在同为南宋时期的《舆地纪胜》以及明、清地方志中都有相同或相似的记载。文献所记载的古城方位与大溪古城城址完全吻合。

20 世纪 80 年代，浙江省及台州市的文史工作者先后来到遗址实地踏勘，古城开始进入人们的视野。董楚平、金祖明等陆续发表研究文章阐明自己的观点，或认为城址为东海王国故都——东瓯，或认为就是文献记载中的"徐偃王城"。由于缺乏细致的考古工作，这一时段的讨论仅建立在文献考证和地面调查所见遗迹、遗物的基础上，缺乏准确的考古地层依据。

2002 年至 2008 年，由于当地政府的高度重视，由浙江省文物考古研究所主持、温岭市及大溪镇有关部门共同参加的大溪古城调查和试掘工作先后开展了三次，对城址范围内进行了多点探沟式发掘，总发掘面积达 500 多平方米，发掘区域包括东、南、西、北四周城墙的探沟式解剖，城内文化堆积的揭露等，调查和钻探的范围更是遍布整个城址及城外。

2003年，温岭市文化局文物办在塘岭南侧山脚抢救性清理了一座小型竖穴土坑墓（M2），出土随葬器物12件。2006年9—11月，浙江省文物考古研究所在位于古城北侧不足一千米的塘岭山脚塘山发掘了一座规模较大的古墓葬（M1）。该墓距M2仅100多米，系一座带墓道的甲字形竖穴岩坑木椁墓，墓坑规模较大，长15.5米、宽6~7米、深3.7米，虽然墓葬早年遭盗掘，墓坑内仍出土陶瓷器、玉器等34件。陶瓷器种类有瓿壶、罐、瓮、瓿、钵、杯。在墓坑范围之外，还发现了一个随葬器物坑，因挖坑较浅，大部分被现代耕作破坏，但在不足2平方米的范围内，仍出土了28件陶质乐器，器物种类有镈钟、錞于、句鑃、编磬等。根据出土遗物判断，发掘者研究认为，墓葬所出遗物与古城出土物一致，与武夷山城村汉城也相近，属西汉初期东瓯国的贵族墓。

二、城址工作的主要收获

经过三次调查和试掘工作，对城址的范围及文化内涵终于有了一个较清晰的基本认识。

（一）四周城墙的结构及堆筑情况

大溪古城的四周城墙保存总体较差，西、北、东三面城墙现地面以上仍有部分残留，其中西城墙残长60米，北城墙残长94米，这两面城墙地面隆起的形态十分明显，保存相对较好。东城墙仅残存东南一角且后期扰乱严重，而南侧城墙因土地平整改变，已埋藏在现地表以下，现简要介绍西、北城墙的解剖情况。

1. 西城墙

残长约60米，宽约7米，南北呈一直线，地面以上高约80厘米，地表隆起明显、规整，是现存最好的一段，属于整个西城墙的中段。由于西侧村道的限制，未能获得完整的西城墙横剖面，城墙底脚宽度不明。探沟剖面显示，除表层为近现代堆土外，共有人工堆筑的土层四层（第②~⑤层），总厚度约1.4米。其中第③~⑤层均呈水平向，每层厚度约30~50厘米，土质较为纯净，仅出土两片拍印方格纹的印纹硬陶片。第②层呈斜

坡向，堆筑于几层平向土层的东侧坡面即城墙的内侧坡面上，含有较多的卵石块，未见任何包含物。（图 1）

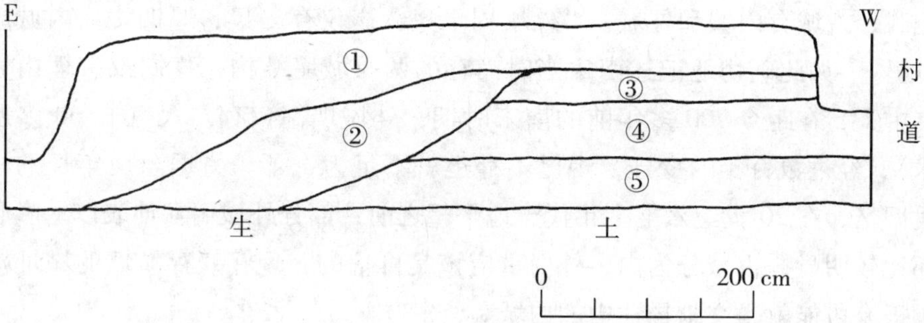

图 1　T6 南壁（西城墙）剖面图

2．北城墙

残长约 94 米，宽 10～15 米，地面以上高不足 1 米，由于人为开垦及破坏，地表隆起明显但不十分规则，大体呈东西向一条直线。探沟剖面显示，原城墙残高 1.05 米，残存部分底宽约 8 米。除第①～③层为近现代表土层及宋代扰乱堆积外，原城墙堆积土可分为五层。第⑤～⑧层总体较平整，每层厚度约为 20～40 厘米，土质非常纯净，除发现一件基本完整的印纹硬陶罐外，没有发现其他任何包含物。第④层仅见于北侧坡面上，为一层呈坡状的碎石层，与西城墙东侧坡面所见的碎石层一致，也未发现任何包含物。

总体来看，大溪古城的城墙均为纯净的堆土城墙，城墙堆土直接叠压在平整的生土面上，未见墙基槽。原城墙堆积大体呈水平向，每层厚 20～50 厘米，城墙堆土结构不紧密，未发现清晰的夯窝、夯面等与夯筑有关的迹象，与紧密夯筑的土城墙区别明显，应属于单纯的平地堆土城墙。城墙内、外侧坡含较多石块的坡状堆积可能与某一时期的城墙修补有关。

（二）城址四至范围

根据四周城墙残迹的解剖发掘，以及调查、钻探所见文化堆积的分布范围，可大体勾勒出古城遗址的四至范围为：城址平面大体呈东西略长的长方形，东西长约 360 米，南北宽约 290 米，四周城墙宽 8 米左右，城址

分布面积约10万平方米，城墙外侧未发现护城河。（图2）

将几次考古工作所确认的城址范围与有关文献记载比较后，我们不难看出，现存城址平面范围较小，且只有一重城墙。而根据《嘉定赤城志》记载，古城有内城和外城，“外城周十里，高仅存二尺，厚四丈。内城周五里”。如此确切地记述南宋当时尚存的两重城墙结构，我们没有理由怀疑古人，在距今700多年前的南宋时期，外城墙高仅存二尺（合60多厘米），经过数百年的变迁，现已不存也就不足为奇了。另据当地年长的村民回忆，在20世纪六七十年代土地平整之前，部分外城墙在地表以上隆起还比较明显，古城分为内、外两重应该是可信的，现在残存城墙的城址范围极有可能就是文献描述中的内城。（图3）

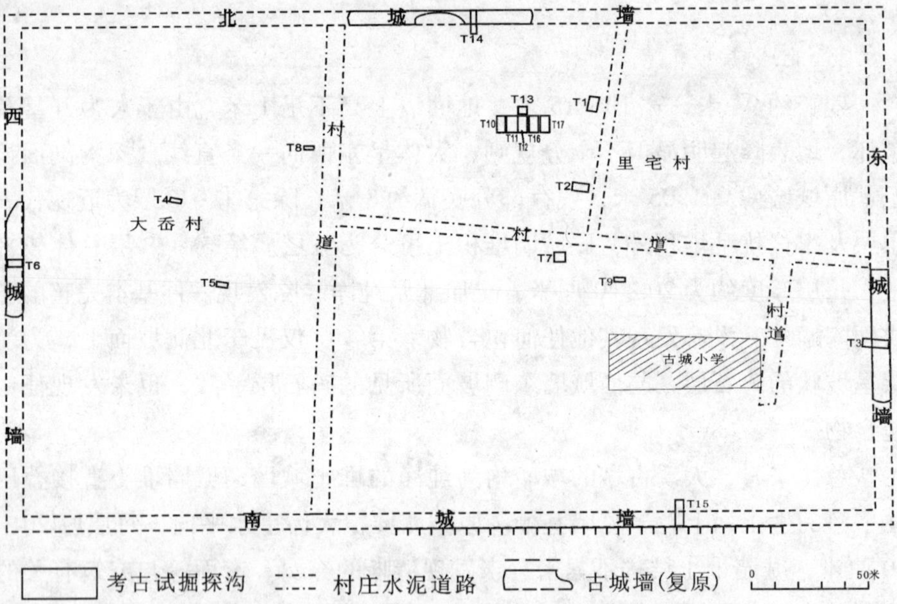

图2 古城平面及考古试掘探沟分布示意图

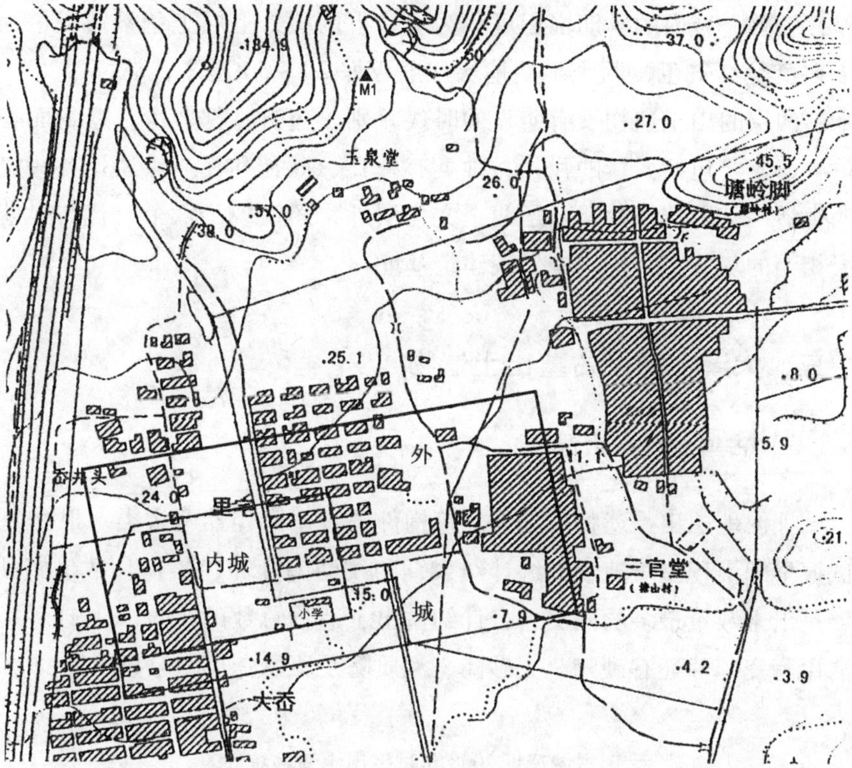

图3　古城遗址平面位置图

（图中黑线框为古城内、外城的大体位置，根据村民口述及现场调查绘制）

（三）文化堆积

城址内文化堆积大体可分为早、晚两个时期，其中晚期堆积呈灰色或灰白色，厚30厘米左右，在遗址范围内分布较普遍。该层的包含物有青瓷瓶、壶、罐、碗、盘等，还发现了同一时期的分布密集的陶水管道。除少数青白瓷、龙泉青瓷片外，包含物中大量青瓷器的面貌与古城遗址周围的老屋山、向东岸、下员山等地的唐宋时期窑址的产品基本一致，该层堆积的时代即为唐宋时期。城址周围大量的窑址、城内丰厚的堆积层及密集的排水管道表明，最迟在唐宋时期，城内人口仍是较为繁盛的，城内居民可能就以烧窑为主要产业。

由于大量现代建筑及唐宋时期活动的扰乱破坏，城内早期文化堆积整体保存较差。城内的早期堆积可分为上、下两层，上层土色呈黄褐色，而下层土色呈红褐色，两个早期地层一般仅厚20～30厘米，局部厚40～45厘米。两层的出土遗物没有明显的时代差别，包含物都较少，遗物面貌较为单一，主要包括大量的瓦片，种类有板瓦、筒瓦和瓦当，还见有一定数量的生活用陶瓷器残片。除了两个文化层外，还发现了六个时代与早期文化层相当的灰坑，可惜未能发现建筑基址。

三、大溪古城及古墓出土遗物

（一）古城遗址出土遗物

城址内地层出土遗物可分为建筑构件及日用陶瓷器两大类。根据2008年试掘早期堆积出土遗物的统计结果，印纹硬陶片和建筑瓦片数量旗鼓相当，是出土数量最多的两类，合计约占出土遗物总数的80%，其他种类的生活用陶瓷碎片还有硬陶、夹砂陶、泥质陶及原始瓷片，但数量较少。

大溪古城遗址2008年试掘出土遗物统计表

地层及遗迹单位	遗物种类及数量						
	瓦片	印纹硬陶	硬陶	夹砂陶	泥质陶	原始瓷	合计
T15③	49	1		1		2	53
T16③	131	33	13	6			183
T16④	18		1				19
T17③	63	4					67
H1	121	488	69	102	64		844
H2	76	30	12	6	2		126
H4	47	5		1			53
合计	505	561	95	116	66	2	1 345
百分比	37.5%	41.7%	7%	8.6%	4.9%	0.14%	

1. 建筑构件

种类有板瓦、筒瓦和瓦当，板瓦占绝大多数，筒瓦较少。瓦当更是为数不多。瓦片基本上为红色或黄色，质地疏松，厚不足1厘米，较薄易粉碎，极少数瓦片火候略高，呈青灰色。瓦的外侧面大多拍印绳纹，也有方格纹，以及绳纹和方格纹相间、绳纹和弦纹相间等多种纹饰。还有部分瓦片素面无纹，绳纹大多较粗，有竖直线及竖向斜直线两种，瓦片的内侧面基本均为素面，极少数有浅绳纹、方格纹、麻布纹等。

板瓦，没有可复原的，少数大片拼对后发现，板瓦的宽度约32厘米。

筒瓦，可复原两件，分别长34厘米、45厘米，瓦身近瓦唇一端较窄约14厘米，而瓦尾略敞，宽18～19厘米，瓦厚0.6～0.8厘米。

瓦当出土的数量较少，但面貌一致，均为素面圆形瓦当，当面平，基本完整及可复原的有三件：一件为泥质灰陶，当面直径15.3厘米，厚约2厘米，与筒瓦相连部分残缺；另外两件为泥质红陶，当面直径16厘米，厚约1.5厘米，有部分筒瓦相连，外表面拍印方格纹。

2. 日用陶瓷器

（1）印纹硬陶。印纹硬陶片的数量与瓦片差不多，陶片外表普遍拍印方格纹，纹饰规整清晰、方格转角方正，不少陶片的外表还见有抹去方格纹后形成的多周弦纹，也有极少数在方格纹间另外加拍方格加“×”纹及米字纹。可辨的器物种类有敛口双耳罐，它占据了印纹硬陶的绝大多数，还见有少数大口侈沿的瓮的口沿片。

H1：21，印纹硬陶罐，敛口、弧腹略下垂、平底，器表拍印方格纹，肩部粘贴两个对称的竖耳，耳的上端有一周抹光形成的凹弦纹。口径12.6厘米、底径10.4厘米、高13.2厘米。（图4：4）

（2）硬陶。硬陶虽然陶片数量不多，但器物种类极为丰富。器物的质地与印纹硬陶相同，火候较高，只是器表不见拍印的几何印纹，流行的纹饰有弦纹、波浪纹、篦点纹、锯齿纹等。主要器物种类有碗、钵、瓿、盒、壶、筒形罐、香薰、器盖等。

H2：3，硬陶碗，直口、平沿略外侈，上腹近直，下腹弧收，小平底。器表素面，口径8.8厘米、底径4.8厘米、高3.5厘米。（图4：8）

H1：14，硬陶钵，敛口、弧肩、斜收腹、平底。肩部饰细密的弦纹。口径12.5厘米、底径9厘米、高4.4厘米。（图4：9）

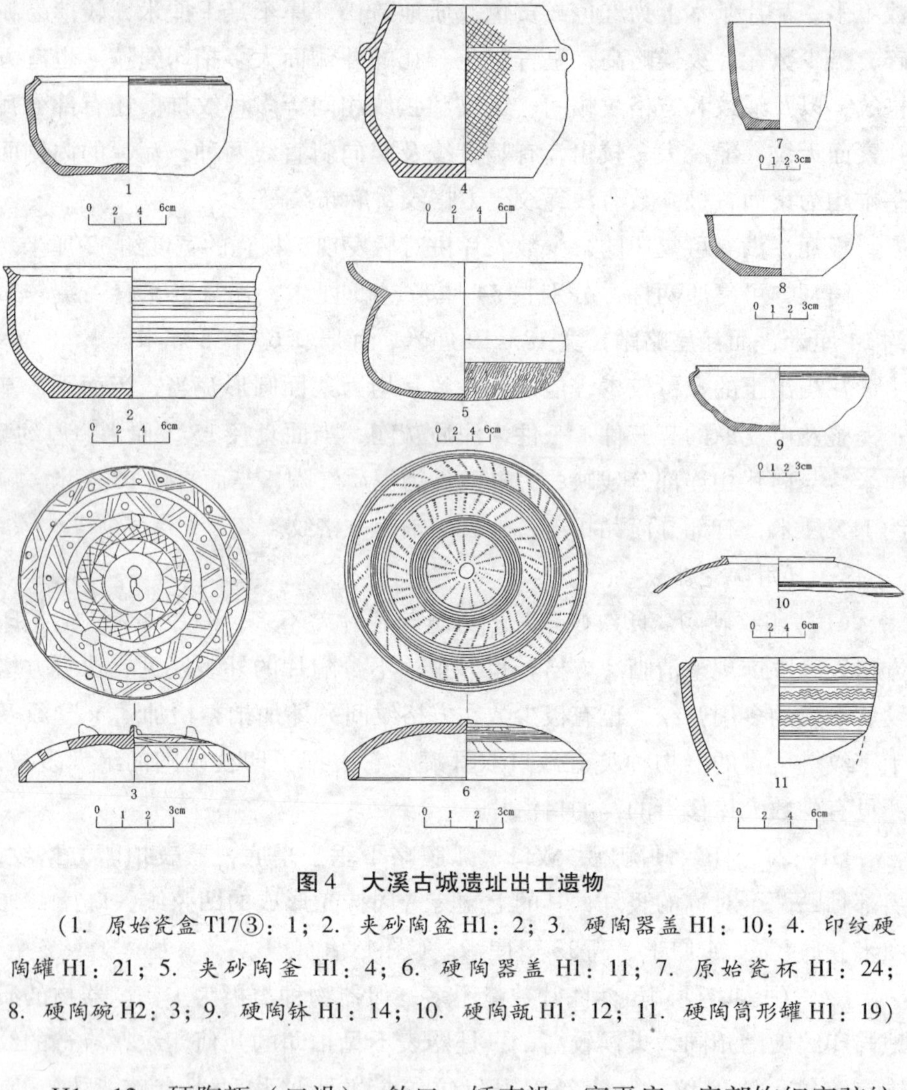

图4　大溪古城遗址出土遗物

（1. 原始瓷盒 T17③：1；2. 夹砂陶盆 H1：2；3. 硬陶器盖 H1：10；4. 印纹硬陶罐 H1：21；5. 夹砂陶釜 H1：4；6. 硬陶器盖 H1：11；7. 原始瓷杯 H1：24；8. 硬陶碗 H2：3；9. 硬陶钵 H1：14；10. 硬陶瓿 H1：12；11. 硬陶筒形罐 H1：19）

H1：12，硬陶瓿（口沿），敛口、矮直沿、宽平肩，肩部饰细密弦纹。口径 13.2 厘米。（图 4：10）

H1：19，硬陶筒形罐（口沿），敛口、折肩、筒形腹，上腹部有粘贴残耳，腹部刻划三组弦纹间夹水波纹带。口径 12.8 厘米、底径 15.2 厘米、高 8.8 厘米。（图 4：11）

H1：10，硬陶器盖（香薰盖），盖顶略弧、盖口直，顶面中心粘贴小纽，纽的周围有三个等称的泥点，顶面刻划三周弦纹间夹三角纹、斜线网格纹，中心纹饰带外围是两周三角形的镂孔。口径 9 厘米、高 1.8 厘米。（图 4：3）

H1：11，硬陶器盖，直口、顶略弧，顶面中心粘贴一个装饰性圆泥饼小纽，顶面刻划三组由多道细弦纹间夹戳刺篦点纹组成的纹饰带。口径 9 厘米、高 2.2 厘米。（图 4：6）

（3）其他。其他较为典型的器物还有夹砂陶釜、盆、鼎，原始瓷碗、杯等，夹砂陶器表多见粗绳纹装饰，原始瓷数量极少且种类单一。

H1：4，夹砂陶釜，盘口略敞，束颈，扁圆腹，圆底。圆底部分拍印粗绳纹。口径 27 厘米、高 16 厘米。（图 4：5）

H1：2，夹砂陶盆，直口，口沿略内凹，上腹直，下腹弧收，平底。外腹部饰瓦棱纹。口径 20 厘米、底径 12.8 厘米、高 10.1 厘米。（图4：2）

T17③：1，原始瓷盒，直口，沿略内敛，上腹部近直，近底部内收，平底。肩部饰细密的弦纹。口径 14.6 厘米、底径 10.4 厘米、高 7.6 厘米。（图 4：1）

H1：24，原始瓷杯，直口，直筒形腹，下腹近底部内收，平底。口径 7.9 厘米、底径 5.3 厘米、高 8.3 厘米。（图 4：7）

（二）塘山大墓的出土遗物

古城以北不足 1 千米的塘山清理的两座墓葬，共出土遗物 74 件，其中 M1 规模较大，残高 2 米的封土下有一座平面呈甲字形的深岩坑木椁墓。墓坑口长 15.5 米、宽 6 ~ 7 米，坑底长 13.5 米、宽 4.5 米，坑深 3.7 米，墓坑西端正中有一条宽 3.8 米、长 12 米以上的长斜坡墓道。根据墓底枕木沟的设置判断，原墓室分为前后二室，随葬品集中分布在后室，墓葬虽然早年被盗，仍出土随葬器物 34 件。器物质地包括印纹硬陶、印纹软陶、硬陶、原始瓷、泥质陶、夹砂陶等。器物种类有罐、瓮、匏壶、瓿、钵、杯、纺轮等。另外，在墓坑左侧封土边缘还发现了一个专放仿铜陶质乐器的墓外器物残坑，在平面不足 2 平方米的范围内出土镈钟、錞于、磬等 28 件泥质陶乐器。这种在墓外另设专门的器物坑的墓葬结构，在浙江战国时期越国大墓中已发现多个墓例，说明这是越国贵族墓的一种固定葬制。

2003 年清理的 M2 仅出土遗物 12 件，墓葬规模较小，但器物种类仍然基本涵盖了与 M1 相同的器物类别，包括印纹硬陶瓮、罐、硬陶匏壶、瓿、钵、夹砂陶釜、原始瓷碗等，器物的时代面貌与 M1 一致（图 5）。

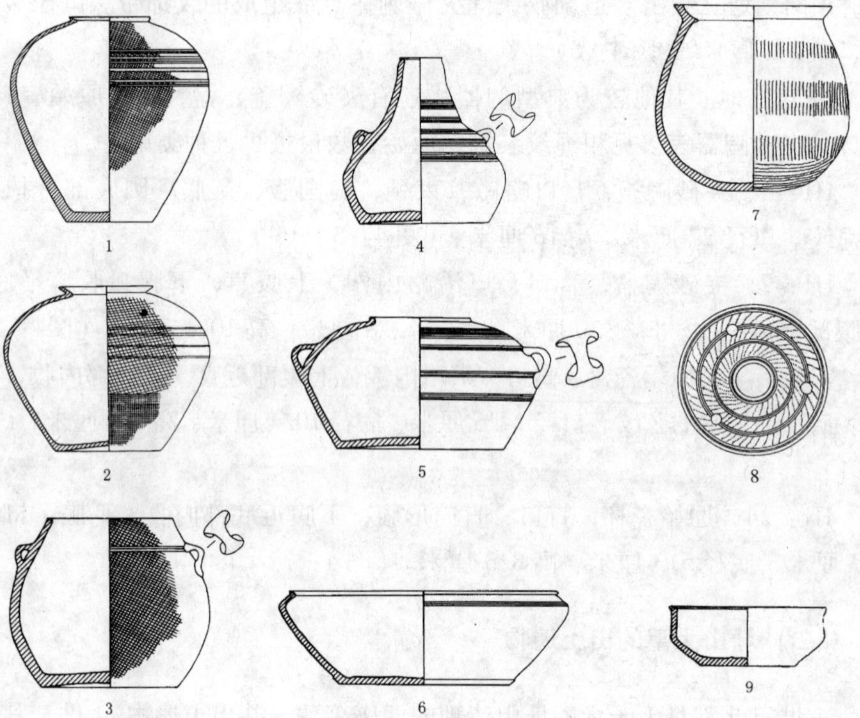

图5　温岭塘山 M1、M2 出土器物图

（1. 印纹硬陶瓮 M1：5；2. 印纹硬陶瓮 M2：3；3. 印纹硬陶罐 M1：10；4. 硬陶匏壶 M1：20；5. 硬陶瓿 M1：34；6. 硬陶钵 M1：30；7. 夹砂陶釜 M2：12；8. 泥质陶杯盖 M1：25；9. 原始瓷碗 M2：1）

四、古城及塘山墓葬文化内涵分析

（1）从城址所在位置来看，大溪古城北靠高耸的大塘岭，南面面向小平原，东西两侧另有塘岭下延的低山护卫，城址位置高出下坡平地2米多，进可攻、退可守，具有良好的抵御外侵和防御水患的功能。

（2）从城墙结构来看，均为纯净的松软土在生土面上水平向简单堆筑而成，土质较松软，墙底未见堆筑之前人工挖凿的墙基槽，也不见夯层、夯窝等夯筑迹象，显示其构建草率的一面。

（3）从城内堆积情况看，普遍较薄，包含物时代面貌单纯，虽然在南城墙解剖发掘中发现了叠压在城墙土下的灰坑，但灰坑内包含物与城内堆积无差别，城内堆积中尚未见更早的遗物，表明城址使用时段较短。

（4）从城址堆积中的包含物来看，出土的瓦片大多为质地疏松且胎体较薄的板瓦，也有少量筒瓦及瓦当。瓦片绝大多数呈橘红色或偏黄色，基本不见质地偏硬的灰色瓦片。瓦片多见直向及斜向绳纹、方格纹及间以抹光弦纹的组合纹饰，也有不少素面无纹饰。瓦当仅见当面平整的素面圆形一种，未见同时期其他地区广泛流行的纹饰及文字瓦当。

（5）堆积中出土的生活用陶瓷器种类丰富，主要为印纹硬陶和硬陶两大类，另有部分夹砂陶、泥质陶和原始瓷器。印纹硬陶品种不多，可辨器型仅见敛口双耳罐和侈沿的瓮、坛类平底器。器表普遍拍印方格纹，多见在器耳上下及中腹部抹去方格纹形成的几道弦纹，极少数碎片见有拍印方格内加“×”纹。硬陶片为数不多但器类丰富，多见碗、钵、瓿的口沿片，其他器类还有盆、盒、筒形罐、香薰、器盖等，器表流行细弦纹、波浪纹、锯齿纹、剔刺纹、戳刺篦点纹等。夹砂陶均为红陶，主要有釜、盆、碗等，器表流行拍印粗绳纹，釜、盆的形制比较明确，口沿均有明显的凹弧面，形成盘口形态，釜的腹部为扁圆形，泥质陶及原始瓷碎片出土较少，已非其内涵的主流。

（6）塘山大墓正位于城址外，相距很近。墓内出土器物时代面貌与城址所出一致，同属西汉早期，墓主应为大溪古城内贵族，墓中出土了印纹硬陶瓮、硬陶匏壶等。城址中尚未发现的器物，应和城址内发掘面积较小遗物面貌反映不全面有关，它们丰富了城址的文化内涵。

1. 与武夷山崇安汉城闽越国遗存的比较分析

武夷山崇安汉城闽越国遗存位于武夷山市兴田镇城村，处群山环绕的山间盆地，于1958年发现，1980—1996年连续进行了大规模的发掘，总揭露面积16 000多平方米，发掘工作对城内主体建筑基址、城墙、城门及城址外围遗址等进行了全面的揭露，获取了极为丰富的资料。该城址是闽北地区最具代表性的闽越国遗存，部分学者认为它就是闽越国都城——冶，也有学者认为它是闽越国后期余善所治之闽越国都。

城址平面呈不规则南北向长方形，总面积约48万平方米，城墙均用土紧密夯筑而成，依山势而建，从东城墙解剖发掘得知，城墙选用黄色及红黄色纯净土夯筑而成，墙体坚硬，4.5米高的墙体有夯层47层，夯层厚

5~10厘米，夯窝呈圆形，直径有3厘米和6厘米两种，墙体夯筑于经过清理的生土面上，筑墙之前先挖1.5米深的墙基槽，城墙外有护城河。

城内除丰富的文化堆积外，还发现了多处大型建筑基址，尤其是等级最高的高胡坪甲、乙两组宫殿建筑组群，夯筑台基的规模达8 000平方米左右，城内发现东西、南北交错的鹅卵石道路和排水系统，城外东、西、南三面均发现同时期的居住遗址，还发现了专业制陶、制铁的手工业作坊。

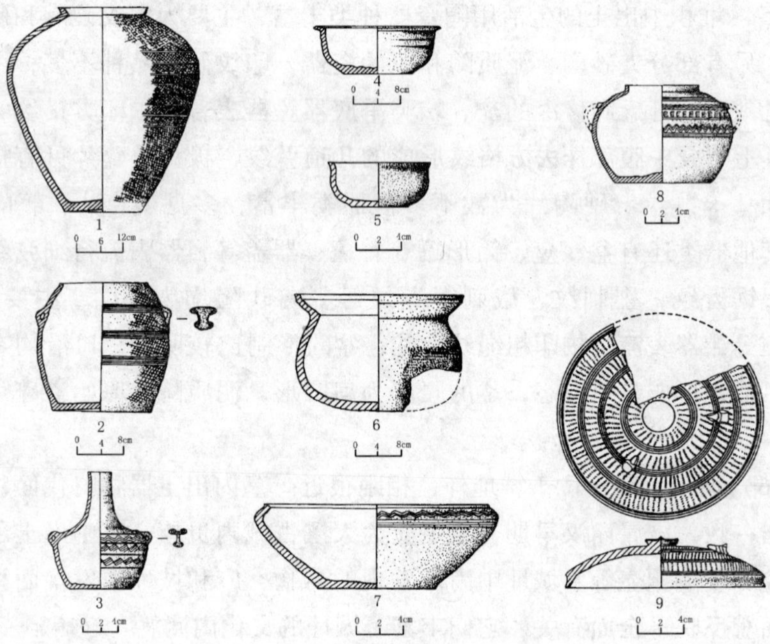

图6　武夷山崇安汉城出土器物

（1. 印纹硬陶瓮 T167③：1；2. 印纹硬陶罐 T112③c：282；3. 匏壶 T196③：9；4. 陶盆 T286③：1；5. 陶盅 T315③：20；6. 陶釜 T210③：19；7. 陶钵 T112 ③c：300；8. 陶瓿 BT22③：16；9. 陶器盖 T112③a：46）

遗址出土的建筑类材料包括瓦、砖两大类，瓦的种类有板瓦、筒瓦、瓦当和瓦钉，多呈青灰色、灰褐色，火候较高，也有相当数量质地松软的红色、橙黄色瓦片。瓦面普遍饰绳纹和凹弦纹，多见抹光处理的手法，瓦的两面有不少拍印和戳印的文字。瓦当均为圆形，以云纹瓦当居多，还有部分“万岁”、“常乐”、“常乐万岁”等文字瓦当，未见素面瓦当。

遗址出土大量日用陶器，根据报告分类法主要有泥质陶和夹砂陶两大类，泥质陶的火候大多很高，包含了大量印纹硬陶和硬陶器，少数因烧成温度欠缺，质较疏软。夹砂陶器主要为釜类炊器及盆、三足盘等盛食器，流行绳纹装饰，极少有明确的原始瓷器。

印纹硬陶的种类有罐、瓮等，纹饰以方格纹为主，另有少量席纹、云雷纹、米字纹、网格纹等，少数瓮的残片在器身拍印的方格纹上戳印方框加“×”或加三角纹，瓮、罐的肩腹部常见用竹棒按压形成的几道乃至数十道宽旋纹。

硬陶器类繁多，有罐、瓿、盆、钵、碗、盒、熏、匏壶、提桶、器盖等，器表装饰使用刻划、戳刺、压印等多种手法，纹饰种类有细弦纹、水波纹、篦点纹、锯齿纹、瓦纹等，提桶、瓿、匏壶、器盖等纹饰十分烦琐（图6）。

遗址中还出土了为数不少的铜、铁器，如铁剑、矛、镞、刀、斧、凿、锸、铜镞、弩机等。

2. 城村汉城与大溪古城的比较

将武夷山崇安汉城与温岭大溪古城及塘山贵族墓的出土遗物进行比较，不难看出，二者有很多相同或相近的因素。第一，日常生活用主要器物种类基本相同，如印纹硬陶双耳敛口罐、瓮、硬陶碗、钵、瓿、提桶（筒形罐）、匏壶、夹砂陶釜、盆等。第二，器表装饰纹样及手法基本相同，印纹硬陶普遍拍印方格纹，流行在肩腹部压抹多道弦纹的做法，硬陶器表面流行刻划细弦纹、水波纹、锯齿纹、篦点纹等，瓦片表面流行绳纹和弦纹装饰。以上反映文化因素主要方面的包含遗物面貌相同或相似性表明，从广义上来讲，二者属于同一个文化类型，武夷山城村汉城属于闽越国某一时期的都城，而温岭大溪古城则为西汉初期的东瓯国城址。

据《史记·东越列传》记载：“闽越王无诸及越东海王摇者，其先皆越王句践之后也，姓驺氏。秦已并天下，皆废为君长，以其地为闽中郡。及诸侯畔秦，无诸、摇率越归鄱阳令吴芮，所谓鄱君者也，从诸侯灭秦。当是之时，项籍主命，弗王，以故不附楚。汉击项籍，无诸、摇率越人佐汉。汉五年，复立无诸为闽越王，王闽中故地，都东冶。孝惠三年，举高帝时越功，曰闽君摇功多，其民便附，乃立摇为东海王，都东瓯，世俗号为东瓯王。”“至建元三年，闽越发兵围东瓯。……乃遣庄助以节发兵会稽……浮海救东瓯。未至，闽越引兵而去。东瓯请举国徙中国，乃悉举众来，处江淮之间。”

历史研究表明，秦并天下之时所设立的闽中郡，涵盖了今天的福建全部及浙江南部的温州、台州两地及丽水的部分地区。汉初，虽然朝廷先后分封了闽越王和东海王，两个王国分别统领福建及浙南两个地区，东海王国位居闽越国和会稽郡之间，但闽中地区的文化的原属性不会因朝廷分封而发生改变，这在考古资料中得到了有力的验证。浙南和闽北地区的史前文化面貌即有很大的共性，如彩绘泥质陶器、着黑陶器、截面扇形石锛等。据目前所知，与温岭大溪古城相近的西汉早期遗物在温州和台州多个县市都有出土。

与此同时我们还注意到，武夷山崇安汉闽越国城址与温岭大溪东瓯国城址也存在很多不尽相同的地方，主要反映在以下几个方面。

（1）两座城址的平面结构和筑城方法存在明显差异，二者虽然同为平面长方形的结构，但崇安汉城的面积要大得多，即使按照文献记载和村民口述复原外城，大溪古城外城墙的面积也只有28.8万平方米，远小于崇安汉城的48万平方米。崇安汉城的城墙采用先挖基槽再紧密夯筑的技术，城墙结构坚硬、紧实，而大溪古城的城墙仅用土简单堆成，未见明显的夯筑迹象。除城墙外，崇安汉城的城墙外围有护城河，而大溪古城城墙外未发现护城河。

（2）城内出土遗物中的建筑类构件存在较大差别。大溪古城仅见板瓦、筒瓦、瓦当等绳纹瓦件，而崇安汉城除瓦件外，还出土了大量红烧条砖、铺地方砖、空心砖等。同为板瓦、筒瓦等瓦件，崇安汉城多为青灰色硬质瓦，质量明显优于大溪古城的橘红色及黄色松软瓦片。崇安汉城瓦片普遍装饰绳纹和弦纹，而大溪古城的瓦片装饰除绳纹和弦纹外，还见有方格纹及部分素面瓦片。两城址瓦当的区别则显得更为明显，大溪古城仅见几件素面圆形瓦当，质量差、数量少、种类单一，而崇安汉城出土的瓦当数量较多，种类丰富，均为各类云纹和文字圆形瓦当，未见素面瓦当。

（3）大溪古城除出土瓦片及生活用陶瓷碎片外，未发现其他质地材料的遗物，而崇安汉城还出土了大量铜、铁质兵器、农具、工具等。

综合以上几方面的明显差异，笔者认为这应该和两座城址的等级差异及文化内涵的时代复杂性相关。

大溪古城的规模明显小于崇安汉城，城墙的建造方法和夯筑程度也远不及后者，显得较为简单草率。城墙外护城河是当时王国都城及重要城址普遍的设置，这也是大溪古城与崇安汉城的明显区别，建筑构件的种类、质量的差别也十分明显，大溪古城的瓦件显得简单朴素，质地较差，而崇安汉城的砖瓦件质地较硬且装饰华丽。以上几方面均反映出两座城址应非同一等级，若认定崇安汉城为闽越国某一时期的都城之一，那么温岭大溪古城应属于次等级的其他类型城址，换而言之，大溪古城作为东瓯王城的可能性很小，东瓯王的都城需另觅他迹。

当然，两座城址出土建筑构件的巨大差异，还应与城址的延续时代有关，大溪古城的出土遗物时代面貌非常单一，与东瓯国短暂的54年统治相符。崇安汉城大量砖块及铁器的存在，应该不是仅靠城址间的等级差异可以解释的，出土的陶器面貌也显得较为复杂，完全可以进行更细致的分期研究。有学者研究认为，武夷山崇安汉城文化内涵复杂，延续时间长，既有西汉早期的，也有晚至西汉晚期甚至东汉初期的；既有大量的闽越国土著文化因素，也有不少汉文化的因素，这应是对崇安汉城出土遗物的更客观的描述。

从江南东周考古看楚文化对吴越文化的影响

申伊欣
（绍兴县立文化中心）

楚与吴越之地相邻，文化交流频繁。楚文化对吴越文化产生了深远影响，在青铜器器型及器物纹饰方面表现得尤为明显。楚文化对吴越文化的影响，客观上加快了中华文明的一体化进程。

自20世纪20年代中期以来，安徽寿县出土了一些战国晚期的楚国铜器，使得楚器始为人知。到20世纪80年代，对楚文化研究全面深入，其间经历了差不多半个世纪。尔后研究楚文化与其他文化关系的文章陆续出现，有的以研究楚文化为主，兼及楚文化对周边文化的影响；有的专谈楚文化对其他文化的影响；有的以其他文化为主，其与楚文化关系的论述稍简；有的谈楚文化和其他文化的彼此关系，但没有专门谈楚文化对吴越文化的影响。随着田野考古工作的进展，考古资料越来越多。楚文化和吴越文化作为长江中下游地区两支最重要、影响最为深远的文化，通过对考古实物资料的分期研究来研究楚文化对吴越文化的影响就显得很有必要。本文谨将笔者所掌握的江南周代考古出土的含楚文化因素的实物资料进行初步梳理，以期从江南东周考古来探讨楚文化对吴越文化的影响。

一、江南东周考古含楚文化因素遗存的分期

经过科学发掘，有明确地层关系的含楚文化因素的遗迹大部分是墓葬，亦有部分遗址。自20世纪50年代起，先后发掘且公开资料的有上海嘉定外冈古墓、江苏六合程桥东周墓、六合和仁东周墓、苏州虎丘东周墓、绍兴凤凰山木椁墓、江苏丹徒谏壁粮山东周墓、江苏吴县何山东周墓、江苏武进孟河战国墓、上海青浦重固战国墓、镇江谏壁王家山东周墓、浙江绍兴袍谷遗址、苏州城东相门内仓街青铜器窖藏、苏州真山战国

楚墓、扬州西湖镇果园战国墓、绍兴福全洪家墩、浙江安吉垄坝战国墓、绍兴茅家山战国墓、江苏无锡鸿山邱承墩墓、浙江安吉五福 M1 等。

上海嘉定外冈古墓出土的陶鼎、陶豆以及陶质郢爰等，均具有战国早期的特征，据此推断此墓的年代为战国中晚期。

江苏六合程桥 M1 出土的九件编钟铭文中均有“攻敔”二字，“攻敔”即勾吴，亦即吴，传世吴国铜器有“攻敔”铭文的年代经考证为诸樊、阖闾和夫差三位吴王期间。诸樊、阖闾、夫差三王在位时间是在公元前 500 年前后。编钟形制及纹饰与属春秋晚期的安徽寿县蔡侯墓出土编钟风格类似；戟的形制与寿县蔡侯墓出土的同类器相似；铜鼎的双耳直立于口沿的做法也是春秋时期的作风，据此推断程桥 M1 的年代为春秋晚期。程桥 M2、M3 与程桥 M1 在同一地点，墓葬形制和出土随葬品风格极为接近，故认为 M2、M3 的年代与 M1 一样同属于春秋晚期。

六合和仁东周墓出土的陶器和铜器与六合程桥东周墓的同类器形制基本一致，故认为此墓可能与六合程桥东周墓的年代比较接近，大体处于春秋晚期到战国早期之间。

苏州虎丘东周墓出土的铜器多与中原地区战国时期的同类器相似，其纹饰又带有楚器作风，随葬品中鼎、豆、壶的组合也盛行于东周，因此推断此墓的年代在战国早期到战国中期之间。

绍兴凤凰山木椁墓中两同形器扣合而成的敦、鼎的附耳和瘦长蹄足、S 纹或连珠纹为主的陶器纹饰等均为战国早、中期的特点，麻布纹陶罐也是绍兴战国遗址中常见的类型，故推测绍兴凤凰山木椁墓的年代在战国早期到战国中期之间。

江苏丹徒谏壁粮山东周墓出土的深腹圜底蹄足盖鼎，与安徽寿县蔡侯墓所出同类器器型基本一致；印纹硬陶坛和六合程桥东周墓、和仁东周墓出土的同类器质地、纹饰接近，为镇江地区春秋战国时期土墩墓中所常见。据此推断这批青铜器和印纹硬陶坛的年代在春秋晚期到战国早期。

江苏吴县何山东周墓出土的一部分器物如蹄足盖鼎、提梁盉、缶、匜、軎、辖等与河南淅川下寺春秋楚墓和安徽寿县蔡侯墓出土的同类器在造型及纹饰方面十分相近；另一部分器物与江苏六合程桥东周墓等出土的同类器极为接近，故推断吴县何山东周墓的年代为春秋晚期。

江苏武进孟河战国墓为一长方形竖穴木棺墓，棺木外用白膏泥填充封闭，此为小型楚墓的通行葬法。随葬品中铜器鼎、敦、壶的组合方式，另加盘、匜、勺以及铜剑和弩机等兵器，也符合战国中期楚墓的随葬品组合规律，据此推断武进孟河战国墓为战国中期楚墓。

上海青浦 M1、M2、M3 的器物组合均有陶鼎、陶豆、陶壶和陶盒，还出土了罐、杯、钫、勺等陶器，符合战国晚期楚墓的器物组合规律。其中陶豆和陶盒均为战国晚期墓葬中的常见物，带圈足和羊式壶盖的陶壶也属于战国晚期，故此推断上海青浦 M1、M2、M3 的年代为战国晚期。

镇江谏壁王家山东周墓出土的青铜器中，盉与安徽寿县蔡侯墓所出残盉性质相似，匜、盘、鉴等的造型在春秋晚期盛行；陶器中的瓮、盆亦具有春秋晚期器物特征。据此认为此墓年代为春秋晚期。

浙江绍兴袍谷遗址出土的器物纹饰为弦纹、连珠纹、方格纹等，在南方春秋战国遗址和墓葬中也很常见。但袍谷遗址的文化内涵以泥质陶为主，与春秋战国时期南方越地盛行的印纹硬陶和原始青瓷有所区别，而是受到了楚文化和中原文化的影响，据此推断袍谷遗址的年代为战国晚期。

从所出器物形制、纹饰风格特征来观察，苏州城东相门内仓街青铜器窖藏与六合程桥东周墓、安徽寿县蔡侯墓等极为接近，据此推断这批青铜器的年代在春秋晚期到战国早期之间。

苏州真山东周墓中，D1M1、D2M1、D3M1 均位于小真山，空间位置极为接近，所出随葬品风格类似，应为同一时期的墓葬，其中 D1M1 出土了一枚印文为“上相邦玺”的铜印，表明墓主人是楚灭越后由楚派去的贵族官员。据此可以判断 D1M1、D2M1、D3M1 这三座墓为战国晚期楚墓。

扬州西湖镇果园战国墓的墓葬形制是长方形竖穴土坑墓，这是两湖地区楚墓中最常见的形式。随葬品中仿铜陶礼器组合鼎、盒、钫、壶、勺、盘、匜也符合战国晚期楚墓的器物组合规律，故推断此墓为战国晚期楚墓。

绍兴福全洪家墩窖藏经发掘出土以后，通过对同类器物的比较分析，盆形鼎、盂形鼎、匜等器型在余杭、绍兴等地战国早中期墓中常有所见，印纹硬陶坛的小平底、瘦高体形以及印纹硬陶器的麻布纹、米字纹和小方格纹等装饰均是明显的战国时代风格，因此推断绍兴福全洪家墩窖藏器物的年代在战国早中期。

浙江安吉垄坝战国墓的墓葬形制为长方形竖穴岩坑墓，此墓葬形制及随葬品鼎、盒、壶的组合，符合战国晚期小型墓的特征。从随葬品器物形制来看，陶鼎的宽大方耳、瘦长蹄足以及陶壶的高假圈足均是楚文化的特征，因此推断此墓为战国晚期小型楚墓。

浙江绍兴茅家山战国墓出土遗物类型丰富，青铜器、漆木器和陶器均有，根据对出土遗物的对比分析，推断此墓为战国墓。此外，此墓为长方形土坑木椁墓，木椁与坑壁之间用青膏泥填充空隙的做法为楚文化特征，随葬品中的大量漆木器也是楚墓的重要特色，依据相关史书记载，进一步推断此墓为战国中晚期楚墓。

江苏无锡鸿山邱承墩墓为高等级吴国贵族墓，依据出土的大量随葬品，原报告认为邱承墩墓的年代在春秋晚期到战国早期之间。

浙江安吉五福 M1 的形制是典型的楚制，而且随葬器物以楚式的漆器和木俑为主，据此判定此墓的文化族属为楚文化，其年代也是在楚威王杀越王无疆之时的战国中期。

依据相关简报及论文将上述含楚文化因素的遗迹进行分期，如下表所示：

期别		单位
第一期	春秋晚期	江苏六合程桥东周墓 M1、M2、M3，江苏吴县何山东周墓，江苏镇江谏壁王家山东周墓
第二期	战国早期	江苏六合和仁东周墓，江苏丹徒谏壁粮山东周墓，苏州城东相门内仓街青铜器窖藏，江苏无锡鸿山邱承墩墓
第三期	战国中期	苏州虎丘东周墓，江苏武进孟河战国墓，绍兴福全洪家墩窖藏，绍兴凤凰山木椁墓，浙江安吉五福 M1
第四期	战国晚期	上海嘉定外冈古墓，上海青浦 1、2、4 号墓，浙江绍兴袍谷遗址，苏州真山战国楚墓，扬州西湖镇果园战国墓，浙江安吉垄坝战国墓，浙江绍兴茅家山战国墓

二、遗物的文化性质分析

根据初步分析，可以将这些文化遗物区分为两组，一组为本地吴越文化传统特色器物，一组为受楚文化影响的器物。

（一）吴越文化传统特色器物

以质料来分，主要有陶瓷器和青铜器等。

（1）陶瓷器：典型器物有平底罐、硬陶罐、豆、青瓷壶、句鑃、錞于、丁宁、悬铃、振铎等。

平底罐，见于一、二、四期。一期平底罐多侈口，圆腹或圆鼓腹，饰绳纹；二期仍为侈口，但腹为斜收腹。

硬陶罐，见于一、二、三期，均施小方格纹，三期多素面。

豆，见于一、三期，喇叭形圈足，一期一件，仅存豆把。

青瓷壶，见于二期，直口，溜肩，圆鼓腹，平底，矮蹄足。

句鑃，见于二期，合瓦形钲，平舞，弧于。

錞于，见于二期，鼓肩，直腹，平于。

丁宁，见于二期，合瓦形钲，平舞，弧于。

悬铃，见于二期，馒首状，弧顶，弧腹。

振铎，见于二期，合瓦形钲，平于，平舞，桥钮。

（2）青铜器：典型器物有圜底鼎、越式剑、长胡三穿戈等。

圜底鼎，见于一、二期，一期的口上立长方形双耳，浅腹；二期的圜底鼎有浅腹也有深腹。

越式剑，见于一、二、三期，一、二期为圆首圆茎，三期为喇叭形首，均隆脊有棱。

长胡三穿戈，见于一期。

（二）受楚文化影响的器物

以质料来分，主要有陶瓷器、青铜器、漆木器和玉器等。

（1）陶瓷器：典型器物有袋足鬲、蹄足鼎、钤印陶片、陶俑、青瓷鼓座、假圈足壶、喇叭形圈足浅盘豆、敞口带盖壶等。

袋足鬲，见于一期，与湖南春秋、战国间楚墓出土的陶鬲相近似。

蹄足鼎，见于三、四期，拱盖鼎为附耳、蹄足，盆形鼎和盂形鼎的蹄足均为楚风。

铃印陶片，见于三期，出土于安吉五福M1。

陶俑，见于三期，为楚墓中所习见。

青瓷鼓座，见于二期，与安徽舒城九里墩春秋墓的青铜鼓座形式极为接近。

假圈足壶，见于四期，其高假圈足为楚文化特征。

喇叭形圈足浅盘豆，见于四期，在湖南常德①、湖南长沙②同时期楚墓中均有同类器出土，器型十分相似。

敞口带盖壶，见于四期，在湖南常德、湖南长沙同时期楚墓中均有同类器出土，器型十分相似。

（2）青铜器：典型器物有编钟、编镈、蹄足鼎、带鼻饰戈、三叉尾镦、楚式剑、甗盉、提梁盉、缶、匜、六棱柱足鼎、壶、勺、弩机、带钩、长胡长内戈、宽沿外折车軎、两环套接马衔等。

编钟，见于一、二期，形制及纹饰与安徽寿县蔡侯墓③、河南信阳楚墓④的编钟风格类似。

编镈，见于一期，形制及纹饰与安徽寿县蔡侯墓的编镈风格类似。

蹄足盖鼎，见于一、二、三期，与湖北江陵望山一号楚墓⑤及安徽寿县蔡侯墓所出鼎相近。

带鼻饰戈，见于二期，形式与安徽寿县蔡侯墓所出同类器类似。

三叉尾镦，见于二期，湖北江陵拍马山楚墓⑥、湖南长沙浏城桥一号墓⑦均出土过同种形状的镦。

① 湖南省博物馆：《湖南常德德山楚墓发掘报告》，《考古》1963年第9期。

② 湖南省博物馆：《长沙楚墓》，《考古学报》1959年第1期。

③ 安徽省文物管理委员会、安徽省博物馆：《寿县蔡侯墓出土遗物》，科学出版社，1956年。

④ 河南省文化局文物工作队：《河南信阳楚墓出土文物图录》，河南人民出版社，1959年。

⑤ 湖北省文化局文物工作队：《湖北江陵三座楚墓出土大批重要文物》，《文物》1966年第5期。

⑥ 湖北省博物馆发掘小组等：《湖北江陵拍马山楚墓发掘简报》，《考古》1973年第3期。

⑦ 湖南省博物馆：《长沙浏城一号墓》，《考古学报》1972年第1期。

楚式剑，见于三期，与湖南常德黄土山板栗岗 M65、M74[①] 出土的同类器相同。

提梁盉，见于一期和三期，与河南淅川下寺春秋楚墓[②]和安徽寿县蔡侯墓的盉近似。

缶，见于一期，与河南淅川下寺春秋楚墓的缶近似。

匜，见于一、二期，与河南淅川下寺春秋楚墓所出同类器在造型、装饰纹样上十分相近。

六棱柱足鼎，见于三期，与湖北江陵藤店一号墓[③]、望山一号墓、鄂城鄂钢 53 号墓[④]、襄阳蔡坡 12 号墓[⑤]以及长沙楚墓[⑥]所出的同类同式器形制完全一致。

壶，见于三期，与湖北江陵藤店一号墓、望山一号墓、鄂城鄂钢 53 号墓、襄阳蔡坡 12 号墓以及长沙楚墓所出的同类同式器形制完全一致。

勺，见于三期，与湖北江陵藤店一号墓、望山一号墓、鄂城鄂钢 53 号墓、襄阳蔡坡 12 号墓以及长沙楚墓所出的同类同式器形制完全一致。

弩机，见于三期，与长沙扫把塘 138 号墓、左家塘 15 号墓[⑦]出土的弩机形制相同。

带钩，见于三期，为楚墓中所习见。

长胡长内戈，见于四期，与河南淅川徐家岭一号楚墓[⑧]出土的同类器类同。

---

① 常德文物处等：《湖南常德县黄土山板栗岗楚墓群》，《江汉考古》2004 年第 1 期。

② 河南省丹江库区文物发掘队：《河南淅川县下寺春秋楚墓》，《文物》1980 年第 10 期。

③ 荆州地区博物馆：《湖北江陵藤店一号墓发掘简报》，《文物》1973 年第 9 期。

④ 鄂钢基建指挥部文物小组、鄂城县博物馆：《湖北鄂城鄂钢五十三号墓发掘简报》，《考古》1978 年第 4 期。

⑤ 襄阳首届亦工亦农考古训练班：《襄阳蔡坡 12 号墓出土吴王夫差剑等文物》，《文物》1976 年第 11 期。

⑥ 湖南省博物馆交道义：《长沙楚墓》，《考古学报》1959 年第 1 期。

⑦ 高至喜：《记长沙、常德出土弩机的战国墓——兼谈有关弩机、弓矢的几个问题》，《文物》1964 年第 6 期。

⑧ 河南省文物考古研究所等：《河南淅川徐家岭一号楚墓发掘简报》，《文物》2004 年第 3 期。

宽沿外折车軎，见于四期，与河南淅川徐家岭一号楚墓出土的同类器类似。

两环套接马衔，见于四期，与河南淅川徐家岭一号楚墓出土的同类器接近。

（3）漆木器：有漆豆、木梳、木案、奁、盒、卮、耳杯、盘、凭几、瑟、六博、篦子、虎子、坐便架、漆车伞、编钟架底座、编磬架底座等。

豆，见于三期，出土于安吉五福 M1。此墓葬为楚墓，葬式葬具随葬品均为楚文化作风。

木梳，见于三期，出土于安吉五福 M1。此墓葬为楚墓，葬式葬具随葬品均为楚文化作风。

木案，见于三期，出土于安吉五福 M1。此墓葬为楚墓，葬式葬具随葬品均为楚文化作风。

奁，见于三期，出土于安吉五福 M1。此墓葬为楚墓，葬式葬具随葬品均为楚文化作风。

盒，见于三、四期，三期的盒出土于安吉五福 M1，此墓葬为楚墓，葬式葬具随葬品均为楚文化作风；四期的盒出土于浙江绍兴茅家山战国墓，其纹饰、风格与河南信阳长台关七号楚墓①出土的遗物类同。

卮，见于三期，出土于安吉五福 M1。此墓葬为楚墓，葬式葬具随葬品均为楚文化作风。

耳杯，见于三期，出土于安吉五福 M1。此墓葬为楚墓，葬式葬具随葬品均为楚文化作风。

盘，见于三期，出土于安吉五福 M1。此墓葬为楚墓，葬式葬具随葬品均为楚文化作风。

凭几，见于三期，出土于安吉五福 M1。此墓葬为楚墓，葬式葬具随葬品均为楚文化作风。

瑟，见于三期，出土于安吉五福 M1。此墓葬为楚墓，葬式葬具随葬品均为楚文化作风。

六博，见于三期，出土于安吉五福 M1。此墓葬为楚墓，葬式葬具随

① 河南省文物考古研究所等：《河南信阳长台关七号楚墓发掘简报》，《文物》2004 年第 3 期。

葬品均为楚文化作风。

篦子，见于三期，出土于安吉五福 M1。此墓葬为楚墓，葬式葬具随葬品均为楚文化作风。

虎子，见于三期，出土于安吉五福 M1。此墓葬为楚墓，葬式葬具随葬品均为楚文化作风。

坐便架，见于三期，出土于安吉五福 M1。此墓葬为楚墓，葬式葬具随葬品均为楚文化作风。

漆车伞，见于四期，其器型与长沙楚墓标本 M396：3[1] 类同。

编钟架底座，见于四期，其纹饰、风格与河南信阳长台关七号楚墓出土的同类器类同。

编磬架底座，见于四期，其纹饰、风格与河南信阳长台关七号楚墓出土的同类器类同。

（4）玉器：有龙形璜、玉璧等。

龙形璜，见于二期，其造型与河南淮阳平粮台 M16[2] 出土的龙形璜基本一致。

玉璧，见于四期，为楚墓中所习见。

三、楚文化、吴越文化的冲突与融合

结合上一节内容，将江南地区含楚文化因素的东周时期遗迹出土的部分遗物按文化因素分类分期，并与楚地出土的典型楚文化器物进行对照，制作部分遗物文化因素分期对照图。

从上一节内容和遗物文化因素分期对照图可以推断，春秋晚期至战国早期的楚文化对吴越文化的影响还不是很大。在受楚文化影响的遗迹中，无论从器型还是数量上，均是吴越文化传统特色器物占优势，楚文化器物特征突出，但不占主要地位，即在吴越地区一直是本地文化占主流。但楚文化对吴越文化一直有着重要影响，到了战国中期，吴越地区出现了形

① 湖南省博物馆等：《长沙楚墓》（上册），文物出版社，2000 年，第 385 页。

② 曹桂岑、张玉石：《河南淮阳平粮台十六号楚墓发掘简报》，《文物》1984 年第 10 期。

制、随葬品等均为楚式的墓葬，尤其是战国晚期，楚墓在吴越地区的数量剧增。就发表的材料来看，吴越地区战国中期受楚文化影响的遗迹族属中，有的属吴越有的属楚，属吴越的遗迹比重大于属楚的遗迹比重。但到了战国晚期，吴越地区战国中期受楚文化影响的遗迹族属基本都是属楚了，这表明东周时期楚文化对吴越文化的影响一直是在不断扩大。楚地和吴越地区在地域上本来就较为邻近，文化方面自然容易相互影响，何况战国时期楚越之间还相互征伐，楚文化对吴越文化的影响就更为突出。史载句践灭吴后“乃以兵北渡淮”，“以淮上地与楚”，但楚国亦有吞噬泗上之意，句践“以淮上地与楚”后，楚乘势“东侵，广地至泗上”，此后楚越进行了长达两百多年的交锋，至越王无疆二十三年（前333）楚大败越，楚文化渗入太湖地区，故安吉、嘉定、青浦、苏州、扬州、绍兴等地会出现形制随葬品均为楚式的墓葬。

从遗物文化因素分期对照图可以看出，吴越文化受楚文化的影响可能与楚文化同步，也可能稍微滞后于楚文化，如六合和仁东周墓为战国早期墓，其出土的戈与时代为春秋晚期的寿县蔡侯墓所出同类器基本一致。

从出土遗存看，除绍兴福全洪家墩、苏州城东相门内仓街青铜器窖藏和绍兴袍谷遗址外，其他均为墓葬，且大部分墓葬均出土有青铜器，表明这些墓葬的规格都不低，尤其是无锡洪山邱承墩墓级别相当高，可能楚文化对吴越文化的影响在墓葬方面主要体现在特权阶层身上。

从文化内涵看，绍兴袍谷遗址虽然未出土楚文化器型，但其文化内涵以泥质陶为主，与东周时期南方越国盛行的印纹硬陶和原始青瓷有区别，是受楚文化影响的产物。

从地域方面来看，春秋晚期和战国早期楚文化对吴越文化集中体现在离楚地较近的吴地，而战国中期则已经强烈影响到了相对吴地而言较远的越地。但战国晚期之后罕见楚文化和吴越文化兼备的遗迹遗存，据此推断楚文化对吴越文化的影响可能与楚国东扩战争有关。

除了第二部分列出的遗迹遗物之外，江南多地曾发现郢爰等楚国货币，如1954年江苏高淳县出土一块郢爰；1956年6月句容赤山出土一块郢爰；1956年江宁淳化出土一块郢爰；1957年江宁东山出土一块郢爰；1957年宝应吕良出土一块郢爰；1957年盱眙高庙出土一块郢爰；1957年南京市公园路发现一块郢爰；1958年江宁横溪出土一块郢爰；1958年沛县出土一块郢爰；1958 年丹阳大泊发现两块郢爰[①]；1967 年浙江安吉发现一块郢爰[②]；1977 年常州市跃进新村工地发现一块郢爰[③]；1985 年高淳西舍发现一批楚国铜贝[④]；1991 年浙江安吉县安城镇发现一块郢爰[⑤]。以上发现表明春秋战国时期除了战争之外，楚国和吴越地区可能也有经济往来。

限于时间和作者笔力，本文在资料的搜集上可能还不完整，并且笔者目前对楚文化和吴越文化这两支长江中下游地区最为强盛的文化认识还远远不够，对材料的处理可能还存在一些错误，分析归纳得也不是很到位，希望在今后的工作和学习中，可以弥补这些不足。

① 张浦生：《江苏“郢爰”》，《文物》1959 年第 4 期。
② 匡得鳌：《浙江安吉发现“郢爰”》，《考古》1982 年第 3 期。
③ 徐伯元：《江苏常州出土郢爰》，《文物》1993 年第 3 期。
④ 石祚华：《江苏高淳发现楚国铜贝》，《考古》1988 年第 5 期。
⑤ 程亦胜：《浙江安吉古城发现楚金币》，《考古》1995 年第 10 期。

百越与海洋

论南岛语族的起源

何英德
（桂林博物馆）

复旦大学遗传学研究所最新的 DNA 研究成果表明：现代人种起源于15 万年前的非洲。当时处于地质寒冷时期，海平面比现代低 400 米。到了5 万年前，气候突然变热，由于人口膨胀，迫使非洲人口大量迁徙，有一支往东亚迁徙，在中国沿着南方的海岸逐渐向北迁徙。有一支在北部湾以南直转到今天澳大利亚大陆，澳大利亚大陆今天保存着几千年前的崖画，其中也有蛙字形的崖画。在迁往澳大利亚的人类中形成今天许多原始尚未开化的土著先民；在中国沿海迁徙北上的一支，到公元前 3000 年前又转而南下，例如东夷文化的凿齿习俗与东折而南下向西南方向迁徙路线相符；转而南下的那支到中国台湾海峡西岸又转向中国台湾省，形成了凤鼻头文化。另外，从非洲来的还有一支迁到喜玛拉雅山，从喜玛拉雅山西麓，沿着喜玛拉雅山南边一直向东迁徙，最后从云南西藏交界处的喜玛拉雅山南边直迁北上，直达辽宁、内蒙古的红山文化地带，由红山文化地带转而向四周开花，变成各支文化的起源地。

“南岛语族”是指现今居住于北起中国台湾，中经东南亚，南至西太平洋三大群岛，东起复活节岛，西到马达加斯加等海岛上，具有民族语言亲缘关系和文化内涵相似的土著民族文化体系。南岛语族主要包括马来人（一般包括生活在中国台湾省的高山族）、密克罗尼西亚人、美拉尼西亚人、波利尼西亚人等几大族群，总人口两亿多，是一个十分庞杂的民族文化体系。① 两亿人口占当今全球 70 亿人口的 1/35，由此可见，研究南岛语族人口的来源具有重要意义。21 世纪的史学，就是研究海洋的史学，谁拥有海洋，谁就拥有世界，这是当今史学家、民族学家、民族史学家、考古

---

① 吴春明：《“南岛语族”起源研究述评》，《广西民族研究》2004 年第 2 期。

学家义不容辞的责任，如果谁认为从事博物馆工作的人只研究博物馆，那就显得太肤浅。

那么，南岛语族源于何处？其先民最早来自何方？根据笔者对考古学文化的最新观察，他们是从珠江口折而北上转向中国台湾省。在1万年前海平面又比现在低40~50米，刚好在海峡两岸的中心地段有一些隐隐约约的山梁，时而裸露在水面上，时而沉下水底。当时动物也有从海峡西岸直接游过去的，例如：大象、水牛可以游70~80千米。因为时而有山梁，时而有水面，断断续续，所以动物完全可以游过来，正因为动物可以过去，接着人类的狩猎活动也就跟着过去了，例如“左镇人”是华南古人类的一支，属距今1万~3万年前的人类。数万年前，在早更新世初期、中更新世初期和晚更新世初期，台湾海峡经历了沧桑变化，因为喜玛拉雅山造山运动和冰河来临，海面下降，数十里裸露成陆，两岸曾数次相连成为带状山间平原。在这片平原上，河流纵横，湖沼广布，植物繁茂，吸引着大量动物。经考古发现，华南第四纪的大熊猫、剑齿象动物群已大量在台湾分布，这些远古先民在狩猎追捕动物的过程中，辗转进入台湾，并把华南的旧石器晚期的石器制作技术带到了台湾。① 台湾还有“垦丁史前遗址”，是1930年由日本学者宫本延人发现的，1935年被列“保护遗址”。垦丁史前遗址已有4000年之久，可惜经人为的破坏，石棺、贝珠、石器、人骨被放置在地面上。② 人类除了来自非洲，同时也有本地土著的一支，1974年浙江在建德乌龟洞化石层发现过一枚似左上犬齿化石，但未发现文化遗物。浙江与周边邻省一样，曾是远古人类劳动生息之地，这次调查的成果填补了浙江旧石器考古的空白，使得华夏大地（包括中国的台湾省和海南省）不再有省级辖区旧石器考古研究的空白，把古人类在浙江省境内劳动生息的历史至少提前到距今10多万年前，甚至更久远。调查所获石制品工业归属明确，属中国南方旧石器时代主工业，西北连着安徽，西接江西，西南邻福建，北接江苏，与周边省份连成一片，扩大了中国南方旧石器时代主工业的分布范围，为研究它的发展和文化交流等起到积极的作用。③

① 赵平：《从考古看两岸的亲缘》，《桂林日报》1996年8月21日。

② 炯达：《团结报》1992年5月6日。

③ 张政明：《浙江旧石器考古实现零的突破——安吉、长兴发掘一批旧石器制品》，《中国文化报》2003年1月8日。

人类学是一门非常困难的科学，我们观察问题一定要细，正如我国著名教授贾兰坡指出：分支多，穿插多，重叠现象也很多，进步的人和原始状态的人同时存在，这门科学在中国研究了80年，世界也在研究，但谁也不能作出定论，下个世纪还得继续完成这个课题。笔者个人认为，人的发源是“一元论”，要找出和现代人最直系的那一支非常困难，关键是要找到化石，才有说服力。①

那么，与南岛语族文化起源有关的文化链是怎样的呢？其发展脉络应该如下：

昙石山村的昙石山遗址闽侯县甘蔗镇于1954年1月发现，它是先秦闽族的发源地，也是闽台文化的源头。近50年来有关专家学者对昙石山遗址进行了8次考古发掘，发现了大批重要文物，明确了上、中、下三层文化内涵，并推测出中层的年代距今约4000年，下层的年代距今约5000年。以该遗址为代表的昙石山文化集中分布于福建省闽江下游和沿海一带，对研究福建原始社会晚期历史具有十分重要的学术价值。②

同时又有一块古人类“右胫骨”化石在福建石狮被发现，这是继1999年发现“海峡人”（古人类左胫骨化石）后的一个重要成果。这块古人类“右胫骨”化石残长93.5毫米，骨体1/4断面呈三面体，胫骨嵴明显，石化程度与1999年发现的“海峡人”（左胫骨）接近，为距今3万～2万年前。1999年“海峡人”左胫骨化石的发现已引起国内外轰动，此次又发现“海峡人”右胫骨化石，对于科学鉴定“海峡人”的体质特征提供了重要的科学依据；同时也为研究“山地台湾”的历史渊源提供了最早、最直接、最有力的证据，它以科学的结论证明台湾海峡成陆时期，台湾和福建本为一体的不争事实。鉴定发现，石狮采集到的台湾海峡动物种类为27种，种类之多为中国之最、世界罕见，这些发现为研究两万多年前台湾海峡生物多样性提供了重要依据。③

云南文物考古鉴定确认滇西西双版纳傣族自治州5年前发现的檀姆娜

---

① 何英德：《跨世纪的感想——与文物考古专家一席谈话》，《中国文化报》1999年1月23日。

② 董南：《福建省考古遗址博物馆开馆》，《中国文化报》2001年6月26日。

③ 高建进：《闽台考古史又有重大突破——福建石狮再次发现“海峡人”化石》，《光明日报》2005年4月4日。

米洞是距今18000年前的中石器时代遗址。1997年，考古队进洞考察，发掘了大量被食用过的动物的化石，以及植物种子、陶片、石器、骨制品和角、蚌制品。经云南考古所专家鉴定认为，这些文物均是1.3万~1.8万年前人类活动留下的，檀姆娜米洞由此被证明是云南第一个有陶器遗物的中石器时代遗址。①

2001年4—9月，桂林甑皮岩与中科院考古所合作，对桂林甑皮岩进行第二次发掘，从中发掘出了大量新石器时代的石器、石片、陶器、兽骨、蹲葬遗骸等古人类遗物，推翻了我国史前文化南方地区发展滞后的观点。其中发现的距今约1.2万年的"素面夹砂陶器"使甑皮岩遗址的年代提早了近3000年。仇士华先生说："由于甑皮岩考古尚具有典型性、标志性意义，做好甑皮岩的考古工作，不仅是桂林的事情，也不仅仅是华南的事情，对越南以至整个东南亚地区的史前考古工作也具有重要的参照价值。"②

1977年对番禺南沙鹿颈遗址进行了发掘，其中M1出土了较完整的骨架，有4件陶器随葬，这是继佛山河宕、香港马湾之后发现的保存较完整遗骨的史前墓葬，对三地的遗骨都已作出了科学鉴定及研究报告，这是研究珠三角百越民族史的难得资料。专家们经过比较研究后指出，河宕、马湾、南沙发现的男性头骨具有同样特征，"反映出珠江三角洲到香港岛屿的古代居民在体质上可能具有同类性质和共同的种族形成史"③。

深圳大梅沙遗址一区经过碳14测定，距今约7000年，属新石器中期遗址。也就是说，在7000年前，已经有先民在这片土地上生活、繁衍并创造了独特的文化。深圳咸头岭遗址中出土的陶器从器形到纹饰，特别是器肩带蓖梳纹（蓖点纹）的陶罐，澳大利亚国立大学教授贝吾德认为："由咸头岭扩展到太平洋地区，很值得研究。"④ 华南考古资料表明：从黄岩洞（旧石器向新石器过渡）—青塘（新石器时代早期）—陈桥村、咸头岭（新石器时代中期）是一个从洞穴、台地到平原、海滨的发展过程，表明

① 新华：《西双版纳发现中石器时代遗址》，《桂林日报》2001年12月28日。

② 宁永春：《国内著名考古专家称：甑皮岩遗址具有标尺性意义》，《桂林日报》2002年12月3日。

③ 冯永驱：《广州考古50年》，《中国文化报》2003年11月18日。

④ 王壁：《深圳考古二十年琐记》，《深圳文博》，人民出版社，2001年，第6页。

古越族先民一步步向海洋拓展。[①] 珠江流域与中国台湾地区以及东南亚地区的考古学文化应该有着千丝万缕的联系。[②] 有的学者已提出这种“海洋文化”由大陆出发，一步步征服中国南海和太平洋上的岛屿。[③]

东湾仔北遗址位于香港妈湾岛东湾仔。揭露面积近 1 500 平方米，发现新石器时代中、晚期和青铜时代早期三个阶段相叠的文化层。遗址具有香港及珠江口地区罕见的文化堆积、明确的地层关系、丰富的出土遗物、较为完整的人骨和墓葬材料，为华南新石器时代晚期至青铜器时代早期考古学文化的分期断代提供了重要依据。完整的人体骨骼对于研究粤江流域原始居民的种族来源具有重要价值，同时，也大大丰富了“海洋文化”研究的新材料。[④]

2010 年 12 月至 2011 年 1 月间，福建省对龙岩漳平市象湖镇奇和洞进行了第二次考古发掘，发现了距今 1 万多年前的福建古人类头骨。专家从出土遗物来判断这一遗址从旧石器时代末期一直延续到新石器，遗址有用火的痕迹，还有大量打制石器和制作精美的陶件。中国科学院古脊椎动物研究所的专家指出，发现头骨对于福建的意义非常重大。北京周口店的山顶洞人距今 1. 8 千年，属于晚期智人的行列，而福建发现的这颗头骨也属于晚期智人，二者一南一北相互对照研究，可以了解更多的信息。不久前，福建省曾发现了距今六七万年前的人类牙齿，但牙齿的意义，远远比不上发现整颗头骨。目前，这颗完整的头骨已被送到北京有关机构进行检测，专家初步推测这颗头骨为晚期智人所有，属旧石器晚期，距今已 1 万多年。在洞中，发现了大量的陶片，这些陶片上的花纹除了常见的绳纹、戳点纹、曲折纹外，有些组合花纹为福建第一次发现。但在台湾的遗址中，早已发现过相同的花纹，其中以锯点纹、戳点纹及压印纹组合最具特色。发现的石器中有石锛、石斧、石锤、石网坠、砍砸器和磨制石器等生

---

① 杨耀林：《深圳咸头岭遗址史前文化遗存初步研究》，《深圳文博》，人民出版社，2001 年，第 10 页。

② 叶炀杨：《浅析梧头岭遗址》，《深圳文博》，人民出版社，2001 年，第 21 页。

③ 乔晓勤：《华南的“海洋文化”与征服太平洋》，《深圳考古发现与研究》，文物出版社，1994 年。

④ 何英德：《骆越与“南岛语族”的海洋文化的关系》，蒋炳钊主编：《百越文化研究》，厦门大学出版社，2005 年，第 136 ~ 137 页。

产工具。有些打制石器与台湾长滨旧石器文化中的石制品，在制作水平、制作风格以及年代上，具有更多的可比性，这为国际上的南岛语族的研究又提供了一条线索。①

近年台湾史前考古学上的发现，据金关丈夫、国分直一、鹿野忠雄诸学者的研究，台湾史前的遗物与大陆文化有密切的关系。鹿野忠雄在《台湾先史时代之文化层》一文中，根据史前遗物分为绳纹陶器文化层、网纹陶器文化层、黑陶文化层、有段石斧文化层、原东山文化层、巨石文化层、菲律宾等七个文化层，他说，绳纹陶器是从亚洲大陆直接传入台湾，而非自南方的岛屿传入，由此可见，台湾先史文化的基底有着大陆文化。网纹陶器恐为华中传入台湾，而几乎波及全岛。黑陶文化为中国东海的沿海文化，或沿着海岸南下，然后传入台湾。有段石斧传入的来源地或为福建。

倘在岛外寻求伴着靴形石器的文化系统，而又最接近台湾先史时代的文化，则在现今的知识范围以内，可以说是浙江省余杭县良渚镇的先史文化。但要考察其联络的路径，我们认为福建省沿海的先史时代遗址的探求实为必要。从上述的论据可以认定，台湾的先史文化十之八九是属于中国大陆的系统。②

台湾岛上考古发现的距今5500年前的新石器时代聚落是航海术已经在那时中国的东南发生的最有力的证据。台湾岛已知最早的史前文化是更新世晚期的长滨文化，而距今5000~6000年前的大坌坑新石器文化的突然出现，标志着台湾史前文化发生了重大变化。黄瓜山新石器时代遗址位于福建东北的霞浦县，黄瓜山文化的彩陶与台湾新石器时代的凤鼻头文化彩陶非常相似。台湾高雄的凤鼻头是20世纪60年代张光直教授主持发掘的，凤鼻头文化是一处海岛文化。在新石器时代高海面时期，凤山台地紧邻海岸，在农耕土地资源特别紧张的中国东南沿海地区，植被的破坏导致人类

---

① 《福建版“山顶洞人”在龙岩出土》，《收藏快报》2011年3月16日。

② 凌纯声：《古代闽越人与台湾土著族》，中南民族学院民族研究所资料室编：《南方民族史论文选集》（一），中南民族学院民族研究所资料室，1982—1984年，第114~115页。

生存空间的压力陡增，迫使东南大陆沿海的新石器时代人类向海岛迁徙。①

海侵发生于距今4万余年前，海退发生于2.5万年以前，这次海退是全球性的，规模最大，中国东部海退约600千米。后来，距今15000年前，又出现海侵，在初期海面上升甚为缓慢，经6000~7000年之久，海面才上升与现在海面相似的高度。在这1000年中，由于潮汐对内陆河湖的侵袭，土地盐化，居住在这片平原上的越族居民，就在这1000年中纷纷流散。他们流散的路线主要有三条：其中一批人越过杭州湾，向今浙西和苏南的丘陵地带迁移，他们就是以后称为句吴的一族，是马家滨文化、崧泽文化和良渚文化的创造者；另外一批人，随着海水的不断侵入而向宁绍平原南部迁移，河姆渡遗址就是他们在南移过程中建立的一个聚落；第三批人，他们运用长期积累的飘海技术，用简单的独木舟或水筏漂洋过海。②

中国古籍《逸周书》、《左传》与《诗经》等，有不少记载显示出中土与南海有联系，盛产于南海的玳瑁自夏朝开始当作贡物。今天伦敦的博物馆中藏有殷墟出土的商代武丁时期的文物，其中便有产自南海的龟种腹甲。考古学家王恒杰教授在南海诸岛的考古工作中也发现了大量新石器时代及春秋战国时期陶器残片，其花纹与华南及海南岛所发现的同出一源，由此可印证古籍中有关南海的记载并非虚言，中国先民在那里生活，历史悠远。③

云南西南部沧源县中北部糯良乡班考村在勐董河周围发现有十几处崖画，附近也有云南最大的洞穴石佛洞，经过考古发掘有14层文化堆积，最上面两层是近代文化堆积，12层以下是古文化堆积。文化堆积的年代距今3000年，堆积层里有水稻的遗迹，也有来自南太平洋的海贝。沧源崖画也在距今3000年前，比澳大利亚的崖画还要早。有人研究澳大利亚崖画上面有一种鸟，据说这种鸟距今3000年前才到澳大利亚；沧源崖画的先民就是今天的佤族。佤族的崖画比澳大利亚早，这说明远古的沧源先民很可能顺着河流，进入湄公河水系，从湄公河的出海口远渡重洋。是否这支人也到了澳大利亚？云南沧源的佤族语方言也属南亚语系孟高棉语族，是否说明

---

① ［美］Barry Rolett著，于小莉译：《中国东南的早期海洋文化》，蒋炳钊主编：《百越文化研究》，厦门大学出版社，2005年，第130~132页。

② 陈桥驿：《吴越文化和中日两国的史前交流》，《浙江学刊》1990年第4期。

③ 雷鼎鸣：《南海诸岛自古隶属中国》，《参考消息》2010年10月6日。

他们有某些血缘关系？否则如何解释有相似的原始母语？尤其是佤族有一个代代相传的口头史诗般的《司岗里的传说》。“司岗”佤语指的是岩洞，“里”佤语是“走出来”，翻译成汉语就是“从岩洞中走出来的人”。更为令人惊奇的是，“司岗”里的传说与南洋群岛早期受到洪水奇袭，以及佤族盛行猎首习俗十分相符。云南佤族的猎首习俗一直到20世纪50年代才绝迹，这种猎首习俗在南岛语系的土著部落也十分盛行。不能不说南岛语族的起源与古老的佤族先民——“石佛洞人”有一些关系？

语言古生物学家指出：南岛语族（指说南岛语的人）的语言有1 020种，台湾有22种语言里讲南岛语言。美国克鲁伯先生也指出，南岛语从大陆祖居地向海洋扩散，古南岛语族不仅住的地方靠海，而且是一个航海民族，他们大概居住在champa，即中国与越南交界处孟高棉以及沿海的临近地区。假如我们附和这一观点，恰恰从云南佤族的来源与迁徙中可以找到合理的解释。张光直先生认为，华南地区百越及百越以前的居民向南方远海迁徙。鹿野忠雄先生认为，华南地区以及中南半岛东岸，台湾作为南岛语族的起源地，并将中国台湾与波利尼西亚具体拉上关系的推论，这与园艺根茎类农业有关。南岛语族的起源有几种假说：①快车假说；②慢船假说；③纠结地假说；④出东南亚假说；⑤指距今6000～5000年前从福建南部→（中国）台湾→海南岛及北部湾一带海岸的新石器时代，呈现相同的海洋生活资源；⑥一个多元路径扩散的假说，即大陆闽南沿海，珠江三角洲及广西西南部与越南北部，即中国南部。绳纹陶与大陆东南及南方沿海比较，形成了闽越海岸→中国南方→沙捞越→菲律宾→婆罗洲→马来西亚半岛。①

中国著名考古学家北京大学考古文博学院严文明教授在内蒙古赤峰市第五届红山文化高峰论坛上表示：公元前4000年后半期是中国文明化的起步阶段，从那时起，中国开始了“重瓣花朵”式文明起源和早期发展历程。据严文明教授介绍，这一结论是在近年来实施的夏商周断代工程和中华文明探源工程中，通过碳14测定等考古技术修正得出的。②

---

① 减振华：《广西海岸在南岛语族起源研究中的潜在意涵》，2010年10月22日于广西师大学术报告会。

② 于嘉：《古代中国文明化始于公元前4000年后半期》，《中国文化报》2010年8月18日。

李匡悌先生认为，他在研究史前部落的贝类资源利用与海岸环境的变迁中，通过近十年来的考古学研究，他除了努力建立古代人类文化传承的框架以外，同时也积累了与人类活动相关的考古文化层序：4800 年前大坌坑→3300 年前牛稠仔→大湖→蔦松→西拉雅等发展序列。例如，南关里遗址地层下 7 米深的地方大量发现大坌坑文化内涵的遗留；南岛语族的猎首习俗和部落首领身上带的鲨鱼牙齿，均是来自南亚、澳大利亚等海域；台南海侵期距今 6000 年前，台南海退期距今 6000 ~ 4000 年前，大陆上的晋江庵山遗址、东山的大帽山遗址，早于闽江下游——九江“浮溪文化”。以上可以说明由大陆逐渐向海洋迁徙的文化路线是十分可靠的。

由此得出推论：古南岛语族的起源应为多元论，一部分是闽南到中国台湾，一部分是中国的云南省及珠江出海口、越南湄公河口，即珠江口、湄公河口等海外迁徙。总之，从旱陆到海洋，由近海到远海，其文化迁徙隐约可见。由于年代久远，要勾勒出十分清晰的路线是非常困难的，只要按照文明起源阶段论能勾勒出一条朦朦胧胧的路线就已经很不错了。我们搞学术研究只是研究到一定阶段，随着考古材料的不断发现，可以随时更改或修正研究成果，这是我们十分科学的态度，也是事实求是的态度！

先秦时期岭南越人的航海活动与对外交通

覃主元
（广西民族大学民族学与社会学学院）

百越民族是我国东南和南部地区的古老民族，一般认为，新石器时期分布于南方各地的原始居民是百越的先民。商周秦汉时期，百越民族各支系散居于今之浙江、上海、江苏、江西、福建、中国台湾、广东、广西、海南、越南，以及云、贵、湘、鄂等部分地区。

百越之名，最早出现于战国时期[1]，百越包括许多支系，因而号称百越。百越的分布，《汉书·地理志》颜师古注引臣瓒曰："自交趾至会稽七八千里，百越杂处，各有种姓。"[2] 交趾郡在今越南北部，会稽郡在今江苏南部和浙江西部、北部。由此可以断定，从江苏南部沿着东南沿海的浙江、福建、广东、海南、广西、越南北部这一长达七八千里的半月形范围内，是百越民族最集中的分布区，与上述地区相近的安徽、江西、贵州、湖南、云南等地也有百越分布。

百越中最重要的几个支系主要有：句吴，其地域范围大致分布于今苏南、皖南和浙北一带；于越，地域范围以会稽（浙江绍兴）为中心，分布于今宁（波）绍—（兴）平原、杭（州）嘉（兴）湖（州）平原和金（华）衢（州）丘陵地区；东瓯，地域范围分布在今浙江南部瓯江流域，温州一带是分布中心；闽越，地域范围大致分布在今福建省，以及今江西东部。

其中分布在岭南的越人是南越。《史记·南越列传》载："秦已破灭，（赵）佗即击并桂林、象郡，自立为南越武王，以广州番禺为国都。"南越分布地域以今广东省为主，此外还分布在广西部分地区。春秋战国初，其

---

① 《吕氏春秋·恃君》。
② （汉）班固：《汉书》卷28下《地理志》，中华书局，1962年，第1669页。

北境可能达到今湖南、江西南部的部分地区，西部可抵今广西东北界，东部达今闽粤交界地区，南至珠江口沿海地区。

西瓯或称西呕，《逸周书·王会》载商汤时伊尹受命贡方物，正南有“瓯、邓、桂国、损子、产里、百濮、九菌”，其中的瓯、桂国等大致与西瓯有关系。此后的《史记》、《淮南子》等对西瓯都有记载。西瓯分布的地域，《汉书·两粤传》说南越其西“有西瓯”，郭璞注《山海经》说：“瓯在海中，郁林郡为西瓯。”一般认为，西瓯人主要分布于今桂江流域一带，大体上包括秦的桂林郡，亦即西汉时期的郁林、苍梧二郡。

骆越，《逸周书·王会》有“路人大竹”的记载，《吕氏春秋·本味》有“越骆之菌”之载。这里的路人、越骆当指骆越。骆越的分布地域大致包含今广西南部、越南北部、越南中部及海南岛等地，即汉代郁林郡的南部、交趾、九真、日南郡和儋耳、珠崖郡等地。西瓯、骆越分布在岭南西部和云贵高原边缘的广大范围内。今广西和海南两省区全部、贵州、广西、湖南三省区毗邻结合部、越南北部都是西瓯和骆越的分布范围。

一、岭南越人的早期航海活动

中国最初的原始航海活动，可能在旧石器时代的晚期就已开始。新石器时代中华民族的先民已懂得了“木浮于水上”的道理，开始制作最早的船舶——独木舟和排筏，在天然河流上航行。独木舟的制造和利用，是中华民族走向江海的第一步。

越人制作竹、木筏及独木舟的历史可以追溯到六千年前的河姆渡人时期。1973年浙江余姚河姆渡遗址中曾出土一件陶制舟船模型，在第三、四文化层中还出土了六支木桨。桨柄和桨叶由一块木料制成，形如柳叶，造型讲究，经碳14测定距今约7 000年。有桨必有舟，而舟应出现于桨之前。河姆渡虽未发现舟，但出土了一件“夹碳黑陶舟”，它两头尖，舟体呈梭状半月形，底部微翘，极似独木舟。此舟虽然是艺术品，但再现的是当时的造船文化，显然它是当时现实生活中所造所用独木舟形状的真实写照。陶舟和木桨的出现，表明我国先民在7000年前已进行水上航行了[①]。类似木桨在良渚文化时期的吴兴钱山漾和杭州水田畈遗址中也有发现。在距今5 000年左右的浙江杭州水田畈和吴兴钱山漾的新石器时代遗址中也出土了木桨，表明六七千至四五千年以前，江浙等地区的越人先民已经可以制作筏或小舟以及划船用的木桨。“刳木为舟，剡木为楫”是海上交通发展的标志，说明当时独木舟已成为浙江地区重要的水上交通工具。

《易经·系辞》载：“伏羲氏刳木为舟，剡木为楫。”这说明中国制造独木舟已有悠久的历史。在尧、舜、禹时代，《易经·系辞》说，黄帝、尧、舜，“刳木为舟，剡木为楫，舟楫之利，以济不通，致远以利天下”，可见当时近江沿海的中华民族先民制造独木舟，操桨划舟行在水上已经很普遍了。

岭南临海，地处山海之间，自古以来就以南尽南海之利，西临中南半岛的地理优势成为我国早期发展海外贸易的主要地区。岭南越族一向擅长舟楫，《淮南子·原道训》载：“九疑之南，陆事寡而水事众。于是民人被发文身，以象鳞虫，短绻不绔，以便涉游，短袂攘卷，以便刺舟。”广西漫长的海岸线上有无数的天然良港，具有发展海上交通的优越条件。因此，早在远古时代，岭南越人就有优越的地理条件和善于驾舟航行的特长。

考古资料证明，早在新石器时代（约10000～4000年前），越人就在合浦境内依山傍海，从事渔农业生产和狩猎活动。1957年和1978年在合浦县环城乡一带，出土了石锛、石铲、石砺和石戈等新石器时代的石器。[②]石锛是我国百越文化的特征，而百越文化的创造者主要是越人。这些出土的石器可以证实，最晚在新石器时代，史称百越族系之一的西瓯越人，就已生活在合浦沿海地区。在漫长的岁月中，西瓯越人用自己的辛勤劳动开发了合浦沿海地区。

与此相邻的湛江沿海地区也出土了新石器晚期的独木舟。《越绝书》谓越人“水行而山处，以船为车，以楫为马，往若飘风，去则难从”，这

---

① 浙江省博物馆：《三十年来浙江文物考古工作》，《文物考古工作三十年》，文物出版社，1979年，第217页。

② 合浦县博物馆：《合浦县出土文物简介》。

是对越人航海活动的生动写照，越人在“刳木为舟，剡木为楫”的基础上，开创了航海活动。处于南流江下游的故城旧州至廉州镇的河口，以及今北海市区的港汊、泻湖，最早成为当地独木舟寄碇之所。史载周成王十年（约公元前11世纪），今越南中部的“越裳国”向周朝“进贡”，在当时的航海条件下，由“越裳国”抵中原，合浦沿海是必经的水道。

春秋战国时期，到岭南沿海活动和捕捞的南越人，就曾在海湾的石壁上凿刻岩画。如1989年珠海市南水高栏岛发现的宝镜湾岩画，长5米，高29米，内容为用线条刻画出的人、船、蛇、鸟、波浪纹等。这应该和岭南古越人渡海活动有密切的关系，是岭南越人“习于水斗，便于行舟”的具体见证，足见早期的岭南越族先民就已凭借自制的航海工具进行海上交往活动。《淮南子·人间训》记载秦始皇经略岭南，意在“利越之犀角、象齿、翡翠、珠玑”，而犀角、象齿并非岭南所产，大都是舶来品，应是与海外交易之物，是岭南越人长于舟楫，善于航海的结果。对于岭南的海外贸易，吕思勉先生曾指出：“贸迁往来，水便于陆，故南琛之至尤早。《史记·货殖列传》言番禺为珠玑、犀角、玳瑁、果、布之凑，此语必非言汉时，可见陆梁之地未开，蛮夷贾船，已有来至交、广者矣。”① 日本中西交通史专家藤田丰八说：“交广之珍异，似为其本地所出，然此不过对中土而言的结果，多数珍品实由海上贸易获得的。”② 可见在秦汉以前，合浦沿海一带已有海外贸易，原始港口已在这里出现，足以证明岭南与海外的贸易交往有着悠久的历史。

二、岭南越人与东南亚及南太平洋岛屿的海上交通

从我国沿海地区的考古发掘中得知，百越部族最迟在新石器时代晚期（约前4000—前3000）就已经有了航海活动。到西周（前1046—前771）时期，周王朝与沿海邻近国家已经有交往。到战国（前475—前221）时

① 吕思勉：《吕思勉读史札记》（上），《官南方者之贪》，上海古籍出版社，1982年，第525页。

② ［日］藤田丰八著，魏重庆译：《宋代之市舶司与市舶条例》，商务印书馆，1936年。

代，不但华夏近海诸侯之间海上战事和民事活动频繁，而且与沿海邻国的来往也更多了。

根据考古学和民族学的研究，百越文化是以有段石锛和几何印纹陶器为特征的新石器文化，这类文化广泛分布于江、浙、湘、皖、闽、赣、粤、桂、台以及中国西南部分地区。有段石锛不仅在中国东南沿海大量发现，而且在遥远的太平洋各岛均有发现。有段石锛在太平洋各岛考古发现地区主要有：菲律宾的苏拉威西和北婆罗洲，以及夏威夷（Hawaii）、马奎萨斯（Margueses IS）、社会岛（Society IS）、库克群岛（Cook IS）、奥斯突拉尔（Austal IS）、塔希地岛（Tahiti IS）、查森姆岛（Chatham IS）等地。甚至在新西兰、复活节岛和南美的厄瓜多尔也有少量发现。从有段石锛的发展阶段和制造时间看，在中国发现的多是初级和中级的器物，高级器物比较少见。在菲律宾和波利尼西亚各岛所发现的多为高级型器物，制作时间也比中国所见者晚。

据此，国内外考古学界已断定有段石锛起源于中国的东南沿海，后经百越人漂航传播到太平洋各岛，是百越人的海上活动把这些器物首先传播到沿海各地以至海外的。

几何印纹陶在东南亚地区亦普遍存在。早在20世纪40年代，林惠祥先生就说南洋史前陶器多以刻纹为饰，其纹皆属几何纹。越南东山文化出土的印纹陶数量不少，其中方格纹、席纹、云雷纹、叶脉纹、曲折纹、菱形凸纹、回字纹等与中国南方各地出土的印纹陶纹饰接近，制作方法大体也采取了拍印、梳刷、刻划等方式。马来西亚柔佛州等地出土的印纹陶，经安志敏等人鉴定，认为其中的云雷纹、曲折纹、席纹、篦点纹、叶脉纹、波浪纹、S形纹、圆点纹饰与中国南方的印纹陶纹饰十分相似。韩槐准先生更认为，这些陶器与中国东南沿海发现的印纹陶中的云雷纹、方格纹、编织纹等极为相同，“可能殷商时代或稍后，我国烧制之印纹陶已在南洋交易”①。

这表明早在史前时期，华南和东南亚乃至大洋洲地区就有了广泛的交流和往来，德国的考古学家、民族学家海尼·格尔顿（Robet Hiene Gel-

---

① 安志敏：《马来西亚柔佛州出土的古代陶片》，《考古》1965年第6期；韩槐准：《南洋遗留的中国古外销陶瓷》，（新加坡）青年书局，1960年。

dern）就认为大洋洲的文化来源于中国。他还认为当地人是在新石器时期，从中国东南沿海使用澳亚语言（Austroasiatic Speech）的民族中漂洋过海迁去的。海尼·格尔顿的观点后来被考古发现和语言学的研究所证实。从人类学的角度来看，加里曼丹的尼亚洞穴古人、澳大利亚的维兰德拉湖古人是广西柳江古人东渡的后裔。

古人类学家在对我国南方地区史前、上古时期人骨遗存的综合研究中发现，浙江余姚河姆渡、福建闽侯昙石山、广东佛山河宕、广东南海鱿鱼岗、广西桂林甑皮岩等颅骨组的种族特征非常集中，代表了古代人群的一个重要区域类型——“古华南类型”，其前身还可以追溯到旧石器时代的广西柳江人。该类型的分布正与古越人的活动空间重叠，其体质特征与现代华南汉民人群有别，而与东南亚的印度尼西亚人、大洋洲的美拉尼西亚人等现代对比组比较接近[①]。在语言学上，不少学者对南方壮侗语族的许多人群做了深入的语言调查，并与今南岛语族语言进行比较，发现黎、水、侗、壮等民族的方言和口语与今高山族、菲律宾土著、马来语等南岛语言在基本词汇上有很大的共性。这些成果进一步佐证了华南和东南亚、大洋洲地区的广泛交流和往来的事实。

邓端本先生从《百越民族史》转引外国学者狄逊《人类种族史》、《南洋马来族与华南古民族的关系》、《西瓯族源初探》等论文，以及其他民间资料得出的结论：“在新石器晚期开始，便有山东拔齿人及其他百越诸族，陆续向南方迁移到菲律宾、印度尼西亚及汤加群岛，再散布到太平洋诸岛。”

太平洋海岛地区和东南亚民族的族源，就是来自中国东南沿海的越族，这些地方与中国之间都远隔重洋，除了从海上传递之外别无他途。据此有学者指出：凡是出土了有段石锛岛屿，便是百越人海上活动的所到之地。百越人从中国东南沿海，逐岛漂航，一直到达了拉丁美洲西岸[②]。说明从新石器晚期开始，便有百越诸族，陆续从南方迁移到菲律宾、印度尼西亚及汤加群岛，再散布到太平洋诸岛，甚至远达拉丁美洲西岸。因此，越人在无文字记载之前，在大迁移的过程中，就开辟了我国东南沿海至东

① 朱泓：《中国南方地区的古代种族》，《吉林大学学报》2002 年第 3 期。
② 彭德清：《中国航海史》（古代航海史），人民交通出版社，1988 年，第 5 ~9 页。

南亚各地的远洋航线。

在我国古代史籍中，就记载有远古的颛顼、尧、舜、禹等人“南至交趾”、“南抚交趾”的传说。《淮南子·卷术训》篇记载：“昔者神农之治天下也，……其地南至交趾，北至幽都。”《帝本纪》卷1载：“帝颛顼高阳者，……北至于幽陵，南至于交趾，西至于蟠木。”“虞舜者，名曰重华，……南抚交趾、北发，西戎、析枝、渠羌，北山戎、发、息慎，东长、鸟夷，四海之内，咸戴帝舜之功。”《墨子·节用篇》中记载：“古者尧治天下，南抚交趾，北降幽都。”《吕氏春秋》卷22《论·求人》篇中：“禹东至抚木之地，……南至交趾、孙朴、续描之国，……围之国……北至人正之国。”这些文献记载告诉我们，岭南与周边的密切交往与史俱来。

《竹书纪年》一书就有关于夏朝第九代王帝芒曾“东狩于海，获大鱼”①的记载，是我国见于史籍最早的海洋活动。后来王充《论衡》也提到的“早到公元前11世纪的西周时期，中国与日本、越南已有海上交通”。西周时期，随着社会生产力的逐步发展，人们活动区域不断扩大，我国与东南亚国家已开始进行海上交通和“朝贡”式的贸易来往，这一带的海上交通也得到发展。王嘉《拾遗记》就记载着“周成王时，已有旃涂国、祇因国、燃丘国来献方物”。《竹书纪年》记载周成王十年时，“越裳氏来朝”②。《韩诗外传》卷5、《尚书大传》卷5也都有此说。周成王十年（约公元前11世纪）交趾南面的越裳国（今越南中部），经合浦郡向周朝进贡。与此同时，“四方贡献，南海贡鱼草、珍珠、大贝”。合浦在西周时属南海，在当时的航海条件下，越裳国等国由今马来半岛抵中原，合浦沿海是必经水道。

到了春秋战国时期，楚国称霸，不少中国商品通过水路销往东南亚。楚国声威远扬海外，越裳国改为“朝贡百越”，与今中国南方沿海的越人来往。此时合浦所产的明珠已和南洋的象牙、翡翠等珍品一起流入中原。同时，中原的产物经合浦郡销往南洋。当地的骆越人素善航海，很早就与南洋地区发生经济联系。

---

① 《初学记》十三引《古本竹书纪年》：（清）朱右曾辑，王国维校补：《古本竹书纪年辑补》，辽宁教育出版社，1997年。

② （清）徐文靖：《竹书纪年统笺》卷7。

《说苑·正谏篇》记载齐景公（前547—前490）“游于海上而乐之，六月不归”；《史记》和《左传》均记载有公元前485年，吴国与齐国之海战及齐国将吴国水师击退的大量史实，说明中国在西周至春秋期间，海上航行已相当发达，可以一走六个月。

《越绝书》谓当地越人“水行而山处，以船为车，以楫为马，往若飘风，去则难从”。这些记载，正是岭南越人航海活动的生动写照。港口的产生和发展，正是当地人民在南流江沿岸劳动生息，利用船只航行与南洋各国不断来往中逐步形成的。《淮南子·齐俗训》就有“乘船而惑者，不知东西，见斗则矣”的记载，说明此时我国与东南亚地区有互相来往的贸易船只。

《庄子·徐无鬼》记载：“越之流人，去国数日，见其所知而喜；去国旬月，见其所尝见于国中者喜，及其期年也，见似人者而喜矣。”《吕氏春秋·有始览·听言》也载道：“流于海者，行之旬月，见似人者而喜矣。及其期年也，见其所尝见于中国者而喜矣。夫去人滋久，而思人滋深欤！”文中说的“及其期年”即越人从北部湾出发，在海上漂流达一年之久，比照《汉书》的行程，应可到达身毒（今印度）。说明从北部湾北岸的合浦港区航行到印度的海上丝绸之路，最晚在战国时期就已经开通了。

印度总统尼赫鲁的著作《印度的发现》中记载“中国丝早在公元前4世纪就开始运入印度”，也与上述史料相对应。成书于公元前315年的《政论》一书也有“支那国产丝，丝在当时已贩至印度”的记载。据上述史料，可以说从合浦航行到印度南亚次大陆的航线在战国时期已开辟是毫无疑问的了。

先秦时期，中国大陆南方沿海的百越等族不断从海上南迁到菲律宾、印度尼西亚等东南亚地区。东南亚一些民族具有的干栏式建筑、铜鼓、铜锣、文身、猎首、食人肉等文化特质，在古代环北部湾沿岸及其附近地区的越族中也可以找到。人类学家林惠祥先生也认为“现代的华南，尤其是东南区的人民还有几点体质特征和马来族相类似，历史上记载的东南区古越族也有些风俗和语言与马来族相联系，再加以两方发现的有史以前的古物也很相像，这几点都能证明这二种民族之间应是有关系的”。

根据有段石锛的制造时间和发展阶段看，太平洋海岛地区和东南亚民族的族源，就是来自中国东南沿海的越族，而且远洋航线的开辟，也就是丝绸传播的开始。这就明确地印证了海上交通之路的探索时期可以追溯到公元前11世纪的西周时期以前，甚至新石器晚期，最晚在战国时期就已经开通了。由于东南亚某些民族在先秦时期就和合浦的古代越族有渊源关系，加上岭南越人善于驾舟航行，当地越族就可以“以舟为车，以楫为马”，经常航行到东南亚地区，这就为汉开辟以合浦沿岸港口为起点的海上丝绸之路打下了基础。

从东夷、百越到华南“汉人”：亚太海洋文化的土著性

吴春明　佟珊
（厦门大学历史系）

亚太海域是人类海洋文化体系中相对独立的分区，与世界上其他海洋文化圈跨时空的变迁过程一样，在唐宋“大航海时代”到来之前，亚太海洋土著文化同样是一个以中国东南沿海为中心的环中国海向东南亚、太平洋群岛的传播、变迁的动态时空。在这个跨时空的海洋文化圈中，从夷、越到南岛，乃至唐宋以来具有鲜明夷、越文化基因的华南沿海“汉人”，嬗变与发展中的亚太海洋族群文化具有鲜明的土著性。①

一、夷、越先民的海洋文化奠基

史前、上古时期的东夷、百越先民濒于大陆沿海地带，是中华民族中最早的海洋活动实践者，力海为田、扬帆大海，奠定了中华早期海洋文化的基础。夷、越先民的海洋文化史最初为考古、民族学家先后揭示，早在20世纪30年代，林惠祥就已将中国东南、东南亚早期土著活动区称为“亚洲东南海洋地带”，并从考古学文化因素上论证百越先民、“原马来人”等早期海洋族群的分布与海上传播。② 50年代，凌纯声又提出“亚洲地中海文化圈”的理论，将中国东南至南海间的“夷越”推为早期海洋文化的主体，将他们创造的“珠贝、舟楫、文身”等为特征的海洋人文，并列于

---

① 吴春明：《“环中国海”海洋文化圈的土著生成与汉人传承论纲》，《复旦学报》2011年第1期。

② 林惠祥：《台湾石器时代遗物的研究》，《厦门大学学报》1955年第4期；林惠祥：《福建武平县新石器时代遗址》，《厦门大学学报》1956年第4期。

华夏的“金玉、车马、衣冠”为特征的大陆人文。[①] 70年代，苏秉琦也将“从山东到广东，即差不多我国整个东南沿海地区”作为“面向海洋”的族群活动空间。[②]

夷、越土著海洋族群是环中国海区域最古老的海洋族群文化体系。史前、上古时代，濒于东、南沿海地带的东夷、百越土著民族的文化已凸显了海洋性特征，他们是中华海洋文化的创造者。在中国的沿海地区，从南到北，散布着大量贝丘遗址，这些遗址中包含着东夷、百越先民取食于海洋与扬帆航海的各类物质遗存。与此同时，考古学文化内涵的一致性还表明，东夷与百越先民分别通过早期的航海活动，将中华海洋文化的分布范围扩展到朝鲜半岛、日本、中国台湾以及东南亚与太平洋群岛，奠定了中华海洋文化圈的初期格局。重建中国海洋文明史，首先要通过考古学与民族学的比较研究，厘清东南百越及其土著先民的族群发展史，研究土著民族的海洋文化内涵，认识在中华民族多元一体文化体系建构过程中，东夷、百越土著族群文化对中国海洋文明发展史的奠基性贡献。

（一）东夷的海洋文化

东夷是史前、上古时期主要分布在今山东东部、江苏北部和河北南部的早期土著族群，汉文史籍的零星记载已提到这一族群与海洋的密切关系。《尚书·尧典》：“分命羲仲宅嵎夷曰旸谷”，孔安国注“东夷之表曰嵎夷”，马融则注：“嵎，海嵎也。夷，莱夷也。”《尚书·禹贡》又载：“海岱惟青州，嵎夷既略，潍淄其道。……莱夷作牧，厥篚檿丝。”《山海经·大荒东经》云：“东海之外大壑，少昊之国。”少昊正是“九夷”中的一支。《史记·齐太公世家》里也说：“太公望吕尚者，东海上人。”集解注明即“东夷之人”。《竹书纪年义证》卷8云：“‘夷有九种’……黄白赤玄以服色而别者，与方风等皆近海之类。”

东夷文化又被民俗、考古学者称为海岱文化传统，它是海洋环境影响

① 凌纯声：《中国古代海洋文化与亚洲地中海》，《中国边疆民族与环太平洋文化》，台北联经图书，1979年。

② 苏秉琦：《略谈我国东南沿海地区的新石器时代考古——在长江下游新石器时代考古学术讨论会上的一次发言提纲》，《文物》1978年第3期。

下的区域性海洋民族文化，在考古学上表现为一脉相承的北辛文化、大汶口文化、龙山文化和岳石文化等，这些距今7000~3000年的考古学文化内涵，充分体现了东夷土著族群的史前海洋文化活动。

在黄海海峡几十千米的海面上，长岛群岛成为史前东夷先民在山东、辽东半岛间跨海航行的中继站。从考古学文化的内涵上看，胶东半岛北辛期的白石村一期文化与辽东半岛的小珠山下层文化、胶东半岛大汶口期的丘家山下层、紫荆山下层、北庄二期文化与辽东半岛的郭家村下层文化、胶东半岛龙山期的砣叽大口一期文化与辽东半岛的郭家村上层文化，都有极为密切的源流关系。在辽东半岛的新石器文化内涵中，不但可以看到类似于山东大汶口文化的彩陶内涵，而且在小珠山上层等文化中还发现磨光蛋壳黑陶等典型的山东龙山文化影响。在长岛和胶东的紫荆山下层文化和龙山文化中，也分别发现了辽东半岛史前文化中代表性的刻划、压印纹的直口筒形罐等。以上考古发现表明自史前时代起辽东半岛就是胶东半岛东夷先民泛舟海洋的第一站。①

随着海上活动范围的扩大，东夷先民还从海路将本土文化带入朝鲜半岛南部和今天的日本地区。严文明先生在研究东亚大陆史前稻作农业海上传播途径时就指出，“山东半岛、辽东半岛和朝鲜半岛北部与南部相继发现了公元前两千多年到前一千多年的稻谷或稻米遗存后，一条从江淮流域经山东半岛、辽东半岛、朝鲜半岛而到达九州乃至全日本的稻米之路事实上已经确立起来”，“从山东半岛经辽东半岛、朝鲜半岛再到日本九州，以接力棒的方式传播过去的说法，简称‘北路接力棒说’”②。此外，山东半岛荣成、淄川、青州一带分布的石棚遗迹在朝鲜西海岸也有多处发现，在日本绳纹时代后期的考古遗存中也有发现。从这种分布态势来看，上古东夷人当时沿辽东半岛海岸继续向朝鲜半岛西岸航行，后折返向南到达日本的早期航海路线。目前，辽东半岛黄海沿岸已经发现新石器时代陶舟模型，山东荣成、庙岛群岛、大黑山岛等地也发现了早期木质舟船的遗存，

---

① 佟伟华：《胶东半岛与辽东半岛原始文化的交流》，苏秉琦主编：《考古学文化论集》（二），文物出版社，1989年；王锡平、李步青：《论胶东半岛与辽东半岛史前文化关系》，《中国考古学会第六次年会论文集》，文物出版社，1990年。

② 严文明：《中国古代农业文化的东传对日本早期社会发展的影响》、《胶东考古记》，均收入《农业发生与文明起源》，科学出版社，2000年。

这些都是东夷族群早期航海活动的有力证明。①

从考古发现上看，史前上古时期东夷族群的海洋活动主要包括海洋渔猎、海洋盐业及跨海航行。在黄、渤海沿岸发现了大量的贝丘聚落遗址，遗址中的贝壳、鱼骨等海洋生物遗存与镞、镖、网坠等渔猎工具表明，海洋渔猎是东夷人最主要的采食经济活动。以盔形器为代表的考古学文化遗存则反映了上古时期东夷人的海洋盐业活动。根据考古调查与发掘，东夷文化的制盐遗迹主要分布在以莱州湾为圆心，距海岸线 15 ~ 30 千米为半径，面向海湾的扇形区域内，其中以寿光市大荒北央遗址、双王城盐业遗址群、阳信李屋遗址等为代表的海盐生产聚落，反映了商周时期东夷制盐经济已具有一定规模和专业化的生产水平，也成为东夷人重要的经济生产活动之一。

（二）百越先民的海洋扩张与南岛语族的形成

“百越”是周汉时代中原华夏看“东南”的一个族群识别符号，《吕氏春秋》曰：“东南为扬州，越也”，“扬汉之南，百越之际”。但民族考古学界一般认为，在整个史前、上古时期“东南”、“岛夷”、“苗蛮”诸族都是百越先民的范畴。即传说时代至夏代“三苗”，商周时期吴、越、瓯、粤、闽等诸蛮，东周以来又逐渐被于越、闽越、南越、东瓯（越）、西瓯（越）等不同支系的“百越”文化所取代。秦汉以来，百越文化逐渐融合于汉文化之中，但也有部分越人逃避山里，形成东汉六朝的“山越”、唐宋时期的“峒蛮”和“峒僚”以及明清以来的畲、瑶、黎等少数民族。所谓“百越”文化，包括了百越及其先民的文化。②

在华夏、汉民人文视野中，百越先民就是一支以“善于用舟”、“海蛤蝉蛇”为特征的“非我族类”。汉文史籍中的“岛夷”、“百越”均以舟楫、渔猎、珠贝为特征。《尚书·禹贡》云：“淮海惟扬州”，“岛夷卉服，

---

① 朱建君：《东夷海洋文化及其走向》，《中国海洋大学学报》（社会科学版）2004 年第 2 期；陈杰：《从考古资料看先秦时期山东半岛先民的海洋经济生活》，《文博》2007 年第 6 期。

② 吴春明：《中国东南土著民族历史与文化的考古学观察》，厦门大学出版社，1999 年，第 6 页。

厥篚织贝”。《淮南子·主术训》云：“汤武圣主也，而不能与越人乘舲舟而浮于江湖。”《越绝书·越绝外传记地传》载：“夫越性脆而愚，水行而山处，以船为车，以楫为马，往若飘风，去则难从。”《逸周书·王会解第五十九》载：“东越海蛤，欧人蝉蛇，蝉蛇顺食之美，姑于越纳，姑妹珍，且欧文蜃，若人玄贝。”《博物志》载：“东南之人食水产……龟、鳖、螺、蚌以为珍味，不觉其腥臊也。”

史前考古研究证明，与东夷先民相比，百越先民的航海活动更为活跃，航海能力也更强，东南沿海地区在上古时期就已经成为环中国海区域内海洋社会的中心。东南沿海成千上万的海岛上发现的新石器文化都与邻近大陆边缘的史前文化面貌基本一致，是原始居民从大陆边缘向近岸海岛航渡的反映。距今 6000～4000 年的福建平潭岛壳丘头、西营、金门岛富国墩、金龟山、浦边、东山岛大帽山等贝丘遗址的内涵①分别与闽江下游的闽侯溪头、昙石山等地文化基本相同②；浙江舟山群岛上的定海岛塘家墩、十字路、大支、潮面、岱山岛的馒头山，大衢岛的孙家山、蛤蟆山，嵊泗岛的菜园镇等都分别发现了距今 7000～4000 年的河姆渡文化、良渚文化相同的内涵③；广东沿海各岛屿上 7000～4000 年前的文化与深圳咸头岭、佛山河宕等新石器文化面貌一致。这些都是百越先民近海航行、向海上移动的结果。

百越先民的航海活动并不局限于近海的陆岛间，具有数千年历史的远海、远洋航行是百越—南岛共同体形成的基础。林惠祥先生早年就将台湾史前文化看成“祖国大陆东南一带的系统”、大陆东南人文从海洋“漂去”。④ 我们曾经研究了台湾西海岸距今 5000～2000 年间的绳纹陶文化—

---

① 福建省博物馆：《福建平潭壳丘头遗址发掘简报》，《考古》1991 年第 7 期；厦门大学考古专业等：《1992 年福建平潭岛考古调查新收获》，《考古》1995 年第 7 期；林朝启：《金门富国墩贝冢遗址》，台大《考古人类学刊》，1973 年第 33～34 期；陈仲玉：《福建金门金龟山与浦边史前遗址》，《东南考古研究》（第二辑），厦门大学出版社，1999 年；徐起浩：《福建东山县大帽山新石器时代贝丘遗址》，《考古》1988 年第 2 期。

② 吴春明：《闽江流域先秦两汉文化的初步研究》，《考古学报》1995 年第 3 期。

③ 吴玉贤：《从考古发现谈宁波沿海地区原始居民的海上交通》，《史前研究》1983 年第 1 期。

④ 林惠祥：《台湾石器时代遗物的研究》，《厦门大学学报》1955 年第 4 期。

泥质红陶文化—灰黑硬陶文化—方格纹陶文化等不同阶段的民族文化类型与东亚大陆沿海史前文化的同步发展序列，提出“台湾西海岸原始文化的形成和发展，可以看成是史前期东亚大陆向海岛的几次重大的文化移动浪潮的结果。”①

沿着百越先民在闽台间海洋经济文化交流的态势伸展开去，类似的史前文化传播与海洋人群移动还发生在台湾与吕宋间的巴士海峡、东南亚与太平洋群岛间的众多大小海峡之间，在更广阔的西南太平洋群岛地带形成了一个建立在海洋经济文化互动基础上的南岛语族文化圈。民族考古学家在探索东南亚、太平洋群岛土著民族文化起源的研究中发现，波利尼西亚群岛上的有段石锛、大洋洲群岛上的拉皮塔（lapita）文化等都源于新石器时代的中国大陆东南海岸。语言学家通过东南亚、大洋洲现存土著南岛语族的语言词汇内涵分析拟测原南岛语族先民的生活环境，结论也是南岛语族来源于中国大陆东南海岸。张光直先生还勾画出南岛土著先民自闽粤沿海出发，经过中国的台湾海峡、中国台湾东南部岛屿，再经过菲律宾群岛、东南亚群岛，最后抵达太平洋群岛的迁徙路线。②

舟楫是海洋活动的载体，“善于用舟”正是百越—南岛土著海洋民族海洋人文中最重要的体现，而竹排筏与独木舟则是学界讨论的史前土著使用的两种主要泛海工具。根据南方船家人文延续使用的鱼排、竹筏以及台湾高雄、台东等地的悬挂竹篾风帆的大型航海竹排筏，学者认为帆筏正是百越先民远洋迁徙的工具。③ 最新的研究表明，以跨湖桥遗址出土的带边艇、席帆、以桨划行的独木舟为代表的航海工具，以及黔西南台江施洞苗族的“子母船”，与太平洋边架艇十分相似，为探索百越远洋航海工具提供了新的线索。④

---

① 吴春明等：《台湾西海岸史前文化编年初论》，《南方文物》1992 年第 3 期。

② 林惠祥：《中国东南地区新石器文化特征之一：有段石锛》，《考古学报》1958 年第 3 期；张光直：《中国东南海岸考古与南岛语族的起源问题》，《南方民族考古》（第一辑），四川大学出版社，1987 年；Peter Bellwood, *Prehistory of the Indo—Malaysian Archipelago*, Honolulu: University of Hawaii Press, 1997.

③ Barry V. Rolett, Southeast China and the Emergence of Austronesian Seafaring, in Tianlong Jiao edited, *Lost Maritime Cultures: China and the Pacific*, Honolulu: Bishop Museum Press, 2007.

④ 吴春明：《中国东南与太平洋的史前交通工具》，《南方文物》2009 年第 2 期。

百越、南岛族群除了善于航海之外，还以海洋生物作为重要的生活与生产资源。闽粤桂沿海地带、中国台湾及东南亚地区也常见含有大量野生介壳动物遗骸和鱼骨等的贝丘遗址，这是东南沿海考古文化遗存的一大特色，也是东夷、百越—南岛先民海洋捕捞经济的反映。[①] 珠海宝镜湾遗址的原始岩画上也描绘了土著居民濒海渔归、出海祭祀等海洋活动的图画。[②] 贝壳制作的生产工具与装饰器具也是百越—南岛先民的海洋族群特征之一。福建沿海的昙石山、溪头、庄边山、墓林山，以及珠江三角洲的一系列沙丘遗址中，都不同程度地发现用贝壳制作的刀、铲类工具和穿孔的坠饰品，在台湾的史前遗址中也不乏同类发现；印支半岛、泰国、越南等沿海史前遗址中发现不少用贝壳制作的镯、坠、串饰等装饰品[③]；菲律宾群岛上，巴拉望和苏禄岛的考古遗址中也出土了不少贝壳制作的铲、刀类工具，镯、坠、耳饰等器物更是屡见不鲜[④]。

史前、上古东南“百越”先民的海洋扩张及其形成东南亚、太平洋“南岛语族”海洋文化的历史是比较明确的，具有充分的考古学、民族学材料依据。“百越”与“南岛”实际上是研究、探索同一个土著海洋族群文化体系过程中，中、西学术间的角度与话语的差别。“百越”是华夏汉人看东南的话语，中国民族学者基于古代华南大陆“百越民族史”的立场，单一地构建百越民族向东南亚扩散、传播的海洋活动史；“南岛”是16 世纪以来西方人类学家遭遇南太平洋群岛土著族群文化时给予的“族称”，国际民族、考古学界则基于这些南岛语族的民族语言学立场，思考、论证原南岛语族起源于东南亚或华南的问题。因此，“百越史”从陆地看海洋，“南岛史”从海洋追寻陆地，存在学术视觉差距，但谈的都是一个问题。考古学、民族学、体质人类学与民族语言学的多重证据表明，“百

---

① 袁靖：《中国大陆东南沿海贝丘遗址研究的几个问题》，《考古》1995 年第 12 期。

② 徐恒彬、梁振兴：《高栏岛宝镜湾石刻岩画与古遗址的发现与研究》，《珠海考古发现与研究集刊》广东省博物馆。

③ Nitta Eijj, *The Respected White Shell—Southeast Asian Shell Ornaments*，邓聪编：《东亚玉器》，香港中文大学中国考古艺术研究中心，1998 年。

④ F. landa Jocano，*Philippine Prehistory*，Diliman Quezon City：University of the Philippines System，1975，pp. 11 – 18.

越—南岛”属于同一跨界文化共同体，共同创造了亚太海洋地带最古老的土著海洋文化层。

史前、上古时期的东夷、百越—南岛先民是亚太海洋文化的缔造者，他们的早期海洋活动已经形成了一个以环中国海区域为中心，远达东南亚、太平洋群岛的早期亚太海洋社会。尤其是百越先民发达的航海技术与活跃的海洋活动，使中国东南沿海地区逐步确立了在亚太海洋社会中的中心地位。

二、“华南汉人”的海洋文化传承与扩张

汉唐以来，以汉族为中心的中华民族多元一体社会格局形成，不断汉化的夷越后裔与南下的汉人逐渐形成了“华南汉人”这个新的海洋文化族群。他们继承了早期夷越先民的海洋文化传统，改进造船技术，发展航海贸易，在早期海洋聚落的基础上形成了繁荣的航路网络与贸易港市，环中国海再次成为世界海洋文化舞台上最活跃的区域。亚太海洋社会逐渐成为以中国东南沿海为中心、以“四洋”航路为纽带、以“华南汉人”为主导的海洋经济文化系统。

汉唐以来以“华南汉人”为主体的环中国海海洋社会经济文化成就，比较详尽地见载于汉文史籍并为考古发现不同程度地证明。在海船技术方面，从汉晋时代就有分舱抗沉结构的东南早期海船，到唐宋以来的“四大海船”与南、北生态船型，水密隔舱技术，远洋大船技术在明代以前高度发达，其中“南船”水密隔舱技术被马可·波罗誉为世界上唯一触礁不沉的古代海船。在航海技术上，在汉晋间的风帆技术与望日、月、星宿而进的先进航海技术基础上，唐宋时代进入了以“船行八面风”、“指南针法”和“过洋牵星”等为代表的定量航海技术，东南船家掌握了古代世界最先进的航海技术。在这些成熟的造船与航海技术的支持下，航路网络与海洋经济体系的不断繁荣，成为此时亚太海洋社会的主要内涵。在汉晋间番禺、东冶港市为中心的徐闻、合浦道与南海离岸航路的基础上，唐宋元明以来以广州、扬州、泉州、明州等四大港市为起点的东洋、西洋、南洋、北洋“四洋”通海夷道形成并逐步网络化，在太平洋西岸和印度洋诸番间托起一个庞大的海洋社会经济活跃地带，“环中国海”成为世界海洋商路

网络中最繁忙的段落，成就了中华海洋文明史上的“大航海时代”。

在传统史学的论述中，总是认为“华南汉人”就是汉唐以来，尤其是唐宋以后，随着中原北方汉人的大规模南迁形成的，南迁的汉人带来了中原先进的农业等生产技术，认为是“汉化”过程促成南方社会经济的发展、经济重心南移、海上丝绸之路与大航海时代的到来。这种典型的中原文化中心论史观，从“华夏中国”看“四方万国”，站在大陆性农耕文化的视野看东南海洋，将古代东南海洋文化的发达归功于中原经济重心的由北南移、汉人“衣冠南渡”所带来的“先进”文化的推动。传统民族史的观点忽视了以东南沿海为中心的面向海洋的地域生态与海洋社会经济传统的自身价值的评判，否认了土著先民的早期海洋文化与汉人时代的晚期海洋文化之间的历史传承。

古代东南沿海地区是一个相对独立的海洋社会系统，从先秦东南百越的“善于用舟”和汉唐海上岛夷的早期互动，到宋元、明清时期海洋经济繁盛，东南沿海维系着一个面向海洋的、开放性的、源远流长的地域性海洋人文传统，是亚太海洋社会形成与变迁的策源地。作为中华文明“多元一体”结构中相对独立的环节，东南地区海洋经济并不只是宋元明清时代的异军突起，更不是中原北方汉人社会嫁接和农耕经济中心南移的结果，而是起源于史前、上古并初步发展于汉唐时期的一脉相承的海洋性人文体系。

事实上，唐宋元明以来以东南沿海为中心的环中国海海洋社会经济实践的主要族群——华南汉人，并非都是中原北方的汉人移民，东南汉民中相当程度是“汉化了的越人”，即便是北方南下移民也是不同程度“土著化”、“越化”的汉人。他们在土著先民“善于用舟”的传统文化基础上，将先秦两汉率先发达的东南海洋文化推向唐宋元明时期。华南汉人是由汉化的海洋族群后裔与南迁汉人共同构成的。从百越族群到华南汉人是华南民族发展史上的重要事件，而其中海洋文化的传承正是这一过程中最关键的内容。华南汉人海洋活动中的基本元素，无论是港市经济、远洋航路，抑或是基层的海洋人文，无一不是对早期百越—南岛族群文化的继承与发展。

首先，“大航海时代”繁盛的港市经济与海洋交通的发达，是在上古百越海洋性聚落形态中心——番禺、东冶、东瓯、山阴等基础上发展与不断变迁的结果。从汉文史籍的线索与考古学内涵来看，早在周汉之际的东南沿海百越海洋族群的王国都城都已经发展成为我国早期航海的最重要中心，东南早期古文化的中心与百越王国都城都无一例外地位于大江大河的入海口，如珠江口的南越国都和秦汉以来的南海郡治番禺、闽江口的闽越国都和闽中郡治东冶、瓯江口的东瓯都城、太湖流域的吴国都城、钱塘江口的于越都城山阴。[①] 汉晋以后，这些早期土著港市相继延续或变迁为郡县时代的中心治所或作为“大航海时代”区域性海洋社会经济集散地的中心港市，比如在岭南地区，广州始终保持第一大港的地位，就是在南越国都番禺的基础上发展起来的；在闽中地区，汉唐最大港市东冶、甘棠港也是奠基于闽越国都冶城，宋元明清以来依次更迭为泉州港、漳州月港和厦门港等海洋贸易的中心港市。

与此同时，“四洋”航路的形成也是以早期东夷、百越航海路线为基础的。史前、上古东夷先民创造的跨越山东、胶东半岛的航海路线成为北方海域最便捷的跨海通道之一。以东南沿海为中心的闽南航海家东行途经中国的台湾省，抵达菲律宾海域的“东洋”航路与闽越航海家视野下“南行”、“西行”形成的“南洋”、“西洋”航路，也是在史前百越—南岛先民梯次航行，向东南亚和太平洋群岛等地扩散的早期航路基础上逐步繁荣起来的。中国台湾省及菲律宾群岛等地，在史前时期作为百越海洋移民向太平洋扩散的“中转站”，此时又成为四洋航路上重要的海洋移民与海洋经济中心，依然是亚太海洋社会中的重要组成部分。

此外，东南沿海地带基层海洋人文一脉相承的线索也是清楚的，与唐宋元明的海洋文明密切相关的一系列海神信仰也都源于东南百越土著。比如作为东方海神的妈祖，先后七次被元代中央政府册封，成为中国沿海乃至中国船家所至世界各地都流传的正统海神信仰，但根据南宋《顺济圣妃庙记》和《灵惠妃庙记》，莆田绅士称妈祖为“龙女”、“龙种”，即疍民，如是则妈祖就是越人的后代了。[②] 还有学者认为，闽江船民和福州出海舟子主要的救护神临水夫人，即陈靖姑，是因曾坐化成神降伏蛇精而受封为

① 曹峻：《百越都城海洋性的探讨》，《东南考古研究》（第三辑），厦门大学出版社，2003 年。

② 郑振满：《妈祖是蛋民之后？》，《华南研究资料中心通讯》1997 年第 7 期。

"临水夫人"，这也是源于奉蛇崇拜的古田溪峒民即闽越的原始崇拜。[①] 在岭南地区，唐宋以来的海神龙母也是在上古越人及疍民社会（中）成长起来的，五代元明以来相继被敕封为"博泉神日龙母夫人"、"永济夫人"、"程溪龙母崇福圣妃"、"护国通天惠济显德龙母娘娘"等，成为岭南地区民间航海的守护神。[②] 这些海神信仰的土著来源与王朝册封正是华南汉人主导下海洋文化变迁的反映之一。

总之，汉唐以来，尤其是唐宋以后的"大航海时代"，不仅是中华海洋文明史的兴盛期，也是亚太海洋社会的繁荣期。"华南汉人"在"四洋"航路网络上的海洋驰骋是以史前、上古夷越土著海洋文化为基础的，是夷越族群构建的亚太海洋社会的发展阶段。

史前、上古时期东夷、百越民族创造了"环中国海"地区最早的海洋文化，并通过数千年不断地跨海航行与海路移民将夷越海洋文化传播到整个亚太海洋地带，形成了亚太海洋社会。唐宋以来，"华南汉人"主导的环中国海海洋文化活动，仍以中国东南沿海为核心地区，通过繁荣的"四洋"航路贸易网络，带动了整个亚太海洋社会的发展。

① 谢重光：《客家文化中的闽越文化因子》，《闽越文化研究》，海峡文艺出版社，2002 年。

② 蒋明智：《龙母信仰的历史发展——悦城龙母信仰研究之三》，《广西民族研究》2003 年第 4 期；黄桂秋：《大明山龙母文化与华南族群的水神信仰》，《广西师范学院学报》（哲学社会科学版）2006 年第 3 期。

环南海地区早期玉器的海洋交流

石荣传
（厦门大学历史系）

玉器在东亚的出现相当早，约距今 8000 年前的兴隆洼玉器已十分成熟。从新石器时期中晚期玉文化的分布看，多位于长江以北的大陆沿海地带及隔海相望的岛屿。江浙以南地区在新石器中期极少发现，原因可能是多山的地理环境阻碍了与其他地区的文化交流；同时当地优越的海洋物质条件，也部分减缓了当地文明进程的速度。随着海岱文明与长江下游文明的西进与南迁，较为先进的史前文明大规模进入五岭以南地区，给当地的土著海洋文明带来了新的生机，直接加快了文明的进程，促使环南海地区早期玉器发展起来。随着中原王朝行政手段的干预，礼玉文化渐趋影响这一地区。

近年来，随着中国南部考古工作的不断开展，环南海地区的玉器开始受到越来越多的重视。国内外学者对这一地区的玉器个案的研究硕果累累，多收录于各种会议论著，如《南中国及临近地区古文化研究》（1994 年）、《东亚玉器》（1999 年）、《东南考古学研究》（第四辑，2010 年）等。文中对玉器的海洋交流多有涉及，但由于材料等限制，少有专题论述。本文在前人研究基础上，对环南海地区出土的玉器作一简单考古学分析，以期从外来因素推测环南海地区玉器的海洋交流情况。

一、环南海出土玉器概况

本文所言的环南海地区包括南海两侧的大陆与岛屿，东亚大陆东南闽粤沿海地区，中南半岛的越南等地，隔海相望的中国台湾省及菲律宾群岛等地。国内外学者对环南海地区整体或个别区域的玉器出土情况多有探讨[①]，多以行政区划地为界。为了解环南海地区早期玉器的海洋交流状况，本文对以上资料与研究论文加以整理，将玉器出土情况简单介绍如下：

（一）东亚南部大陆及沿海一线

这一区域主要包括闽、粤、港、澳等地，尤其是珠江流域，是东亚南部早期玉器最为重要的分布地点，大部分遗址年代较为清晰，因此按年代大致可以分为以下几个阶段：

1．距今约6000~5000年

这一阶段是东南地区玉器最早出现的时期，主要遗址有深圳咸头岭遗址；福建平潭壳丘遗址[②]和昙石山遗址的下层[③]；广东石峡遗址第4层（石峡第一期文化）[④]；香港涌浪南区2B层、蟹地湾下层、石壁东湾、过路湾上区、珠海后沙湾。

这一时期玉器种类较少，主要为生产工具，如斧、锛、凿等，少见环、玦等。

2．距今约5000~4000年

这一时期在东亚大陆的腹地长江、黄河流域，社会格局发生极大变化，仰韶文明成功越过黄河，迫使海岱文明与长江下游文明进一步西迁或南迁，这直接加快了东亚南部的文明进程。表现在玉器上即东南玉器数量的大增，出土遗址也大为扩展，主要遗址有：福建闽侯昙石山、溪头；广东石峡文化石峡[⑤]；珠海宝镜湾[⑥]；澳门黑沙[⑦]；香港上过路湾、春磡湾、

---

① 连照美：《台湾卑南玉器研究》；吴春明：《福建先秦玉器探讨》；杨式挺：《广东史前玉石器初探》；杨耀林：《深圳先秦玉石饰物初探》；李世源：《珠海、澳门近年出土水晶器、玉器试析》；陈仲玉：《台湾史前的玉器工业》，均收入《东亚玉器》，香港中文大学中国考古艺术研究中心，1998年。

② 福建省博物馆：《福建平潭壳丘头遗址发掘简报》，《考古》1991年第7期。

③ 福建省博物馆：《闽侯昙石山遗址第六次发掘》，《考古学报》1976年第1期。

④ 杨式挺等：《试析石峡第一期文化的白陶及其源流问题》，《东南考古研究》，厦门大学出版社，2010年。

⑤ 杨式挺：《广东史前玉石器初探》，《东亚玉器》，香港中文大学中国考古艺术研究中心，1998年。

⑥ 广东文物考古研究所、珠海市博物馆等：《珠海宝镜湾》，科学出版社，2004年。

⑦ 邓聪、郑炜明：《澳门黑沙》，香港中文大学出版社，1996年。

龙鼓上滩、南丫岛深湾、涌浪等[①]。

从出土的玉器来看，这一时期主要集中于珠江流域，即粤北及环珠江口一带。装饰品成为玉器大宗，主要种类有玉琮、玉环、玉玦、玉璜、串饰等。

3. 距今约4000年，相当于中原夏商周时期

这一时期黄河流域已进入历史时期，但是东南大陆各地仍处于史前时期。相较于之前北方史前文化对该地的影响，此时中原王朝文化也开始进入东南。

出土地点主要有：福建闽中福清东张、浦城牛鼻头、闽南粤东地区以浮滨文化为主的各遗址，如福建南安大盈寨[②]、漳州平和西山M1[③]、虎林山[④]、龙海步文云洞岩、南安水头石窟山岩阴、民安丁址[⑤]；广东博罗横岭山墓地[⑥]、石峡遗址中层和上层、石峡遗址第四期墓葬[⑦]、深圳向南村、东莞村、南海鱿鱼岗[⑧]；香港东湾、东湾仔、下过路湾、蟹地湾、万角咀、白芒[⑨]等。

这一时期是东南地区玉器发展的高峰时期，出土数量众多，且发现了多处玉器作坊，如珠江宝镜湾、澳门黑沙等。与此时其他地区发现的玉器作坊一样，大多处于滨海地区，对于研究小区域玉器成品的流通路线提供了不可多得的材料。与前期相比，玉器种类有所变化，有玦、凸缘环（"T"形环）、环、管、珠、璜、璋、戈、锛等。琮、璜等器物极少见。玉

① 郑聪：《环状玦饰研究举隅》，《东亚玉器》，香港中文大学中国考古艺术研究中心，1998年。

② 庄锦清、林华东：《福建南安大盈出土青铜器》，《考古》1977年第3期。

③ 郑辉：《福建平和发现一座西周墓》，《东南文化》1991年第1期。

④ 福建博物院、漳州文管办等：《虎林山遗址》，海潮摄影艺术出版社，2003年。

⑤ 吴春明：《福建先秦玉器探讨》，《东亚玉器》，香港中文大学中国考古艺术研究中心，1998年。

⑥ 广东省文物考古研究所编著：《博罗横岭山——商周时期墓地2000年发掘报告》，科学出版社，2005年。

⑦ 广东省博物馆等：《广东曲江石峡墓葬发掘简报》，《文物》1978年第7期。

⑧ 杨式挺：《广东史前玉石器初探》，《东亚玉器》，香港中文大学中国考古艺术研究中心，1998年。

⑨ 郑聪：《环状玦饰研究举隅》，《东亚玉器》，香港中文大学中国考古艺术研究中心，1998年。

器主要集中于环珠江口地区与闽南粤东一带，两地出土玉器种类、造型稍有差别，具体详见下文。

（二）中南半岛

中南半岛的早期玉器最早见于越南北部地区 Ha Long、Mai Pha、Bau Tro 等地[1]。其时代大约距今 5000 年。越南处于玉器起步阶段，多为工具类。

从越南冯原（Phung Nguyen）文化（与中原商相当）开始，玉器出土数量增加，如冯原遗址共出土石环 540 件、玦 8 件、玉管 34 件等；永富省 Lung Hoa 遗址 M13、Xom Ren 遗址 M1 和 M3，以及稍晚的东山（Dong Son）文化（青铜时代晚期至铁器时代早期）遗址出土大量玉器。此时组玦大量出现，Quy Chu 遗址出土 38 件玉玦。

距今约 2000 年到公元 200 年，越南中南部盛行的考古学文化是沙莹文化，主要遗址有 Long Thanh、Hang Gon、Phu Hoa 等。玉器数量与种类有所减少，但是造型极为少见。另外，中南半岛的柬埔寨、泰国等地此时也有玉器出土，主要为玦饰。

越南地区的玉器除早期多工具类外，后期主要以装饰品和仪玉为主，有玉玦、凸缘环、坠、璋、戈等，出现了组玦。

（三）中国台湾地区及东南亚各岛屿

中国台湾地区的玉器目前最早见于大坌坑文化芝山岩遗址、花莲县寿丰乡月眉Ⅱ遗址、淡水石碓尾遗址、庄厝遗址等[2]，时代大约距今 5000 年，玉器种类极为简单，多为工具。

距今约 4000 年，中国台湾地区玉器大量增加，主要分布于以卑南为中心的东海岸，如卑南、加路兰、鲤鱼山、富岗、都兰、马武窟、郎人村、

---

① 阮金容：《越南出土的玉玦》，《东南考古研究》，厦门大学出版社，2010 年；Nguyen Kim Dung, *Ancient Jade—manufaturing Tradition in Vietnam*，《东亚玉器》（Ⅱ），香港中文大学中国考古艺术研究中心，1998 年。

② 刘益昌：《台湾出土的早期玉器及相关问题》，《东南考古研究》，厦门大学出版社，2010 年。

油子湖、渔人村等地；以圆山文化为主的西部海岸北部与中部地区，如圆山遗址、芝山岩，中部的水崛蛙、曲冰、大马璘等地[①]。

东西两海岸玉器发展稍有差别：前者出土大量造型各异的玉玦、凸缘环、玉环、玉管、玉铃饰等；后者数量与质量远远落后于前者。但在距今3500 年之后，二者之间互相交流，如台北芝山岩遗址与卑南遗址都出土有一种极为特殊的玉玦——人兽形玉玦。

东南亚岛屿的玉器出现时代相对较晚，但持续时间较长，直至秦汉以后，仍有出现，这与文化的滞后性相符合。最早的玉饰距今约 2500 年出现于菲律宾群岛，主要集中于岛的西岸一线[②]，靠近中国台湾省的吕宋岛、棉兰老岛（Mindanao）等遗址常有台湾玉饰物，如 Tabon 洞穴群、巴拉望岛的 Duyong 洞穴等。

这一地区出土的玉器种类少，主要为玦、异形玦、珠、管等。

从环南海地区玉器出土情况的大体介绍来看，这一地区的玉器可以分为以下几个阶段：

第一阶段：距今约 6000 年 ~ 5000 年，玉器的萌芽阶段，玉器数量很少，多为工具，如锛、凿、箭镞等。装饰品较少，且多为石类，种类较为简单，仅见有环、珠等。出土地点多偏离海岸。

第二阶段：距今约 5000 ~ 4000 年。这一阶段大约相当于中原龙山文化后期。玉器出土数量急剧增多，装饰品成为玉器大宗，主要种类有玉琮、玉环、玉玦、玉璜、串饰、镞形器等。从这一时期玉器出土地点来看，玉器主要集中于珠江流域，以粤北石峡文化为中心。隔海相望的岛屿开始出现玉器，但相对大陆来说，处于萌芽时期。

第三阶段：夏商周时期（有的地点延至秦汉）。这一时期可以说是环南海地区玉器的鼎盛时期，玉器出土数量与种类都大为增加。玉琮、玉璜等种类减少甚至消失，玉玦开始大量发展，成为继环日本海早期玉玦、长

---

① 连照美、宋文熏：《卑南遗址发掘 1986—1989》，“国立”台湾大学出版社，2005 年；连照美：《台湾新石器时代卑南墓葬层位之分析研究》，“国立”台湾大学出版社，2008 年；陈仲玉：《台湾史前的玉器工业》，《东亚玉器》，香港中文大学中国考古艺术研究中心，1998 年。

② EusebioZ · Dizon，*Earrings in Philippine Prehistory*，《东亚玉器》，香港中文大学中国考古艺术研究中心，1998 年。

江下游早期玉玦之后的又一玉玦集中地。不同的是，此时玉玦不仅数量多，而且造型多样，出现了许多异形玦。同时出现中原夏与商前期盛行的仪玉璋、戈等。

二、环南海地区早期玉器文化因素分析

以上是对环南海地区玉器出土地点与种类的简单分析，为了进一步了解这一地区的玉器交流状况，下面即对早期玉器中的典型玉器进行简略分析：

1. 玉琮

玉琮在东南地区的出土集中于粤北地区，石峡遗址出土有 6 件，床板岭、封开禄美村、海丰田墘镇三舵遗址出土有 2 件。另外福建霞浦黄瓜山遗址下层 T534⑥：6 出土有一件石琮，该石琮极为简单，素面。

琮整体形制与良渚文化出土的玉琮没有大的区别，皆为长方体，外方内圆，且分节，节上多见有简单纹饰，较为精美的要数海丰所发现的其中高约 8.4 厘米者，其纹饰与寺墩 M4：1 极为相似，这一造型还见于福泉山、瑶山、反山、张陵山等良渚文化晚期遗址中。由此可以看出东南地区琮的渊源所在。另外，石峡 M47：36 玉璜外缘镂孔的制作技法与良渚文化璜与觿外缘镂孔技法一致。但是，整体而言，石峡文化玉琮相较于良渚文化，简略粗糙了很多，二者之间应当不是简单的物品交换，而是族群迁徙至本地与当地土著结合的结果。

2. 玉玦

继兴隆洼文化、河姆渡—崧泽文化之后，新石器时代末期，在环南海沿岸及岛屿又一次出现用玦高峰。玉玦是环南海地区数量最多，造型最为丰富的玉器，也是目前这一地区个案研究的焦点之一①，分类与谱系研究都较为清晰。限于本文的目的是研究早期玉器的整体海洋交流，所以此处

① 邓聪：《环状玦饰研究举隅》；陈星灿：《中国史前玉石玦初探》；EusebioZ · Dizon，*Earrings in Philippine Prehistory*，均收入《东亚玉器》，香港中文大学中国考古艺术研究中心，1998 年；邓聪：《东亚玦饰的一些争论》，《红山文化研究：2004 年红山文化国际学术研究会论文集》，文物出版社，2006 年；阮金容：《越南出土的玉玦》，《东南考古研究》，厦门大学出版社，2010 年。

不做详细类型学分析，仅在前人研究基础上，就文化因素方面对其进行论述，以期寻找玉玦的交流方向与路线。

这一地区的玉玦有极浓厚的地域特色，如素面环形、镯形玦及外侧有凸饰的玦等，另外还流行组玦（成套玉玦）。

（1）素面玦。相对于本地的凸饰玦及中原历史时期的纹饰玦而言。最早的玦以福建壳丘头 T407⑤：10 为代表，制作稍显不规整，断面呈扁圆形，外径 4.3 厘米，内径 2.2 厘米，厚约 0.4～0.7 厘米。内孔偏离玦口，与北阴阳营遗址 M144：1 相似[1]，但没有后者精美，这类器形常见于长江下游及江淮地区，如江苏金坛三星村 M909A：16[2]、凌家滩 87T11③：8[3]都为此类。

然而这一时期的素面玦主要有单面管钻，剖面近梯形的玉玦，如宝镜湾、博罗横岭山等遗址；闽南粤东沿海一带玦为镯式玦，肉较窄，如广东揭阳油柑山商代墓[4]所出玉玦中间孔特大、断面，近似圆形，与香港南丫岛、台湾卑南等地基本相同，广东揭阳属浮滨文化，该文化广泛分布于闽西、粤东一带，时代约为商末周初。

（2）异形玦。环南海地区最有特色的是异形玦，从距今 3500 年左右开始出现，不仅造型别致多样，且数量较多，主要出土于中国台湾省，越南、菲律宾等地也有出土。凸饰玦最早出现于石峡中层文化，时代是夏末商初，其外凸饰多为“C”形、“山”字形；但此时以台湾卑南文化为代表，发展出了许多造型，如乳突形、人形、兽形等。越南冯原文化（距今约 4000～3300 年）中期阶段的 Xom Ren、Phung Nguyen、Nghia Lap 等遗址也出土有较多形制特殊的玦，其中某些类型与中国西南地区玉玦相似，如月牙形玉玦，内孔偏向玦口一侧，同类器物泰国也有出土，从而证明中南

① 南京博物院：《北阴阳营——新石器时代及商周时期遗址发掘报告》，文物出版社，1993 年。

② 江苏省三星村联合考古队：《江苏金坛三星村新石器时代遗址》，《文物》2004 年第 2 期。

③ 安徽省文物考古研究所、含山县文物管理所：《安徽含山凌家滩遗址第三次发掘简报》，《考古》1999 年第 11 期。

④ 广东博物馆、揭阳博物馆：《揭阳地都蜈蚣山遗址油柑山墓葬的发掘》，《考古》1988 年第 5 期。

半岛的玉文化受从中国西南地区辗转而来的长江下游文明的影响。

菲律宾群岛玉饰以异形玦为主，主要集中于岛的西岸一线[①]，巴拉望岛的Duyong洞穴出土多件凸饰玦，其中一种习称“Ling－Ling－O”，这种造型最早见于越南中南部的沙莹文化（距今约2000～公元200年），主要遗址有Long Thanh、Hang Gon、Phu Hoa等。在柬埔寨也有此类玉器出土，当是由越南向外传播的结果。据EusebioZ·Dizon称，在巴拉望岛Uyaw遗址中，另一种“Ling－Ling－O”仅见于中国香港地区，可惜未见图片。另外，Duyong出土的两兽首耳饰与沙莹文化中此类器物几近一致，清晰指出这类器物的源头所在。另外，靠近中国台湾省的吕宋岛、棉兰老岛（Mindanao）等遗址常出土台湾玉饰物。

（3）组玦。从某种意义上讲，组玦不是造型，而是用玉方法，但为了突出其特色，此处单独列出。

组玦是一组形制相同或相似，大小依次减小的玉玦，其最早见于兴隆洼文化[②]，仅属个别现象。在环南海地区组玦出土较多，时间集中于商周时期，如中国香港的涌浪、东湾仔、下过路湾M2（1）及M7（2）外，广东博罗横岭山M308、M124、M225、M264、M056等，战国秦汉时期，这种组玦在中国西南地区也常有出土，如石寨山M71中即出土了4组，M71：117①15件一组、M71：117②15件一组、M71：65是18件一组，而M71：124更是17件玉玦一组。另外，越南东山文化Quy Chu遗址的M01、M16、M4、M22[③]亦有出土。

大约同时，在中国大陆的其他内陆地区也有出土，如山西天马—曲村北赵晋侯夫人M92[④]出有组玦，时代为厉王前后。西周时期中原地区用玉制度尤其是佩玉制度已较为成熟，以璜为中心的组玉佩有着较为严格的规定，与使用者的身份、地位、等级有直接的关系，基本与用鼎制度相符。

① EusebioZ·Dizon, *Earrings in Philippine Prehistory*，《东亚玉器》，香港中文大学中国考古艺术研究中心，1998年。

② 古方主编：《中国出土玉器全集》（2），科学出版社，2005年。

③ 邓聪：《环状玦饰研究举隅》，《东亚玉器》，香港中文大学中国考古艺术研究中心，1998年。

④ 北京大学考古系等：《天马——曲村遗址北赵晋侯墓地第五次发掘》，《文物》1995年第7期。

而晋属西周嫡系，组玦的使用也有一定的规则。因中原组玦出现不多，此处只能以此作为参考。无独有偶，石寨山出土组玦的墓葬墓主皆推测为滇王一级。这说明，组玦的使用很可能是在中原用玉制度的影响下产生于中国东南地区。可以作为辅证的有福建南安水头石窟山岩阴遗址采集到12件石锛①，形制相同，尺寸由小到大，刃口未有使用痕迹，应为组锛，器型与浮滨文化出土的锛相似，应大约同时，即商末周初。这与此时中原王朝礼制文化的南下密切相关，这也可以从玉璋、玉戈的使用得以佐证。

无独有偶，环南海组玉玦或组锛当受中原用玉制度的影响，其时代可能要晚至西周末，甚至春秋时期。

3. 玉璋（戈）

玉璋的名称始见于《周礼·春官·典瑞》：“牙璋以起军旅，以治兵守。”清末学者吴大澂在《古玉图考》一书中将传世品中上端有刃，下部出阑（牙）的玉器定名为牙璋，此名称沿用至今。

玉牙璋最早发现于湖北天门石家河文化的遗址中②，龙山时期的临沂大范庄③、五莲上万家沟村和海阳司马台④、陕西神木石峁⑤等遗址皆有出土。形状大体一致，为长方片状，凹弧刃，下方左右边缘有对称的扉牙，下部一般都有一穿孔。进入历史时期之后，牙璋在中原地区出土数量不多，二里头文化时期只有河南偃师四角楼大队出有一件、二里头遗址发现两件，形状与前龙山文化的玉璋类似。商代玉璋在中原地区基本不见，河南地区只有新郑县采集到一件时代大约相当于二里岗上层的玉璋，但在四川广汉三星堆遗址一、二号祭祀坑中有大量发现，一号祭祀坑的时代相当于殷墟文化一期，二号祭祀坑的时代相当于殷墟文化二、三期，也就是殷商晚期。

到西周时期，璋大量出现于环南海地区，而这一时期组玦与组锛亦较集中于中国香港、闽粤沿海一带及越南。这一时期的璋都较为简单，阑不

① 张仲淳等：《福建南安发现成套石锛》，《考古》1993年第4期。

② 院文清：《石家河文化玉器概论》，《故宫文物月刊》15卷第5期，总173期，1997年8月，第40页。

③ 临沂文物组：《山东临沂大范庄新石器时代墓葬发掘》，《考古》1975年第1期。

④ 王洪明：《山东省海阳县史前遗址调查》，《考古》1985年第12期。

⑤ 戴应新：《神木石峁龙山文化玉器》，《考古与文物》1988年第5、6合期。

甚明显，两侧装饰有牙，多斜刃。闽南粤东沿海一带商末周初多属浮滨文化，璋经常与土著特色浓厚的凹弧刃锛一起出土，如虎林山遗址 M19 出土戈 5 件、牙璋和石锛 28 件、玦 3 件，其中 M19②：8 牙璋扁平，为细长体，前宽后窄，直柄，斜刃，后段两侧各对称出五牙，长 25.4 厘米，宽 4.6~4.8 厘米，厚 0.6 厘米。另外，中国香港和越南地区璋多于戈，其中原因可能是各地土著文化在吸收外来先进文明时的选择不一，比如在中国台湾地区璋、戈就极少出现。从侧面说明最迟在秦汉之前，东南地区的各地文化之间存在相互交流，但相互之间各具特色，相对独立。

4. 玉戈

目前考古发现最早的玉戈出土于安徽凌家滩遗址，此戈长 18.5 厘米，宽 9.2 厘米，宽援直内，刃口厚钝，风格古拙，比中原地区的玉戈早近千年①。陕西神木石峁龙山文化遗址中②出土玉戈三件，其中一件形状为长援尖锋，双刃，直内上有一孔，无中脊，形态已较规整，这是二里头文化玉戈和商玉戈的前身。玉戈是二里头文化、商代出土数量较多的玉器之一，尤其是在商中后期。进入西周之后，玉戈数量逐渐减少，春秋之后不再常见。

环南海地区的戈出现于商周时期，应是中原礼玉文化南下的结果，从目前来看，较多出土于浮滨文化中，但造型多较简单：多无阑，直内，内与援有分界，也有无界的玉戈，有脊或无脊皆有出土。如虎林山 M19②：8，细长柳叶形，无阑，直内，内上一孔，内与援之间束腰，折收锋，锋部较尖锐，有脊，长 28.5 厘米，宽 5.7 厘米。

5. 环

环在环南海地区早期玉器中出土较多，可分腕饰与臂饰。中国台湾地区存在一种喇叭形环，较为特殊，目前不见于其他地区。另外，臂环最为特殊的就是浮滨文化常见的多条凸饰的环，也称臂钏，越南冯原遗址中也有出现③。

此外，东周时期，凸缘环开始流行于环南海玉文化圈，又称“T”形

---

① 安徽省文物考古研究所：《凌家滩玉器》，文物出版社，2000 年。

② 戴应新：《神木石峁龙山文化玉器》，《考古与文物》1988 年第 5、6 合期。

③ Nguyen Kim Dung, *Ancient Jade—manufacturing Tradition in Vietnam*，《东亚玉器》，香港中文大学中国考古艺术研究中心，1998 年。

环。最早出现于海岱地区，如海阳司马台[①]，流行于夏、商，如殷墟妇好墓曾大量出现。商末周初，璋、戈、凸缘环在中原式微，在周边地区却流行了相当长的时间。如商末周初的三星堆遗址[②]、吴城遗址[③]、金沙遗址[④]都有大量出土。从凸缘环主要出土于中国西南地区及东南沿海一线来看，中原玉文化南下的路线很可能在长江以下赣鄱流域分为两条，一条沿长江而上至云贵地区，云南、贵州一带皆有出土，如云南晋宁石寨山 M71[⑤] 出土有三件；经此到达中南半岛，泰国班清及马来西亚吉兰丹州瓜查的青铜时代墓葬中也出土有凸缘环[⑥]。另一条或经赣鄱流域至闽、粤等地，到达珠江口、台湾等地。

通过对环南海地区玉器出土情况与典型玉器的简单分析，我们大致对环南海地区早期玉器作一集中总结：

从第一阶段玉器的分布看，多偏于大陆东南内陆，如闽北一带。玉器种类也处于萌芽阶段，多为工具，说明此时玉器并不是东南地区史前文化重点所在。此时与北方较为先进的史前文明交流较少，土著文化因素较为浓厚。环南海地区玉器的海洋文化交流并未正式开始。

第二阶段处于中国社会急剧变革的时期，经过激烈的原始争夺，黄河流域文明压倒长江文明，迫使长江文明进一步南下。而这直接导致了五岭以南史前文明进程的加快：玉器出土数量急剧增多，装饰品增多。从玉器造型来看，环南海北岸大陆玉器与长江下游地区所出玉器极为相似，以粤北石峡文化为中心向四周辐射，可见这一时期不仅是文化因素的注入，也可能携带有大量先越民族的入住。

第三阶段是环南海地区玉器的鼎盛时期。玉器出土数量与种类都大为增加，且出土地点遍布东南大陆与隔海相望的岛屿，逐渐脱离了长江下游

---

① 王洪明：《山东省海阳县史前遗址调查》，《考古》1985 年第 12 期。

② 四川文物考古研究院等：《三星堆出土文物全记录》，天地出版社，2009 年。

③ 江西文物考古研究所等：《吴城——1973—2002 年考古发掘报告》，科学出版社，2005 年。

④ 成都文物考古研究所编：《金沙玉器》，科学出版社，2006 年。

⑤ 云南省文物考古研究所等：《晋宁石寨山——第五次发掘报告》 文物出版社，2009 年。

⑥ 杨建芳：《略论有领环的起源、传播与用途》，《中国古玉研究论文集》（下），众志美术出版社，2001 年。

玉文化的影响，地区性改变渐已完成，并开始对外传播，尤其是向海外岛屿的传播。

粤北的石峡玉文化趋于尾声，珠江流域和以粤南文化为中心的中国台湾地区，经过长时间的发展，随着中原礼玉文化的南下，进入了一个相当繁荣的时期。海上贸易的频繁，也使得东亚大陆玉文化扩散至环南海周围的岛屿。

三、环南海玉器海洋交流路线推测

从以上两个方面论述来看，环南海地区的玉器与长江下游玉文明密不可分，长江下游玉文明南下的路线也直接导致了环南海地区海洋交流路线的形成。因此在讨论环南海早期玉器的海洋交流路线之前，对长江文明的南下路线作一简单梳理。

闽粤一带最早出现的长江下游玉文化因素是福建闽北地区，如昙石山石玦，但由于地理因素，长江下游玉文化并未顺利进入闽粤沿海一线。从好川文化[①]看，长江下游的良渚后人极有可能从浙东山区进入武夷山地区，好川文化中含有较多的良渚玉文化因素，如镞形器、祭坛式玉片等，进而影响了牛鼻头遗址，后者界于樊城堆文化与昙石山文化交界，良渚文化由此到达赣鄱流域，并携带了当地文化因素，进而南下到达五岭以南，如江西赣鄱流域流行火烤壁、二次葬，而这也正是石峡文化墓葬特点；另一条则沿闽江流域向东到达闽南沿海一带。

从玉器出土情况来看，长江下游文化因素经粤北石峡的直接南下较为顺利，如珠江地区玉器早期玉玦与石峡所出极为相似，多环形，多双面钻，留下的对接处磨圆，主要以石英、水晶为主，如宝镜湾 ZGBT6②：6 与香港涌浪遗址加工方法十分相似，玦口皆为锯切割，应为同一玉文化系统。另外，从香港、珠海等地的钺与陶器组合来看，皆与石峡文化有着传承关系，如宝镜湾二期文化 T2③A 层瓦形鼎足、T11③B 层中石钺、涌浪遗址的斜刃石钺都为石峡文化的代表器。

长江下游文明除南下和东进闽南沿海外，还有一支沿长江逆流而上影

① 浙江省文物研究所、遂昌文物管理委员会：《好川墓地》，文物出版社，2001 年。

响了江淮、长江中游等地。从目前来看越南地区的部分玉器多出于北部，应来自于由湄公河辗转而来的长江中游玉文化因素，如前所说月牙形玉玦。与此同时，大量资料与研究证实，珠江流域的史前彩陶是大溪文化经湘南、桂林、柳州而下的西江通道向南传播的产物。

总之，最迟距今4000年左右，长江下游玉文化已成功进入东南沿海一带，尤其是珠江流域，为更远的海洋传播打下了基础。长江文明的南下路线也间接导致了环南海地区早期玉器的传播路线。综合上面环南海各地域的玉器情况，将环南海地区玉器的海洋交流路线简单总结如下：

首先，在第二阶段主要由于石峡文化带来的长江下游玉文化影响，导致珠江流域环南海地区玉文化成为这一时期商周阶段的主要玉文化中心。至第三阶段，珠江口玉器已经发展成熟，地区性改变已经完成，同时，接受了南下的中原礼玉因素。从目前情况看，环珠江口玉器对外的影响有以下几个方向：

(1) 沿海岸向东北到达闽粤沿海一带，两地相似的玉器有玦、璋、戈、凸缘环等。当然，闽粤沿海的此类器物还受来自于长江下游文明，以及夏商时期经赣鄱流域而来的吴城文化的影响。

(2) 由闽粤沿海登陆台湾，或直接渡海到达台湾。台湾玉玦与珠江流域的香港、珠海等地的玉玦也有相似之处，如断面为近圆形、环面较细、中孔较大的玉玦与香港涌浪出土的玉玦相似。有学者指出台湾南部大坌坑文化晚期内涵部分来自于珠江三角洲地区①。

(3) 渡海到达菲律宾群岛。

(4) 经由澳门、珠江口到达越南南部地区②。

其次，中国台湾地区是环南海地区第三阶段兴起的又一玉文化中心，对于台湾地区玉文化的来源，除上面所说从环珠江口而来的文化因素外，从台湾早期文化看，闽粤沿海可能是长江文化进入台湾的通道之一。有学者认为大坌坑文化和闽粤同受河姆渡文化影响，玉器极有可能是本期后段，由闽粤沿海一带进入台湾。

---

① 刘益昌：《台湾出土的早期玉器及相关问题》，《东南考古研究》，厦门大学出版社，2010年。

② 邓聪：《越南冯原遗址与香港大湾遗址玉石器对比试析》，《南中国及临近地区古文化研究》，香港中文大学出版社，1994年。

另外，除闽粤一带辗转而来的长江下游玉文化因素外，可能还存在其他的玉文化来源：早期出于台湾东部海岸的玉器与西部海岸所出玉器极为不同，多有玉玦，且造型较为成熟，多玦口较长的梯形或三角形玉玦，同类造型早在绳纹时代初期就已出现于日本列岛。时代上远早于中国台湾地区所出土玉玦的年代，二者之间有琉球群岛相连，所以二者之间存在海洋交流的可能。

因此，中国台湾玉文化来源可能有三：一是由琉球而来的日本玉文化；二由台湾海峡而来的长江下游玉文化；三由南海而来的泛珠江口玉文化。总之，在距今 3 500 年左右，中国台湾地区的先人利用丰富的玉矿，将外来因素与土著因素相融合完成了地区性造型改变，并利用自身的海洋性地理将其传播出去：

（1）直接南下影响菲律宾群岛，并由经沿环南海各岛屿到达越南等地。

（2）向太平洋更远的岛屿扩张。

再次，从早期玉器主要分布于越南北部来看，中南半岛此时应受到从澜沧江、湄公河或红河而来的长江中游玉文化因素的影响，由于途经多个百越族群，多带有土著文化因素，如东山文化有一种孔偏于玦口处、整体呈月牙形的玦，是云贵地区特有的类型，多由小到大成组出土，如赫章可乐①、呈贡②、个旧石榴坝③流传至秦汉，如晋宁石寨山、广西西林普驮铜鼓墓④等皆出土有大量此类玉玦。泰国班清文化出土有玻璃质及印尼金属质的此种造型玦，应受西南大陆玉文化及越南玉文化的影响。随着越南玉文化的兴起及中原玉文化影响，继台湾、珠江流域后，成为环南海玉文化圈的最后一个辐射源。

（1）向中南半岛西部内陆及沿泰国湾扩张，如泰国、柬埔寨的“Ling－Ling－O”玦。

（2）向环南海南端岛屿扩张，沿中南半岛的南海海岸，经泰国湾，到

---

① 贵州省文物考古研究所编：《赫章可乐 2000 年发掘报告》，文物出版社，2008 年。

② 昆明市文物管理委员会：《呈贡天子庙滇墓》，《考古学报》1985 年第 4 期。

③ 云南省博物馆文物工作队：《云南个旧石榴坝青铜器时代遗址》，《考古》1992 年第 2 期。

④ 蒋廷瑜：《西林铜鼓墓与汉代句町国》，《考古》1982 年第 2 期。

达加里曼丹岛、巴拉望岛至菲律宾群岛，甚至到达中国台湾地区。如马来西亚沙捞越（Sarawak）出土有凸饰玦。

虽然与长江、黄河、辽河等流域相比，环南海地区的大陆史前玉文化不太发达，时间也相对较晚，但持续时间最长，除了五岭的阻隔外，沿海一带物产丰富，海洋经济自给自足，衣食无忧，导致本地区先民的进取心不足、经济文化发展缓慢。随着长江下游良渚文化的崛起、扩张及衰落后的四散，极大影响了本地区的史前土著文化，使之发展壮大。加之中原文明的崛起、王朝政权的确立、华夏文化的南下，以及夷越族群被迫沿海岸南迁，长江文明各支系纷纷南下，如大溪文化经湘南、桂林、柳州而下的西江通道向南传播到达珠江三角洲地区①，如此多的文化汇聚于环南海周围，使得这一区域大陆与海洋文化经受多次文化洗礼。由于这一海域的开放性，使得沿海的海洋文化迅速向外扩散，甚至到达更远的太平洋岛屿，构成了环南海海洋文化交流圈的特色。

---

① 浙江省文物研究所、遂昌文物管理委员会：《好川墓地》，科学出版社，2001 年。

西南地区考古出土的海贝与南海的关系

肖明华
（云南省文物考古研究所）

在中国西南地区古代文化遗存中，考古曾经出土一些海贝，探索这些海贝的来源及其与南海的关系，对于研究西南地区青铜文化及其与南海的关系有着重要的意义，本文试就这一课题作一粗浅的探索，以求教于同仁。

一、西南地区考古出土的海贝

（一）四川考古出土青铜时代的海贝

1. 广汉三星堆祭祀坑出土的海贝

三星堆位于四川省广汉市鸭子河畔，发掘祭祀坑 2 个，出土海贝共计 4 642 枚（表1），其中，有 62 枚置于 3 个铜头像中（图1），有 3 087 枚置于 3 尊 1 罍容器中（图 2），有 1 488 枚散落于坑中。海贝鉴定为环纹贝、货贝、虎斑贝，其中以环纹贝为多。年代确定为商代晚期至周代初期。[①] 这是目前发现的西南地区出土的年代最早的海贝。

表 1　四川三星堆古蜀人祭祀坑出土海贝统计

编号	容具	贝数	合计	年代
K1：258	龙虎尊	62	124	商末周初
K1—6	铜头像	20		
K1—11	铜头像	42		
K2—129	铜尊	935	4 518	
K2—146	铜尊	602		
K2—103	铜罍	1 488		
K2	不明	1 493		
总计			4 642	

注：K1 为 1 号坑，K2 为 2 号坑。

① 四川省文物考古研究所编：《三星堆祭祀坑》，文物出版社，1999 年。

2. 茂县城关石棺墓出土的海贝

城关石棺墓位于四川省茂县县城东北，先后两次发掘清理石棺墓葬46座，在二类的27座墓葬中出土海贝260枚。最少的墓出土海贝5枚，最多的墓出土海贝43枚。海贝一端有一圆孔，出土时，有绳串连，置于胸前。这些墓葬的年代确定为战国至西汉时期。①

3. 宝兴县老场村石棺墓出土的海贝

老场村石棺墓位于宝兴县陇东乡北青衣江边。先后两次清理石棺墓108座，计有6座墓出土海贝，其中M1出土海贝20枚，海贝背缺，并串在一起。M33出土海贝2枚，M55出十海贝1枚，M19、M40、M98出土海贝数量不明。墓葬年代确定为东汉。②

4. 宝兴县汉塔山土坑墓出土的海贝

汉塔山石棺墓位于宝兴县西北陇东乡。发掘清理土坑积石墓65座，这些墓地表积石，其下为土坑墓，其中仅M24墓出土海贝1枚和珊瑚珠一串24枚。海贝背部缺。墓葬的年代确定为战国中晚期。③

5. 宝兴县瓦西沟石棺墓出土的海贝

墓地位于宝兴县城西瓦西沟口。清理石棺墓7座，仅M1出土海贝40枚，保存完整者有30枚，贝背有朱红色。墓葬的年代确定为西汉。④

6. 雅江县呷拉石棺墓出土的海贝

呷拉石棺墓位于雅江县城北雅砻江南岸高坡。共清理石棺墓葬8座，仅有一座墓（M4）出土海贝1枚。海贝完整，一端有一圆孔，形状为环纹贝。墓葬的年代确定为战国中晚期。⑤

7. 炉霍县卡莎湖石棺墓出土的海贝

卡莎湖石棺墓位于炉霍县西北朱倭区充古乡侧。共清理石棺墓275座，

---

① 四川省文管会、茂汶县文化馆：《四川茂汶羌族自治县石棺葬发掘报告》，《文物资料丛刊》第7辑，文物出版社，1983年。

② 杨文成：《四川宝兴县石棺墓》，《考古与文物》1983年第6期；四川省文物管理委员会、宝兴县文化馆：《四川宝兴陇东东汉墓》，《文物》1987年第10期。

③ 四川省文物管理委员会、雅安地区文管所、宝兴县文管所：《四川宝兴汉塔山战国土坑积石墓发掘报告》，《考古学报》1999年第3期。

④ 宝兴县文化馆：《四川宝兴县汉代石棺墓》，《考古》1982年第4期。

⑤ 甘孜藏族自治州文化馆、雅江县文化馆：《四川雅江呷拉石棺葬清理简报》，《考古与文物》1983年第4期。

有6座出土海贝37枚，其中M26出土21枚，M14出土11枚，M62出土2枚，M11、M64、M182等三座墓仅各出土1枚。这些海贝保存完整。墓葬的年代确定为春秋战国时期①。

其他还有普格瓦打洛、汉源桃坪村1号汉墓、盐源毛家坝石棺墓等也发现海贝。

（二）云南考古出土青铜时代的海贝

1. 江川李家山墓地出土的海贝

李家山墓地位于江川县星云湖西北湖畔的小山顶上。先后两次发掘古滇人墓葬88座，计有17座墓出土海贝，其中，有17件容器中装满海贝，有5座墓内无容器，而是将海贝放于墓中西北角或墓底（表2，图3）。特别是M68，不仅出土的鼓形贮贝器中装满海贝，还出土了五铢铜钱54枚、铜海贝16枚。M51出土的桶形贮贝器中装满海贝，其中还存有铜海贝24枚。根据墓葬及其出土的海贝的年代确定该墓地为战国至西汉时期。②

表2　江川李家山出土海贝统计

墓数	年代	容具						铜贝	备注
		鼓	鼓贮	叠鼓	桶贮	洗贮	墓内		
17	战国至西汉	2	3	1	9	0	有	40	容器装满，或堆墓内，或墓底

2. 晋宁石寨山滇王贵族墓地出土的海贝

石寨山滇王贵族墓地位于滇池东南湖畔名为石寨山的小山丘上，先后5次发掘出墓葬86座，其中有17座墓中出土海贝，这些海贝置于52件容器中（表3）。在M13墓葬中不仅出土的7件贮贝器中装满了贝，还出土

---

① 四川省文物考古研究所、甘孜藏族自治州文化局：《四川炉霍卡莎湖石棺墓》，《考古学报》1991年第2期。

② 云南省博物馆：《云南江川李家山古墓群发掘报告》，《考古学报》1975年第2期；云南省文物考古研究所等：《云南江川李家山古墓群第二次发掘简报》，《考古》2001年第12期；云南省文物考古研究所等：《云南江川李家山》，文物出版社，2008年。

了半两铜钱3枚。在M6墓葬中还出土一枚金质蛇纽汉篆“滇王之印”金印，说明此墓地是滇王及其贵族墓地，与《史记·西南夷列传》所记滇的史实甚相符，该墓葬和出土物年代确定为战国至西汉①。

表3　晋宁石寨山出土海贝统计

墓数	年代	容具						铜贝	备注
		鼓	鼓贮	叠鼓	桶贮	洗贮	墓内		
17	战国至西汉	22	2	2	25	1	0	无	未计数和说明

3. 呈贡天子庙墓地出土的海贝

呈贡天子庙墓地位于滇池东岸的呈贡县坡地上，先后进行了3次发掘，清理墓葬62座，仅有M41墓葬出土海贝1 500枚，装在2个桶形贮贝器中，有一件贮贝器是空置（表4，图4：1、2）。此墓年代确定为战国中期。②

表4　呈贡天子庙出土海贝统计

墓数	年代	容具						铜贝饰	备注
		鼓	鼓贮	叠鼓	桶贮	洗贮	墓内		
1	战国中期	0	0	0	2	0	0	0	2件内贮海贝1 500枚

① 云南省博物馆考古发掘工作组编：《云南晋宁石寨山古遗址及墓葬》，《考古学报》1956年第1期；云南省博物馆编：《云南晋宁石寨山古墓群发掘报告》，文物出版社，1959年；云南省博物馆编：《云南晋宁石寨山第三次发掘》，《考古》1959年第9期；云南省博物馆编：《云南晋宁石寨山古墓群第四次发掘简报》，《考古》1963年第9期；云南省文物考古研究所等：《云南晋宁石寨山第五次抢救性清理发掘简报》，《文物》1998年第6期；云南省文物考古研究所等：《晋宁石寨山第五次发掘报告》，文物出版社，2009年。

② 云南省博物馆文物工作队：《云南呈贡天子庙古墓群的清理》，《考古学集刊》1983年第3期；昆明市文物管理委员会：《呈贡天子庙滇墓》，《考古学报》1985年第4期；昆明市文管会：《呈贡天子庙古墓群第三次发掘简报》，《云南文物》1994年第39期。

滇青铜文化遗存中出土的这些海贝约500公斤，以环纹贝为主，少量为货贝，虎斑贝仅发现2枚。

4. 剑川鳌凤山墓出土的海贝

鳌凤山墓位于云南省剑川县南黑惠江西岸小山顶，共发掘墓葬217座，有3座墓出土海贝47枚，其中1枚保持原状，44枚贝背缺，出土时均置于死者头部，说明是作装饰用。鳌凤山墓及出土物的年代确定为战国时期。①

5. 德钦纳古石棺墓出土的海贝

纳古石棺墓位于云南省德钦县西北，澜沧江东岸高坡上，在此清理石棺墓23座，仅有M5墓出土海贝一枚，海贝的背缺。墓葬年代确定为春秋时期。②

6. 克乡石棺墓出土的海贝

克乡石棺墓位于云南省中甸县尼西乡幸福办事处东北，沿山谷调查，在克乡、木茸村、布独村、幸多村等地发现石棺墓，在克乡、布独村清理了墓葬43座，仅有布独村一座墓出土海贝7枚，海贝的背缺。用碳14对布独M2人骨测定年代为公元前1008—公元前833年，对布独M6人骨测定年代为公元前986—公元前813年，确定墓葬的年代为西周时期，出土的海贝也属于这一时期。③

（三）火葬墓出土的海贝

西南地区发现和发掘的火葬墓较多，重要的且规模较大的有以下几处：

1. 云南曲靖八塔台火葬墓出土的海贝

八塔台位于云南省曲靖市东东山坡名为八塔台的坡地上。火葬墓叠压在战国西汉墓地上。先后发掘了两个土墩，仅在二号墩上部清理出火葬墓304座，其中有90座墓出土海贝571枚，另有3座墓也出土有海贝，但目

---

① 云南省文物考古研究所：《剑川鳌凤山古墓发掘报告》，《考古学报》1990年第2期。

② 云南省博物馆文物工作队：《云南德钦县纳古石棺墓》，《考古》1983年第3期。

③ 云南省文物考古研究所：《云南中甸县石棺墓》，《考古》2005年第4期。

前数量不明。其中 M144 墓除出土 7 枚海贝，还出土了“熙宁重宝”（1071—1077，北宋）铜钱 1 枚。确定这些墓葬的年代为元明时期。①

2. 云南大理大丰乐火葬墓出土的海贝

大丰乐火葬墓位于大理市凤仪镇西，先后发掘火葬墓 966 座，其中有 7 座墓出土海贝 129 枚，另有 6 座墓也出土有海贝，但目前数量不明。其中 M369 墓不仅有海贝，还出土“弘治通宝”（1503－1507，明朝）铜钱 6 枚。出土的海贝保存原状。确定这些墓葬及其随葬物年代均为明代（图 4：3）。②

3. 云南泸西县和尚塔火葬墓出土的海贝

和尚塔火葬墓位于云南省泸西县城东北名为和尚塔的小山上，发掘火葬墓 201 座，有 42 座墓出土海贝共计 340 枚，另有 51 座墓也出土有海贝，但目前数量不明。其中，M021 墓出土海贝 4 枚，还出土“圣宋元宝”铜钱 2 枚。M035 墓出土海贝 6 枚，还出土“弘治通宝”（1503－1507，明朝）铜钱 1 枚。M039 墓出土海贝的同时，还出土“元祐通宝”（1086—1093，北宋）铜钱 1 枚。确定出土海贝的这些墓葬及其随葬物年代均为元至明代。③

4. 云南鹤庆象眠山火葬墓出土的海贝

象眠山火葬墓位于云南省鹤庆县东山坡上，发掘火葬墓 2 367 座，其中有 479 座墓出土海贝，占总墓数的 20.24%，但墓中海贝数量未清点。这些墓葬的年代确定为明清时期。④

此外在四川西昌火葬墓中也有海贝出土。火葬墓的年代确定为宋代中期至清代早期，出土的海贝的年代也属于这一时期，这些海贝均为环纹贝。

由考古发现而知，西南地区考古出土的海贝主要集中于商周、战国秦

① 王大道：《云南曲靖珠街八塔台古墓群发掘简报》，《云南考古文集》，云南民族出版社，1998 年；云南省文物考古研究所编著：《曲靖八塔台与横大陆》，科学出版社，2003 年。

② 云南省文物考古研究所、大理市博物馆：《大理大丰乐》，云南科技出版社，2002 年。

③ 云南省文物考古研究所、红河州文物管理所、泸西县文化馆：《云南泸西县和尚塔火葬墓的清理》，《考古》2001 年第 12 期。

④ 云南省文物考古研究所、大理白族自治州文物管理所、鹤庆县文物管理所：《鹤庆象眠山墓地》，文物出版社，2009 年。

汉、宋元明等三个阶段，地域主要集中于古蜀人地区、古滇人地区、古羌人地区、古昆明人地区和南诏大理国地区。出土的海贝分属于环纹贝、货贝和虎斑贝。

二、古今海贝种属

现代生物研究认为，古代和现代俗称的环纹贝、货贝生物分类属于：动物界（Animalia）→软体动物门（Mollusca）→腹足纲（Gastropoda）→中腹足目（Mesogastropoda）→宝贝科（Cypraeidae）→货贝属（Monetaria），其下有许多种。

环纹贝又称环纹货贝、金环宝螺、白贝齿，学名：Monetaria annulus，旧名 Cypraea annulus。货贝俗称黄宝螺，学名 Cypraea moneta，旧名 Monetaria moneta Linnaeus。二者均属小型个体（图 5：2、3），壳长约 27 毫米，宽约 20 毫米，高约 13.5 毫米，贝壳坚硬，似卵圆形，背部中央隆起，两侧低平。在贝壳背面约 1/3 处，骤然扩展形成结节。贝的表面有一层珐琅质，颜色鲜艳，有黄色、黄白色、灰白色或其他颜色，腹部呈白色，贝口窄长，两唇缘约有 12 枚小齿。

虎斑贝又称虎皮斑纹贝，因这种贝身上布满了黑色斑点，酷似美洲虎的斑纹，所以称“虎皮斑纹贝”、“虎斑宝贝”，又因黑色斑点光泽夺目，故又名黑星宝螺。虎斑贝学名 Cypraea tigris，英文名称 Tiger Cowrie，属腹足纲→宝螺科→宝螺超科。贝壳大而重，背圆凸，腹部扁平或微凹。腹部为白色。背部斑点图案分两层，下层为浅蓝灰色，上层介于浅红和深褐色之间，双层构图使贝壳表面斑点显得拥挤，但融合在一起，上层圆点周围常为黄橙色。大者长达 9 厘米（图 5：1）。

这三种海贝属于暖海水生物，均产于太平洋和印度洋的暖水区，中国的广东、海南岛、西沙群岛、南沙群岛和台湾岛等地也在这一区域内，也是这三种海贝的产地。

三、西南地区出土海贝与南海的关系

西南地区考古出土的商周、战国秦汉、宋元明等时期古蜀人地区、古滇人地区、古羌人地区、古昆明人地区和南诏大理国地区出土的海贝分属环纹贝、货贝和虎斑贝，这些海贝种属与现代海贝种属相同，现代环纹贝、货贝、虎斑贝均产于中国南海至印度、缅甸沿海暖水区，今人用的贝和古人用的贝均来自这一地区，南海是西南海贝的产地之一，也是古人用贝的来源地之一。

从商周时期到现代，以海贝为标志的贸易和交通内容从未停止过。曾经有过三个高峰期，即三星堆文化期、滇文化时期、宋至明代文化时期。

依据出土海贝的状况，我们可知当时海贝的用途，大量保存完整的海贝应该是作货币或宝物使用，少量一端有孔和缺背部的海贝应是作饰品使用。由此而知，古蜀人、古滇人地区、南诏大理国地区出土的海贝是作为货币或宝物使用，故置于贵重铜器人头像、贮贝器中与骨灰随葬。三星堆散落坑中的海贝应当是祭祀时故意抛撒的，以示神灵的货币，类似于今天葬礼出殡时抛撒的冥币，但这些现象均与钱的观念有关。也许还有不为人知的其他用意，有待人们去揭示。

贝在汉代的价值在《汉书》卷24下《食货志第四下》中有记载："大贝四寸八分以上，二枚为一朋，直二百一十六。牡贝三寸六分以上，二枚为一朋，直五十。幺贝二寸四分以上，二枚为一朋，直三十。小贝寸二分以上，二枚为一朋，直十。不盈寸二分，漏度不得为朋，率枚直钱三。是为贝货五品。"由此可见海贝在汉代价值是比较高的。

1. K1—6铜头像内存海贝20枚

2. K1—11铜头像内存海贝42枚

3. K1—3铜头像内存海贝10枚

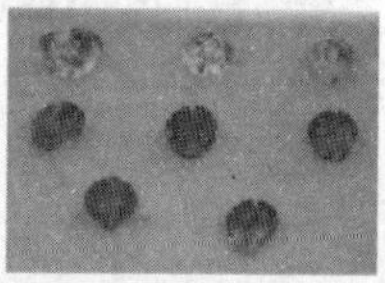

4. 三星堆出土的海贝

图1

1. K2—129铜尊内存海贝935枚

2.K1—15铜尊内存海贝62枚

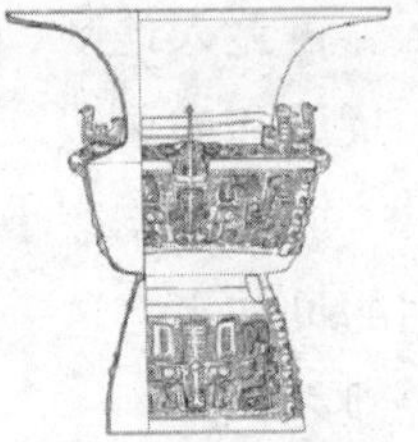

3. K2—146铜尊内存海贝602枚

图 2

1. 李家山出土内存满海贝的铜叠鼓贮贝器（M69：163）

2. 李家山出土内存满海贝的铜桶形贮贝器（M69：139）

3. 李家山出土内存满海贝的铜鼓形贮贝器（M68：287）

4. 李家山出土内存满海贝的铜鼓形贮贝器（M69：157）

图 3

1. 呈贡天子庙出土内存600枚海贝的铜桶贮贝器（M41：100）

2. 呈贡天子庙出土内存900枚海贝的铜桶贮贝器（M41：101）

3. 大理大丰乐火葬墓出土的火葬缸及内存的海贝（M369：1.2）

图 4

1.虎斑贝

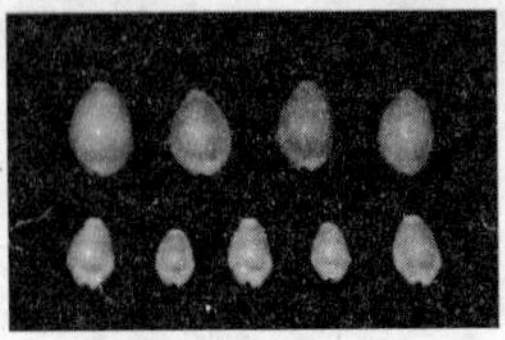

2.环纹贝正面（上）货贝正面（下）

3.环纹贝背面（上）货贝背面（下）

图 5　海贝种类

关于合浦汉墓出土金珠饰品研究的几个问题

陈洪波
（广西师范大学历史文化与旅游学院）

南海沿岸汉墓中出土一种有异域风格的金珠饰品，学界称之为金花球或多面金珠，以合浦汉墓中出土最多，一般认为这是当时海上贸易带来的舶来品，是海上丝绸之路的见证，但对其工艺、来源和年代等具体问题则讨论甚少，笔者参照台湾学者的研究成果，对这些问题做一简略探讨。

一、出土及研究概况

金珠饰品合浦汉墓中出土的数量最多。1978 年合浦环城乡北插江盐堆 M1 出土金手链、金花球一串共 20 枚，其中金手链珠 14 枚，有 10 枚是橄榄核形，有 4 枚是棒槌形，都有穿孔；金花球 6 枚，多边形球体，外缘有粘珠。1986 年在合浦风门岭 M10 又出土金花球 2 枚。1993 年在北插江 M4 出土金花球 14 枚，形制与盐堆 M1 的相似。2001 年在合浦九只岭 M6a 出土金花球 7 枚。合浦出土的金花球都是串饰的组成部分，造型基本相同，为圆球形，空心，直径在 0.5～1.7 厘米。典型的金花球是用圆形小金条焊接十二个小圈，以供连缀。十二个小圈上下各一，中分两层，每层五个，然后在这些小圈交汇的三角地带用高温吹凝的堆珠加以固定。堆珠有的只有一颗，有的是下面三颗上面叠垒一颗，似叠垒式的四联罐。堆珠之间以及堆珠与小圆圈之间都有焊接，整体稳定牢固。①

这种类似金珠饰品在中国南北方多处都有出土，兹举和合浦金珠饰品形态关系密切者如下。南越王墓出土有 32 枚金花泡，泡体呈半圆球形，底

① 广西壮族自治区文物工作队，合浦县博物馆：《合浦风门岭汉墓》，科学出版社，2006 年，第 136 页。

下焊接一根横梁，以供连缀。直径 1.1 厘米，高 0.42 ~ 0.5 厘米。焊花繁缛，在球面形的泡体上饰有几组图纹，同样是用金丝和小金珠焊接而成，以圆圈纹、心形纹和堆珠纹分别构成三等份或四等份。在底口平沿上还饰有两圈纹索形纹带。上述用金丝组成的图纹，每一圈和每粒小珠都是焊接固定的。这种金花泡系“珠襦”上的装饰品。广州先烈路龙生岗东汉前期墓（M4013）出土了一串由形状色泽各异的琉璃珠、玛瑙珠、水晶珠、金珠和银珠组成的串珠饰品，其中有一枚镂空的金花球，作十二面菱形，每面正中是一个圆形穿孔，每角处有突起的圆珠 4 粒，直径 1.4 厘米。这种金花球在江苏邗江甘泉二号墓、长沙五里牌等东汉墓也有发现，一般称为多面金珠。[①]

1942—1944 年法国学者路易斯·马勒莱（Louis Malleret）在越南南部金瓯角的古海港奥埃奥（Óc Eo）进行发掘，发现了很多印度和中国的产品，还有罗马和仿罗马风格的遗物。其中有多面金珠（dodecahedron），大多为十二面体，直径 1.4 厘米，呈十二面菱形，都有焊珠四枚。[②] 有研究者称，“公元初二、三世纪奥埃奥地区的工匠按照纯罗马风格制作凹型雕刻，并能够重现先进的罗马工艺”[③]。实指多面金珠等罗马式金银制品系在这个古代贸易港口当地制作而成。[④]

关于多面金珠或者说金花球等金珠饰品的来源和工艺等问题，国内学术界一般认为用粟粒金珠堆垒装饰的形制、工艺都不是中国所固有，这种金珠或者其制作方法有可能是由海路传入中国的。[⑤] 但亦有不少学者认为尚难确定。

南越王墓出土的金花泡，焊接工艺高超，与中国传统金银钿工迥异，有学者认为这种焊珠方法与西方出土的多面金珠上的小珠焊接法相同，并

① 全洪：《广州出土海上丝绸之路遗物源流初探》，《华南考古》，文物出版社，2004 年，第 140 页。

② 林梅村：《罗马人与东西方海上交通的开辟》，《丝绸之路考古十五讲》，北京大学出版社，2006 年，第 151 ~ 153 页。

③ L. Boulnois, *The Silk Road*, London: Dutton, 1966, p. 71.

④ 张绪山：《罗马帝国沿海路向东方的探索》，《史学月刊》2001 年第 1 期。

⑤ 岑蕊：《试论东汉魏晋墓葬中的多面金珠用途及其源流》，《考古与文物》1990 年第 3 期。

引用马根（H. Margon）的研究成果追溯这种焊珠工艺的渊源和传播路线。这种焊接工艺在公元前四千年两河流域的乌尔第一王朝就已经出现，随后流行于埃及、克里特、波斯等地，亚历山大东征后流传到今印度、巴基斯坦一带。这种物品可能是通过南越国—波斯湾的海上航线而来。①

还有学者认为，这种焊珠工艺源于西方，古希腊迈锡尼可能是金珠链饰的原始起源地。在越南古海港奥埃奥、印度东海岸、印度河流域的旦叉始罗遗址，都发现了这种"多面金球"装饰品。这种焊珠工艺流传的线路也是地中海→波斯湾→印度洋→南海，自西向东而来。②

1996 年，合浦县博物馆曾经送合浦汉墓出土的部分金花球样品给俞伟超先生鉴定，俞伟超认为其造型具有印度风格，应该是从印度输入的。③

两广本土学者基本上都持这种看法。如杨式挺即认同广州南越王墓出土的金花泡，制作工艺出自古希腊或古印度，与广州先烈路东汉墓出土的金花球，都是所谓舶来品。④ 蒋廷瑜亦谈到，广州西汉南越王墓出土的金花泡饰，焊接工艺与中国传统的金银钿工不同，而与西方出土的多面金珠上的焊接相同，因此被认为是海外输入品，进而推断合浦汉墓出土的金花球等金珠饰品应该也是从海外输入的。⑤

应该说以金花球或多面金珠所代表的基本艺术风格和制作技术来自地中海或印度洋地区并无疑问，需要讨论的只是，考古发现的这种东西，它们的真正产地在哪里？到底是越洋而来的舶来品，还是本地的仿制品？由于材料有限，学术界对这个问题，实际上一直表达含混，无法给出一个明确的答案。

---

① 李庆新：《从考古发现看秦汉六朝时期的岭南与南海交通》，《史学月刊》2006 年第 10 期。

② 全洪：《广州出土海上丝绸之路遗物源流初探》，《华南考古》，文物出版社，2004 年，第 140～141 页。

③ 广西壮族自治区文物工作队、合浦县博物馆编著：《合浦风门岭汉墓》，科学出版社，2006 年，第 136 页。

④ 杨式挺：《略论合浦汉墓及其出土文物的特点》，《海上丝绸之路研究：中国·北海合浦海上丝绸之路始发港理论研讨会论文集》，科学出版社，2006 年，第 20～33 页。

⑤ 蒋廷瑜、彭书琳：《汉代合浦及其海上交通的几个问题》，《岭南文史》2002 年（增刊）。

二、工艺问题

笔者在台湾从事学术访问期间，发现台湾学者对此问题有更为深入具体的研究，虽然他们并未注意到广西合浦汉墓中的出土品，但他们对其他地点出土金珠制品的研究，对于理解合浦汉墓金珠饰品的工艺和来源问题甚有启发和帮助。

台南艺术大学艺术创作理论研究所黄翠梅教授对中国古代黄金艺术品颇有研究，由她指导的李建纬的博士论文《先秦至汉代黄金制品工艺与身体技术研究——兼论其所反映的文化交流与身份认同问题》①，从物质文化研究中的艺术史学和考古学两种方法入手，另参酌身体研究，探索了中国先秦至汉代黄金制品的工艺技术与身体技术所代表的文化内涵。论文中有一小节涉及焊金珠的工艺与来源问题，虽然李建纬的论文没有注意到合浦的出土资料，但可以参照其某些观点对合浦等地出土的金花球等金珠饰品进行比较研究。

焊金珠（granulation，又称为炸珠或粟粒工艺）是古代珠宝上的一种常见的装饰技法，指的是将细小的金珠，以几何、线状与填塞装饰局部的图样或营造量感的形式，应用于金器表面的一种特殊工艺。考古证据显示，炸珠最早出现于公元前 2500 年的美索不达米亚苏美尔文化的乌尔（Ur）墓中，并在公元前 7 世纪至公元前 6 世纪的伊特拉斯坎（Etruscan）文化时期达到高峰。② 制作方式主要有四种说法：①将黄金热液直接倒入水中，利用金液和水温的差别，使之结成大小不一的颗粒，然后将之按照所需图案，焊接于器表；③ ②将金银丝的一端加热熔化，用吹管向其吹气，

---

① 李建纬：《先秦至汉代黄金制品工艺与身体技术研究——兼论其所反映的文化交流与身份认同问题》，台南艺术大学艺术创作理论研究所博士学位论文，2010 年，第 1 ~ 350 页。

② 黄翠梅、李建纬：《金玉同盟——东周金器和玉器之装饰风格与角色演变》，《中原文物》2007 年第 1 期。

③ 谭前学：《盛世遗珍》，三秦出版社，2003 年，第 78 页。

令其自然落下而形成金银珠；[1] ③将金料裁剪成大小相近的金片或者小块，放入热液中加热，因黄金本身表面张力作用，逐渐结成小球，再透过筛选，择出大小接近的金珠；[2] ④将金丝切成细微小段，然后将它们铺在黏土坩埚的粉状土炭中，接着用炭火加热坩埚，接近熔点时黄金会熔化成小珠，冷却后，将坩埚内物质倒出，清洗木炭，并依大小筛选金珠，以动物胶加铜粉固定于金器表面。[3] 这四种方法中，第三种和第四种最符合经济效益，也最能控制金珠尺寸。我们观察合浦汉墓出土的金花球，堆珠圆整，大小一致，表现出较高的制作水平。有研究者认为广州汉墓出土的金珠可能采取的是第三种制作方法，是有一定道理的。[4] 倘若如此，合浦金珠采取第三种和第四种方法制作的可能性亦最大。

整体观察，合浦金花球表现出的制作水平相当高，似乎并非中土工匠所能及，应该是纯粹的西方技艺，故而人们一直认为这种饰品可能并非中国制造，而是地道的舶来品。工艺的高超并不仅仅指金珠而言。金珠的制作并不是很难，困难的是如何将它接合到器表的方法。按李建纬所引文献，西方的技艺一般是用含铜炭粉的鱼胶（或动物胶）将金珠黏在器表，然后加热，到 880℃时，鱼胶中的铜便会形成肉眼几乎看不见的铜键，将两器紧密接合。现代科学知识可以进一步揭开这个工艺过程：金珠黏胶附着于器表，当加热到 100℃时，鱼胶会逐渐碳化，而胶内所含的碳酸铜逐渐变成氧化铜；到 600℃时，鱼胶会完全碳化；至 850℃时，氧化铜中的氧会释出，并结合鱼胶变成的碳，成为二氧化碳挥发，而原本的氧化铜只剩下铜，并在 880℃时与器面完全熔合，而微量铜会和金熔合成为合金。[5] 齐东方则认为金珠的焊接方式是先用白芨类黏着剂暂时固定位置，然后将硼

① 方东、胡湘燕编著：《中国古金银器收藏鉴赏》，中国轻工业出版社，2008 年，第 11 页。

② Hermann Schadt，*Goldsmiths' Art*：5000 *Years of Jewelry and Hollowware*，Stuttgart：Arnoldsche，1996，p. 23.

③ ［美］戴尔布朗主编，徐征等译：《伊特鲁里亚人：意大利一支热爱生活的民族》，华夏出版社，2002 年，第 54～55 页。

④ 全洪：《广州出土海上丝绸之路遗物源流初探》，《华南考古》，文物出版社，2004 年，第 140 页。

⑤ Hermann Schadt，*Goldsmiths' Art*：5000 *Years of Jewelry and Hollowware*，Stuttgart：Arnoldsche，1996，p. 11.

砂、金粉、银粉按比例调配而成的焊药加热熔化，冷却后便可达到焊接效果。①

李建纬所述西方式的融合方式并不易检测，虽然按理说，以此法焊接，金珠与器表之间会存在铜的成分，但因为黄金本身往往已经含有铜的成分，所以不易断定铜的成分是来自于黄金本身，还是鱼胶或动物胶中所加入的铜粉。这种结合方式与中土常见的锡焊相当不同。由于锡的熔点很低（仅为232℃），作为一种焊接技术，难度不高，锡仅仅是作为与异质金属器面之间的介质，结合对象的金属本身未达到融合状态，因此焊接附件往往容易脱落。但因为笔者没有条件接触到合浦金珠饰品实物，故而亦无法判断合浦金珠饰品到底采取的是锡焊法、铜焊法抑或其他的方法，只是在此提出一种思路作为参考。

其实中国考古出土的古代金珠饰品并不仅仅见于南方，工艺来源也绝不仅仅限于海路，并非都是舶来品。春秋晚期陕西宝鸡益门二号墓已出现用金珠串成的串珠，同时期的凤翔一号秦公大墓也出土过一串细金珠。后来在战国晚期的阿鲁柴登匈奴墓、河北燕下都辛头庄M30以及山东临淄商王村女性贵族墓中又见到这种饰品，这时候金珠已经是直接焊在器表。大约在西汉，类似西方的焊珠工艺已经开始在中国金器的装饰上充分展现，金珠越来越细小，而且在东汉时可见布满器面的形式。整体来说，焊珠工艺在汉唐之间最为盛行，明清以后此技法逐渐式微。

汉代焊珠工艺的特色，经常是数颗为一组焊成一个小三角立方体（通常是四颗），然后再焊接到器表。典型的合浦金花球和广州先烈路东汉墓金花球就是这样。广州南越王墓出土金花泡上的堆珠也是以此手法制成。然而艾玛·邦克（Emma Bunker）研究发现，中国金银工匠将金珠固定于金器表面，并非采用西方正统的金珠做法。在显微镜下观察，发现金珠颗粒不够明显，且颗粒之间充满焊锡。西方正统做法并不使用焊锡，而是用扩散接合法独立固定在金器表面。② 所以，如果广州和合浦的金珠饰品使用焊锡的话，可能就会对这些物品是舶来品的说法产生冲击。当然，这种

---

① 齐东方：《中国早期金银工艺初论》，《文物季刊》1998年第2期。

② Emma Bunker, The Metallurgy of Personal Adornment, *in Adornment for Eternity: Status and Rank in Chinese Ornament*, Denver Art Museum, 1996, p. 46.

可能性并不很大，因为金花球不仅要焊接金珠，还要接合小金圈成为正多面体，焊接技术要求极高，恐非焊锡可以胜任。

而且，还有学者对金珠的细致度进行过研究，亦对合浦和广州金珠饰品是舶来品的说法有些冲击。威廉·沃森（William Watson）注意到，伊特拉斯坎文化金珠的直径能小到0.14毫米，而汉代金珠的直径则介于0.5～1毫米。他认为这说明汉代尚无法达到西方金珠的制作水平。[①] 目前合浦和广州金珠饰品都未见发表相关的数据，但从图片上观察，金珠的尺寸应该大都落在了偏大的数据范围内。虽然金花球上的金珠尺寸偏大，可能是这种制品风格要求所致，但这种尺寸与汉地金珠的常见尺寸一致，也有可能说明二者在工艺系统上有联系。

三、来源与年代

李建纬的论文还对焊珠工艺和制品在中国传播问题作了一些简略的探讨，从中可以看出金珠饰品作为中外文化交流物证的复杂性。

观察汉代以前金器上焊珠工艺的发展，可以发现西方对中原的影响有几波：最初秦国曾经出现细金珠与假颗粒纹，但一方面真正焊珠的技术门槛太高，再则这种异域品味仍未普及，故仅昙花一现；随后，战国时期鄂尔多斯地区在欧亚草原的影响下在金器上出现了真正的焊珠工艺，其外观特征是在器面上以点状或线状分布，随后间接传入中原，并造成战国晚期至西汉金器上单点状焊珠工艺的出现。另一波影响则发生在汉武帝派张骞通西域并取得西域控制权之后，当匈奴阻隔因素消失，汉与西域能直接交流，在西域与中亚那种铺满器表的繁复焊珠风格影响下，东汉黄金工艺亦出现仿效作品。而且《史记》、《后汉书》等文献也表明汉朝与大夏、印度之间有物质上的交流。1983年，固原九龙山西汉墓出土金花饰与金条形饰上的焊珠工艺，可作为西方金银器输入中原的有力证据。金条饰片上的焊珠制作精致，排列整齐，颗粒控制匀整，大小一致，且皆未脱落，已经超越了西汉中原金银工匠的水平，应该是舶来品；而金花饰中心镶绿松石，

① Richard Herrington, Chris Stanley & Robert Symes, *Gold*, London: The Natural History Museum, 1999, p. 12.

周边以掐丝和焊珠排列的风格，令人想起大夏的黄金之丘（Tillya Tepe）出土的金器。[①] 因此，固原九龙山西汉墓出土的焊珠金器证实了中亚向中原影响的事实。

江苏邗江甘泉 M2 和广州先烈路龙生岗 M4013 两座东汉墓出土的空心小金球（即合浦出土的所谓金花球或多面金球），反映出西方金器进入或影响中原的路径可能更复杂。齐东方认为无法确定是中国自产还是外来的作品。[②] 孙机认为它们可能从西方传入，但也不排除是中国的仿制品。[③] 林梅村注意到奥埃奥多面金珠与广州金珠之间的联系，他相信广州金珠是罗马人积极开展东方贸易的产物，他将奥埃奥多面金珠上的堆珠描述为四枚一组，这就和广州金珠一样了。[④] 但笔者对林梅村《丝绸之路考古十五讲》一书中所附图片进行观察，发现图中奥埃奥多面金珠角上的堆珠实际上是一枚而非四枚，和广州东汉墓金珠上的四枚堆珠有所不同。有意思的是，这两种类型的金珠在合浦都有出土，形制完全相同，并且合浦金珠饰品并不仅仅是这两种，还有不少风格近似的其他种类。所以，南北方的多种资料告诉我们，西方金器的影响路径并不单纯，既有通过欧亚草原之路来者，也有通过海上之路而来者。特别是四枚为一组的焊珠技术，在希腊金器上发现有源头，受希腊影响极深的大夏亦常见此类工艺。据此，李建纬提出，多面金珠进入中国的通道可能是陆路与海路并行。

笔者亦认为，南北方出土的金珠饰品在风格和工艺上有明显不同，应当有不同的传入渠道或者产地，北方的陆路和南方的海路并行不悖。其中，广州、合浦和越南的金花球或者多面金珠，无论在外观、结构、精细度、色泽等方面都有明显的一致性，应是同一种来源，甚至有可能是同一产地的作品，从海路输入的可能性极大，可以作为南海一带海上贸易活动的物证，基本上可以排除北方陆路传入的可能。年代是一个重要问题，过

---

① Fredrik Hiebert & Pierre Cambon, *Afghanistan*: *Hidden Treasures from the National Museum*, *Kabul*, Washington, D. C.: National Geographic Society, 2008, p. 239.

② 齐东方：《中国早期金银工艺初论》，《文物季刊》1998 年第 2 期。

③ 孙机：《金银器》，《汉代物质文化资料图说（增订本）》，上海古籍出版社，2008 年，第 428 页。

④ 林梅村：《罗马人与东西方海上交通的开辟》，《丝绸之路考古十五讲》，北京大学出版社，2006 年，第 151 ~ 153 页。

去关注不够。排列现有资料可知，南海一带的金珠制品年代其实十分接近，基本上都属于东汉时期。广州先烈路 M4013 属于东汉前期，合浦九只岭 M6 属于东汉后期，合浦风门岭 M10 属于东汉后期，合浦北插江盐堆 M1、M4 年代不详（但 M1 的年代据熊昭明先生见告可能是西汉晚期），越南奥埃奥遗址的年代是从 1 世纪到 7 世纪，繁荣时期亦在东汉。近期广州文物考古研究所在广州市荔湾区西湾路一处工地，发掘了一座大型砖木合构墓（编号 M35），女主人棺内有一件多面金球，中间镂空，表面上黏附着数百颗芝麻大小的金珠，这座墓的年代也属于东汉时期。① 所以，从考古发现推断，南海沿岸流行这种金珠饰品，大概始于南越国时期，南越王墓中的金花泡是较早的类型，到东汉时期最为流行和发达，有越来越繁复的趋势。这个阶段在广州、合浦、越南奥埃奥、印度旦叉始罗都出现了极其精美的金珠制品，其中以金花球或者多面金珠最具代表性，这应该是当时南海一带确实存在较密切经济文化联系的一个指征。但目前主要的发现地点，多为汉地，故亦有可能是在当时汉地用改进的西方工艺制作而成。所以要说它是从异国通过海上丝绸之路舶来，恐怕还需要更多的资料加以证明。

倘若根据南海一带金珠饰品出土现状作进一步推测，合浦的出土品数量最多，种类最为齐全和丰富，故而不排除广州和奥埃奥的金花球实际上是从合浦传播过去的。就是说，合浦亦有可能就是这种金珠饰品的真正制作地点，制作完成之后，作为贸易品沿海上丝路向南、向东两个方向传播。金珠饰品是当时最高等级的奢侈品，合浦有工匠从事制作并不令人惊异，这与合浦作为东汉时期南海一大都会的经济地位和文化发展水平也是相符的。法国学者在奥埃奥的发掘证明当地存在金饰制作，合浦亦有这种可能。近期广西文物考古研究所在合浦寮尾村一带东汉墓中发现了新的资料②，为合浦当地存在金珠饰品制作提供了有力的佐证。唯独时至今日，类似奥埃奥那样的城市遗址在合浦仍然没有找到，故尚未发现更多的材料。

关于合浦玻璃制品的研究也给人以很大的启发。一直以来，人们都把

---

① 石善伟：《东汉豪华墓葬演绎英雄爱美人》，《广州日报》2010 年 9 月 20 日。
② 发掘者熊昭明先生见告。

玻璃器作为外来物品看待，但工艺外来与物品本身外来实际上是两码事。历年发现的玻璃器，特别是数量庞大的琉璃珠，是否都是舶来品，令人怀疑。把这种出土墓葬等级并不甚高、制作技术也不复杂的饰品解释为当地制品也许更为合情合理。早有学者提出汉墓出土的大量玻璃制品系在当地自制。过去对玻璃珠成分的测试也表明，这是一种具有地方特点的“南海玻璃”。[①] 这个“南海”的真正地点在哪里？也许正是在合浦一带。这与当时合浦在南海经济圈中的地位也是相符的。当然，无论金珠饰品还是玻璃制品，其制作工艺都是外来的，但发展到东汉的时候，很可能已经在汉地落地生根。合浦的玻璃器已经证明了存在这种可能。在中国北方发现的金珠饰品则证明，至少在北方也存在这个事实，这个过程在南方应该同样存在。经历自南越国以来上百年的发展，南方汉地没有产生本地金珠饰品制作恐怕是不可思议的事情。

综上所述，本文认为，以金花球为代表的合浦汉墓金珠饰品，原初工艺来源于西方是没有争议的，但如果要说这种作品本身是海上丝绸之路的舶来品，目前证据似乎尚不十分确凿。它到底是印度抑或罗马等西方地区的舶来品，还是发展了外来工艺在当时汉朝领土之内或者东南亚一带制作而成，尚需进一步的探讨。笔者推测，不排除在合浦当地制作的可能。关于其流行的年代，应该主要是在东汉时期。

---

① 黄启善：《中国南方古代玻璃的研究》，《广西博物馆文集》（第一辑），广西人民出版社，2004 年，第 81～95 页。

“西于”铜器、“九真”陶器与龙编侯墓
——公元1世纪岭南地区与越南北部的往来

蒋廷瑜
（广西壮族自治区博物馆）

珠江中下游的岭南地区和越南北部的红河平原分属不同水系，在秦以前各自发展，进入文明社会初期阶段，考古发现可以看到从古国向方国转化的迹象。秦统一后，依据岭南原有方国的大致轮廓，划分为桂林、南海、象三郡，构成区域性的统一体。西汉前期，这三郡同属南越国治下；汉武帝元鼎六年（前111）汉灭南越，析为岭南九郡；元封五年（前106），汉王朝置交趾刺史部，统领岭南九郡，汉献帝建安八年（203），改交趾为交州，2世纪末这一大片土地都在士燮家族控制之下。

由于地域相接，又同在一个大的行政区划之内，政治上的统一性，促进了文化上的交流和一致性的增长。文化因素互相碰撞、浸润以至融合，又为政治上的统一奠定了基础。但因各自的文化根基不同，原有文化传统的差异，使各地方特殊色彩一直延续着，平行发展，形成各自相对的独立性。

秦汉时期（前221—220），两地保持着许多共有的文化现象。越南越溪船棺墓的铜鼎、匜、削；清化汉墓的铜鼎、樽、壶、鉴、碗、鐎壶、行灯、带钩、铜钱；古螺、东山、鼎乡的半两钱。汉晋时期的铜双鱼洗、清化铜壶、鋬、鼎、钵、灯、弩机、錾刻纹熏炉、陶三足案、陶井、陶三眼灶、青瓷鸡首壶等等。以上所述都是受中国内地汉文化影响的结果。同样，越南东山文化中特有的器具如不对称钺、人像柄短剑等，不但传入岭南，而且还通过岭南传向中国更纵深的地方。至于铜鼓、铜羊角钮钟、铜提桶、錾刻花纹铜器，更是两地共有的器物类型。

一、“西于”铭文铜器

1985年6月在合浦县风门岭5号西汉晚期同坟异穴夫妻合葬墓中出土了一件铜鐎壶。这件铜鐎壶侈口，短颈，斜肩，肩腹分界明显，圆腹，圜底，下附三足。肩腹间有两道凸弦纹，肩部横刻“西于”二字。①

1975年在广东肇庆新圩大桥村大辽山发现了一座东汉夫妇合葬墓，出土有陶器、铜器50多件，其中三件铜器上有汉字铭文，2件是铜洗，1件是铜壶。一件铜洗底径10厘米，内铸五铢钱纹，外刻隶书“谢著有”3个字；另一件铜洗底径11厘米，外刻隶书“元初五年七月中，西于造，谢著胨”13个字；铜壶仅存底部和一些碎片，底内铸弦纹，外为圈足，底径9厘米，刻隶书“元初五年七月中，西于李文山治，谢著有”16个字。此外同时出土的还有铜剑、铜镜、带钩、錾刻花纹龙凤鱼虫铜案、马蹄金、银环、银指环、玛瑙珠、松香珠、金星石雕狮等。元初是汉安帝刘祜的年号，元初五年是公元118年，应是此墓下葬时间的上限。谢著应是墓主。铜器的铸造地应是西于县，工匠是李文山。②

民国时期容庚编著的《秦汉金文录》一书，在汉金文部分收录了一件传世铜釜的錾刻铭文拓本，可见14个字：“汉安二年十月十三日交趾西于作。”③ 汉安是汉顺帝刘保的年号，汉安二年为公元143年，明白无误地标示此件铜釜是在交趾西于制作的。

由此可见，从西汉晚期到东汉中期，一直存在一个“西于”，这个西

① 黄启善：《合浦县风门岭、望牛岭汉墓》，《中国考古学年鉴》，文物出版社，1986年，第191页。

② 广东省博物馆：《广东肇庆大辽山发现东汉文物》，《考古》1981年第4期。

③ 容庚：《秦汉金文录》卷4，中央研究院历史语言研究所专刊之五，民国二十年印行。此则资料由桂林图书馆林艳红小姐提供，谨致谢忱。

于应该是个地名。《史记·建元以来侯者年表》载："下鄜侯黄同，元封元年，以故瓯骆左将斩西于王功侯。"《汉书·景武昭宣元成表》载："下鄜侯左将黄同，以故瓯骆左将斩西于王功侯，七百户。"《后汉书·马援列传》载：马援在平定二征之后，"奏言西于县户有三万二千，远界去庭千余里，请分为封溪、望海二县，许之。"唐章怀太子李贤注曰："西于县属交趾郡，故城在今交州龙编县东也。"

黄同斩西于王是在汉武帝元鼎六年（前111）平南越的时候，说明在赵氏割据的南越国时期还有西于王。这个西于王与秦时的西瓯君有无关系？《汉书·西南夷两粤朝鲜传》曰："故瓯骆将左黄同斩西于王，封为下鄜侯。"王先谦补注引沈钦韩说："淮南人间训有西瓯君，（汉书）闽越传斩西于王，即西瓯也。"据罗香林研究，"瓯越之瓯，亦似为于越之于所转称，盖瓯读ou，于则读u，求之于古，本同部也"[①]，可知"瓯"和"于"在古代是通用的，故西于应即西瓯，黄同所斩的西于王应是秦时西呕（瓯）君的后裔。又查《汉书·地理志》：交趾郡，汉武帝元鼎六年开，属交州。下辖十县，其中有西于。这与《后汉书·马援列传》李贤注"西于县属交趾郡"相同。

《汉书·南越列传》载："佗因兵威财物赂遗闽越、西瓯、骆，役属焉。"赵佗是靠"兵威财物赂遗"才使西瓯役属，说明赵佗当时并没有完全控制西瓯地区。岭南越族支系众多，各部越人的社会经济发展极不平衡，并且互不统属，难以一揽子管理。西瓯部族势力强大，南越国不便直接统治他们，就采取分而治之的办法，封西瓯君的后裔为王，借助西瓯君在当地越族中的威望来管理，可以说是实施以越制越的政策。据《水经注》叶榆河条引《交州外域记》所载：汉武帝平南越时，伏波将军路博德军到合浦，"越王令使者赍牛百头，酒千钟，及（交趾、九真）二郡民户口簿诣路将军。（路）乃拜二使者为交趾、九真太守，诸骆将主民如故"。由此可见，交趾、九真二郡最初的太守原是南越王国派出的"使者"，只是"典主"，主持当地政务。到平定南越时，伏波将军路博德才正式委任他们为太守。与此同时在交趾地区有一位西于王，是当地的直接统治者。

① 罗香林：《古代百越分布考》，《中夏系统中的百越》，独立出版社，1934年。

这位西于王应是曾经击杀秦军统帅屠睢的西瓯君译吁宋的后裔，他在南越国时被封为西于王，在汉武帝平南越时，又被西于内部的左将黄同斩杀。黄同因斩杀西于王，有功于汉，被封为下鄘侯。

左将一名在《史记》、《汉书》中常见，如“左将伐朝鲜，开临洮”，这左将就是左将军杨仆。汉代人习惯上将左将军简称为左将。《汉书》“瓯骆左将”，蒙文通指出是“南越之命官”的“官号”，它的职责犹如汉朝的胡骑都尉、越骑都尉分别为主胡骑、越骑之职官一样，瓯骆左将是南越所置以主瓯骆军众的职官。[①]据《史记》、《汉书》分析，黄同可能是取汉名的越族将领，也可能是被南越政权所信任的汉族将领。

秦军入越地，杀西呕（瓯）君，西瓯族曾有过反抗，使秦军伤亡惨重，遭到重大失败。后来秦通过“发适戍以备之”、凿灵渠等措施，最终才在西瓯族地区站稳脚跟，并设象郡。秦亡后，西瓯又崛起，南越国时，赵佗无法臣服，只用兵威财物赂遗，加以控制，直到汉武帝平南越后，开交趾郡，才设西于县。张荣芳、黄淼章的《南越国史》认为西于活动的中心应该在今越南的北部地区。

刻有“西于”铭文的铜鐎壶，刻有“西于造”铭文的铜洗和刻有“西于李文山治”铭文的铜壶，刻有“交趾西于作”的铜釜，这些出土之物作为西于的历史见证则是确凿无疑的。

二、“九真府”陶桶

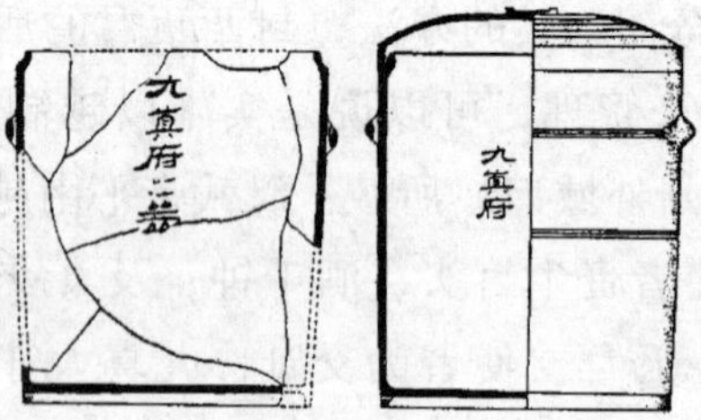

陶提桶（合浦望牛岭）

（采自《考古》1972 年第 5 期）

① 蒙文通：《越史丛考》之《吴越之舟师与水师》，《骆越与西瓯》，人民出版社，1983 年。

1971年10月广西合浦望牛岭汉墓出土“九真府”陶桶2件。陶桶内壁书写有朱色汉隶文字，一件书“九真府□器”5个字，一件书“九真府”3个字。① 陶提桶是岭南地区汉墓常有出土的盛酒器。整体如圆筒，子口合盖，矮圈足，有一对穿孔，腹两侧贴单个桥形贯耳，盖面隆起，有凹形片钮。系桶绳索从底部穿过圈足孔，往上穿过腹部贯耳，到盖顶凹钮相接，将器与盖紧合，并可提携。广州龙生岗东汉墓出土陶提桶一件，内存将近半桶高粱，桶盖内墨书“藏酒十石，令兴寿至三百岁”。由此可知这种陶桶是酿酒和盛酒之器。合浦这两件陶桶内壁朱书“九真府”，由此可知是九真府的盛酒器。《后汉书·张湛列传》中有“明府位尊德重”句李贤注“郡守所居曰府”。这些陶桶应是九真太守官署用器，墓主应该是九真郡守。

九真郡为公元前3世纪末南越王赵佗兼并瓯骆后所置。公元前111年汉武帝灭南越后九真郡受汉朝统治。《汉书·地理志》载：九真郡（武帝元鼎六年开。有小水五十二，并行八千五百六十里）。户三万五千七百四十三，口十六万六千一十三。（有界关），县七：胥浦（莽曰驩城）、居风、都庞、余发、咸驩、无切（都尉治）、无编（莽曰九真亭）。《后汉书·郡国志》载：九真郡（武帝置。雒阳南万一千五百八十里）五城，户四万六千五百一十三，口二十万九千八百九十四。胥浦、居风、咸驩、无功、无编。

汉代九真郡的首县是胥浦，按《后汉书·郡国志》的说法，在郡下“凡县名先书者，郡所治也”，胥浦就是九真郡的治所。顾祖禹《读史方舆纪要》卷112曰：“九真郡城，即今府城也，秦象郡地。汉元鼎六年置九真郡，治胥浦县。后汉因之。晋宋以后，皆为九真郡。梁置爱州。太清二年李贲为屈獠峒所杀，其兄天宝遁入九真，收集余兵围爱州，交州司马陈霸先讨平之。隋平陈废郡，仍曰爱州。大业初，又改州曰九真郡。唐武德五年，仍曰爱州。领九真等县。天宝初，曰九真郡。乾元初，复为爱州。五代唐长兴二年，爱州将杨廷艺举兵取交州，自是没入蛮。交人建绍天

① 广西壮族自治区文物考古写作小组：《广西合浦西汉木椁墓》，《考古》1972年第5期。

府，僭称西都，兼置清华承宣司于此。”又曰：“胥浦废县，在府西，汉置县，为九真郡治。晋因之，宋仍为胥浦县，属九真郡。齐仍旧。隋初属爱州。大业初亦属九真郡。唐武德五年于县置胥州，并置攀龙、如侯、博犊、镇星四县。贞观初，废胥州，以四县省入胥浦县，隶南陵州。十年，州亦废，县改属爱州。天宝中省入日南县。”

胥浦侯印

九真郡辖境相当于今越南清化、义安、河静等沿海地区。在越南北部的清化出土过南越国官印“胥浦侯印”。[①] 胥浦在越南清化，与广西合浦相距四五百千米。九真郡守的墓何以葬到合浦来是一个问题。汉代郡守都由中央直接委派，边郡长官除个别少数民族地区就地选用外，也多由内地派往。据《水经注》引《交州外域记》所载：汉武帝平南越时，伏波将军路博德军到合浦，“越王令二使者赍牛百头，酒千钟，及（交趾、九真）二郡民户口簿诣路将军。（路）乃拜二使者为交趾、九真太守，诸骆将主民如故”。可见，交趾、九真二郡的太守原是南越王国的“使者”，是归汉以后由路博德委派的。他们被从合浦派出，很可能就是世居合浦的人，死后归葬合浦旧茔。河南南阳人任延在西汉末任九真太守，祝良于汉章帝元和二年任九真太守，董元也任九真太守。这些官员都是从内地派往的，他们

① ［日］吉开将人：《南越印章二题》，《中国古印玺学国际研讨会论文集》，香港中文大学文物馆，2000 年。

都有可能回归故里。

类似情况有湖北当阳日南太守冢。1957 年湖北省当阳县发现一座东汉砖室墓，墓砖有“日南太守冢”、“日南太守” 等铭文。[①] 从墓室规模和结构可以看出，墓主身份应与砖铭所示相符，是日南太守。日南太守多从内地调任，有一任太守李善是河南南阳人。士燮之父士赐在桓帝时也任过日南太守（《三国志·士燮传》）。

《汉书·地理志》载：日南郡（故秦象郡，武帝元鼎六年开，更名。有小水十六，并行三千一百八十里。属交州），户万五千四百六十，口六万九千四百八十五。县五：朱吾、比景、卢容、西卷（水入海，有竹，可为杖。莽曰日南亭）、象林。《后汉书·郡国志》曰：日南郡（秦象郡，武帝更名。雒阳南万三千四百里）五城，户万八千二百六十三，口十万六百七十六。西卷、朱吾、卢容、象林、比景。《二百兰亭斋印存》著录有“日南尉丞”铜印，鼻钮，边长 2.2×2.2厘米。据王人聪先生考证：“尉丞”是指郡都尉之佐官，《汉书·百官公卿表》载：“郡尉，秦置，掌佐守典武职甲卒，秩比二千石。有丞，秩六百石。景帝中二年，更名都尉。”《续汉书·百官志》曰：“中兴建武六年，省诸郡都尉，并职太守，……唯边郡往往置都尉。”此印是西汉印，年代应在武帝以后。[②]《读史方舆纪要》卷 112：“日南城。在府西，汉居风县地。梁置日南县，隋属爱州。”日南郡是汉武帝平南越后在原有象郡的基础上开设的，后来又向南进行了扩展，治所在西卷（今越南广治省广治河与甘露河合流处），是东汉流徙罪犯的极南地。2 世纪中叶以后，郡境渐为林邑国所有。

“日南慰丞”钢印

三、“龙编侯”墓

清朝乾隆庚子年（1780），广西苍梧县夏郢乡凤凰山一处塌陷，露出

① 陈上岷：《当阳县发现日南太守墓》，《文物参考资料》1958 年第 2 期。

② 王人聪：《两汉王国、侯国、郡县官印汇考》，王人聪、叶其峰：《秦汉魏晋南北朝官印研究》，香港中文大学出版社，1990 年。

一座用青砖砌筑的古墓。当地老百姓沿着塌陷的墓道，一直可以走进墓室。他们在墓室的前面发现一座石案，看见石案上放着一面铜镜和一件铜制的盥漱器。墓壁正面并排开着三道门，用青砖封砌。砖上有铭文，字体是隶书：“永和六年太岁庚戌莫龙编侯之墓”14 个字。①

在中国历史上，以“永和”作年号的有五人，他们分别是东汉顺帝刘保、东晋穆帝司马聃、十六国后秦姚泓、十六国北凉沮渠牧犍、十国闽太宗王延钧。在这 5 人当中，用永和作年号超过 6 年的只有刘保、司马聃和沮渠牧犍 3 人。再查甲子纪年，刘保永和六年是辛巳，司马聃永和六年是庚戌，沮渠牧犍永和六年是戊寅。从以上看来只有司马聃的年号相符。可见，这座墓是东晋穆帝时期的，下葬年代为公元 350 年。

“龙编”是汉晋时期的一个县，隶属于交趾部和交州，其地理位置在今越南的河内东面。历史上有案可查被封为“龙编侯”的只有 3 人。第一个是士燮，苍梧广信（今梧州）人，三国时为吴国交趾太守，被封为龙编侯，此事记载于《三国志 · 士燮传》。第二个是杜慧度，交趾人，东晋义熙七年（411）任交州刺史，也被封为龙编侯。第三个是杜慧度之子杜弘文，他继承其父的封号，也是龙编侯。后面这二位龙编侯，都记载于《宋书 · 杜慧度列传》。但是，这三个龙编侯都不姓“莫”，而且，他们的活动时间，前一个在东晋穆帝之前，后两个在东晋穆帝之后，显然都不是葬在苍梧的这个“龙编侯”。葬在苍梧的这位姓莫的龙编侯应是在这三者之外的另外一人，这是一位历史文献失载的人物。此人正好处在三国士燮和东晋杜慧度之间，在士燮封侯之后 120 多年，在杜慧度封侯之前 60 年，这期间有将近两百年的空白。这段时间，正是林邑（今越南中南部）人范文攻陷日南（今越南中部），东晋王朝多次用兵九真（今越南清化、河静一带）、交趾之际，也许这位姓莫的军人参加了这些战事，以战功得封龙编侯。莫家是广西东南的大姓，莫氏也许就是苍梧人，死后归葬苍梧，留下这千古疑冢。由于当时砌墓用的砖是定制的，能在墓砖上留下该墓的安葬

① （清）谢启昆著，广西师范大学历史系中国历史文献研究室点校：《广西通志 · 金石略》，广西人民出版社，1988 年。

年代及墓主姓氏和封号，这些印记补充了历史文献记载的缺失。

据《读史方舆纪要》卷112考证，龙编城在交州府东，是汉交趾郡治所。《汉书·地理志》曰："交趾郡（武帝元鼎六年开，属交州）……县十：嬴娄（有羞官）、安定、苟屚、麊泠（都尉治）、曲易、北带、稽徐、西于、龙编、朱䳒。"治嬴娄。《后汉书·郡国志》说：交趾郡辖十二城（县）：其中前十城与《汉书》同，所不同的是：首县是龙编，而不再是嬴娄了，而且增置了封溪、望海二城。由此可见，马援征服交趾以后，加强了对交趾的直接统治，郡治移到了龙编。

由以上资料考证可知，两汉加强了对岭南越人地区的直接统治，汉朝官员活跃在岭南越人地区，促进了该地区的民族融合和经济、文化的发展，使这片广阔的土地融合在一个政治实体中。东汉光和年间（178—184），士燮任交趾太守，他的弟弟士壹、士䵋、士武分任合浦、九真、南海太守，岭南和越南北部成了士氏一家的天下，与中原战乱局面相比，这一地区相对安定。

多元文化的交融：泛北部湾历史文化圈[①]

廖国一　白爱萍
（广西师范大学历史文化与旅游学院）

泛北部湾的经济合作构想是2006年7月广西壮族自治区书记刘奇葆在泛北部湾合作论坛上率先提出的。泛北部湾区域包括中国、越南、马来西亚、新加坡、印度尼西亚、菲律宾和文莱等北部湾东盟国家与地区，也称作“6+1”，即中国加上6个东盟国家。

泛北部湾地区的中国南方地区与越南、马来西亚、新加坡、印度尼西亚、菲律宾和文莱等东盟国家相邻而居，自古以来在政治、经济、文化等方面就保持着友好的交往与联系。双方在长期的交流过程中，形成了朝贡贸易文化圈、方孔钱文化圈、陶瓷文化圈、佛教文化圈以及汉字文化圈等多重文化圈，它们共同构成了泛北部湾历史文化圈。

一、朝贡贸易文化圈

从字面上讲，“朝贡”是指“君主时代藩国或外国的使臣朝见君主，敬献礼物”。当时中国中央王朝统治者要求周边小国前来朝贡，反映了封建王朝的大国中心思想，但是在那个时期，这种朝贡主要体现的是一种商业贸易关系。[②] 古代泛北部湾地区东南亚各国对中国的朝贡既具有政治色彩，又是双方经济贸易交流的形式。通过南海海域，这种具有政治和贸易的双重功能的朝贡活动得以频繁进行，在一定程度上促进了双方的友好

---

① 本文为国家社科基金项目（项目编号09BSS010）《构建认同——泛北部湾经济合作的可持续研究》阶段性成果、广西人文社会科学发展研究中心“泛北部湾历史文化研究”阶段性建设成果。

② 孔远志：《中国与东南亚文化交流的特点》，《东南亚研究》1998年第4期。

往来。

中国与泛北部湾地区的东南亚各国的往来早已有之。据《汉书·地理志》记载："自日南障塞、徐闻、合浦船行可五月，有都元国；又船行可四月，有邑卢没国；又船行可二十余日，有谌离国；步行十日有夫甘都卢国。自夫甘都卢国船行可二月余，有黄支国，民俗略与珠崖相类。其州广大，户口多，多异物，自武帝以来皆献见。有译长，属黄门，与应募者俱入海市明珠、璧流璃、奇石异物，赍黄金杂缯而往。所至国皆禀食为耦，蛮夷贾船，转送致之。亦利交易，剽杀人。又苦逢风波溺死，不者数年来还。大珠至围二寸以下。平帝元始中，王莽辅政，欲耀威德，厚遗黄支王，令遣使献生犀牛。自黄支船行可八月，到皮宗；船行可二月，到日南、象林界云。黄支之南，有已程不国，汉之译使自此还矣。"[①] 这是史籍中关于汉代中国北部湾沿岸地区至东南亚、南亚等地之间存在着一条远洋贸易航线的最早记载。这则文献写明了出使的目的、起止点和途经的国家名称及每段航程所花的时间。这条远洋贸易航线以丝绸贸易为主，故又称"海上丝绸之路"。通过"海上丝绸之路"最重要的始发港——合浦港，跨越北部湾海域，汉武帝派出使者，带上翻译和应募的商人，从合浦港等地乘船出发，远航至泛北部湾地区的东南亚各国，进行友好交往和贸易。

泛北部湾东南亚各国海外的商人或使团也可通过"海上丝绸之路"扬帆，从北部湾合浦港登陆，顺着岭南与中原、西南的往来交通路线，进入中原和大西南地区，与中国建立直接的贸易、朝贡关系。《后汉书·南蛮西南夷列传》载："交趾之南有越裳国。周公居摄六年，制礼作乐，天下和平，越裳以三象重译而献白雉，曰：'道路悠远，山川岨深，音使不同，故重译而朝。'"[②] 早在秦统一中国之前，越裳国就千里迢迢，经过多次重译来到中国进行朝拜，可见中国与今天的越南等东南亚地区在秦以前就存在着联系和交往的渠道。又"顺帝永建六年，日南徼外叶调王便遣使贡

---

① （汉）班固撰，（唐）颜师古注：《汉书》卷28《地理志》，中华书局，2005年，第1330页。

② （南朝宋）范晔撰，（唐）李贤等注：《后汉书》卷86《南蛮西南夷列传》，中华书局，2005年，第1915页。

献，帝赐调便金印紫绶”①，引文中的叶调国即爪哇，属印度尼西亚。这种情况反映出在东汉，今印度尼西亚已来汉朝进行“朝贡贸易”了。

三国两晋南北朝时期，中国开辟了经东南亚，穿过印度洋，从波斯湾或红海抵达大秦（罗马帝国）的海上航线。南朝时，林邑等东南亚国家与我国往来十分频繁。在南朝刘宋孝建、大明、泰豫年间，林邑数次遣使入贡。② 南朝梁（萧衍建立）时，林邑国者，于“天监九年、十年、十三年累遣使献方物，……普通七年，王高式胜铠遣使贡方物。大通元年，又遣使贡献。中大通二年，行林邑王高式律陁跋罗摩遣使贡献，……六年，又遣使献方物”③。

在马来半岛顿逊国的盘盘国、丹丹国，自南朝初年开始与中国朝贡往来。到南朝梁时，交往更加密切。盘盘国“中大通元年五月，累遣使贡象牙及塔，并献沉檀等香数十种。六年八月，复遣使送菩提国真舍利及书塔，并献菩提树叶、詹糖等香”。今苏门答腊岛上的干陁利国，南朝宋孝武帝时，王释婆罗呐怜陁遣长史竺留陁献金银宝器。④ 另外，在今印度尼西亚加里曼丹岛一带的婆利国也来中国进行朝贡。“（婆利国）在广州东南海中洲上。……天监十六年，遣使奉表。……普通三年，其王频伽复遣使珠贝智贡白鹦鹉、青虫、兜鍪、琉璃器、古贝、螺杯、杂香、药等数十种。”⑤

隋唐时期，统治者仍然重视海外贸易的发展。隋朝大业年间，隋使屯田主事常骏和虞部主事王君政带上五千段丝织品自南海乘舟出访赤土国(在今马来半岛)，其王“遣婆罗门鸠摩罗以舶三十艘来迎。吹蠡击鼓，以乐隋使，进金锁以缆骏船。月余至其都”⑥。归国时，赤土国遣使者那邪伽与隋使一起“循海北岸，达于交趾”⑦。海北岸即今北部湾的北岸。隋朝使

① （南朝宋）范晔撰，（唐）李贤等注：《后汉书》卷86《南蛮西南夷列传》，中华书局，2005年，第1916页。

② （南朝梁）沈约：《宋书》卷97《夷蛮》，中华书局，1974年，第2378~2379页。

③ （唐）姚思廉：《梁书》卷54《诸夷传》，中华书局，1973年，第787~788页。

④ （唐）姚思廉：《梁书》卷54《诸夷传》，中华书局，1973年，第793~794页。

⑤ （唐）姚思廉：《梁书》卷54《诸夷传》，中华书局，1973年，第796页。

⑥ （唐）魏徵等：《隋书》卷82《南蛮》，中华书局，1973年，第1834页。

⑦ （唐）魏徵等：《隋书》卷82《南蛮》，中华书局，1973年，第1835页。

团的这次出使赤土，是中国历史上第一次向马来西亚派出的专使。此外，当时南亚的婆利等国，大都途经今北部湾，登陆中国进行贸易交往。史载："婆利国，……大业十二年，遣使朝贡。……于时南荒有丹丹、盘盘二国，亦来贡方物。"①

唐代，中国的造船业和航海技术有了很大进步，广州、交州、泉州、扬州成为中国对外贸易的四大港口。由唐德宗时宰相、地理学家贾耽记载的"广州通海夷道"可知，唐朝时从广州向东南海航行，可到达环王国（今越南中部）、门毒国（今越南归仁）、古查国（今越南芽庄）、奔陀浪洲（今越南藩朗）、海峡（今马六甲海峡）、罗越国（今马来半岛南端，新加坡附近）、佛逝国（今印度尼西亚苏门答腊东南部）、诃陵国（今印度尼西亚爪哇）、箇罗国（今马来半岛西岸）、胜邓洲（今苏门答腊北部海岸棉兰以北的日里附近）、婆露国（今苏门答腊北部西海岸大鹿洞附近）等泛北部湾东南亚国家。② 可见，当时广州通往东南亚地区的海上交通相当发达。《旧唐书·地理志》谓："自汉武以来，朝贡必由交趾之道。"③ 唐朝也延续了汉武帝以来的传统，朝贡路线途经交趾（今越南）及北部湾海域。通过上述的四大对外门户，当时的泛北部湾东南亚各国可与中国进行频繁的交往和联系。

宋元时期，海外贸易得到了进一步的重视和发展。宋初，首先向中国进行朝贡的是位于今越南中部的占城国。占城国多次派遣使者来中国进行朝贡贸易。占城国于"建隆二年曾贡方物，三年八月又来贡，哲宗元祐元年十二月又进贡，有诏赐钱二千六百缗，其慕化抑可嘉也"④。此后，海外诸国纷纷来华朝贡。

三佛齐于北宋建隆元年（960）九月，国王悉利大霞里坛，遣使来贡方物。建隆二年（961）五月复遣使进贡。建隆三年（962）三月又来贡，

---

① （唐）魏徵等：《隋书》卷82《南蛮》，中华书局，1973年，第1838页。

② （宋）欧阳修、宋祁：《新唐书》卷43《地理志》，中华书局，1975年，第1152页。

③ （后晋）刘昫等：《旧唐书》卷41《地理志》，中华书局，1975年，第1750页。

④ （宋）周去非著，杨武泉校注：《岭外代答校注》卷2《外国门上》，中华书局，2006年，第77页。

十二月又贡方物。[1] 阇婆国（今爪哇岛），“宋元嘉十二年，遣使朝贡。淳化三年十二月，其王穆罗茶遣使陀湛、副使蒲亚里、判官李陁那假澄等来朝贡。大观三年六月，遣使入贡”[2]。勃泥国（今印度尼西亚加里曼丹北部），“太平兴国二年，其王向打遣使赍表贡大片龙脑、米龙脑、苍龙脑、玳瑁、檀香、象牙等数量繁多的贡品。元丰五年二月，其王锡理麻喏复遣使贡方物，其使乞从泉州乘海舶归国，从之”[3]。据统计，宋朝来朝贡比较多的国家有：交趾朝贡 45 次，占城 56 次，三佛齐 33 次。[4]

这一时期，宋朝与泛北部湾东南亚各国的商业贸易也得到发展。中国商人到泛北部湾地区东南亚各国进行通商，受到了当地人的友好接待。《宋史》中《阇婆国传》载：“中国贾人至者，待以宾馆，饮食丰洁。”[5] 南宋赵汝适《诸蕃志》记述中国海商抵达浡泥（今印度尼西亚加里曼丹岛）时获得良好礼遇。“（中国商船）抵岸三日，其王与眷属率大人（王之左右曰大人）到船问劳，船人用锦籍跳板迎肃，款以酒礼，用金银器皿禄席凉伞等分献有差。”[6]

为促进外贸的交流，宋朝在岭南地区设置了邕州横山寨博易场、邕州永平寨博易场和钦州博易场等国际市场。

当时最常来岭南博易场进行贸易的主要是安南国（今越南）。在宋代，越南已脱离中国内属而自立。《桂海虞衡志》载：“今安南国，地接汉九真、日南诸郡、及唐欢、爱等州。东南海，接占城；占城，林邑也。东海路通钦、廉，西出诸蛮，西北通邕州，在邕州东南隅，去左江太平寨最近。自寨正南行，至桄榔花步，渡富良、白藤两江，四程可至。又自寨东

---

① （宋）周去非著，杨武泉校注：《岭外代答校注》卷 2《外国门上》，中华书局，2006 年，第 86 页。

② （元）脱脱等：《宋史》卷 489《外国五》，中华书局，1977 年，第 14092 ~ 14093 页。

③ （元）脱脱等：《宋史》卷 489《外国五》，中华书局，1977 年，第 14094 ~ 14095 页。

④ 李云泉：《略论宋代中外朝贡关系与朝贡制度》，《山东师范大学学报》2003 年第 2 期。

⑤ （元）脱脱等：《宋史》卷 489《外国五》，中华书局，1977 年，第 14091 页。

⑥ （宋）赵汝适著，杨博文校释：《诸蕃志》卷上《志国》，中华书局，1996 年，第 136 页。

南行，过丹特罗小江，自谅州入，六程可至。自右江温润寨最远。由钦州渡海，一日至。”[①] 又邕州左江永平寨，“与交趾为境，隔一涧耳”[②]。周去非《岭外代答》载：“钦、廉皆号极边，去安南境不相远。异时安南舟多至廉，后为溺舟，乃更来钦，……廉之西，钦也。钦之西，安南也。交人之来，率用小舟。既出港，遵崖而行，不半里即入钦港。正史至廉，必越钦港。乱流之际，风涛多恶。交人之至钦也，自其境永安州，朝发暮到。”[③] 由此可见，今广西境内的博易场是宋朝时中国与安南国往来贸易的重要场所。

元代，中国福建一带与菲律宾地区来往密切。汪大渊《岛夷志略》记述菲律宾三岛的商人“常附舶之泉州经纪，罄其资囊以文其身，既归其国，则国人以尊长之礼待之，延之上座，虽父老也不得与争，习俗以其至唐，故贵之也”[④]。在菲律宾，商人到中国经商是受人尊敬的事情。可见，当时的菲律宾十分重视与中国的贸易往来。

明清厉行海禁，禁止私人出海贸易，给海外贸易带来了许多困难和不便。但是当时中国与东南亚的贸易似乎没有受到多大影响。中国与东南亚的贸易在前代的基础上还有所发展，东南亚国家借“朝贡”的名义频繁地派船到中国。中国不少私商仍不断以各种方式，突破海禁的限制，到东南亚各国进行贸易。

据《明史》记载：安南“洪武元年奉表来朝贡方物，十年，频年贡奄竖、金银、紫金盘、黄金酒尊、象马之属。……帝以其频繁，且贡物多，命仍三岁一贡。宣德、正统、万历年间遣使来朝”[⑤]。吕宋（今菲律宾吕宋岛）“居南海中，去漳州甚近，洪武五年正月遣使偕琐里来贡。永乐三年

---

① （宋）范成大撰，严沛校注：《桂海虞衡志校注》，广西人民出版社，1986 年，第 162 页。

② （宋）周去非著，杨武泉校注：《岭外代答校注》卷 5《财计门》，中华书局，2006 年，第 195 页。

③ （宋）周去非著，杨武泉校注：《岭外代答校注》卷 1《地理门》，中华书局，2006 年，第 53 页。

④ （元）汪大渊原著，苏继庼校释：《岛夷志略校译》，中华书局，1981 年，第 23 页。

⑤ （清）张廷玉等：《明史》卷 321《外国二》，中华书局，1974 年，第 8309 页。

十月遣官赍诏，抚谕其国。八年与冯嘉施兰入贡，……万历四年，复朝贡”[1]。婆罗（今文莱）“又名文莱，永乐三年十月遣使者赍玺书、彩币抚其王。四年十二月，其国东、西二王并遣使奉表朝贡。明年又贡”[2]。占城国（今越南中部），“洪武二年，太祖遣官以即位诏谕其国。其王阿荅阿者先已遣使奉表来朝，贡象虎方物。帝喜，即遣官赍玺书、大统历、文绮、纱罗，偕其使者往赐，其王复遣使来贡。自后或比岁贡，或间岁，或一岁再贡”[3]。此外，爪哇、阇婆、苏吉丹、三佛齐、浡泥、满剌加、苏门答腊、苏禄、彭亨、柔佛等东南亚国家都与明朝进行朝贡贸易。

中国商人与东南亚各国的贸易此时亦得到了发展，位于爪哇北部大海中的浡泥“商人往来不绝”[4]。在爪哇，“中国商旅往来不绝于大涧西”[5]。《东西洋考》记载了有关菲律宾苏禄国的交易时写道：“舟至彼中，将货尽取去，夷人携入彼国深处售之。或别贩旁国，归乃以夷货赏我。……夷人虑我舟之不往也，每返棹，辄留数人为质，以冀后日之重来。”[6] 这一记载足见明朝时期菲律宾商人对中国商人的重视与期待。

清初，在闭关时期，朝廷仍允许与东南亚进行朝贡贸易。菲律宾岛上的苏禄国也频繁来贡。“雍正四年，国王毋汉未母拉律林遣使奉表，贡方物。五年六月，贡使至京，贡珍珠、玳瑁、花布、金头牙萨白幼洋布、苏山竹布、燕窝、龙头、花刀、夹花标枪、满花番刀、藤席、猿十二种。……定期五年一贡，贡道由福建。……乾隆五年八月，苏禄国王麻喊味呵禀朥宁遣番丁护送遭风商人回内地。八年，贡使马明光奏请三年后复修朝贡，帝命仍遵雍正五年所定五年一贡之例。……独慕义中国，累世朝贡不绝。”[7]

今马来西亚、印度尼西亚在此时与中国的贸易往来进一步增强。马来半岛上的麻六呷（今马六甲）“初小西洋各国番舶往来中国经此必停泊，

---

① （清）张廷玉等：《明史》卷323《外国四》，中华书局，1974年，第8370页。

② （清）张廷玉等：《明史》卷323《外国四》，中华书局，1974年，第8378页。

③ （清）张廷玉等：《明史》卷324《外国五》，中华书局，1974年，第8383～8384页。

④ （清）张廷玉等：《明史》卷325《外国六》，中华书局，1974年，第8415页。

⑤ （清）张廷玉等：《明史》卷324《外国五》，中华书局，1974年，第8402页。

⑥ （明）张燮：《东西洋考》卷5《东洋列考》，中华书局，1981年，第98页。

⑦ 赵尔巽等：《清史稿》卷528《属国三》，中华书局，1977年，第14702～14703页。

采买货物，……闽粤人至此采赐锡及贸易者甚众”[①]。苏门答腊岛上的旧港国“山南复有二小岛，一名空壳槟榔，一名朱麻哩，皆产锡，闽粤人到此采锡者甚众”[②]。

此外，为了便利中越两国商人的贸易往来，乾隆初年，开放了宁明州的由村隘，以便商人进入越南经商。乾隆五十八年（1793），越南为了招徕商人，在谅山镇的花山增添行市。[③]

古代中国与泛北部湾东南亚国家具有历史悠久的朝贡贸易关系。泛北部湾东南亚国家和地区的商人与使团，通过“海上丝绸之路”，跨越南海海域，与中国进行了频繁的交往与贸易，在泛北部湾形成了朝贡贸易文化圈。

二、铜鼓文化圈

铜鼓，由新石器时代炊具陶釜演化而来，是中国南方和东南亚广大地区青铜时代一种代表性的器物。

在中国，铜鼓分布于云南、贵州、广西、广东、海南、湖南、重庆、四川等8个省、市、自治区。[④] 贵州南部和广西西北部接壤的红水河流域是以“活态”的形式保留铜鼓文化最丰富的地区，还在使用铜鼓的民族主要有属壮侗语系的壮族、布依族、傣族、侗族、水族，以及属苗瑶语系的苗族、瑶族和属藏缅语系的彝族。[⑤] 中国学者按照标准器分式和出土铜鼓的地名把铜鼓分为万家坝型、石寨山型、冷水冲型、遵义型、麻江型、北流型、灵山型、西盟型等8种类型。

从历史文献记载来看，中国历史上使用铜鼓的族群有骆越、乌浒、俚、僚、蛮、仲家、苗、黎等族。[⑥] 史籍中关于铜鼓的最早记载见于《后汉书》中。《后汉书·马援列传》载：“援好骑，善别名马，于交趾得骆越

① 杨炳南：《海录》《西南海》，中华书局，1985年，第7~8页。
② 杨炳南：《海录》《南海》，中华书局，1985年，第18页。
③ 黄国安等：《中越关系史简编》，广西人民出版社，1986年，第105页。
④ 蒋廷瑜、廖明君：《铜鼓文化》，浙江人民出版社，2007年，第52页。
⑤ 万辅彬、蒋廷瑜、韦丹芳编著：《铜鼓》，中国社会出版社，2008年，第131页。
⑥ 蒋廷瑜、廖明君：《铜鼓文化》，浙江人民出版社，2007年，第66页。

铜鼓，乃铸为马式，还上之。”[1]《隋书》中载：“自岭以南二十余郡……诸獠皆然。并铸铜为大鼓，初成，悬于庭中，置酒以招同类。”[2] 可见隋朝时期，铜鼓广泛分布在岭南地区的獠民中。唐代刘恂《岭表录异》中记载了广东一带铜鼓的情况，书中载：“僖宗朝，郑絪镇番禺日，有林葛者为高州太守。有乡墅小儿，因牧牛闻田中有蛤鸣（蛤即蛤蟆）牧童遂捕之。蛤跃入一穴，遂掘之，深大，即蛮酋冢也，蛤乃无踪。穴中得一铜鼓，其色翠绿，土蚀数处损阙，其上隐起，多铸蛙黾之状。疑其鸣蛤即铜鼓精也。遂状其缘由，纳于广帅，悬于武库。今尚存焉。”[3] 宋代范成大《桂海虞衡志》中载：“铜鼓，古蛮人所用，南边土中时有掘得者。相传为马伏波所遗。其制如坐墩，而空其下，满鼓皆细花纹，极工致。”[4] 可见，在宋代，广西的一些少数民族中有铜鼓为马援遗物的传说。清代屈大均《广东新语》记载：“廉州有铜鼓塘。钦州有铜鼓村。灵山有铜鼓岭……皆以掘得铜鼓而名。”[5] 这些文献记载表明，在历史上，泛北部湾地区的中国南部有铜鼓存在。

据不完全统计，目前中国已出土并收藏的铜鼓有 1 400 多面，其中广西出土 600 多面，仅广西壮族自治区博物馆就藏有 300 多面。此外，广东省各地博物馆收藏 170 多面，海南省民族博物馆收藏 2 面。[6]

在越南、马来西亚、新加坡、印度尼西亚等国家也有铜鼓的分布。越南是仅次于中国的第二个铜鼓大国。在云南滇西地区发源的铜鼓文化，到公元前 4 世纪左右，顺红河东下，与越南红河流域的青铜文化融合，创造了著名的“东山铜鼓”。东山铜鼓是以越南清化省东山一带出土的铜鼓命名的，国际上称为“黑格尔 I 型”鼓，中国学者命名的“万家坝型”铜

---

① （南朝宋）范晔撰，（唐）李贤等注：《后汉书》卷 24《马援列传》，中华书局，2005 年，第 562 页。

② （唐）魏徵等：《隋书》卷 31《地理志》，中华书局，1973 年，第 888 页。

③ （唐）刘恂撰，鲁迅校勘：《岭表录异》卷上，广东人民出版社，1983 年，第 8 页。

④ （宋）范成大撰，严沛校注：《桂海虞衡志校注》之《志器》，广西人民出版社，1986 年，第 41 页。

⑤ （清）屈大均：《广东新语》卷 16《器语》，中华书局，1985 年，第 437 页。

⑥ 谭滟莎：《环北部湾地区的铜鼓文化》，《东南亚纵横》2008 年第 4 期。

鼓，现在国际上称为“先黑格尔I型”的铜鼓，在越南也有发现。[1]

东山铜鼓在越南北部形成发展的高潮后，很快遍及红河平原及其周围丘陵地带。由此而西，散布到老挝沙湾拿吉、柬埔寨的马德望，再往西是泰国的乌汶、洛坤、程逸、清迈，南达万伦等府，再往南到达马来西亚的瓜拉丁加奴、雪兰莪，东南到达印度尼西亚的爪哇展玉、三宝龚、古突土和松巴哇等岛屿。[2]

马来西亚有多少铜鼓，现在还没有确切的统计。目前马来西亚发现有6面铜鼓，其中有2面保存在吉隆坡的博物院。新加坡未见铜鼓出土记录，但民间收藏有铜鼓，最著名的是林氏收藏的两面铜鼓[3]。

印度尼西亚也有铜鼓的分布。铜鼓出土地点主要集中在苏门答腊、爪哇和甘尼安、松巴哇、萨拉亚尔，东边的罗地、塞卢、莱狄、塞拉卢诸岛以及卡伊群岛的土瓦岛。[4] 明代张燮著的《东西洋考》一书中有关于今印度尼西亚爪哇岛西北部铜鼓的记录。书中下港条记载：“铜鼓，即今华人所有者，诸国以爪哇为最。”[5] 由此可知，铜鼓主要为在印度尼西亚的华人所用，并且以爪哇的铜鼓数量为最多。又“文郎马神（今印度尼西亚加里曼丹岛西岸的马辰），入山深处有村名乌笼里弹，……夷人携货往市之，击小铜鼓为号”[6]。可见，当时铜鼓已作为乐器使用。

铜鼓是泛北部湾历史文化的一个重要的文化符号和共同的文化载体，铜鼓文化圈是泛北部湾历史文化的重要组成部分。

三、方孔钱文化圈

秦始皇统一中国后，为巩固封建统治和发展社会经济，统一了货币，

① 蒋廷瑜：《铜鼓是东盟古代文化的共同载体》，《广西民族学院学报》2005年第1期。

② 万辅彬、蒋廷瑜、韦丹芳编著：《铜鼓》，中国社会出版社，2008年，第208页。

③ 蒋廷瑜：《铜鼓是东盟古代文化的共同载体》，《广西民族学院学报》2005年第1期。

④ 蒋廷瑜、廖明君：《铜鼓文化》，浙江人民出版社，2007年，第61页。

⑤ （明）张燮：《东西洋考》卷3《西洋列考》，中华书局，1981年，第46页。

⑥ （明）张燮：《东西洋考》卷4《西洋列考》，中华书局，1981年，第86页。

在全国范围内推行外圆内方的方孔钱。此后，中国使用方孔钱的历史在历朝历代得到继承和发展。

自秦汉时期开始，中国的方孔钱已向东南亚流通，在一些东南亚国家发现了不少中国古钱币。东南亚地区发现的最早的中国古钱是西汉王莽时铸造的，其中包括“大钱五十”，还出土了东汉时代的“五铢”。① 由《汉书·地理志》可知，汉时“海上丝绸之路”已可远达东南亚各国。据考证，《汉书·地理志》中的“都元国”在今印度尼西亚苏门答腊岛西北部；“皮宗”一般认为是今新加坡西面的皮散岛。在今印度尼西亚苏门答腊、爪哇和加里曼丹的古代墓葬中，出土了汉代五铢钱。② 此外，在印度尼西亚爪哇、巴厘岛还发现了中国唐朝的“开元通宝”和北宋以后的历代铜钱。③ 据《瀛涯胜览》爪哇条载：“中国历代铜钱通行使用。”④ 可见，中国钱币在爪哇地区很盛行。在新加坡扯旗山炮台也曾发掘出“宋元通宝”、“治平通宝”、“熙宁通宝”等中国宋代钱币。⑤

中国与越南毗邻，在越南发现的汉代钱币包括汉文帝时期的四铢“半两”钱，西汉时期的“五铢”钱，东汉时期的“五铢”钱，汉宣帝时期的小“五铢”钱，王莽时期的“契刀五百”、“大泉五十”、“货泉”、“货布”等钱币。在越南广平省的汉墓中也发现了五铢钱和铁器。⑥

除了发现汉代的钱币外，越南也出土了大量中国各朝的钱币。1991 年 12 月，越南右龚县发现古钱币 10 公斤，有汉五铢、六朝五铢、唐开元通宝、会昌开元、唐国通宝、周元通宝、乾德元宝，发现的宋代钱币有宋元、太平、淳化、至道、咸平、祥符、天禧、天圣、皇宋、明道、景祐、至和、嘉祐、治平、熙宁、元丰、绍圣、元符、大观等通宝或元宝钱。1991 年 12 月 29 日，在越南西贡呼出村，发现了中国的五代十国钱，北宋

---

① 刘迎胜：《丝路文化（海上卷）》，浙江人民出版社，1995 年，第 70 页。

② 廖国一：《汉代合浦郡与东南亚等地的“海上丝绸之路”及其古钱币考证》，《广西金融研究》2005 年增刊二。

③ 刘迎胜：《丝路文化（海上卷）》，浙江人民出版社，1995 年，第 71 页。

④ （明）马欢著：《瀛涯胜览》，中华书局，1985 年，第 16 页。

⑤ 长河：《中国钱币文化对马来西亚的影响》，《时代金融》2004 年第 12 期。

⑥ 廖国一：《汉代合浦郡与东南亚等地的“海上丝绸之路”及其古钱币考证》，《广西金融研究》2005 年增刊二。

钱，元朝至大通宝、至正通宝，明代的大中通宝、洪武通宝（背桂、浙、豫、福、一钱、北平等）。在越南西贡边和省发现的中国钱币有唐开元通宝、会昌开元（背桂）、乾元重宝，五代十国的乾亨重宝、咸康元宝、汉元通宝，宋代的至和元宝、端平元宝（背元）、淳祐元宝（背十一），元代的至正通宝（小平光背钱），元末的大中通宝（背浙），明末的大顺通宝，清初的利用通宝。[①] 这些钱币的发现，表明古代的中越两国在货币流通领域有着频繁的交往与联系。

在南海通往印度洋、阿拉伯咽喉要道的马六甲海峡沿岸，中国圆形方孔钱是最早受各国商人认可的交换媒介。中国与马来半岛之间的古代钱币交流始于宋代，到明代武宗正德六年（1511）以前为全盛时期。在这500多年间，中国古代钱币通过官方朝贡贸易和民间贸易的形式流入马来半岛并成为主要流通钱币。[②]

文莱各地也多次出土过宋代钱币，据文莱钱谱记载，在文莱各地发现的宋代钱币有咸平元宝、熙宁元宝、元丰通宝、开禧通宝等。[③]

泛北部湾东南亚国家的钱币最初是由中国输入的，但是随着社会的发展及商品经济需求的扩大，中国钱币的输出已不能满足泛北部湾东南亚各国经济发展的需要，因此各国纷纷模仿中国钱币，铸造本国的钱币。

越南在丁部领王朝建立后开始仿照中国宋朝圆形方孔钱的形制铸成本国的钱币。越南铸造钱币的基本形式和钱文字体等都是模仿中国，如越南制造的太平兴宝、天福镇宝、明道元宝、建中通宝、政平通宝、元丰通宝、绍隆通宝等钱币，钱币背面所记的“丁”、“黎”字，都是受中国五代十国闽钱“天德重宝”背“殷”的纪国号钱和唐代会昌开元背记地名或州名影响的结果。钱文书体真、隶、行、篆等，都是模仿中国的方孔钱钱文，甚至有的钱币就是直接以中国方孔钱钱币为模板而仿制出来的。[④]

---

① 黄启善：《试论中越两国古代钱币的交流与商贸活动》，《广西金融研究》2005年增刊二。

② 长河：《中国钱币文化对马来西亚的影响》，《时代金融》2004年第12期。

③ [文莱] 威廉·巴列特：《文莱与努桑塔拉的货币史》，转引自刘迎胜：《丝路文化（海上卷）》，浙江人民出版社，1995年，第71页。

④ 黄启善：《试论中越两国古代钱币的交流与商贸活动》，《广西金融研究》2005年增刊二。

11世纪以后，马来西亚历代统治者都仿照中国封建王朝铸造钱币。詹卑王朝时期曾铸造过锡质的小饼钱，圆形，无孔，上面铸有阿拉伯文字。满者伯夷时期，铸造的钱币为铜质圆形方孔钱。随着马来西亚大量的锡矿被发现和开采冶炼，马来西亚各邦都仿效中国方孔钱的式样，用铜、锡来铸造钱币。[①] 印度尼西亚、菲律宾、文莱等东南亚国家发行和流通的大部分钱币，基本上都是仿照中国圆形方孔钱的式样铸造的。[②]

就古代的方孔钱而言，中国与越南、马来西亚、新加坡、印度尼西亚、菲律宾和文莱等国家与地区有特别密切的关系，并逐渐形成了泛北部湾方孔钱文化圈。这一文化圈对古代中国、东南亚地区的政治、经济、文化都产生了重要的影响。

四、陶瓷文化圈

中国是世界上最早发明瓷器的国家。在汉代，中国的陶瓷器就传播到了东南亚各国。在印度尼西亚苏门答腊发现的一个碗，上面绘有穿着汉代服饰的人物和马的图案。在苏门答腊、爪哇和加里曼丹、婆罗洲等岛还发现了汉代的明器。[③]

魏晋南北朝时期，随着中国航海技术的发展。到爪哇经商的中国商人很多，那时商船所载的货物是陶瓷和丝绸布帛之类。雅加达博物院在爪哇查帕拉发现了一个六朝时代的有盖瓷罐，可能是遗留下来的中国出口瓷器。[④]

唐代的陶瓷手工业十分发达，著名的陶瓷窑系有二十多个，以邢窑（在今河北内丘县一带）、越窑（在今浙江余姚县一带）、昌南窑（在今江西景德镇一带）、邛窑（在今四川邛崃县一带）、定窑（在今河北曲阳县一带）、潮州窑（在今广东潮州一带）最为著名，产品亦最多。在越南北部考古发现有越州窑和汝窑出品的陶瓷器，说明唐代陶瓷制品输入安南不

---

① 长河：《中国钱币文化对马来西亚的影响》，《时代金融》2004年第12期。

② 唐亚林：《“海上丝绸之路”与中国古代圆形方孔钱在东南夷的传播》，《东南亚纵横》2008年第1期。

③ 朱杰勤：《中国陶瓷和制瓷技术对东南亚的传播》，《世界历史》1979年第2期。

④ 朱杰勤：《中国陶瓷和制瓷技术对东南亚的传播》，《世界历史》1979年第2期。

少，或说明安南仿照唐代陶瓷制品而发展了自己的陶瓷工业。[①] 在菲律宾宿务岛也发现了唐代陶瓷，在苏禄群岛也发现了晚唐陶瓷等等，这些都是当时彼此往来的历史证据。[②] 此外，马来西亚柔佛州的哥打丁宜也发现了唐代瓷片。[③]

宋元时期泛北部湾的陶瓷贸易十分繁荣。《诸蕃志》中记载了当时中国的各类瓷器销售于中印半岛、马来半岛、菲律宾群岛和东印度群岛一带的情况。该书载“阇婆国，番商与贩，用夹杂金银，及金银器皿、五色缬绢、皂绫、……漆器、铁鼎、青白瓷器交易。三屿，博易用瓷器、皂绫、缬绢、五色烧珠、铅钢坠、白锡为货；麻逸国，商人用瓷器、货金、铁鼎、乌铅、五色琉璃珠、铁针等博易；渤泥，番商兴贩，货金、货银、……牙臂环、胭脂、漆椀楪、青瓷器；单马令，番商用绢伞、雨伞、荷池、结绢、酒、米、盐、糖、瓷器、盆钵粗重等物，及用金银为盘盂博易”[④]。可见，中国生产的青瓷、白瓷、青白瓷、盆钵粗器等瓷器畅销东南亚。

元代汪大渊《岛夷志略》一书对中国与东南亚之间的陶瓷贸易有详实的记载。书中提到的三岛、占城、遐来勿、丹马令、丁家庐、彭坑、吉兰丹、爪哇、龙牙门、花面等泛北部湾东南亚地区与中国都有陶瓷贸易往来。

明清时期，中国陶瓷在泛北部湾东南亚地区依然受欢迎。马欢《瀛涯胜览》一书中就记载占城国对“中国青磁盘碗等物甚爱之”，爪哇国“国人最喜中国青花瓷器”。[⑤] 这一时期，中国陶瓷通过朝贡和私人海商贸易等方式输入东南亚的数量很大。经考古发现，菲律宾吕宋岛沿海地区发现的中国陶瓷特别多。1958 年，菲律宾国立博物馆在八打雁的卡拉达岸发掘出大批明初的陶瓷，成为中国陶瓷在菲岛贸易范围最有力的证据。[⑥]《明史》

---

① 黄国安等：《中越关系史简编》，广西人民出版社，1986 年，第 38 页。

② 广东省第一汽车制配厂工人理论小组、中山大学历史系东南亚历史研究室编著：《菲律宾史稿》，商务印书馆，1977 年，第 165 页。

③ 安志敏：《马来亚柔佛州出土的古代陶片》，《考古》1965 年第 6 期。

④ （宋）赵汝适著，杨博文校释：《诸蕃志》卷上《志国》，中华书局，1996 年。

⑤ （明）马欢著：《瀛涯胜览》，中华书局，1985 年，第 13、24 页。

⑥ 张维持、胡晓曼：《从出土陶瓷看古代中菲关系》，《学术研究》1985 年第 1 期。

中占城条载“（洪武十六年）贡象牙二百枝及方物。遣官赐以勘合、文册及织金文绮三十二、磁器万九千”①。

在中国陶瓷器传入之前，东南亚不少地方不仅没有瓷器，连饮食的陶器皿都没有。《东西洋考》记载，文郎马神居民“初盛食以蕉叶为盘，乃通中国，乃渐用磁器。又好市华人磁瓮，画龙其外，人死，贮瓮中以葬”②。中国瓷器在一定程度上改变了马来半岛上马辰人的饮食生活习惯和丧葬习俗。清代，仅1646年这一年就有二十万件瓷器运入台湾，由台湾转运到巴达维亚。康熙二十三年（1684）下令开海禁，准许出海贸易，一时贸易大有起色。③

中国古代陶瓷制品的输入，不但改善了泛北部湾东南亚人民的生活，而且其烧造陶瓷技术也对泛北部湾东南亚国家产生了直接或间接的影响，在泛北部湾地区逐渐形成了陶瓷文化圈。

五、佛教文化圈

佛教于公元前6世纪产生于迦毗罗卫国（今尼泊尔南部），从公元前3世纪起，佛教在南海、西域各国广为传播。一般认为，佛教传入中国，当在西汉之际，即公元前后。④ 当时印度进入中国的通道有西域道和南海道两条，交通既不限于一道，佛教输入之地则不应仅经西域一途。“当纪元二世纪时，交州、南海之通道，亦得为佛法输入之所必经。一六六年大秦帝安敦之使臣，即由交州登陆。三世纪初年译经建业之康僧会，其先康居人，其父因商贾移于交趾。二二六年大秦人秦论所抵之地亦为交趾。二五五或二五六年所出《法华三昧经》，亦在交趾翻译。二世纪末年黄巾之乱，独交州差杂，与夫商业之盛，有所记录，自亦为意中必有之事。”⑤ 由此可知，南海一道为佛教输入的要道，而交趾、南海之通道位于北部湾海域，

---

① （清）张廷玉等：《明史》卷324《外国五》，中华书局，1974年，第8385页。

② （明）张燮：《东西洋考》卷4《西洋列考》，中华书局，1981年，第85～86页。

③ 朱杰勤：《中国陶瓷和制瓷技术对东南亚的传播》，《世界历史》1979年第2期。

④ 廖国一：《佛教在广西的发展及其与少数民族文化的关系》，《佛学研究》2002年第11期。

⑤ 冯承均著，谢方导读：《中国南洋交通史》，上海古籍出版社，2005年，第6页。

可见，佛教是经过北部湾海域进入中国的。另外，在北部湾合浦县堂排四座西汉晚期墓葬中出土了琉璃珠即（玻璃珠）1 656 粒、玛瑙珠 13 枚、琥珀 6 件、水晶 19 件、金小坠珠 4 粒。这些物品除了金器外，皆极少见于中国其他省份的西汉墓中，大多专家认为应是外来物品。这些物品也是佛经上记载的佛教“七宝”。[①] 在该墓葬中还出土陶僧俑 1 件，这是随海船东来的僧人。因此，在汉代，佛教已通过南海传入我国。到了魏晋南北朝时，佛教在我国的传播更为兴盛。在今广西浦北县南朝城址中还发现了大量佛寺特有的莲花瓣纹的圆形瓦当。[②] 莲花是佛教经典和佛教艺术经常出现的象征物，这在一定程度上说明当时可能已建有佛寺，可见佛教在当地已经得到一定的传播。

东南亚处于中国与印度两大佛教文化圈的辐射范围，是中国与印度两大佛教文化体系的重要交汇之地。佛教主要通过南北两个途径进入东南亚：南面是海路，主要是经过锡兰（今斯里兰卡）从海上传入东南亚；北面是陆路，是经过中亚，越过帕米尔高原，进入中国，南下广州，进入越南。此外，还有一条从印度东北，经缅甸而入中南半岛的途径。[③]

佛教在越南历史上占有重要的地位。越南封建王朝建立后，佛教曾被崇为国教。[④] 越南的佛教主要盛行禅宗和净土宗，禅宗有无言通派和草堂派，陈朝时也形成竹林禅派，元朝创原韶禅派，大抵皆南禅临济宗一系，曹洞宗影响不大。新加坡也信奉汉传佛教，亦属禅宗和净土宗，分为闽派和粤派，以后又出现儒、道、佛三教与我国东南沿海民间宗教混合的现象。[⑤]

在东南亚海岛地区，早在公元初，婆罗门教和佛教就传到了今印度尼西亚的爪哇、苏门答腊和加里曼丹等岛。在爪哇和苏门答腊都发现过 4—6

---

① 廖国一：《佛教在广西的发展及其与少数民族文化的关系》，《佛学研究》2002 年第 11 期。

② 廖国一：《佛教在广西的发展及其与少数民族文化的关系》，《佛学研究》2002 年第 11 期。

③ 梁志明等：《东南亚近现代史》（上册），昆仑出版社，2005 年，第 11 页。

④ 梁志明：《略论越南佛教的源流和李陈时期越南佛教的发展》，《东南亚纵横》1984 年第 2 期。

⑤ 史继忠：《“东方文化圈”与东南亚文化》，《贵州民族研究》2000 年第 3 期。

世纪的佛像。[①] 公元7世纪，在苏门答腊巨港建立起来的室利佛逝王国是东南亚重要的佛教中心。《岛夷志略》中记载了今印度尼西亚加里曼丹北部浡泥国“崇奉佛像唯严”[②]。

马来西亚原先信奉大乘密教，15世纪马六甲王国以伊斯兰教为国教，华人移入后大乘佛教渐兴，以后又由泰国传入了上座部佛教。据《隋书》记载，马来半岛上的赤土国“其俗敬佛，尤重婆罗门”[③]。

佛教是中国与泛北部湾东南亚各国交流的重要媒介。三国时期，当时著名高僧康僧会是在交州（即今两广及越南北部）一带出家学佛。[④] 梁朝时，位于今马来半岛上的盘盘国连年入贡，并向崇佛的梁武帝赠珊瑚佛像等佛教物品。“盘盘国在中大通元年五月，累遣使贡牙像及塔，并献沉檀等香数十种。六年八月，复使送菩提国真舍利及画，并献菩提树叶、詹糖等香；丹丹国于中大通三年奉送牙像及塔各二躯，并献火齐珠、古贝、杂香药等给中国。”[⑤]

唐代，有不少中国人与海外诸国的僧人进行往来交流。唐代高僧会宁在公元664—665年抵达爪哇的诃陵，羁旅三年，与印度尼西亚僧人若那跋陀罗共同翻译佛经《阿笈摩经》[⑥]。义净《大唐西域求法高僧传》记述“明远法师者，益州清城人也，梵名振多提婆（原注：唐云思天），振锡南游，届于交趾，鼓舶鲸波，到诃陵国，次至师子州，为君主礼敬，乃潜形阁内，密取佛牙，望归本国，以兴供养”；“昙润法师，洛阳人也，渐次南行，达于交趾”；洛阳僧人智弘“与无行禅师同至合浦升舶……覆向交州，住经一夏，既至冬末，复往海滨神湾，随舶南游，至室利佛逝国”；“灵运师者，襄阳人也，梵名般若提婆。与僧哲同游，越南溟，大西国，于那烂

---

① 梁志明等：《古代东南亚历史与文化研究》，昆仑出版社，2006年，第59页。

② （元）汪大渊原著，苏继庼校释：《岛夷志略校译》，中华书局，1981年，第148页。

③ （唐）魏徵等：《隋书》卷82《南蛮》，中华书局，1973年，第1834页。

④ 廖国一：《佛教在广西的发展及其与少数民族文化的关系》，《佛学研究》2002年第11期。

⑤ （唐）姚思廉：《梁书》卷54《诸夷传》，中华书局，1973年，第793~794页。

⑥ 汤平山：《印度尼西亚》，当代世界出版社，1998年，第37页。

陀画慈氏真容，赍以归唐”。[1] 又，“据诸传综考当时之发航地，首广州，次交州，偶亦为今合浦境内之旧治，与钦县境内之乌雷”[2]。从以上几则材料来看，往来南海的僧人经过的地点有今广州、交州、合浦、钦州等地。可见，“海上丝绸之路”成为僧人传播佛教的主要途径。

越南历代皇帝在遣使向中国朝贡时，常常要求得到中国的佛经。例如：1005 年宋朝应越南黎恒请求赐予大藏经；1007 年，黎朝的龙铤上书乞求佛经，也得到满足；1010 年，李公蕴上书乞求大藏经及御扎八体书法，宋朝赐给了大藏经及宋太宗御书一百轴。在 1011 年、1018 年、1098 年，宋朝又将一批佛经送给越南李朝。[3] 通过这种方式，促进了中国与越南在佛教文化方面的交流。

古代中国与泛北部湾东南亚国家的佛教文化交流，促进了泛北部湾地区佛教文化的繁荣，形成了泛北部湾佛教文化圈。

六、汉字文化圈

语言文字是文化交流的载体，中国历代皆以汉字为主要官方文字。

东南亚各国的语言有很多借鉴了汉语（特别是方言），在马来语中汉语词汇有 1 200 多个，其中闽南方言借词约 90%。菲律宾学者指出，在他加禄语词汇中，约有 2% 可能来自汉语。[4]

中越两国历史关系和文化交流极其密切，汉字传入越南是在公元前 3 世纪开始的。据语言家调查，在越语词汇中所保存的中国词或发源于中国语言的词，占越语词汇总数的一半。几乎越南所有的政治术语都发源于中国语言。[5]

---

① 冯承均著，谢方导读：《中国南洋交通史》，上海古籍出版社，2005 年，第 38 ~ 43 页。

② 冯承均著，谢方导读：《中国南洋交通史》，上海古籍出版社，2005 年，第 44 页。

③ 黄国安等：《中越关系史简编》，广西人民出版社，1986 年，第 60 页。

④ 次云波：《地缘文化视角下中国对东南亚的文化战略研究》，兰州大学硕士学位论文，2009 年。

⑤ 陈修和：《中越两国人民友好关系和文化交流》，中国青年出版社，1957 年，第 67 ~ 68 页。

越南成为独立国家后，汉字仍然是越南重要的文字。越南统治者很重视汉字，经常派人到中国购买书籍。道光十九年（1839），越南国王阮福皎曾经奏请道光帝颁发《康熙字典》，以便越南人民学习中国文字。越南阮朝时期，很多历史学家都精通汉文，能用汉字写作。[1] 大约在13世纪初期，越南人民采用汉字的结构和形声、会意、假借等造字方法，创造出一种新的文字，称为字喃（即越南字的意思）。1884年法国占领越南以后，越南才用拉丁化拼音文字。

泛北部湾东南亚一些国家在语言上有很多借鉴了汉语的词语，并且不少地方使用过汉字，这是历史上泛北部湾汉字文化圈形成的重要证明。

七、结　语

古代中国与越南、马来西亚、新加坡、印度尼西亚、菲律宾和文莱等地自秦汉以来就逐渐建立了长期频繁的交往与联系，并促进了朝贡贸易文化圈、方孔钱文化圈、陶瓷文化圈、佛教文化圈以及汉字文化圈等多重文化圈的形成。这些交叉重叠的文化圈，有机地聚合成为一个整体，共同构成了泛北部湾的历史文化圈。千百年来，中国与泛北部湾东南亚国家之间的交往基本上处于和平友好状态。当今的泛北部湾地区的经济合作，除了政治、经济和贸易等因素以外，泛北部湾历史文化上的共性也是重要的基础。可以说，具有相对独立性和持久性的泛北部湾历史文化圈的形成，为今天泛北部湾地区经济合作提供了借鉴与基础。

---

① 黄国安等：《中越关系史简编》，广西人民出版社，1986年，第106～109页。

百越变迁及相关文化

南朝隋唐时期岭南宁氏、冯氏家族与土著俚僚的关系

覃芳
（广西民族博物馆）

南朝至隋唐时期，宁氏家族与冯氏家族都是岭南地区举足轻重的地方势力，两家族辖地毗邻，宁氏家族世袭钦州，冯氏家族世袭高州。从史籍记载看，两家的关系非常好，并有宁冯联姻的关系。宁冯家族的先祖都是因北方战乱而南下到达岭南地区，为岭南带来了先进的生产技术，他们与岭南土著俚僚民族团结和睦，对岭南开发作出了重要贡献。

一、宁氏、冯氏家族都是迁徙到岭南的北方贵族

关于宁氏家族的来源，以往史书多说他们是岭南俚僚民族，如《资治通鉴》卷178：“俚帅宁猛力，在陈世已据南海，隋因而抚之，拜安州刺史。”俚人是东汉时岭南民族的族称，其先民是西瓯、骆越、乌浒人。文中把宁猛力当作“俚帅”，即俚人的将帅。《新唐书·南平獠传》说广西钦州宁氏家族是南平獠人：“南平獠，东距智州（今广西玉林），南属渝州（今四川巴县），西接南州（今四川綦江县），北涪州（今四川涪陵县）……有宁氏者，世为南平渠帅。陈末以其帅猛力为宁越太守。”

晚清至民国时期，在钦州先后出土了两方隋唐墓志铭碑，一方是隋朝宁越郡钦州县正义大夫宁贙墓志铭碑，另一方是唐朝钦州刺史宁道务墓志铭碑，这些出土实物弥补了史书记载之不足。据《宁贙墓志》铭文说：“公讳贙，字翔威、冀州临淄（山东临淄县）人也。”《宁道务墓志》铭文中也说：“府君讳道务，字帷清，临淄人也。于宁氏之族，肇自口太公……列封于宁城，祇台德先，因而命氏。”墓志铭文中皆说两人祖籍山

东临淄，是汉族无疑。文中的“列封于宁城”、“因而命氏”显然指的就是卫武公封于宁邑、季亹以宁邑为宁姓这件事情。①

《宁赞墓志》铭文中还说到河南先祖与山东先祖的名字。文中说：“宗子维城，各理封疆之邑。故宁相宁渝，传昆玉之名；宁喜宁戚，纾遗芳之哲。”文中的宁相、宁渝是卫国宁氏家族列祖“九世之卿”中的第六、七代始祖，他们是父子关系，在卫国为卿，史书都有记载，确有其人。卫国宁氏家族列祖世系中的第八位始祖是宁殖，为宁相之子，又称宁惠子，是宁氏家族中突出的人物。他先后辅佐定公、献公、殇公三君，成为卫国的肱股重臣，地位仅次于卫国上卿孙林父。但《宁赟墓志》铭文中没有提到他，很可能是受文体的限制。宁喜是卫国宁氏家族列祖世系中的第九代始祖，这是宁氏家族中关键的人物，因为随着卫国的灭亡，宁氏家族在卫国的权力地位也就烟消云散，宁喜是此悲剧的见证者。

冯氏家族是北方贵族，史书有明文记载。《资治通鉴·梁纪十九》云：“初，燕昭成帝奔高丽，使其族人冯业以三百人浮海奔宋，因留新会。自业至孙融，世为罗州刺史。”文中所说的燕昭成帝就是北燕第二个皇帝冯弘，“其族人冯业”是冯弘的儿子，是岭南冯氏家族的始祖。北燕国小民弱，偏隅在东北朝阳地区。冯弘在位时，因北魏屡次攻伐，数次向北魏朝贡请和，但仍不断受到攻击，因此亦曾遣使向南朝宋称藩朝贡。大兴六年(436)，北魏再攻北燕，冯弘随高句丽援军从都城龙城（今辽宁朝阳）撤退，北燕灭亡。冯弘退入高句丽，为留后路，派他的儿子冯业率300名族人从海上奔往南方，投靠刘宋王朝。冯弘进入高句丽后，仍像在本国当皇帝一样，继续发号施令，引起高丽王的不满。后来，冯弘又流露出想投奔刘宋南朝之意，高丽王无法忍受，遂于公元438年将冯弘杀害。

冯业到南方后，南朝刘宋王朝封他为怀化侯，任命他为新会太守兼罗州节度使。冯业成为岭南冯氏支系的始祖。冯业死后，其子冯士翔在新会袭任，到了孙子冯融则被任为罗州刺史。自冯业至冯融三代人，政绩平平，并未引起朝廷的关注，史书亦少有记载。

魏晋以后，五胡乱华，北方贵族纷纷南迁。这些北方来的贵族犹如亡国难民，往往受到南方贵族的歧视和排挤。早期南下的贵族还好些，他们

① 民国《钦县县志》。

可以在条件好的江浙一带的京畿及核心地区找到安身之地，晚来的北方贵族在上述地方已无地可居，就只能到条件艰苦的地方发展。宁、冯两家都是南朝时期南下的，晚于东晋年间南下的北方贵族，都是被发配到蛮荒夷地的岭南地区，两族地位并不高。特别是冯氏家族，原是北燕皇族，被北魏灭国后才南下到达岭南地区，实际上是亡国难民，已无资本与南朝朝廷对话，只能任由朝廷发配到岭南地区。南朝初，冯氏家族被安置于新会，历三世至冯融时，才迁到高凉南部的鉴江下游。后因政治需要，冯融之子冯宝与高凉俚族女首领冼氏联姻，由此形成高凉冯冼氏族。宁氏家族的境遇未必比冯氏家族好，他们是梁武帝时才南下到达岭南，因此比冯氏更晚下江南。因冯、宁两族的来源相同，可以说同病相怜，两族关系当然也就比较融洽。

二、冯、宁两族共同享受羁縻长政策

宁氏和冯氏虽然都是正州行政长官，但都享受羁縻政策，主要表现是拥有世袭和部兵的特权。在钦州地区的宁氏是从宁逵到宁猛力、宁长真、宁璩四代相袭，在合浦郡则是宁暄与宁纯父子相传，每一任刺史都是由朝廷册封的，即他们的世袭是获得朝廷认可的。在武装方面，钦州宁氏大本营在隋唐时期一次可以动员兵力四五千人。合浦宁暄、越州的宁道明拥有多少兵力尚无法得知，但他们拥有自己的部兵是可以肯定的。武德八年（625），宁道明据越州反抗唐朝，宁长真举钦州俚兵，宁纯率合浦俚兵前去镇压，说明他们各自都有自己的部兵。冯氏家族自冯业至冯融三代相袭，冯冼联姻后，虽说冼夫人主政冯氏家族，但冯冼世系仍以冯氏为主脉，冼夫人的丈夫冯宝以下有冯仆，冯仆之后有冯盎，冯盎之后有冯智戴，他们都是世袭关系。在拥有部兵方面，冯氏统治的地盘远比宁氏的大，冯氏拥有二十个州，土地几千里，再加上冼夫人的感召力，冯氏拥有的兵力也比宁氏多。义宁二年（618），隋朝灭亡，冯盎与儿子冯智戴逃返岭南，聚集俚人各部落酋长，拥有兵马5万。从宁、冯的家族发展史可知，但凡从北方来到岭南任职的官族，只要享受羁縻政策待遇，就会就地坐大，拥兵自重，变成强大的地方割据势力。

三、冯、宁两族都是岭南民族地区的开拓者

在中国历史上，中央王朝在岭南地区推行正确的民族政策，“以故俗治”，使汉民族与当地土著民族和睦相处，促进岭南经济文化发展成绩显著者，首屈一指的是南越国赵佗，其次便是宁氏与冯氏了。

宁猛力是个非常有思想的人，可以说是宁氏家族开发环北部湾地区的首位功臣。他承袭父职任安州刺史之后，首先考虑的是如何拓展辖区范围。陈后主祯明年间（587—589），宁猛力派遣他的弟弟宁暄带兵进驻合浦大廉洞一带，开辟新县，扼住东南沿海。当时合浦大廉洞一带居住着俚、僚人民，由于社会经济比较落后，尚未编户入籍。大廉洞又称大廉山。所谓“洞”，应为“垌”，是古越语，即在山中间平坦的田野。大廉山在合浦县东北一百里，位于合浦县曲樟乡璋嘉村和公馆镇创村、六甘村的交界处，盘礴数十里，与博白县蟠鳞山相连。《元和志》：唐廉州，取大廉洞为名。《舆地纪胜》：大廉县有大廉洞。《廉州府志》：东汉时费贻为合浦太守，有廉名，离任之日，百姓追送至此，遂将此山称为大廉山。这里是丘陵谷地，地势起伏较大，大廉山等丘陵倾斜贯东、西两侧，有海拔 200 米以上的岭丘有 9 座，最高的龙岸头山海拔 311 米，中部为六湖垌。这里生态环境保护得较好，直到清朝道光年间还有象群践踏群众庄稼。宁暄开发大廉洞以前，这里还是无人管辖的地方，他动员垌民下山编户入籍，开荒种地，并在此创立了一个新县，名叫大廉县，隶属合浦郡管辖。后来陈灭隋兴，隋王朝获悉宁暄已在合浦一带拥兵自重，便任命他为合浦太守。开皇十八年（598）宁长真以同样的方法，在今灵山县旧州圩一带地区开辟南宾新县。第三年，又在灵山县新圩镇南部开辟遵化县，并将上述两个新县划归钦州管辖。隋灭唐兴，唐王朝亦仍任命宁长真为合浦太守，继续掌管合浦地方军政事务。起初宁氏在钦州辖区仅有 5 个县，与俚僚人和睦相处，之后为朝廷开辟了大廉、南宾、蔡龙、东罗、安昌、高平、大都、临江、鹄山、宏波、零远共 11 个新县，他们在这些新县中传播汉文化，传授先进的生产技术，因此对开发岭南地区功不可没。

宁猛力则亲自率军向钦州西部开辟新区，拓展地盘，扩大势力。钦州以西的地区隋唐时笼统称西原蛮地。据《新唐书·南蛮传》载：“西原蛮，

居广、容之南，邕桂之西。有宁氏者，相继为豪。又有黄氏居黄橙洞（今广西扶绥县境），其隶也。”西原地方很广，据宋人胡三省说“西原蛮……其地西接南诏……北接道州、武岗（湖南南部），依阻峒穴，绵地数千里”①。这样广大地区的土著人都臣服于宁猛力，都是宁猛力自己开辟新土取得的，说明宁猛力在处理民族关系问题上的方法是正确的。

冯氏在这方面也作出了巨大的功绩。冯氏家族前三代世祖蜗居新会城内，令不出城，没有什么建树。到冯融袭位时，娶高州土著女冼氏为妻，凭借冼夫人在俚僚人中的威望，冯氏势力向高州地区发展，并很快站稳脚跟。自南朝至唐，鉴江中下游一带逐渐形成了高州、化州（罗）等中心城邑，这些城邑多位于水陆要冲。高州地处鉴江中上游，控扼曹、窦二江，地理位置十分重要。唐宋以后，这里逐渐成为鉴江流域的政治、经济和文化中心。现存的电白郡旧城，位于高州长坡镇旧城村，始建于南朝梁大通年间，时为电白郡治所，后曾改为电白县治所、高州治所。直到明朝成化三年（1467），以上县治、府治才迁走，昔日繁荣的商埠才沦为乡堡。还有潘州古城遗址，位于今高州市区内，唐初筑土构成，明洪武年间（1368—1398）于原城之外再筑新城，为历代州府所在地，后遭拆毁。这些城邑都是冯冼联姻以后建立的。城市文明在高州、化州的出现，无疑与冯氏先进的管理方法有密切关系。

冯氏的最大功绩是开拓海南岛，使脱离中央王朝650余年的海南岛重新纳入中央王朝的版图。海南岛陆地面积共3.54万平方千米，这里的土著民族也是俚僚人。在南越国统治以前，海南岛未设实际的郡县。汉武帝消灭南越国赵佗割据政权后，在今海南岛上开置珠崖、儋耳二郡，推行郡县制统治，海南岛正式纳入中央王朝版图。由于汉族官员巧取豪夺，激起了岛上俚僚人民频繁的反叛。《汉书·地理志》卷末条风俗云：儋耳、珠崖“自初为郡县，吏卒中国人多侵陵之，故率数岁壹反”。《后汉书·南蛮传》载武帝末年一次攻郡杀太守，连年乃平的叛乱，起因是太守苛敛，“蛮不堪役”。《三国志·吴书·薛综传》云：交州“长吏之选，类不精。汉法自宽，多自放恣，故数反，逆法”，说得比较公正。薛综又说：“珠崖之废，起于长吏睹其好发，髡取为髲。”其事又见《太平御览》卷373引《林邑

① 《资治通鉴》卷222。

记》："朱崖人多长发，汉时郡守贪残，缚妇女割头取发，由是叛乱，不复宾服。"贪残到强割妇女的头发，人民焉得不反？所以"自初为郡至昭帝始元元年（前86）二十余年间，凡六反叛；至其五年（前82），罢儋耳郡，并属珠崖"。其后宣帝神爵三年（前59）、甘露元年（前53）又反了两次，每反"辄发兵击定之"。汉元帝初元元年（前48）又反，"发兵击之，诸县更叛，连年不定"，终于到初元三年（前46），听从了贾捐之"宜弃珠崖，救民饥馑"的疏奏，顾念到劳师远攻必将导致万民饥困，乃下诏罢废珠崖郡。①

此前，儋耳之罢只是撤销儋耳郡的建置，其人民土地则并属珠崖。这一行政区划的改变，并不影响汉朝的版图，海南全岛仍在汉朝疆域之内。由于撤销了一个郡，也可能同时罢废了郡的几个属县，减少了地方政府和地方官吏，也就相对地减轻了对人民的剥削，因而叛乱的次数也得以减少。但地方官员贪婪依旧，叛乱终不可止，最后珠崖郡也无法维持，元帝不得不下诏"其罢珠崖郡。民有慕义欲内属，便处之，不欲勿强"，"珠崖由是罢"。故珠崖之罢，不光是撤销郡县建置，而是举其土地人民弃而不守，改变了汉朝的版图，从此海南岛便变成了化外之地。岛上的人民可能有少数汉人内徙海北，但大部分仍留在岛上。《元帝纪》初元三年只说"乃罢珠崖"不够明白，《地理志》条风俗作"元帝时遂罢弃之"是确切的。

谭其骧先生指出②，到隋炀帝大业六年（610），隋朝又开始在岛上"更开置珠崖郡，立十县"；同年，又分珠崖"置儋耳、临振二郡"，见《纪胜》引《元和志》。这三个郡才是在汉珠崖、儋耳郡故地今海南岛上的正式郡县，上距汉元帝弃珠崖凡六百五十六年。

谭先生进一步指出，不论梁陈二代还是隋代大业六年以前，史籍上绝未提到曾经用兵海南岛。那么，孙吴用兵三万未能征服的珠崖、儋耳，何以到了梁陈二代就成为羁縻性质的崖洲，至隋大业六年又能进一步成为正式郡县呢？这一变局的出现，动力并非来自内陆中央王朝，而来自当时分

① 《汉书·贾捐之传》：始元五年罢儋耳郡，元帝初元三年罢珠崖郡，不见《昭帝纪》、《元帝纪》。

② 谭其骧：《自汉至唐海南岛历史政治地理——附论梁隋间高凉冼夫人功业及隋唐高凉冯氏地方势力》，《历史研究》1988 年第 5 期。

布在海南海北俚族中的一个女中豪杰——冼夫人。大约在梁武帝天监年间，公元六世纪初，在高凉冼氏门中，出生了一个中国历史上的伟大人物、女中豪杰——冼夫人。她一生建立了许多有利于民族团结、国家安定的功业，其中最值得后人纪念的是把脱离了大陆六百多年的海南岛，重新与大陆结合在同一政权之下。旧史对此事竟无明确记载，遂致千百年来湮没不彰，不为述史考史者所知。冼夫人在梁大同前未嫁之时，势力已达到海南岛的西北部，梁因而置崖州。自归冯之后至其卒约六十余年，卒后又十余年冯盎官至大将军，前后八十年中，冯氏家族的势力无疑在日益扩张。在海南岛上，隋仁寿初赐冼夫人“临振县汤沐邑一千五百户”，可见冯氏家族势力此前必已到达这里，即岛的西南部，隋从而在这里置临振县，并用以作为冼夫人的汤沐邑。不仅如此，与西南部同时或稍有先后，冯氏势力亦必已到达岛的东北部，这反映在隋朝的政区建置上，便是大业六年环岛分置珠崖、儋耳、临振三郡十余县。

宁、冯两家族，一家是向西发展，主要是开拓西原蛮地区；另一家是向南发展，用极大的人力和财力开拓海南岛，因而两族没有在地盘上发生利益纠葛，这是两家族关系一直友好的重要原因。必须指出的是，宁氏家族开发新区设新县，冯氏开发海南岛恢复汉郡县，都是自觉的扩张行为，没有中央朝廷的旨意，这是封疆官吏很少有人能做到的。

四、宁、冯两族共同参加征伐高丽战争

大业七年（611），隋朝征调岭南兵马 3 万，远征高丽。当时的宁长真和冯盎都率兵参战，战后，隋炀帝诏命封宁长真为鸿胪卿，授安抚大使；封冯盎为左武卫大将军。当时岭南的 3 万兵马中，应以宁氏与冯氏部兵最为精锐，在人数方面，宁氏只有数千，冯氏的兵马要比宁氏的多，大约有 2 万人，其余为其他州县的兵马。在远程战争中宁氏是很有作战经验的，因为他们曾经参加过林邑战争和攻打丘和的战争。冯氏部兵则在岭南地区屡次经历战争的考验。冼夫人嫁入冯家不久，就率部兵征战海南岛，后又主动率兵镇压高州刺史李迁仕叛乱。冯盎也曾率兵平定了番禺（广州）、新州（新兴）的高法澄、冼宝彻的叛乱。宁、冯部兵共同参与高丽战争，或在途中相遇，或在同一战场，他们都是俚僚族人，语言相通，习俗相

近，相处融洽，无疑也提高了军队的战斗力。

综合以上四点，我们不难看出，为什么宁冯两家族领地毗邻，从南朝梁、陈到隋唐四个朝代，历经200年的时间，而从未发生过战争。宁氏、冯氏家族与土著俚僚能和睦相处，一方面是通过联姻，另一方面从北方带来先进的文化，使宁氏、冯氏家族在思想上处于强势地位，更有利于统治岭南地区，也加快了岭南地区民族间的融合。宁冯两个家族有太多相似的经历和战场情谊的考验，而他们又推行了和睦俚僚的正确民族政策，这极大地推动了岭南地区社会稳定和经济发展。

岭南俚人的生计方式及其经济社会封建化演变

陈光良

（广东职业技术师范学院民族研究所）

俚人是我国南方古代民族中的重要成员。从史籍有“俚”的族称出现，到“俚”与其他民族交往、融合乃至“俚”这个族名消失，大约经历了五百余年。东汉末年至唐初是俚人活跃在岭南各地的时期，俚人族群人口多，分布广，生产力要素生机焕发，生产关系起承转合，对我国古代南方经济社会发展的影响举足轻重。俚人领袖巾帼英雄冼夫人，致力于维护国家统一、促进民族融合，为岭南俚人经济社会实现封建化作出了巨大贡献，造福桑梓，垂范后世。

一、俚人族群的形成与人口分布

1．俚人的称谓及其文化特征

俚人作为岭南古代民族的称谓，大约出现于东汉末年。然而，俚人族群活动在岭南各地的信息早在东汉初期就已有史籍披露。南朝宋人范晔《后汉书·南蛮传》云：“建武十二年（36），九真徼外蛮里张游率种人慕化内属，封为归汉里君。”①（唐李贤注：里，蛮之别号，今呼为俚人。）建武十六年（40），“交趾女子征侧及其妹征贰反，攻郡……于是九真、日南、合浦蛮里皆应之”。汉明帝永平年间（58—75）曾任儋耳太守的僮尹，“还至珠崖，戒勅官吏，毋贪珍赂。劝谕其民，毋镂面颊，以自别于峒俚。雕题之习，自是日变”②。晋之后，古籍提到“俚人”族称时，很少用“俚僚”或“夷僚”并称，而略以“俚”或“俚民”、“俚郡”专称，如张

① （南朝宋）范晔：《后汉书》卷86《南蛮》，中华书局，2007年，第835页。
② （清）道光《琼州府志》卷29《官师志·僮尹传》，海南书局铅印本，1923年。

华《博物志》称："交州夷名曰俚子。"《宋书·徐豁传》称始兴"俚民"，同书《羊希传》称晋康"俚"人，《南齐书·州郡志》称越州"吴春俚郡"，同书《祥瑞志》称"高凉俚人"。南朝至隋，"俚人"的族称似已约定俗成。

关于俚人的族源，文献资料笼统认为："古先所谓百越是也。"练铭志先生讨论俚人的族源时认为，俚人是秦汉之后"诸越族未融合于汉族者的后裔"，"俚人是诸越族演变为现代民族的中间环节"，"广东两支俚人，与骆越有关的一支后来发展成为黎族，与西瓯有关的另一支演化为壮族"。[①]至唐代，岭南大部分地区的俚人相继融合为汉族。宋代，俚人的族称悄然消失。

岭南俚人的文化特征，根据文献记载可概括为：

（1）俚人有自己的语言。汉人因其"语言尤不可晓"，故称其为"鸟语"。俚人既为诸越后裔，推测其语言当与古越语属同一语系。

（2）贵铜鼓，这是俚人显著的特征。裴渊《广州记》云："俚僚贵铜鼓，唯高大为贵，面阔丈余，方以为奇。初成，悬于庭，尅晨置酒，招致同类，来者盈门。"[②] 俚人铜鼓有集众、迎神、丧祭、节庆之效用。

（3）住干栏。《隋书·地理志》记载："俚人……巢居崖处，尽力农事。"[③]《南齐书·州郡上》云：俚人"皆楼居山险，不肯宾服"[④]。《太平寰宇记·岭南道五》记贺州风俗云："俗多构木为巢，以避瘴气……所居谓之栅。"[⑤]

（4）户有犀盾、箭用毒矢。《新唐书·郑惟忠传》在记述岭南酋户俗蓄兵时提到："家（有）鹤膝，户（有）犀渠，此民风也。"[⑥] 张华《博物志》云："俚子弓长数尺，箭长尺条，以燋铜为镝，涂毒药于镝锋，中人

---

① 练铭志等：《广东民族关系史》，广东人民出版社，2004年，第155~156页。

② （晋）裴渊：《广州记》，（宋）李昉：《太平御览》卷785，中华书局，1960年。

③ （唐）魏徵等：《隋书》卷31《地理下·扬州》，中华书局，1973年。

④ （南朝梁）萧子显：《南齐书》卷14《州郡志上·广州》，中华书局，1972年。

⑤ （宋）乐史：《太平寰宇记》卷161《岭南道五》，台北商务印书馆，1986年。

⑥ （宋）欧阳修：《新唐书》卷128《郑惟忠》，中华书局，2003年。

即死。”①

（5）俚人风俗尚有椎髻、凿齿、鼻饮、鸡骨占卜等等。

2. 俚人的生活环境及人口分布

俚人活动时期的岭南，原始森林广邈苍莽，江河湖泊纵横错落，土地类型多种多样，自然资源富饶，光热条件充足，雨量充沛，生态环境优越。由于“天气卑湿、地气蒸溽”，农作物一年四季都能生长，热带、亚热带气候有利于人类的生产、生活。岭南地形不仅有丘陵台地，还有河流的冲积地、山间盆地、岛屿和大小不一的三角洲平原，更有曲折漫长的海岸线，为“靠山食山、靠海食海”的农耕渔猎民族提供了种类丰富、数量充裕的动植物来源。

万震《南州异物志》云：俚人“在广州之南，苍梧、郁林、合浦、宁浦、高凉五郡，中央地方数千里”②。所谓“广州之南”的五郡，在今广西东南部和广东西部及南路高凉地区。高凉县地（包括今之恩平、阳春、阳江、高州、廉江、化州、吴川、电白和茂名等县市）是俚人领袖冼夫人的故乡。三国时，广州领南海、苍梧、郁林、桂林、高凉、高兴和宁浦等七郡，相当于今广西东南部和广东的大部分地区。从三国初年至唐初，高凉地区是俚人的主要聚居地。广州（番禺）、新会一带也有俚人分布居住。

西江流域是俚人另一聚居中心，其中德庆、高要两地俚人最多，罗定、新兴、封开和怀集等县市也有俚人聚居。南朝刘宋明帝泰始三年（467），晋康郡（治今广东德庆县）俚人起义，广州刺史羊希令刘思道“行晋康太守，领军伐俚”，结果被俚人打败。南朝萧梁武帝大通元年（527），西江俚帅陈文彻兄弟发难，进攻高要郡城，可见俚族人口规模不可小觑。

粤北清远、英德、曲江和连州等县市也有俚人散居。梁陈二代，粤北俚人曾两次与汉族联合起义，以反抗封建王朝的统治，可知粤北俚族人数不少。粤东俚人史料记载不多，出现时间也较晚，谭其骧《粤东初民考》和饶宗颐主修的民国《潮州志》称俚人为“粤东主人”。

---

① （晋）张华：《博物志》，（宋）李昉：《太平御览》卷785《四夷部六》引，中华书局，1960年。

② （三国吴）万震：《南州异物志》，（宋）李昉：《太平御览》卷185引，中华书局，1960年。

如前所述，海南岛上早有俚人生息繁衍。《隋书·谯国夫人》载，“海南儋耳归附者千余洞”。冼夫人因请命于朝，南朝梁武帝大同（535—546），于废儋耳郡地置崖州。这些归附的“洞民”应与“峒俚”是同一族源。

俚人的人口约有多少？《晋书·陶璜传》和《隋书·谯国夫人》略有记述。《陶璜传》云：“广州南岸，周旋六千余里，不宾属者乃五万余户；及桂林不羁之辈，复当万户。”[1] 这6万余户当以俚人为主。如以每户5口计，则总数约为30万人。陶璜任交州刺史30年，历吴、晋两代，他熟悉岭南社会舆情，所提供的估算应该是可以相信的。《隋书·谯国夫人》云：“谯国夫人者，高凉冼氏之女也。世为南越首领，跨据山洞，部落十余万家。”[2] 十余万家即十余万户，如以每户5口计，则冼夫人统治的俚人超过50万人。这是隋朝时冼夫人统领族人的粗略估算，还不包括杂散地居住的俚人。唐宋之际，随着俚汉融合的大势所趋，作为俚人族称的人口逐渐减少，乃至消融于汉、壮、黎诸民族之中。

二、岭南俚人的生计方式

俚人虽然杂居岭南，分布疏密广袤，但由于所处的自然地理环境和世代因袭的民族文化传统相互影响，使得“一方水土养一方人”，俚人的生计方式具有岭南文化的鲜明特色。

1. 采集渔猎

俚人从事采集渔猎的生计方式由来已久。从东汉至隋初，岭南得天独厚的自然资源为原住民提供了相对充足的生活来源，许多地方的俚人靠山食山，靠海食海，依然过着刀耕火种、巢居采集的原始生活。《隋书·地理志》云：“俚人……巢居崖处，尽力农事。”[3]《太平寰宇记》云桂州风俗：“火耕水褥，人食鱼稻，以渔猎伐山为业，果蓏嬴蛤，食物尝足。”杨

---

① （唐）房玄龄等：《晋书》卷57《陶璜传》，岳麓出版社，1997年。

② （唐）魏徵等：《隋书》卷80《列女·谯国夫人》，中华书局，1973年。

③ （唐）魏徵等：《隋书》卷31《地理下·扬州》，中华书局，1973年。

孚在《异物志》中提到："儋耳夷……食薯，纺织为业。"[①] 嵇含《南方草木状》也说："旧琼崖之地，海中之人，皆不业稼穑，惟掘种甘薯。"[②] 薯蓣是块根类无性繁殖的作物，在岭南地区只要有泥土挖穴栽种便有收获，吃了栽种的再采集野生的，烧烤煮食方便，加工贮藏、饱腹济困容易。岭南山多飞禽走兽，江海水肥鱼虾游弋，俚人凭借简单工具和独创技术即能捕获野生动物，日常生活过得有滋有味。

2. 种植牛耕

考古学成果已经证明：我国稻作的产生及其扩展，是由于古代百越族群的不断迁徙而"连稻声和稻种一齐传播的"（丁颖语）。东汉许慎《说文解字》云："秏，稻属，从禾毛声，伊尹曰：'饭之美者，玄山之禾，南海之秏。'"[③] 说明南海和玄山（据司徒尚纪先生考证，玄山地望属海南岛）产稻禾。杨孚《异物志》说："交趾稻夏冬又熟，农者一岁再种。"杨孚是东汉番禺人，所记应当是所见所闻。从岭南各地相继出土的稻种、农具、陶艺模型等实物材料，可以了解当时俚人分布地区种植水稻的技术和方法。如1963年广东连县清理了一座西晋墓，墓中出土了一方犁田耙田模型，该模型中间纵贯一条田埂，将水田划分为两块，一块田里有人策牛犁田，另一块田里有人在使牛耙田。该模型四角的漏斗状设施，系排水设施。这种犁耙结合、调节供水的水稻耕作形式，反映了西晋时期岭南俚人地区稻作农业生产的先进水平。

南海郡在汉晋时代除种植水稻外，也普遍种植柑橘、荔枝、龙眼、香蕉、甘蔗、槟榔、橄榄和各种花木，还从海外引进各种经济作物。在桂东、桂南的秦汉墓中，出土有稻谷、粟粒、芋头、麻、橄榄和荔枝等农产品。历史上重视种植热带水果和经济作物形成了岭南农耕文化的主要特色。

牛耕是犁耕发展的较高阶段，牛耕是指人们用牛来牵引犁或耙，进行农业耕作。东汉时期，牛耕技术已在岭南地区推广和应用。随着铁犁和牛耕技术的结合，岭南各地的农耕技术大为改进。番禺一带农业不但使用铁

---

① （汉）杨孚著，吴永章辑佚校注：《异物志》，广东人民出版社，2010年。
② （晋）嵇含：《南方草木状》，（明）陶宗仪：《说郛》引，中国书店，1986年。
③ （汉）许慎：《说文解字》，中华书局，1963年，第114页。

犁牛耕，而且还注意排灌，重视施肥，水稻一年两熟。其他经济作物如水果、糖蔗等，种类和数量也不断增长，荔枝、龙眼已成为贡品北运中原，生动反映了岭南农耕文化多元性的特征。

3．养殖畜牧

据杨式挺先生考证：四千多年时，珠江三角洲地区已饲养猪、狗和牛。[①] 从各地考古发掘材料中可以看到岭南家畜饲养的情景。在广东六朝墓葬中，小石猪随处可见，已成为葬俗。此外，陶鸡、鸭、牛、马等也有大量出土，说明家畜饲养的广泛性。广州汉墓从西汉后期起陶艺禽畜模型随葬数量增多，种类有鸡、鹅、鸭、牛、羊、猪、狗（缺马）。在桂东、桂南的汉墓中，还出土有羊、马、猪、鸡、狗及仓库等模型。南海郡以外的郡县，禽畜的饲养也有一定的规模。曲江、合浦的汉墓中还发现陶猪圈，有的一圈内有肥猪四至五头。佛山澜石东汉墓出土的陶俑屋中有猪栏，栏中有猪 2 头；另外还有喂猪、赶羊、按羊、屠宰、舂米、持筛的陶俑和陶羊 3 只，从中可见当地家庭养殖业的情景。《汉书·地理志》记载：儋耳、珠崖郡“民有五畜”。俚人生活在禽畜成群、业态兴旺的地区，为其谋生方式增加了多样化的从业选择。

4．纺织制造

岭南土著居民很早就创造了精湛的纺织技艺，纺织品闻名遐迩。古代百越族人开发用作纺织衣物的植物主要有苎麻、葛、棉、竹、蕉等。此外，还有木本的勾芒木，顾微《广州记》曰：“俚人斫其大树，半断，新条更生，取其皮，绩以为布，软滑甚好。”还有用藤类加工纺织的，晋裴渊《广州记》云：“蛮夷不蚕，采木绵为絮，皮賨笪竹，剥古绿藤，绩以为布。”[②] 南朝宋徐怀远《南越志》曰：“桂州丰水县有古缘藤，俚人以为布。”[③] 俚人纺织以葛布最为著名。屈大均《广东新语》曰：“雷葛盛行天下。雷人善织葛。其葛产高凉、硇州。”[④]《汉书·地理志》记：儋耳、珠崖郡“民皆服布如单被，穿中央为贯头，男子耕农，种禾稻苎麻，女子桑

① 杨式挺：《试论西樵山文化》，《考古学报》1985 年第 1 期。
② （晋）裴渊：《广州记》，（宋）李昉：《太平御览》卷 785，中华书局，1960 年。
③ （南朝宋）徐怀远：《南越志》，（明）陶宗仪：《说郛》引，中国书店，1986 年。
④ （清）屈大均：《广东新语》，中华书局，1985 年，第 423 页。

蚕织绩。"[1] 广西贵港罗泊湾一号汉墓出土有丝绸、麻布、织锦、漆俪、纱帽等残片实物。在海南岛，黎族先民纺染织绣技艺以口传身授的方法代代相传，从先秦一直延续至今，成为当今世界级非物质文化遗产。黎族纺织活动成为记录他们历史的"活化石"，其中也有俚人的文化传承。总之，俚人生活在纺织材料来源丰富的岭南地区，又有世代相传的纺织技艺，发展成为享誉海内外的属于岭南诸越民族创造的非物质文化遗产，那是理所当然。

俚人的祖先很早就掌握了铸铜打铁的技术。目前世界上发现的绝大部分铜鼓出土于岭南，俚人分布地区普遍发现铜鼓，其中以西江流域和高凉地区为多。广西北流发现古代冶铜遗址，年代约从西汉开始延至隋唐。"俚僚贵铜鼓"，其"炉铸之妙，实为奇巧"。"俚僚铸铜为鼓，鼓唯高大为贵，面阔丈余"[2]；三国孙吴之际，已有文献记载岭南冶铁业的信息。《晋书·陶璜传》记述，陶璜、滕修镇戍岭南时"滕修数讨南贼，不能制，璜曰：南岸仰吾盐铁，断勿与市，皆坏为田器"[3]。所指南岸系今西江以南的俚人分布地区。"仰吾盐铁"及"坏为田器"说明当地尚无大规模的冶铁生产，但民间已熟练掌握铁器的熔铸再造技术并应用于生产生活，证明岭南俚人地区冶铁业已经问世。

俚人制造陶器历史久远，先秦时岭南已出现种类繁多且具有地方特色的几何印纹陶。广州发现的南越国陶器有49种。珠江三角洲的六朝墓葬，无论随葬品多少，均有陶瓷器出土，反映了陶瓷器生产的普及。广州沙河狮子岗、沙河顶晋墓出土了胎质细腻坚硬、釉层青里透明的青瓷器，种类以日常生活用品居多。茂名地区也出土有釜、壶、罐、盅、环等汉代陶器。高州和广西象州等地还发现汉代陶窑遗址。隋唐之际，岭南地区陶瓷制作技术又有显著进步。

杨孚在《异物志》中记载："交趾所产甘蔗特醇好。既甘，连取汁如饴饧，……又煎而曝之，既凝而冰，破如砖，食之入口消释，时人谓之石蜜者也。"以曝晒法制蔗糖，是古代岭南土著居民的创造。《南方草木状》

① （汉）班固：《汉书》卷28《地理志》。中华书局，1962年，第1670页。
② （晋）裴渊：《广州记》，（宋）李昉：《太平御览》卷785，中华书局，1960年。
③ （唐）房玄龄等：《晋书》卷57《陶璜传》，岳麓出版社，1997年。

载："南海多美酒，不用曲蘖，但杵米粉，杂以众草叶、冶葛汁涤溲之，大如卵，置蓬蒿中荫蔽之，经月而成，用此合糯为酒。"岭南诸越民族发明的酿酒技术，至今仍在海南黎族群众中传承，黎人用此法酿制的美酒，称作"酒酐"。

俚人习于水性且擅长"伐木为舟"。据考察，早在东汉至魏晋期间，粤西化州长歧一带就有独木舟的制作工场。1976 年，在化州县石宁村发现 6 艘独木舟，经测定距今 1750 年左右，大致相当于东汉后期至三国初年。后来，俚人的独木舟向艇、舺等拼板船发展。

5. 集市贸易

汉时岭南尚处于"不待贾而足"的自然经济状态，至南朝岭南农村有集市贸易的记载。南朝宋《南粤志》云："越之市为墟，多在村场。"但是"俚民皆巢居鸟语，不闲贸易之宜。每至买银，为损已甚"。《隋书·食货志》载："至陈亡，其岭南诸州多以盐、米、布交易，俱不用钱。"[①] 史料有关俚人从事贸易活动的记述不多，"不待贾而足"说明俚人生活的自然环境利于谋生，容易自给自足，几乎不必为食穿担忧，仅凭简单的物物交换方式也能满足家庭、族人日常消费的需要。隋唐时期，随着生产力的发展和俚人社会封建制的实施，岭南地区社会分工日益扩大，俚人以货币为媒介的商品交换关系得以衍生和发展。据陈启著先生考证：阳春高流河畔的高流圩和城区的重阳圩，都是一千多年的古圩，是冼夫人辅佐她儿子阳春太守冯仆执政时兴建的，两个圩的民俗承传至今。[②]

三、俚人经济社会封建化的历史考察

1. 俚人经济社会的性质

《隋书·南蛮传》云："（俚人）俱无君长，随山洞而居。"[③]《南州异物志》记载：俚人"往往别村，各有长帅，无君长。……土俗不爱骨肉，

① （唐）魏徵等：《隋书》卷 24《食货志》，中华书局，1973 年。

② 陈启著：《冼夫人与梁陈隋唐时期的岭南经济》，广东省社会科学联合会等：《岭峤春秋》，香港出版社，2006 年，第 90 页。

③ （唐）魏徵等：《隋书》卷 82《南蛮传》，中华书局，1973 年。

而贪宝货及牛犊。若见贾人有财物、水牛者，便以子易之，夫或鬻其妇，兄亦卖弟，若邻里”[①]。古代文献提到俚人“有长帅，无君长”，指明俚人族群形成之始不识皇化，无国家君长观念，还任意买卖家庭成员。据此推论，将俚人族群形成早期的经济社会性质定为原始父权家族制是可以成立的。

魏晋时期，封建统治者关注岭南地区的管治和开发。俚人的社会经济不断发展变化，随着社会生产力的提高，社会分工的形成，俚人的原始社会结构开始分化，封建制萌芽相继出现。但综观南朝至隋中期，俚人社会的封建化进程仍在继续，俚人主要聚居区如广州的南五郡和海南岛西北部，俚人经济社会的属性依然属于半原始半封建的范畴。

至南朝梁、陈二代，俚人社会出现了较大的社会组织——部落联盟，并涌现出一批强有力的部落酋长和军事领袖，史称“酋帅”。这些“酋帅”利用他们在氏族成员中的威望以及手中掌握的权力，或据公共财产为己有，或发动战争掠夺其他氏族或部落的牲畜、人口、宝货，成为集权力与财富于一身的特权人物，雄踞一方。他们不仅有自己的辖境、部属，有的还有自己的“蓄兵”。[②] 这说明俚人族群经历了从氏族—部落—部落联盟—民族的演变，最终形成了一个活跃于岭南大地的民族共同体。

南朝的宋、齐、梁、陈四朝为了加强对岭南的统治，先后增置郡县，争取将未入籍的俚人纳入编户，并任命当地酋帅豪绅为郡县官吏。当时，俚人使用铁农具日益普遍，生产力获得较大提高，农业、手工业都有相应的进步，为俚人社会向封建制过渡提供了必要条件。南朝统治者处心积虑地在岭南极力推行怀柔政策，对俚人酋帅封以官爵名号，任以县令、郡守乃至刺史，并允许世袭，让他们统治俚人聚居地区，这样就把原来不肯宾服朝廷的“化外”之地纳入了封建国家的郡县体制，从政治上强制改变俚人原始氏族部落的社会性质。俚人酋帅既为郡县官员，与汉族官僚交往就要实行等级制度，要遵守国家的法制礼仪，征收缴纳各种赋税徭役，还要着汉服，学汉语，甚至读汉文书籍。俚汉通婚也习以为常。这都促使俚人的社会关系、生计方式和文化习俗发生深刻的变化，导致封建因素在俚人

---

① （三国吴）万震：《南州异物志》，《太平御览》卷185引，中华书局，1960年。
② 练铭志等：《广东民族关系史》，广东人民出版社，2004年，第158～159页。

聚居的地区日益扩散和发展。

2. 历代王朝征讨“不宾服”俚人加强实施封建制

俚人社会封建化过程历经数百年，历朝统治者一方面施行怀柔政策，推行封建治理；另一方面则实行武力征讨，以军事手段强迫俚人服从就范。古籍多见记录俚人“不宾”或“不宾属”、“不宾服”，指控俚人在某一时期或某一地区不肯归服封建王朝统治而被征讨威服的史实。

南朝宋明帝泰始五年（469），陈伯绍为交州刺史，奏立越州，开置九郡。史载陈伯绍为首任越州刺史，“始立州镇，穿山为开城门，威服俚僚”。直至南齐时，“刺史常事戎马，唯以贬伐为务”①。梁朝广东征俚的记载屡见不鲜，南朝梁武帝大通元年（527）西江俚帅陈文彻兄弟起义，进攻高要郡城，广州刺史萧劢无法招架，后赴职经广州的仁威将军兰钦平息了起义；大同中，南江俚人起义，南江督护卢安兴计穷力尽，求助杜僧明和周文育，“请与俱行”，才把这场起义镇压了事。隋朝仁寿年间（601—604），番州总管赵讷贪虐，激起俚人反抗，起义范围达十八州。炀帝嗣位，广州俚人再次揭竿，“诏薛世雄讨平之”。据不完全统计，从三国至隋的近400年间，见于记载而规模较大的俚人起义即达13次。② 官府和朝廷动辄出兵征讨俚人的记述亦不绝于书。

俚人对威权强势的封建统治“不肯宾服”，甚至起义反叛官府和朝廷的原因错综复杂。古籍文献人云亦云，多有诬栽“俚人好相攻击”的歹名，笔者不以为然。有关俚人造反起义的评说，顾炎武的观点可谓击中要害：“汉魏以还，守官广南者，多以贪墨坐激吏民之叛，启蛮僚之寇，实由于此，盖古今之同患也。”时人有“广州刺史但经城门一过，便得三千万”之谚，如此看来，岭南物产丰饶，“地产珍奇，掌握之物，足富数世”，贪官污吏恣意搜刮民脂聚敛财富，俚人庶民承受不了官府的超经济剥削，揭竿而起，此乃官逼民反，值得深思。此外，历史上统治者擅用威权强迫弱势民族同化，用武力手段征讨少数民族迫使其臣服，结果往往激化了民族矛盾，导致民族关系愈加紧张。俚人经济社会发展不平衡，生产力有高低差别，文化习俗陈陈相因，倘若有“不肯宾服”的现象亦情有可

① （南朝梁）萧子显：《南齐书》卷14《州郡志上·广州》，中华书局，1972年。
② 练铭志等：《广东民族关系史》，广东人民出版社，2004年，第171页。

原。而官府动辄武力征讨，必然会导致民间积怨难消，甚至引发叛乱危及社会安定。处理民族问题史可为鉴，切莫轻率了事。

为了在岭南地区强化封建统治，除了武力征服之外，权势者以和平方式将俚人地区收归郡县管治或新置郡县自治，这种效果尤为明显。如冼夫人影响下的一些郡县和海南岛置州县便是如此。到南朝末，广东西部的俚人地区基本纳入封建州郡县，原未入籍的人口也陆续成为郡县编户。原不肯宾服的俚人酋帅和汉族豪绅大都被任命为所在地区新置郡州县的长官，管理他们原来控制的地方。

宋、齐两朝在岭南增设郡县较多，如全属广东和部分属广东的地区，宋时新置5郡，共有16郡、100余县；齐时新置3郡，共有19郡，约140县。南朝宋明帝泰始年间，又割交州、合浦等郡及广州个别地区新置越州。梁、陈二朝州郡县设置更多，其新置衡州等11州，大都小于原来的郡；新置安远等17郡，又多小于原来的县。南朝时宋、齐、梁、陈四朝新置的州郡县大部分在广东西部和海南岛东部，目的是尽量将俚人居住区纳入郡县，以加强中央王朝的直接管治。

总而言之，南朝统治者用武力或怀柔手段将不宾服的俚人酋帅和汉族豪绅任命为新置郡县各级地方长官，令其统治故地，明显的政治效应是：导致强势的封建生产关系在岭南少数民族地区长驱直入，俚人的原始社会结构加速解体，封建社会的政治经济体制得以建立。

3. 冼夫人的“榜样效应”促使俚人经济社会完成封建化

冼夫人，高凉郡俚人，“世为南越首领，部落十余万家。夫人幼贤明，在父母家，抚循部众，能行军用师，压服诸越。每劝宗族为善，由是信义结于本乡”①。她的哥哥冼挺，任南梁州刺史，“恃其富强，侵掠傍郡，岭表苦之。夫人多所规谏，由是怨隙止息，海南儋耳归附者千余峒”②。峒是俚人聚居的村落，如以一峒300人计，则大约有30万人归附。在古代社会，这是一个相当可观的人口数量。

南朝梁武帝大同初年，罗州刺史冯融听闻这位女子“有志行”，便为自己的儿子高凉太守冯宝聘以为妻。冯融是北燕冯弘的族人，在战乱中，

① （唐）李延寿：《北史》卷91《谯国夫人冼氏传》，人民音乐出版社，2003年。
② （唐）李延寿：《北史》卷91《谯国夫人冼氏传》，人民音乐出版社，2003年。

祖父冯业率家族“三百人浮海归宋，因留于新会”。冯业至孙子冯融，“三世为守牧，他乡羁旅，号令不行”，主要原因是俚人“不宾”，统治不顺，遂“婚于郡大姓冼氏”，期望借助冼氏的地方势力，提高政治权威。冯冼联姻，是中原南迁居民与岭南土著俚人融合的榜样，其感召效应影响深远。

冼夫人当上太守夫人后积极参与政治活动，史称：“夫人诫约本宗，使从百姓礼。每与夫宝参决辞讼，首领有犯法者，虽是亲族，无所舍纵，自此政令有序，人莫敢违。”① 粤西社会安定，民族和解，百姓安居乐业。

梁武帝统治时期，冯宝和冼夫人为了和辑海南岛上的俚人，“请命于朝，置崖州”。他们多次渡海入境说服俚人族老，还亲自考察部分首领，授权任职，成功建立了崖州，下辖10个县，从而结束了几百年来海南州县建置的混乱局面，使中央王朝政令通行，封建制的稳步实施，推动海南岛开发初见成效。

梁武帝太清二年（548），梁朝权臣侯景举兵作乱，高州刺史李迁仕企图谋反，夫人劝告冯宝不要介入分裂国家的活动。不久，李真相毕露，夫人与冯宝定计，率领精兵千余，化妆成挑担民夫，以送礼为名，将高州城内叛军打得落荒而逃。广州刺史萧渤起兵反对陈霸先失败后，其部众仍一度占据广州，致“岭表大乱”。当时冯宝已逝，冼夫人“怀集百越，数州晏然”。陈霸先称帝后，冼夫人于陈武帝永定二年（558）派9岁的儿子冯仆“率诸首领”前往朝见，冯仆被任命为阳春郡太守，以冼夫人代行政事。冼夫人在处理国家和地方出现危机的过程中，智勇兼备，知恩图报，为岭南各族群归顺中央王朝树立了好榜样。

陈宣帝太建元年（569），广州刺史欧阳纥发动兵变，胁迫冼夫人的儿子冯仆作为人质，“诱与同反”。冯仆遣使告诉冼夫人。夫人曰：“我为忠贞，经今两代，不能惜汝负国。”而后马上召集各部落酋长，发兵拒守，保境安民，并与陈朝派来的车骑将军章昭达会合，将叛军打败，岭南各地遂复归陈朝。冼夫人威名远播，朝廷破格赐赠“刺史之仪”，民众尊奉夫人为“圣母”。

隋初，岭南局势动荡。隋朝晋王杨广，派人告谕冼夫人，陈朝已亡，

① （唐）李延寿：《北史》卷91《谯国夫人冼氏传》，人民音乐出版社，2003年。

“令其归化”，以利国家一统。冼夫人“知陈亡，集首领数千，尽日恸哭”。隋军占领建康后，隋文帝派韦洸为总管率军进驻岭南，受到陈朝官兵抵抗，隋军行动受阻，韦洸遂遣使与冼夫人联络。冼夫人深明大义，支持隋朝统一岭南，“遣其孙魂帅从迎洸，入至广州，岭南悉定”。其后“番禺人王仲宣反，首领皆应之，围洸于州城”，当隋朝的岭南统治又面临危机之时，冼夫人义无反顾，将支持叛乱的孙子冯暄投入州狱，再派另一孙子冯盎带兵进攻，杀了陈佛智，打败王仲宣。由于有一些俚人首领也参与了变乱，隋文帝派给事郎裴矩安抚岭南。当时冼夫人已年过八旬，还“亲披甲，乘介马，张锦伞，领毅骑”，亲自护卫裴矩巡抚岭南，慰问俚人首领，晓以大义正理，终于平息叛乱，民族和解，岭南大地的封建统治得以维持。

隋开皇十一年（591），“番州总管赵讷贪虐，诸俚僚多有亡叛，夫人遣长史张融上封事，论安抚之宜，并言讷罪状，不可以招怀远人。上遣推讷，得其赃贿，竟致予法”①。冼夫人派人上告朝廷派来地方任职的高官，上书说明在少数民族地区适宜采用安抚政策，而赵讷贪赃枉法是不可能得到边远地区人民信任而归服的。隋文帝及时派员查处赵讷将其治罪，并委托冼夫人“招慰亡叛”。夫人不辱使命，“亲载诏书，自称使者，历十余州，宣述上意，谕诸俚僚，所至皆降”。夫人为维护民族团结、安定岭南海隅，可谓身体力行，苦口婆心。“文帝赐夫人临振县（属海南岛）汤沐邑一千五百户，赠仆为崖州总管、平原郡公。”②

冼夫人生前珍藏梁、陈、隋三朝皇帝赏赐的礼品，每逢节日大典，将其陈列展出，供子孙后人参观，教导他们“汝等宜尽赤心向天子；我事三代主，唯用一好心，今赐物俱存，此忠孝之报也”。仁寿初（601），夫人以九旬高龄逝世。其时，孙子冯盎已拥兵5万之众，管治番禺、苍梧、海南20余州方圆数千里属地，有人怂恿他自立为南越王，但他牢记祖母的教导，坚决拒绝。后来，隋亡于唐，唐将李靖率兵南下，冯盎亲去迎接，南粤又再度归附新的皇朝。唐代开国，冯冼家族继承冼夫人的遗志，“敦崇礼数，遵奉朝化”，努力开发和治理海南岛，使海南改变了落后封闭的局

---

① （唐）魏徵等：《隋书》卷80《列女·冼氏》，中华书局，1973年。
② （唐）魏徵等：《隋书》卷80《列女·冼氏》，中华书局，1973年。

面，沿海地区基本实现封建化。

南朝历经隋乃至唐初，封建王朝更迭频仍，岭南大地各路酋豪争权夺利，政治形势错综复杂，民族关系时好时坏。乱世出豪杰，时势造英雄，冼夫人以国家利益为重，自觉接受中央政府统治，反对割据分裂，视民族和解为大义，学习吸纳汉族先进文化，为维护国家统一、促使俚人社会实现封建化立下汗马功劳。她一生为岭南地区政治、经济、文化的进步，鞠躬尽瘁，垂范后世。冼夫人是“妇女为国立德立功之第一人；妇女开幕府建牙悬肘之第一人；妇女任使者宣谕国家意志之第一人；妇女享万民祭祀之第一人”（冼玉清语）。历史上少数民族首领，能像她那样识大体，晓大义，身体力行，一生致力于维护国家统一和民族团结，确实难能可贵。周恩来总理称赞冼夫人为“中国巾帼英雄第一人”，当之无愧。江泽民主席称冼夫人为“我辈及后人永远学习的楷模”，名垂青史。

综上所述，岭南各地归入郡县虽有先后之分，俚人经济社会封建化进程亦经历反复曲折，变化频仍，但是，到了南朝末年，除了某些偏僻的海隅深山仍有少数土著氏族处于原始社会，岭南绝大部分地区基本上确立了封建制度。隋唐之际，包括海南岛在内的俚人地区全面实现了封建化统治，社会生产力顺势提升，政治、经济、文化的发展别开生面。随着岭南俚汉民族进一步融合，俚人地区“自隋唐之后，渐袭华风，休明之化，沦洽于兹，椎跣变为冠裳，侏㒧化为弦诵，才贤辈出，科甲蝉联，彬彬然埒于中土”①。

① 引自《古今图书集成》，《职方典·高州府部汇考三·风俗》。

宋朝对西南少数民族的政策

黄纯艳
（上海师范大学历史系）

以宋朝为中心的政治格局可以粗略地分为直辖郡县、羁縻地区、境外诸国几个层次。细致分析，每一个层次又存在具体的差异，表现为复杂多样的形态。西南少数民族地区属于羁縻地区，宋朝对该地区有是否任命土官之别，具体政策也呈现多样的形态。立足于西南少数民族历史的研究已有不少成果，也有专门探讨宋朝民族政策的成果，初步地讨论了宋朝对西南少数民族的政策①，但宋朝对西南少数民族政策差异形态和羁縻制度的具体实施方式还有待更深入细致的阐释。本文拟对此作进一步考察。

一、多层次、多制度的政策格局

赵升《朝野类要》卷1《羁縻》说："荆、广、川、峡溪洞诸蛮及部落蕃夷受本朝官封，而时有进贡者，本朝悉制为羁縻州。"将官封和进贡的民族地区称为羁縻州。范成大又将羁縻州以外的地区称为"化外"。《桂海虞衡志·志蛮》说："今郡县之外羁縻州洞……过羁縻则谓之化外。"范成大还说"宜州管下亦有羁縻州县十余所，其法尤疏，几似化外"，指出了羁縻州县与化外的区别。广义而言，大理、安南等也属"化外"。吴儆

① 代表性的著作有江应梁：《中国民族史》（中），民族出版社，1990年；尤中：《中国西南民族史》，云南人民出版社，1985年；安国楼：《宋朝周边民族政策研究》，文津出版社，1997年。代表性的论文有刘复生：《自杞国考略》，《民族研究》1993年第5期；林文勋：《宋王朝边疆民族政策的创新及其历史地位》，《中国边疆史地研究》2008年第4期等，在此不一一枚举。

所说的邕州化外诸国就包括了大理和安南①。南宋对两国以藩属国待之，在国书中称其首领为国王，与羁縻州和一般的化外诸蛮仍有区别。

（一）宋朝对羁縻州的管理

宋朝以沿边正州管辖邻近的羁縻州，称为某州管下羁縻州，或某州管下某蛮，如颁赐给宜州管下诸蛮60颗印皆“以‘宜州管下羁縻某州之印’为文”，又有“雅州管下西山野川路蛮”之称等②。四川管辖羁縻州的正州主要有茂州、雅州、黎州、叙州、戎州、泸州、黔州和施州，其中雅州管羁縻州46；茂州管羁縻州10；黎州管羁縻州54；戎州管羁縻州30；泸州管羁縻州18；黔州管黔内州6、羁縻州10；施州管羁縻州5。荆湖路澧州管羁縻州数十州；辰州管南北江溪峒州56。广西管辖羁縻州的正州主要是宜州和邕州，宜州管羁縻州18；邕州管左右西江羁縻州县峒总36，其中羁縻州30③。羁縻州的数量在变动之中，如长宁军和宾州分别是由邕州和泸州羁縻州升为正州的④。因而史籍所载各正州所辖羁縻州数量有可能不同。《宋史·地理五》载：黔州管羁縻州49，南渡后管羁縻州56。《宋史·地理六》载：邕州管羁縻州44、县5、峒11，宜州管羁縻州10、军1、监2，此外融州管羁縻州1。

以上正州首先负有控扼防备羁縻州的责任（见下文），其次羁縻州与宋朝廷间的事务一般经过所隶正州，如南北江诸蛮事务一般都经过辰州，“南江诸蛮亦隶辰州，贡进则给以驿券”。北江彭氏誓下二十州刺史承袭，先由都誓主率群酋合议推举当立者，然后“具州名移辰州为保证，申钤辖司以闻”。被安置于洛阳的下溪州刺史彭仕汉逃回，申请发还家属，也是“以状白辰州”⑤。下溪州彭师晏申请袭位，“因辰州以闻”。后彭师晏举州

---

① 吴儆：《竹洲集》卷2《论广西帅臣兼知漕计》、卷1《论邕州化外诸国》，文渊阁《四库全书》影印本（以下同）。

② 《宋史》卷154《舆服六》，中华书局，1977年（以下同），第3594页；《宋会要辑稿》蕃夷五之三，中华书局，1957年（以下同）。

③ 曾公亮等：《武经总要》前集卷19、前集卷20《边防》，文渊阁《四库全书》影印本（以下同）。

④ 《宋史》卷89《地理五》、卷90《地理六》，第2243、2219页。

⑤ 《宋史》卷493《蛮夷一》，第14178、14180页。

内附，又由知辰州陶弼派兵在下溪州置会溪城黔安寨守卫①。大渡河外诸蛮则经过黎州。宋太宗曾“命黎州造舟大度河，以济西南蛮朝贡者”②。此外，管辖羁縻州的正州还负责调解羁縻州内部的纠纷，如邕州“洞丁有争，各讼诸酋。酋不能决若酋自争，则讼诸寨或提举。又不能决，讼诸邕管，次至帅司而止”③。

羁縻州事务由正州知州、通判分工负责。如黎州“通判专任市马，太守专任边事”④。咸平二年诏令广南宜、邕、融等州知州“自今在任能绥抚蛮夷、俾其乐业者，代还日，当议优奖。如致生事，重行朝典”。大中祥符九年知宜州董元因“不善绥抚”蛮人，致其为乱，被罢职⑤。如果诸蛮为乱，知州有责任讨平。如刘平权泸州事时“夷人寇淯井监”，刘平“率土丁三千击走之”⑥。

这些正州常被赋予专决蛮事的权力。如茂州管下各羁縻州事务“得专决”，“事无巨细皆自处”，各羁縻州“自推一人为将统其众，将常在州听要束”⑦。宋孝宗朝规定“黎州屯戍土军、禁军等，并听黎州守臣节制，其西兵遇有边事，亦听本州守臣节制”。“凡制置司所遣兵将至黎州，亦当委黎州太守节制。”⑧ 因而宋朝对较近边的羁縻州有比较强的控制。如辰州所管辖溪州刺史彭仕羲借入贡之机“诉州官于登闻”，宋朝斥责他“天子恩信及尔，尔狡而无厌，我当择于众族，求其可代汝者请之于朝，汝其图之”。彭仕羲始惧，“不复敢讼”⑨。

（二）宋朝“化外诸蛮”

“化外”是一个地理概念，也是一个文化概念。宋朝版图之外的民族

① 《太平治迹统类》卷17《神宗平下溪州》，文渊阁《四库全书》影印本（以下同）。

② 《玉海》卷153《乾德西南夷内附贡铜鼓》，广陵书社，2003年，第2816页。

③ 《文献通考》卷330《四裔考七》，中华书局，1986年（以下同），第2588页。

④ 《文献通考》卷330《四裔考七》，第2590页。

⑤ 《宋会要辑稿》蕃夷五之五。

⑥ 《宋史》卷325《刘平传》，第10499页。

⑦ 《宋史》卷286《蔡延庆传》，第9639页。

⑧ 《宋会要辑稿》蕃夷五之五五。

⑨ 《范文正集》卷13《贾公（昌龄）墓志铭》，文渊阁《四库全书》影印本。

自然是化外之民，作为文化概念，宋朝版图之内未受华夏之风影响的民族也会被视为“化外”。宋朝化外之民既包括地理较远，宋朝鞭长莫及的地区，如自杞国、罗殿国等，也包括生黎、生蛮等。

《武经总要》前集卷20《边防》称“蛮夷诸种惟其内属之国则皆列为郡县，有酋长，颇同齐人。其余类无君长，随溪谷群处，有采捕而无赋役则曰莫猺，错居山谷间者则曰夷人、獠人、黎人，濒海而居者则曰蜑户，其名不可胜纪”。列为郡县者即为羁縻州，其余则为化外。海南岛居民就被划分为三种类型：省民、熟黎和生黎。以黎母山为中心，“内为生黎，去州县远，不供赋役；外为熟黎，耕省地，供赋役”；又其外直辖州县所管之省民[①]，或称“服属州者为熟黎，其居山峒无征徭者为生黎”[②]。生黎可进化为熟黎和省民。淳熙八年韩侯治理省地黎人，民俗一变，“化外黎人闻风感慕，至有愿得供田税比省民者”[③]。荆湖南北路的辰州等地也如此划分：“其居内地者谓之省民、熟户，山徭、峒丁乃居外为捍蔽。”[④]《岭外代答》卷3《峒丁戍边》称“羁縻州之民谓之峒丁”。可知峒丁是羁縻州县民，而山徭则是不置州县的“化外”之民。

范成大《桂海虞衡志·志蛮》称：“邕州南江之外者罗殿、自杞等以国名，罗孔、特磨、白衣、九道等以道名，而峩州以西别有酋长，无所统属者。苏绮、罗坐、夜面、计利、流求、万寿、多岭、阿悟等蛮谓之生蛮。”这些都是宋朝不设置羁縻州县的化外之地。

罗殿和自杞都是国名，是化外诸蛮中发展水平最高者。罗殿国北宋时已与宋朝有交往，《文献通考·四裔考五》称罗殿国自“唐会昌中封其帅为罗殿王，世袭爵，岁以马至横山互市，亦有移至邕，称守罗国王罗吕，押马者称西南谢蕃、知武州节度使都大照会罗殿国文字”。有国王，置州郡。罗殿国曾于宣和间入宋朝贡，其与宋朝交往和称“国”都早于自杞，最初其发展水平应该高于自杞国。罗殿国“有文书”，统治阶层有人懂汉文。自杞国学习汉文汉语要“自罗殿致书生，教之华言，教之字画”，其

---

① （宋）周去非：《岭外代答》卷2《海外黎蛮》，中华书局，1999年，第70页。

② 《文献通考》卷331《四裔考八》，第2599页。

③ 《晦庵集》卷79《琼州知乐亭记》，文渊阁《四库全书》影印本。

④ 《宋会要辑稿》蕃夷五之七〇。

国致宋朝的文书“候问寒温之式与中国不异”[①]。

自杞国在南宋成为宋朝与大理贸易的主要中间商，后来居上，成为邕州界外诸蛮中最富强的势力，称国王，设年号，建立了一支强大的军队。宋光宗朝，自杞国王“名阿谢，年十八，知书，能华言”。淳熙四年自杞国致邕州的文书“以乾贞为年号”。宋朝边臣指责自杞国“不用本朝年号及犯本朝庙讳”[②]。《文献通考·四裔考五》称“至有精骑万计”。吴儆则说自杞“胜兵十余万”，还一再强调自杞国的强盛：“国势强盛，独雄于诸蛮”、“近年以来稍稍强盛”、“化外有自杞国，皆兵强地大，骄悍难制”，并说“近岁稍稍侵夺大理盐池及臣属化外诸蛮獠，至羁縻州洞境上”，“异时为边患者必此蛮也”。[③]

（三）因俗而治

《武经总要》前集卷20《边防》概括羁縻州制度：“即其土人建立郡县，有时贡无地租，领州者多许夷人世袭。”“朝廷得控御之策，惟城要害置屯戍，来则通之，去则备之，羁縻而已。”首领世袭、不征赋税的因俗而治政策同时也是宋朝对羁縻州和化外诸蛮的总体策略。

因俗而治首先体现在首领职位普遍实行世袭，如黔州之外的思州“系夷族世袭”。荆湖北江蛮都誓主彭氏自五代楚王马希范授彭士愁溪州刺史，“其后世子孙世袭士愁官爵”[④]。下溪州刺史彭允殊致仕，以其侄彭文勇为刺史，到彭仕羲册命为刺史，“自允殊至仕羲，五世矣”。不惟自允殊至仕羲五世世袭，直到清朝改土归流彭氏皆世袭溪州刺史。其誓下州知州或刺史也实行世袭，如珍州刺史田景迁卒，宋朝廷赐封其子彦伊为刺史。知上溪州彭君保卒，其弟彭君佐袭位[⑤]。邛部川都蛮王诺驱死后，其子阿遒继立[⑥]。西南蕃王南宁州刺史龙彦瑫卒，其子汉瑭袭位。保州刺史董奇死后，

---

① 吴儆：《竹洲集》卷10《邕州化外诸国土俗记》。

② 吴儆：《竹洲集》卷10《邕州化外诸国土俗记》。

③ 吴儆：《竹洲集》卷1《论邕州化外诸国》，卷2《论乞委漕臣同帅臣措置沿边》、《论广西帅臣兼知漕计》，卷10《邕州化外诸国土俗记》。

④ 《太平治迹统类》卷17《神宗平下溪州》。

⑤ 《宋会要辑稿》蕃夷五之七〇、七三、八一。

⑥ 《宋史》卷496《蛮夷四》，第14234页。

其子绍重继为刺史。董绍重卒，又命其子董霸知保州。忠州刺史“九世相传”，刺史阿永卒，由其子阿祥承袭[1]。其他各羁縻州都实行世袭在此不一一罗列。宋朝不仅允许羁縻州的世袭，而且还努力维护世袭的秩序。如大中祥符三年“羁縻霸州刺史董忠义卒，子当继袭，缘尚幼，请以从弟延早领州事”，宋真宗认为“夷治落中，父亡子继，朝廷旧制，盖杜其侥幸，使知定分。今易此例，必贻后患”。“乃与其子，许以近亲左右之。”次年董延早杀新任知霸州董仕喆，宋朝廷仍“令依例以其子承袭”[2]。

宋神宗、宋徽宗朝大事开拓，令蛮夷纳土，但原羁縻州之大部分地区仍实行世袭制，只是令蛮酋兼领军政之责，直到南宋时仍如此。如泸州安溪寨夷王募越于大观三年纳土，补从义郎，“主管本地分南岸一带巡检职事”。宣和五年王募越身亡，其子王道华承袭，王道华卒，其子王士宗未曾承袭而死，士宗之子王阿八当承袭，因患风疾，不愿承袭，又无长成儿男，请以亲侄男王鉴承袭，宋朝乃以王鉴补祖上职名。各地羁縻州大都如此。绍熙二年宋朝赦令“应荆湖、广南、川峡等路溪洞头首土人内有子孙依条合承袭职名差遣，及主管年满人合得恩赐之类，并仰逐路帅司疾速取会诣实，保明闻奏”。自后遇郊祀、明堂大礼皆如此[3]。

“化外”诸蛮更是实行世袭制。琼州化外生黎一部归顺王化后，“三代受朝廷告命”。绍兴间黄氏承袭，弹压边界宁静，特封宜人。后由其女王氏袭封宜人、三十六洞都统领[4]。上述罗殿国和自杞国则完全脱离宋朝的政治控制，宋朝不干涉其王位承袭。

因俗而治的表现之二是不征赋税。《武经总要》前集卷20《边防》说处理海南黎人问题的英明办法就是“不以不居之地、不教之俗反劳敝中国之众也”，“率羁縻而不属”，“不给赋役，不资馈饷，习其风土”。甚至主动请求纳税宋朝也不接受。宋太宗时溪州蛮“诣辰州，愿比内郡输租赋。诏本道按山川地势以图来献，卒不许之，惟赐以印绶，羁縻不绝而已”[5]。

---

① 《宋会要辑稿》蕃夷五之一〇、一一、一二、四一、四二。

② 《宋会要辑稿》蕃夷五之一六、一七。

③ 《宋会要辑稿》蕃夷五之九八、九九、一〇二。

④ 《宋会要辑稿》蕃夷五之四八、四九。

⑤ 《太平治迹统类》卷17《神宗平下溪州》。

咸平元年，富州向通汉“又言请定租赋，真宗以荒服不征，弗之许”[①]。

在允许世袭和不征赋税的同时也保持了原有的社会结构和社会风俗。至道元年蕃王龙汉（王尧）遣使贡方物，宋太宗问其地理风俗，译者回答说：该蕃亦农亦猎，“每三二百户为一州，州有长。其刑罚止用鞭扑，杀人者不偿死，尽入家财以赎。国王所居城郭无壁垒，官府惟短垣”，“彼中亦僭命，官司有称谏大夫者”。可见宋朝廷的册封并未改变其社会内部构成，风俗上更是因其故俗。《文献通考·四裔考七》载：蛮夷“大抵人物犷悍，风俗荒怪，不可尽以中国教法绳治，姑羁縻之而已”。淳化元年富州蛮向万通杀人“取五藏及首以祀魔鬼。朝廷以其远俗，特令勿问”，不干预其俗。宋真宗曾指示：诸蛮内部的纠纷，其自“有本土之法”，不要“以国法绳之”，而且强调“羁縻之道正在于此”[②]，即所谓“禽兽畜之，务在羁縻，不深治也”[③]。自杞国和罗殿国一方面受到中原文明的影响，“其首领多能华言，纵行书，如中国童蒙所书”，同时又保持着有别于中原的习俗，“其人皆椎髻，旃裘，跣足，有被发髡首者……风俗、土产、兵器、衣制大略与西南夷不异”[④]。

宋神宗和宋徽宗朝大力拓边，荆湖南北江和广西沿边大量羁縻州纳土，但最终大部分又恢复旧制。宋神宗朝，章惇经制南、北江，“南江之舒氏、北江之彭氏、梅山之苏氏、诚州之杨氏相继纳土，创立城砦，使之比内地为王民”，“出租赋如汉民”。广西“诸溪峒相继纳土，愿为王民，始创城砦，比之内地”[⑤]。但是对经济基础和社会结构都与内地差异极大的地区进行直接统治，不仅成本很高，而且也无法实现。南江的“沅、诚州创建以来，设官屯兵，布列砦县，募役人，调戍兵，费巨万，公私骚然，荆湖两路为之空竭”。元祐中，有人请求废置，乃“诏悉废所置州郡，复祖宗之旧焉”[⑥]。崇宁以后再次开边拓土。荆湖、广西、四川沿边若干羁縻

① 《宋史》卷 493《蛮夷一》，第 14174 页。
② 《宋会要辑稿》蕃夷五之一二、七四、四三。
③ 《宋史》卷 495《蛮夷三》，第 14209 页。
④ 吴儆：《竹洲集》卷 10《邕州化外诸国土俗记》。
⑤ 《宋史》卷 493《蛮夷一》、卷 495《蛮夷三》，第 14180、14209 页。
⑥ 《宋史》卷 493《蛮夷一》、卷 495《蛮夷三》，第 14181、14209 页。

州皆纳土输赋[①]，仍出现成本太高的问题。如南丹为观州，“设知州一人、其他职官十人，吏额五十人，厢禁军等兵员千余人”，“岁费钱一万二千九百余贯、米八千八百一十七石有奇。州无税租户籍，皆仰给邻郡，飞挽涉险阻”，“縻费亦不可胜计”。融州羁縻州平州纳土后“縻费甚于观州”，最后二州皆废“复祖宗旧制”[②]。叙州管下董蛮保州改为祺州，霸州改为亨州，置官吏，也出现岁费钱粮数万贯石的高昂成本。南宋仍基本实行“以蛮徭治蛮徭”的政策[③]。

二、政治、经济和军事并行的管理策略

（一）朝贡与册封

宋朝以中华“正统”自居，就要恪守华夷名分，因为“君臣名号，中国所以辨名分、别上下也”。“国家统临万国，垂九十年，蛮夷戎狄舍耶律氏则皆爵命而羁縻之。有不臣者，中国耻焉。”[④] 除契丹外都应臣服于宋朝，西南少数民族也是一样，朝贡和册封就是宋朝与各族君臣名分的表现形式。《武经总要》前集卷 19《边防》载：施州所“管羁縻等五州，时通朝贡”；黔州所管羁縻州也“得通朝贡”；泸州和戎州所管羁縻州“许世袭，通时贡”。广西各羁縻州也“奉正朔，修职贡”[⑤]。庞元英《文昌杂录》卷 1 所载“主客所掌诸番”，即赴阙朝贡的国家和民族中有西南五蕃（罗、龙、方、张、石五姓蕃）、荆湖路溪洞及邛部黎雅等蛮徭。《宋史·礼二十二》所载朝贡仪也包括罗殿、西南诸蕃、邛部川蛮、溪峒之属见辞仪，诸族朝贡“或比间数岁入贡”，“或一再，或三四，不常至”。

有一些民族形成了稳定的朝贡制度。明道元年宋朝规定邛部川蛮五年一贡。元丰年间规定西南五姓蕃“五岁听一贡，人有定数，无辄增加”。年限不到需经特许才能入贡，如元祐二年西南石蕃来贡，年限未满，“诏

① 《宋会要辑稿》蕃夷五之九三、九四。
② 《宋史》卷 495《蛮夷三》，第 14211、14212 页。
③ 《宋会要辑稿》蕃夷五之一〇三。
④ 尹洙：《河南集》卷 8《议西夏臣服诚伪书》，文渊阁《四库全书》影印本。
⑤ 《宋史》卷 495《蛮夷三》，第 14209 页。

特许入贡”①。溪州蛮每年圣节、冬至和正旦进常贡，庆历四年宋朝断绝溪州蛮朝贡，经多次投书请求，皇祐三年终于允许乾元节“贡献如旧”，说明圣节朝贡是惯行的旧例。不仅如此，元祐五年溪州誓下知保静州彭儒武等还“各进贡兴龙节、冬至、正旦节溪布”。知下溪州彭仕羲奏请“与同誓二十州每岁入贡”②，宋朝批准其请求。

宋朝对朝贡各族首领和使节赐封官爵，确立君臣关系。各族首领只有获得宋朝“降真命”，才能取得与宋朝交往的合法身份。西南蕃王龙汉璇首次入贡时自称权南宁州事兼蕃落使，并“上伪蜀孟氏所给符印，请降真命”。宋朝封其为归德将军、南宁州刺史，并赐印③。继任者也需重新获得册封。宋朝“旧制：溪峒知州卒，承袭者许进奉行州事，抚遏蛮人，及五年，安抚司为奏给敕告”④。

对羁縻州县的册封，“大者为州，小者为县，又小者为洞”，“其酋皆世袭”，“有知州、权州、监州、知县、知洞，皆命于安抚若监司，给文帖朱记。其次有同发遣、权发遣之属，谓之官典，各命于其州”⑤。北江彭氏自五代以来就建立了自己的统治系统，誓下二十州“皆置刺史，而以下溪州刺史兼都誓主，十九州皆隶焉”。归宋后，知州更替也需宋朝册命。上文说到彭氏誓下诸州知州、刺史更替时须将当袭者具名经辰州保明呈报，获赐敕告印牌，才能取得合法身份。

除了知州、知县等差遣外，宋朝廷还给诸蛮首领赐封各种检校官、爵位、军职等。如董蛮首领董绍重太平兴国六年被封为银青光禄大夫、检校司空、使持节保州诸军事、保州刺史兼御史大夫、上柱国、陇西县开国男，食邑三百户。至道元年新立霸州刺史董忠义初封为银青光禄大夫、检校工部尚书、使持节霸州诸军事、霸州刺史兼御史大夫、上柱国⑥。雍熙二年邛部川都鬼主诺驱遣使朝贡，宋朝封诺驱为怀化将军。淳化二年诺驱

---

① 《宋史》卷496《蛮夷四》，第14234、14241、14242页；《宋会要辑稿》蕃夷五之三二。

② 《宋会要辑稿》蕃夷五之八四、九一。

③ 《宋会要辑稿》蕃夷五之一一。

④ 《宋史》卷493《蛮夷一》，第14185页。

⑤ 《文献通考》卷330《四裔考七》，第2588页。

⑥ 《宋会要辑稿》蕃夷五之一一、一二。

遣使来贡，再封为怀化大将军，授予官告、敕书及日历。天圣九年封邛部川都蛮王黎在为保义将军，又命其部族三十余人为郎将、司戈、司候等[1]。乾道九年，封邛部首领崖袜为金紫光禄大夫、怀化校尉、都鬼主[2]。虽然这些官爵名号诸蛮并不一定理解，如下溪州刺史彭仕羲获封金紫光禄大夫“蛮人不晓品秩，累诉除落‘金紫’二字，不满其所望也”[3]。但对宋朝来说这些形式具有确定君臣名分的重要意义。

有的赐封是根据少数民族首领自己的要求，如田汉权以“古晃州印一钮来献，因请命”，宋朝“以汉权为晃州刺史”[4]。宋朝还应泸州管下乌蛮王子得益所请“复建姚州，以得盖为刺史，铸印赐之”。邛部川蛮首领诺驱“乞给印，以‘大渡河南山前、后都鬼主’为文”，宋朝同意其请求。邛部川苴克遣使来贡，自称“大渡河南邛部州山前、山后百蛮都首领”，苴克死后，“诏以其子韦则为怀化校尉、大渡河南邛部州都鬼主”[5]。但并非所有的册封要求都能得到宋朝的承认，如景德二年“夔州路降蛮首领皆自署职名，请因而命之。上不许”[6]。

对等国家的外交，如宋辽之间，并不赐封对方使节，而宋朝赐封西南各族贡使，表明的是一种陪臣身份。如元符元年封西南龙蕃进奉人龙延骞、龙以亮、龙延解、龙文涉等 151 人分别为归德大将军、安远大将军、归德将军、宁远将军、安远将军、武宁郎将、奉化郎将、安化郎将、保顺郎将等。罗蕃进奉人罗以增等 22 人为奉化郎将、保顺郎将[7]。

（二）处理与西南诸民族关系的经济手段

宋仁宗时有臣僚说“蛮中贫薄，所以不轻犯约束，以生生之具皆仰于

---

① 《宋史》卷 496《蛮夷四》，第 14234 页。

② 《文献通考》卷 330《四裔考七》，第 2590 页。

③ 《宋会要辑稿》蕃夷五之八四。

④ 《宋会要辑稿》蕃夷五之七四。

⑤ 《宋史》卷 496《蛮夷四》，第 14235 页。

⑥ 《宋会要辑稿》蕃夷五之七六。

⑦ 《续资治通鉴长编》卷 494 元符元年二月癸未、卷 497 元符元年四月丙午，中华书局，2004 年（以下同），第 11745、11837 页。

汉也。是汉已制其命矣”[①]。指出宋朝可以利用少数民族对内地的经济依赖，运用这种依赖作为制约少数民族的经济手段。这种经济手段实际体现在贡赐贸易和边境互市两个方面。

1．朝贡回赐

朝贡诸族可通过回赐获得所需的内地物资。《苏魏公文集》卷24载：西南程蕃进贡马2匹、毡2领，宋朝回赐红中锦夹旋襕、腰带、衣着；龙蕃进贡马2匹、朱砂20两、毡2领，宋朝回赐红中锦夹旋襕1领、八两浑金镀银腰带1条、衣着15匹。宋朝的回赐一般遵循“厚往薄来”原则，如绍兴四年溪州诸彭入贡，宋高宗诏令“估价优与回赐”。因而溪州“蛮酋岁贡溪布，利于回赐，颇觉驯伏”[②]。又如泸州蛮贡马，“官以银缯偿之，（泸州蛮）所得亡虑数倍”，“马之直虽约二十千，然揆以银彩之直则每匹可九十余千”[③]。

宋朝给予的回赐除了贡物折价外，还有特赐和使节赐予。所谓特赐就是贡物折价和使节赐予以外的加赐[④]。使节赐予一般是按人发给。如政和七年海南黎人入贡，“特赐钱五百贯”，到京后又“于榷货务支幞头、帽子、公服、腰带给赐”[⑤]。又如皇祐二年西南龙蕃，除贡品回赐锦袍、银带、衣币外，券外蛮人40人每人支赐彩3疋[⑥]。因使节可按人获得赐予，诸蛮将增加进贡频率和增加使团人数作为获取回赐利益的途径。如泸州蛮贡马每岁“诸蛮从而至者几二千人”，宋朝回赐和接待费用“自蛮长已下所给马直及散犒之物，岁用银帛四千余匹两，盐六千余斤”[⑦]。虽然宋朝规定“五姓蕃五岁听一贡，人有定数”，但西南蕃使团动辄数百人甚至上千人。咸平元年西南蕃遣使998人，咸平五年遣使1 600人，大中祥符二年遣使1 245人，大中祥符六年遣使200余人，大中祥符七年遣使1 500人[⑧]。

---

① 刘敞：《公是集》卷51《先考益州府君行状》，文渊阁《四库全书》影印本（以下同）。

② 《宋会要辑稿》蕃夷五之九五；《宋史》卷494《蛮夷二》，第14192页。

③ 《建炎以来系年要录》卷64绍兴三年四月戊申，中华书局，1988年，第1095页。

④ 参见黄纯艳：《宋代朝贡贸易中的回赐问题》，《厦门大学学报》2011年第3期。

⑤ 《宋会要辑稿》蕃夷五之四四。

⑥ 《宋会要辑稿》蕃夷五之二二。

⑦ 《建炎以来系年要录》卷64绍兴三年四月戊申，中华书局，1988年，第1095页。

⑧ 《宋会要辑稿》蕃夷五之一二～二四。

邛部川等蛮的朝贡规模也很大，雍熙二年遣使172人，端拱二年遣使350人，淳化二年至少有191人，咸平五年遣使200余人，庆历四年遣使339人[①]。夔蛮曾拟派遣1 500人的朝贡使团。安化州蛮曾派遣488人的使团[②]。

宋朝便以限制使节人数和朝贡次数来减少回赐费用。大中祥符九年宋朝规定西南蕃使团赴阙，只“令首领三二十人同来，自余纳所贡物，优赐遣归”，但此情况并未改观。天禧三年遣使1 300人，天圣五年遣使719人，熙宁六年遣使890人。宋神宗朝又规定西南蕃赴阙“以七十人为额，不可增”[③]。天圣四年规定溪洞诸州蛮人进奉，“今后只于逐州交纳贡物，给赐价钱，每二年一次，许首领至京，因使买卖”，改变原来每年至京的状况[④]，且规定“如逐州欲得上京货易，每三年一次，于元定数十人内量差三二人上京”，即“许每十人内量令三二人上京”[⑤]。明道元年，邛部川蛮请求三岁一贡，宋仍令其五年一贡。景祐初邛部川蛮再次申请三年一贡，“诏如明道令”。宝元元年邛部川蛮又请三岁一贡，朝廷仍不许[⑥]。

诸蛮有罪者，宋朝拒绝其朝贡，作为惩罚。如北江蛮，“自咸平以来，始听二十州纳贡，岁有常赐，蛮人以为利，有罪则绝之”。庆历四年知忠顺州彭师宝有罪，“以罪绝其奉贡”，到皇祐二年才许“朝贡如故”[⑦]。溪州彭父子结怨，宋朝认为彭氏“乃自失职，不得朝贡也”[⑧]。景德三年宜州“抚水州蛮屡为寇扰，其酋长今诣州自陈，愿得赴阙朝贡，以谢前过”。朝廷答复如能以向来所钞货产悉还部民，即听入朝。因而诸蛮州得“间岁朝贡，不复为边患矣”[⑨]。

2. *互市贸易*

四川、荆湖到广西沿边都有互市贸易。北江彭氏宋初“纳牌归顺，许

---

① 《宋会要辑稿》蕃夷五之二二。
② 《宋会要辑稿》蕃夷五之七八。
③ 《宋会要辑稿》蕃夷五之一二～三〇。
④ 《宋会要辑稿》蕃夷七之二三。
⑤ 《宋会要辑稿》蕃夷五之八二。
⑥ 《宋史》卷495《蛮夷四》，第14234页；《宋会要辑稿》蕃夷五之五七。
⑦ 《宋史》卷493《蛮夷一》，第14178页。
⑧ 刘敞：《公是集》卷33《上仁宗请罢五溪之征》。
⑨ 《宋会要辑稿》蕃夷五之五、七。

通市易”[①]。黎州诸蛮许于黎州互市，宋朝“增给其直”，而“叙州系通放夷蛮互市之地”[②]。宜州安化州蛮“贩板木入中”，宋朝“定价支赐”。海南岛的“生黎亦时出与郡人互市焉”[③]。互市贸易中香药、食盐和战马贸易尤具特点。

海南黎人与省民的贸易主要以黎峒香货等交换粮食、银绢、耕牛等。《诸蕃志》卷下记载：黎人“俗以贸香为业”，“其货多出于黎峒，省民以盐铁鱼米转博，与商贾贸易，泉舶以酒、米、面粉、纱、绢、漆器、瓷器等为货”。吉阳军官僚与黎人“约定寅酉二日为虚市，率皆肩担背负或乘桴而来，与民贸易，黎人和悦，民获安息”。《岭外代答》卷2《海外黎蛮》、卷7《香门沉水香》载：逢开墟之日黎人“十百为群，变服入州县墟市，人莫辨焉。日将晚，或吹牛角为声，则纷纷聚会，结队而归”。“商贾多贩牛以易香”。海南沉水“香价与白金等”，“省民以一牛于黎峒博香一担”。因贸易规模可观，海南“四州军征商以为岁计”。

食盐是周边民族需求很大的商品。宋朝廷也把盐作为回赐物品。如下溪州仕端朝贡，宋朝给其“加赐盐三百斤”。食盐还成为宋朝处理民族关系的手段。宋真宗朝溪蛮扰边，臣僚分析“蛮无他求，唯欲盐尔”。于是与诸蛮进行盐粮贸易，诸蛮保证“天子济我以食盐，我愿输与兵食”。咸平中施蛮入寇，宋朝也许其以粟易盐，“蛮大悦，自是不为边患”[④]。虚恨甚至将与宋朝间博易茶盐称为“年计”。朝廷岁赐夷都、董蛮财物“所给不过生䌷、茶、盐”[⑤]。

宋朝与西南少数民族间最大宗的是战马贸易。南宋的“战马悉仰川、秦、广三边”[⑥]。宋孝宗淳熙年间，“岁买西马五千余匹、川马三千六百疋、广西战马三千匹”[⑦]。四川战马贸易主要以黎州为中心。淳化元年邛部川蛮“诺驱自部马二百五十匹至黎州求互市，诏增给其直。诺驱令译者言更入

① 《宋会要辑稿》蕃夷五之八四。

② 《宋史》卷496《蛮夷四》，第14233页；《宋会要辑稿》蕃夷五之七〇。

③ 《宋会要辑稿》蕃夷五之七、四三。

④ 《宋史》卷493《蛮夷一》、卷496《蛮夷四》，第14178页。

⑤ 《宋会要辑稿》蕃夷五之一〇三。

⑥ 王应麟：《玉海》卷149《绍兴孳生马监》，第2740页。

⑦ 周必大：《文忠集》卷137《论马政》，文渊阁《四库全书》影印本。

西蕃求良马以中市”[①]。黎州西南之保塞蛮也常“以善马来市”。大中祥符二年发生了邛部川蛮杀保塞蛮卖马蛮人的事件，由黎州调解处理。绍兴二十七年又发生黎州蛮卖马人在大渡河南被蛮界汉人所杀，马价钱物6 000余贯被劫的事件。黎州用夷法和理断，只赔还所劫价钱，朝廷认为有碍马政，罢免了黎州知州唐秬和通判陈伯强，并将行凶为首人杖脊流放。乾道元年知黎州宇文绍直因不支给青羌马价而被罢。可见黎州知州一项重要职责就是管理战马贸易[②]。

广西战马贸易主要在邕州横山寨进行。广西战马主要来自大理，战马贸易主要由自杞国和罗殿国控制。《玉海》卷149《绍兴孳生马监》称“今之买马多出于罗殿、自杞诸蛮，而自彼乃以锦彩博于大理”。“马产于大理国……自杞、罗殿皆贩马于大理，而转卖于我者也”。战马贸易中自杞国尤占优势。特磨道卖马“比年为自杞所梗，马不复生”[③]。“自杞之人强悍，岁常以马假道于罗殿而来”[④]。自杞国“岁有数千人至横山互市”，“每岁横山所市马二千余疋，自杞多至一千五百余疋，以是国益富，拓地数千里，雄于诸蛮”[⑤]。罗殿国有时卖马的数量也很大，如有一年“罗殿将马千七百疋近塞矣”[⑥]。

邕州横山寨买马“岁额一千五百疋”，官员买马若“不及千五百疋，展磨勘一年，多二百疋减磨勘，千疋转官”，官员务求多买。绍兴七年中市马2 400匹，绍兴二十七年买3 500匹，淳熙二年买3 000匹[⑦]，这是一个巨大的贸易量。绍兴年间宋朝买马1 500匹，费黄金50镒、白金300斤、锦200、绳4 000、廉州盐200万斤[⑧]。而且“蛮马之来，他货亦至。蛮之所赍麝香、胡羊、长鸣鸡、披毡、云南刀及诸药物。吾商贾所赍锦

---

① 《宋史》卷496《蛮夷四》，第14233页。

② 《宋会要辑稿》蕃夷五之五八、五九。

③ 吴儆：《竹洲集》卷10《邕州化外诸国土俗记》。

④ 周去非：《岭外代答》卷5《宜州买马》，第190页。

⑤ 吴儆：《竹洲集》卷10《邕州化外诸国土俗记》。

⑥ 张栻：《南轩集》卷19《寄刘共甫枢密》，文渊阁《四库全书》影印本。

⑦ 黄震：《黄氏日抄》卷67《范石湖文·论马政四弊》，文渊阁《四库全书》影印本；《岭外代答》卷5《经略司买马》，第187页；《建炎以来朝野杂记》甲集卷18《广马》，中华书局，2000年，第428页。

⑧ 《建炎以来系年要录》卷162绍兴二十一年正月丁未。

缯、豹皮、文书及诸奇巧之物”[①]，形成了一个庞大而综合的贸易。“横山官私岁所市锦率数千疋，他杂彩不胜计”[②]。因而自杞国等努力保持与宋朝良好关系，以获取战马贸易之利。宋理宗朝“自杞国王郙句并岑邈等公状，此则不过欲坚来春市马之约”[③]。

宋朝则将互市贸易作为处理民族关系的重要手段。宋朝官员曾对自杞国使节说“汝国本一小小聚落，只因朝廷许汝岁来市马，今三十余年，每年所得银锦二十余万，汝国以此致富。若忘朝廷厚恩，辄敢妄有需求，定当申奏朝廷，绝汝来年买马之路”[④]。但如何悫所说，互市既是宋朝处理民族关系的手段，也是双向的需求：“西南夷每岁之秋，夷人以马互市，开场博易，厚以金缯，盖羁縻之术”，“贸易悠久，夷夏各得其所”。[⑤] 黎州蛮每年来卖马，宋朝都照数收买，宋仁宗下令退还那些不能作战的马，臣僚劝阻道：“朝廷与蛮夷互市，非以取利也。今山前、后五部落仰此为衣食，一旦失望侵侮，用几马直可平。”最终保持旧制[⑥]。这就是说宋朝不仅可以得战马，而且可以“稍慰蛮人之心”，使诸蛮“久享交市之利，俛首帖耳”，“未尝敢萌欺侮之心”，[⑦] 还可以通过“通互市，奉职贡”使诸蛮臣服宋朝，“蔽遮云南之路”，作宋朝“西南一藩篱”。[⑧]

（三）军事手段为辅助

管理羁縻州的正州首要职责是在军事上控扼羁縻州和防止其侵扰，知州一般兼溪洞巡检使。如辰州和宜州知州都兼领溪洞巡检使，邕州“知州兼溪洞都巡检，提举七州兵甲贼盗”，琼州知州虽不见巡检使之名，但“兼琼管一路转运使及兵甲盗贼”。“朝廷据要害戍守”，“募土丁置砦将，

① 周去非：《岭外代答》卷5《邕州横山寨博易场》，第194页。

② 吴儆：《竹洲集》卷10《邕州化外诸国土俗记》。

③ 李曾伯：《可斋杂稿·续稿》后卷9《奏催调军及辞免观文殿学士》，文渊阁《四库全书》影印本（以下同）。

④ 吴儆：《竹洲集》卷1《论邕州化外诸国》。

⑤ 《宋会要辑稿》蕃夷五之三八。

⑥ 《续资治通鉴长编》卷153庆历四年十一月壬午，第3721页。

⑦ 李曾伯：《可斋杂稿·续稿》后卷5《再条具备御事宜奏》；度正：《性善堂稿》卷6《重庆府到任条奏便民五事》，文渊阁《四库全书》影印本。

⑧ 《文献通考》卷330《四裔考七》；《宋史》卷496《蛮夷四》，第14235页。

与官军杂戍界上”。施州为防备管下羁縻等五州，“置十二砦守之，管义军、士丁、砦将一千二百余人”。黔州“置砦三十二守之，管土军三千四百人”等①。

正州及其下的镇寨形成对羁縻州的控扼体系。如邕州管下各羁縻州县“分隶诸寨，总隶于提举。左江四寨二提举，右江四寨一提举……左江屯永平、太平，右江屯横山，掌诸洞烟火民丁，以官兵尽护之”。“邕州守臣旧不轻付，屯卒将五千人，京师遣人作司大兵城，边备甚饬。”② 除了戍兵以外，还有左右江十余万峒丁“恃以为藩蔽”③。邕州还以羁縻州蛮“耕作省地，岁输税米于官”，实行“以民官治理之，兵官镇压之，以诸洞财力养官军，以民丁备招集驱使，上下相维，有臂指之势”。“洞酋虽号知州、县，多服皂白布袍，类里正、户长。参寨官皆横梃，自称某州防遏盗贼。大抵见知寨如里正之于长官，奉提举如卒伍之于主将，视邕管如朝廷，望经略、帅府则如神明。号令风靡，保障隐然”④。

李曾伯在报告中说其处理海南黎人侵扰的办法是“琼管黎人不靖，连岁未安”，“臣调遣兵将应办钱粮，不敢以杀伐为功，大概以招谕为主”。⑤但实际上宋朝还是不时使用军事手段，如大中祥符八年溪州蛮寇边，宋朝发兵攻入下溪州，“斩蛮人六十九级，降老幼千二百二十人”。天禧二年又“破砦栅，斩蛮六十余人，降老幼千余”，迫使下溪州刺史彭儒猛请降⑥。至和间下溪州刺史彭仕羲“杀誓下十三州将，夺其符印，并有其地，贡奉赐予悉专之，自号如意大王，补置官属”。这种僭称号、补官职的行为违反了宋朝规定的君臣秩序，而且彭仕羲还夺其子彭师宝之妻，举众内寇。宋朝发兵丁数千人入峒讨伐，败而再发大兵问罪，最后与彭仕羲饮血盟誓场而罢⑦。

宋朝对其他地区也曾动用过武力。皇祐间淯井监夷人连年以围监城，

① 曾公亮等：《武经总要》前集卷20《边防》、前集卷20《边防》。
② 《文献通考》卷330《四裔考七》，第2588页。
③ 《宋史》卷488《大理传》，第14073页。
④ 《文献通考》卷330《四裔考七》，第2589页。
⑤ 李曾伯：《可斋杂稿》卷18《奏申谢宣谕将命往任荆阃奏》。
⑥ 《宋会要辑稿》蕃夷五之七九～八〇。
⑦ 《宋史》卷493《蛮夷一》第14178～14179页；《宋会要辑稿》蕃夷五之八四。

宋朝发兵近二万人救援[①]。元丰元年泸州管下归来州蛮乞弟反，宋朝发兵镇压，调动前后军队数万，历经四年，直到元丰四年最终打败乞弟，以归来州地赐罗氏鬼主，"自是泸夷震慑，不复为边患"[②]。

总体而言，宋朝在处理西南民族关系时，政治笼络和经济调节的政策比较成功，西南各族"大抵皆通互市，奉职贡，虽时有剽掠，如鼠窃狗偷，不能为深患"[③]。在军事上自宋太祖以来就采取了较为保守和克制的态度，"黎州自太祖皇帝玉斧画河之后二百余年，三陲晏然，一尘不动"[④]。其他地区动用武力的次数并不多，更没有主动和大规模用兵的情况。

三、结　论

西南少数民族在以宋朝为中心的朝贡体系中不同于直辖郡县和周边独立政权，构成宋朝朝贡体系中的一个独具特点的层次。宋朝对西南少数民族总体上实行羁縻之术，在具体政策上分层次对待，综合运用政治、经济和军事多种手段处理少数民族与中央的关系。

根据宋朝对待西南少数民族的观念和政策，可将西南少数民族分为羁縻州县和化外诸蛮。羁縻州县由宋朝任命本族首领为土官，分隶于沿边正州。化外诸蛮是指羁縻州县界外及虽在宋朝疆域内而宋朝不任命土官的诸族。相对于化外诸蛮，宋朝对羁縻州县有一定程度的控制，利用羁縻州"藩篱内郡，障防外蛮"[⑤]。宋朝对羁縻州县和化外诸蛮都实行因俗而治的政策，允许首领世袭，不征收赋税，任其保持原有的风俗。

宋朝将朝贡和册封作为确立与各族君臣名分和笼络各族的政治手段。宋朝授予诸族首领的名号有差遣官、散官、检校官、军职、勋、爵及食邑。经济上宋朝以回赐和互市满足西南少数民族对宋朝的经济依赖，并以此作为调节各族与宋朝关系的手段。宋朝在军事上对西南各族有制度化的防卫措施，既采取了保守和克制的态度，又不时对侵扰宋朝内地的各族进

---

① 《宋会要辑稿》蕃夷五之二二。

② 《宋史》卷 496《蛮夷四》，第 12248 页。

③ 《宋史》卷 496《蛮夷四》，第 12244 页。

④ 《历代名臣奏议》卷 349《四裔》，文渊阁《四库全书》影印本。

⑤ 《文献通考》卷 330《四裔考七》，第 2588 页。

行军事打击，作为处理各族与宋朝关系的辅助手段。

宋朝继承了汉唐时期的民族政策，如因其故俗治、沿袭南北朝到唐的册封制度等，但一般不纳质[①]、不和亲，这是对汉唐旧制的一大改变。宋朝对西南少数民族实行的以政治为前提，以经济为基础，以军事为辅助的政策总体上是成功的，维护了宋朝与西南各族关系的平稳发展。

① 《续资治通鉴长编》卷64“景德三年九月乙丑”载：宋初对西南少数民族“收其子弟为质”，景德三年“释西南纳质戎人”（第1427页），此后不再见纳质。

明清时期东南畲族的迁徙与发展

王利兵
（厦门大学人文学院）

一、引　论

畲族是我国东南地区一个历史悠久的少数民族，人口分布广泛，但主要集中于福建、浙江、江西、广东、安徽等省份。根据2000年第五次全国人口普查统计，全国畲族总人口数达709 592人，其中福建375 193人，占畲族总人口的52.87%，浙江170 993人，占畲族总人口的24.1%。畲族是我国典型的散居民族之一，多居住在山区和半山区的丘陵地带，从事农业生产。畲族有自己的语言和服饰，且在长期的生产生活过程中积累和创造了大量的民俗和文化，为我国民族事业和经济社会的发展作出了重要贡献①。

“畲”作为族称，最早见于公元13世纪中期南宋末年刘克庄所撰写的《漳州谕畲》，其文曰：“凡溪洞种类不一：曰蛮、曰瑶、曰黎、曰蜑，在漳曰畲。西畲隶龙溪，就是龙溪人也；南畲隶漳浦，其地西通潮、梅，北通汀、赣，奸人亡命之所窟穴……畲民不悦（役），畲田不税，其来久矣。”② 宋代出现的“畲民”，主要聚居在福建的漳州、汀州和广东的潮州、梅州以及江西的赣州，这些地方多属山区，地缘相连，故史学家认为闽粤赣三省交界地区是畲族历史上的聚居地③。这一片地区的居民，在唐代被称为“蛮僚”、“峒蛮”，还有一部分被称为“山都木客”，宋代的畲民即

① 《畲族简史》编写组：《畲族简史》（修订本），民族出版社，2008年，第1~8页。

② （宋）刘克庄：《后村先生大全集》卷93《漳州谕畲》，引自蒋炳钊编著：《畲族史稿》，厦门大学出版社，1988年，第9页。

③ 蒋炳钊编著：《畲族史稿》，厦门大学出版社，1988年，第81页。

是由唐代的蛮僚等族演变而成为单一民族，属当地土著居民发展形成。由于居住生活地区多是群山重叠，山高林密，交通闭塞，水源缺乏，所以到宋代，畲民的生计方式和生产方式仍较为落后，多刀耕火种，崖栖谷汲，种植黍稷之类的旱作物，且产量不高。此外，他们还习于狩猎，并以皮革、猎物或其他山区特产与汉人交换米、盐及其他生产生活必需品①。

二、明清时期东南畲族的迁徙

闽粤赣二省交界地区是畲族历史上的聚居区，唐宋时期，畲族人民的迁徙活动基本上还是在聚居区内，但也有少数民户向汉族聚居区迁移。《景宁畲族自治县概况》提到，在永泰二年（即大历元年）（766），雷太祖进裕公一家五人与僧昌森子清华二人，从福州罗源县十八都苏坑境南坑，一同来到浙江处州府青田县鹤溪村大赤寺。雷祖后居叶山头，砍伐山林，开垦田园。此外，畲族族谱也普遍记载，在唐光启二年（886），畲族从王审知为乡导官，攻打福州，然后向连江、罗源迁徙②。

畲族历史上的大迁徙主要发生在明代，形式多为一家一户或数家从一个地方向另一个地方逐渐迁徙③。浙江遂昌县井头村《钟氏族谱》之《行程簿》记述了其历代祖先的迁徙情况：宋绍熙三年（1192）二月，钟琼、钟宣、钟宗，由原籍广东府潮州县开始向外迁徙。嘉泰四年（1204）八月，移水尾山居住。开禧二年（1206），移居水口山居住。嘉定十四年（1221），移粒寅水尾居住。绍定二年（1229），钟聪、钟达带领子孙移饶平县二十都锡朱溪山居住。景定二年（1261）二月，雷文甫、钟贵带领子孙移海阳县归化里山、吴金山居住。至元三十一年（1294），钟仙、钟动春带子孙移揭阳县十二都李二宅水尾山居住。万历四十二年（1614），钟石洪（即法桥）、钟法喜带领28口移浙江处州（丽水）景宁县（云和）

---

① 蒋炳钊编著：《畲族史稿》，厦门大学出版社，1988年，第9页；蒋炳钊、吴锦吉、辛土成：《中国东南民族关系史》，厦门大学出版社，2005年，第364页。

② 《景宁畲族自治县概况》编写组：《景宁畲族自治县概况》，浙江人民出版社，1986年，第20页。

③ 吕锡生：《畲族迁移考略》，引自施联朱主编：《畲族研究论文集》，民族出版社，1987年，第261页。

二都田由源锦岱泽居住。可见，至明代，已有一部分畲族迁到浙江南部的丽水和景宁等地[1]。

另《五杂俎》[2]、《太姥山志》[3]、《罗源县志》[4]、《皇清职贡图》[5] 等史书记载："吾闽山中有一种畲人。……福州、闽清、永福（今永泰）山中最多。""……过湖坪，值畲人丛火焚山，西风急甚，竹木迸爆霹雳，舆者犯烈炎而驰山下，四望十里为灰矣。""（万历）三十九年，群虎伤人，知县陈良练祷于神，督畲民用毒矢射杀四虎，患方息。""古田畲民即罗源一种，散处县之上洋等村。"由此可见，至明代，闽中的莆仙和闽东的福州以及连江、罗源、福鼎等县都已有畲族活动的记载[6]。

浙南汉区的畲族大多是从闽东迁移而去，相传他们都是从潮州或漳州一带迁来的，时间大都在明代。根据浙江《遂昌钟氏创修家谱志》之《行程簿》记载，畲族钟集洪一家迁往浙江景宁县的经过是：钟集洪祖先于南宋绍熙三年（1192）从潮阳迁出，"迁迁往往。徐徐而行"，至钟大孙这一代，于明宣德三年（1428），迁往漳州南靖县。景泰元年（1450）又迁泉州同安县。天顺元年（1457）又迁至安溪。天顺五年（1461）再迁福州连江。成化十年（1474）又迁罗源。万历四十三年（1615），钟集洪率领眷属 28 口迁至浙江处州景宁县二都岱洋地方居住[7]。

浙江松阳县《雷氏宗谱·雷氏始创宗谱序》（民国 21 年）记载，雷姓始祖居于广东潮州揭阳县高桥黄坑。至五世，迁至福建的南靖县辛安里。居数世，又先后迁回同安县小深坑；仙游县星峰里松板村和罗源县梅溪

---

① 蒋炳钊编著：《畲族史稿》，厦门大学出版社，1988 年，第 89 页。

② 陈留、谢肇制：《五杂俎》卷 6《人部二》，（台湾）伟文图书出版社，1977 年，第 260 页。

③ 谢肇制：《太姥山志》卷中《游太姥山记》，引自蒋炳钊编著：《畲族史稿》厦门大学出版社，1988 年，第 89 页。

④ 林春溥：《罗源县志》卷 29《祥异》，引自蒋炳钊编著：《畲族史稿》，厦门大学出版社，1988 年，第 89 ~ 90 页。

⑤ （清）傅恒等撰，殷伟、徐大军、胡正娟点校：《皇清职贡图》卷 3，广陵书社，2008 年，第 143 页。

⑥ 蒋炳钊、吴锦吉、辛土成：《中国东南民族关系史》，厦门大学出版社，2005 年，第 446 页。

⑦ 蒋炳钊编著：《畲族史稿》，厦门大学出版社，1988 年，第 89 页。

里。至万历己卯年，即万历七年（1579）迁居浙江景宁游田仓。以后又向宣平、丽水、泰顺、遂昌松阳等县迁徙①。

浙江地方志记载，明清时期，浙南各县均有畲族分布。《处州府志》云：畲族“处郡十县尤多”②。《遂昌县志》曰：“遂昌之有畲民，盖于国初时徙自广东，安插于衢、处、温三府县。”③《景宁县志》曰：“畲民自粤而闽，以及处之于遂（昌）、云（和）、龙（游）诸邑，皆有其人。”④至清代，又有部分畲族从浙南迁往安徽的宁国县⑤。

由上述记载可见，明代是畲族向闽东浙南等汉民聚居区迁徙的重要时期，这些地区也发展形成畲族新的聚居区。从此畲汉杂居和畲族大分散小聚居的分布局面开始形成。明代畲族已从原来的粤东、赣南和闽西南扩散到闽中、闽北和浙南等地，大量与汉族交错杂居。

经过明代的大迁徙，至清朝时，除广东潮州还有一部分畲族以外，闽西南和赣南的畲族已很少有史书记载。相反，畲民活动则大多见于闽东和浙南，一个畲族新的聚居区已经形成，而且清代的畲族还在不断往安徽和赣东地区迁徙。根据畲族族谱记载，安徽地区的畲族是清代从浙江迁去的，宁国县畲族《蓝姓宗谱》记载，同治八年（1869），蓝姓畲族迁至兰溪，大约在光绪年间迁入宁国县，雷姓和钟姓在此之前也已分别迁移至此⑥。赣东的畲族相传是在明末清初从福建地区迁移而去的，根据江西省民政厅的调查，铅山畲族相传祖籍在广东潮州凤凰山，多年之后，又迁往福建汀州府宁化县居住，后再迁入赣东居住，大约有23世。贵溪县的畲族相传是由广东迁到福建，于清朝雍正、乾隆年间迁至贵溪，至今已有十一二代。除此之外，清代闽东和浙南各县的县志也都有畲族活动的记载。至此，畲族不断融入汉族，受汉人影响也逐渐加深，诸如赤岭乡的蓝理、蓝

---

① 蒋炳钊编著：《畲族史稿》，厦门大学出版社，1988年，第91页。

② 周荣椿：《处州府志》卷30《艺文志》（下），清光绪三年影印，第1087页。

③ 郑培椿：《遂昌县志》卷1《风俗》，引自蒋炳钊编著：《畲族史稿》，厦门大学出版社，1988年，第93页。

④ 周杰：《景宁县志》卷12《风土·附畲民》，引自蒋炳钊编著：《畲族史稿》，厦门大学出版社，1988年，第93页。

⑤ 邱国珍：《浙江畲族史》，杭州出版社，2010年，第54页；蒋炳钊编著：《畲族史稿》，厦门大学出版社，1988年，第90页。

⑥ 施联朱：《畲族》，民族出版社，1988年，第18页。

廷珍、蓝鼎元等历史人物在清代都已不被记载为畲族①。

三、明清时期东南畲族的发展

至明清时期，东南畲族较多已迁徙至闽东和浙南，且史书对这两地畲族活动的记载较多，相反此时闽西南和赣南的畲族已很少出现在史书当中。明清时期，由于畲族不断往汉人居住区迁徙，导致畲汉两族人民之间的交往不断增加，畲族汉化的过程也不断加深，同时汉族统治者对畲族采取的政策与对汉人的统治也逐渐相同。

由于明清时期东南地区的畲族不断向汉民聚居区迁徙，所以此时畲族的发展变化基本可以从汉族统治者对其统治策略，以及畲族在生产、生活和文化等各方面受汉族的影响中看出。明代对畲族的统治，根据不同地区而采取不同的策略。对于原住地在边远山区的畲民采取招抚政策，《明实录》曾多次记载明成祖对广东潮州畲族酋领的招抚，如永乐五年（1407）八月，"潮州卫总旗李和招谕斜（畲）人头目盘星剑等一百余户向化，和就率之来朝。赐赍有差"②。对于迁往闽中、闽东和浙南等地的杂处在汉族之中的畲族，明王朝采取就地"编图隶籍"和"编甲完粮"，实行与当地汉族人民一样的统治政策③。还有一些地区，如赣南畲族，王阳明在镇压赣南畲民起义后，便在该地区增设保甲，推行"十家牌法"，"其编十家为一牌，开列各方籍贯、姓名、年貌、行业、日轮一家，沿门按牌审察"。各家如"遇生面可疑，即行报官究理"，如"有隐蔽，十家连坐"，并且禁止村民、街坊迎神赛会或集众，违者同样"十家均罪"。④

明代是中国封建社会高度发展的一个重要时期，畲族的各方面发展也都受到了周围汉族地区的强烈影响，其在生产技术和生产方式以及作物品种方面大都与当地汉族相同。长汀地区畲民在春分前放火烧山，待"草木

① 蒋炳钊、吴锦吉、辛土成：《中国东南民族关系史》，厦门大学出版社，2005年，第489页。

② 《明实录》之《太宗实录》卷54，上海古籍书店，1983年，第801页。

③ 蒋炳钊编著：《畲族史稿》，厦门大学出版社，1988年，第137页。

④ 王守仁：《王文成公全书》（上）卷16《告谕》，商务印书馆，1933年，第64页。

黄落，烈山泽雨爆灰浏田遂肥饶，播种布谷，不耕籽而获”[1]。广东畲民则使用“石粪”改良土壤，屈大均《畲民诗》：“畲客石为田，田肥宜石粪。英州石太多，燔石无人问”；“火烧土膏暖，阳气发畲田。尽斩阴阳木，斜禾种绝巅”[2]。作物品种上，汀州府畲民种植的是一种优良品种，称为“畲米”，又称“稜米”，很受当地群众欢迎，“汀人最重大禾米，春秋祭祀，必先粿以奉其先，此外又有稜米，又名畲米。畲客开山种树，绝烧乱草，乘土暖种之，分粘不粘两种。四月种，九月收”[3]。由于畲族大多居住在山区，所以他们充分利用山区资源，如挖掘竹笋，种植香菇，养蜂酿蜜，植麻种茶，发展多种经济；山区野兽较多，畲民为保护庄稼和生命安全，男子从小学习狩猎技术，把猎物当“野菜”，随手可得，杨睿诗曰：“姜薯蒝豆种山椒，叉木诛茅各打寮；夜半风声呼野菜，强弓矢毒竞相邀。”[4] 畲族的手工业，由于商品经济不发达，诸如纺纱织布、编制箩筐等都尚未形成独立的手工业部门和自己的民族市场。“所产姜、薯、蒝、豆、菇、笋品不一，所制竹器有筐篚，所收酿有蜂蜜，所畜有鱼豕鸡骛，皆鬻于市。”[5] 畲民在汉民聚居区墟市出售自己的土特产，换取生产工具和日常生活必需品，从而密切了畲汉两族人民之间的经济联系。

虽然畲族在生产、生活等方面都已有了较大进步与发展，且发展水平已与汉族大致相当，但是畲族同汉族人民一样，因受到各种赋税剥削，生活依然较艰苦。“其有田者亦必输粮而给官差，此乃觇圣朝治化之隆，虽峒瑶亦无异于乡里中编氓也。”[6] 为了反抗严重的剥削与压迫，畲族人民被迫起义，同官府展开斗争。明代畲民的起义，见于历史记载的有洪武十八

---

① 恩煜：《长汀县志》卷30《风俗》，引自蒋炳钊编著：《畲族史稿》，厦门大学出版社，1988年，第124页。

② （清）屈大均：《广东新语》卷5《石语》，中华书局，1985年，第185页。

③ 杨澜：《临汀汇考》卷4《物产》，引自蒋炳钊编著：《畲族史稿》，厦门大学出版社，1988年，第124页。

④ 杨澜：《临汀汇考》卷3《风俗·畲民附》，引自蒋炳钊编著：《畲族史稿》，厦门大学出版社，1988年，第127页。

⑤ 邓光瀛：《长汀县志》卷35《杂录畲客》，引自蒋炳钊编著：《畲族史稿》，厦门大学出版社，1988年，第127页。

⑥ 邓光瀛：《长汀县志》卷35《杂录畲客》，引自蒋炳钊编著：《畲族史稿》，厦门大学出版社，1988年，第127页。

年（1385），畲族钟子仁领导的福建上杭畲民起义；成化十四年（1478）畲族钟三等领导的畲民起义；正德七年（1512），畲族钟聪等人领导的闽粤赣三省交界“大帽山”畲汉人民起义；万历十七年（1589），畲族雷五领导的福建莆田、仙游一带“菁客”起义①。在明代此起彼伏的畲族起义中，不少起义的组织者和领导者既有畲族也有汉族，如正德十一年（1516）的起义就是由畲族的谢志珊、兰天凤和一些汉族人共同发起，此次起义由于组织得力，且赢得了大量畲汉人民的同情和支持，起义军在较短时间内就得以壮大，占领了闽粤赣三省的很多地方，虽然起义最终被王守仁镇压下去②，但是在共同反抗统治阶级的起义斗争中，畲汉人民结下了亲密的友谊，推动了民族关系的友好发展。

清代对迁移至各地的畲族，仍是采用“编图隶籍”和“编甲完粮”的统治政策，与当地汉族无异。“遂编保甲，从力役，视平民无别”。清代《龙岩县志》记载：“今畲客固安分，而汉纲亦宽，许其编甲完粮，视土著之民一例。”③《景宁县志·武备》亦载：“今法十甲为一保，立一保正。十家为一牌，立一甲保，其畲民则编为寮长，每家给一门牌登记户口，申明条约，悬诸门首，倘有迁移事故，通知甲长。”④ 清朝采取强制的政治和军事手段，目的是使“山首峒厂，略受约束”，驯服于统治者的劳役与压迫。居住在闽粤交界地带的畲民，清朝统治者则是招抚其上层人物，设“扶瑶土官”⑤。通过实行土官制，利用本民族上层人物管理畲区民众，征收赋税⑥。

迁移到闽东浙南等地的畲族大多居住在山区地带，他们对山区的开发作出了巨大贡献。畲族迁移进山区后，尽力耕耘，凡山间荒地“皆治为陇

---

① 蒋炳钊编著：《畲族史稿》，厦门大学出版社，1988 年，第 187～200 页。

② 王守仁：《王文成公全书》（上）卷 10《横水桶冈捷音疏》，商务印书馆，1933 年，第 49 页。

③ 陈文衡：《龙岩县志》卷 20《杂记》，引自蒋炳钊编著：《畲族史稿》，厦门大学出版社，1988 年，第 138 页。

④ 乾隆《福宁县志》卷 7《塘汛》，引自蒋炳钊编著：《畲族史稿》，厦门大学出版社，1988 年，第 139 页。

⑤ 蒋炳钊编著：《畲族史稿》，厦门大学出版社，1988 年，第 136 页。

⑥ 蒋炳钊编：《畲族古代历史资料汇编》，厦门大学人类学博物馆民族研究室，1979 年。

亩”，有水源的地方辟为梯田，变荒山为茶粮之乡[1]。迁往浙南的畲族，经过辛勤的劳动，开发出一片片的田园。云和县《汝南蓝氏宗谱》记载：“蓝雷钟等新畲民入境，垦复田土，粮增收过半。各姓先人，辟草莱充府库，不少功力于括苍也。”《遂昌县志》亦曰：“吾乡佃作黎，强半属畲客……岩栖亘茅舍，火耕劚秀陌。”《处州府志》载：“予来处州见，所谓畲客者，十县皆有之。盖佃作之氓也。男女皆力穑，时或负薪鬻于市。”为了提高作物产量，山区山高水冷，畲民采用火烧田的方法以改良土壤，除虫灭病，其耕作技术和作物品种已大致与当地汉族相同。在福宁地区有一种“山稻”，种于旱地，一年可以两熟，同时畲民还利用旱地大量种番薯、芋等杂粮，番薯产量高，贫苦农民都以番薯为主粮。清代《福安县志》载：“邑土坟衍，绮脉交错，禾黍菽麦之属，盈于原隰。其山田跷确，畲者悉种薯蓣，以佐粮食，贫民尤利赖焉。”此外，各地畲民还根据山区特点，种植各种经济作物，如香菇、蓝靛、茶叶等。畲族人民艰辛的劳动对凋敝的山区农业经济的复苏和发展起到了很大作用，他们开发和发展山区经济的贡献是不能低估的，畲民所生产的农副产品，无论是在数量和品种上都很可观。畲民还利用山区竹林多的优势，编制筐篚，养蜂酿蜜，饲养猪、鸡、鸭、兔等家禽家畜。此外，狩猎也是畲民们一种经常性的副业。畲族人民多种多样的生产生活，反映了他们在社会生产力方面的提高和发展[2]。

明清时期，畲族人民在政治和经济上与汉族都存在密切的关系，在文化教育方面也完全接受了当地的汉文化。畲族子弟进汉族学堂读书并参加科举考试。“连江深山的畲民，其秀者亦读书与试云”。屠本仁《畲客三十韵》记载，在浙南地区“十县闻，畲客且千万，子弟秀而良，亦足备选择。字或识九千，弓可挽五石，以之充学堂……令下郡县痒，五姓咸欢择（蓝、雷、盆、钟、娄五姓）”[3]。畲族知识分子一开始便接受汉族文化，学习汉文，并把汉文作为自己民族文字，这对促进本民族的汉化曾起了直接

① 《畲族简史》编写组：《畲族简史》（修订本），民族出版社，2008 年，第 42 页。

② 《畲族简史》编写组：《畲族简史》（修订本），民族出版社，2008 年，第 43 ~ 52 页；蒋炳钊编著：《畲族史稿》，厦门大学出版社，1988 年，第 129 ~ 136 页。

③ 周荣椿：《处州府志》卷 34《诗篇》，引自蒋炳钊编著：《畲族史稿》，厦门大学出版社，1988 年，第 105 页。

的推动作用。畲汉之间的密切交往还表现在相互通婚上，长期以来，畲族均实行民族内部“自相匹配”，不与汉族通婚。这种关系随着汉畲两族交往的密切逐渐得到改变，据调查，福建宁德县南岗丹斗村畲民在康熙年间迁到这里居住，便同当地汉族通婚。福鼎县浮柳乡的高厝里和蓝厝里二村，是汉族高姓和畲族蓝姓于清代迁居于此，他们共同开发这块土地，两族之间不仅通婚，而且关系十分融洽①。由此，畲汉两族之间的差异性在逐渐缩小，两族之间的情谊更加牢固。

四、结　语

历史上几乎每个民族都曾有过迁徙活动，畲族也不例外。畲族的迁徙活动开始于宋元时期，但是此时畲族的迁徙活动主要还是集中在畲族聚居区内。明清时期，畲族开始大量向汉族地区迁移，并由此开始形成大分散小聚居和畲汉杂居的分布局面，现在各地有关畲族历史活动的记载也都集中见于这一时期的史书和地方志。根据历史资料记载和分析来看，畲族迁徙的路线主要是以福建为中心，一条从闽西南到闽南，再到闽东，沿途经过晋江、莆田、福州等地，而后转入闽东的连江、罗源、宁德、福鼎等地；另一条是迁入闽东的畲族向浙江南部迁移，散住到景宁和丽水等县，而后再扩散到其他地方，至清代又有一部分迁入安徽宁国县境内。至清朝晚期，畲族的迁徙活动基本停止，并大致形成目前这一分布格局②。

明清时期，畲族大量迁徙的原因主要有政治和经济两个方面，封建统治者利用其政治和经济上的权力，强迫畲民承受“贡赋”和“徭役”，随意霸占他们的土地，掠夺他们的财产，于是畲族人民不断展开同统治者之间的抗争，反抗失败，而被迫向外迁徙。此外，人口的不断增加也是导致畲族向外迁徙的原因之一，但是封建统治者对畲民的政治压迫和经济剥削乃是他们向外迁徙的最主要原因，正如一些人认为畲族的迁移是一个弱小民族，在一个强大的封建民族的压迫下的一种逃避封建化的行动，是落后

---

① 蒋炳钊、吴锦吉、辛土成：《中国东南民族关系史》，厦门大学出版社，2005年，第497页；蒋炳钊编著：《畲族史稿》，厦门大学出版社，1988年，第98页。

② 蒋炳钊编著：《畲族史稿》，厦门大学出版社，1988年，第98页。

的原始生产力，一时无法适应封建关系而产生的自发性抗拒[①]。

畲族经过几百年的长期迁徙，在历史上产生了很大影响，一是使畲族从一个聚居的民族变成一个大分散小聚居的民族。二是加速了畲族社会经济和文化的变化和发展，以及畲汉之间的一体化[②]。迁入汉民聚居区的畲族往往在生产生活等各方面都落后于汉族，而畲汉之间长期的杂居必然会影响畲族的生产生活。自畲族迁入汉民聚居区以后，畲族在生产技术、劳动工具、语言服饰、教育文化等各方面逐渐受到汉族的同化，使其自身与汉族之间越来越接近，乃至一体化。在畲汉杂居和融合过程中，畲族人民不仅在经济上受到汉族的很大影响而得以发展，在政治上，畲汉人民也经常一起反抗来自统治者的剥削和压迫，由此畲汉两族人民之间的友情逐渐加深，并逐渐形成一个两个不同民族友好相处的社会局面。

---

① 吕锡生：《畲族迁移考略》，引自施联朱主编：《畲族研究论文集》，民族出版社，1987 年，第 262 页。

② 郭志超：《畲族文化述论》，中国社会科学出版社，2009 年，第 5 页。

闽地民间信仰的复合与传承
——以云溪之吴夲诞辰仪式为例

任杨娜

（厦门大学人文学院）

闽地的民间信仰呈现出强大的包容性，在长期的历史发展中也有着自身实践与建构，而对于地方神明信仰仪式的观察可以在一定程度上对地区信仰进行解读，了解其体系构成及复合特质。医神吴夲作为在闽台地区乃至海外华人社区广受奉祀的神祇之一，其信仰与地区其他神祇信仰相结合的复合形态在云溪农历三月十五的吴夲诞辰仪式上得到了充分的展现，以此可观该地信仰“本土化遗产”的地域特色。

一、村落背景及信仰概况

本文所述地点云溪村，地处泉州市德化县北部山区，平均海拔600米以上，隶属杨梅乡，距乡约6里，北接三明尤溪县，东临福州永泰县。与溪坪、苦岭、刘口前同属云溪的自然村之一，占地面积约两万七千多亩，四面环山，青云山为境内最高峰，海拔1 171米。有溪流横溪贯穿全村，村名也取自溪流名称，旧称横溪。云溪目前为单姓村，林氏宗族繁衍兴盛由开基祖捌捌公至今已传28代。而作为信仰空间的云溪村往往是与邻近地势稍高的上云村的合称，因属同宗同族，大型节庆及游神活动也往往是两村合办，各房轮值，云溪村也被村人习惯称为下云村，含林氏五房，上云村三房，两村合计人口近两千人。村落历史超过800年，开基祖至今可考500余年，祖祠为埔上堂，奉开基祖捌捌公。

村人将吴夲奉为聚落主神，尊其为“昊天帝君”，不仅视其为医神，也视其为该地的保护神，且保佑安康仍是人们对保生大帝最主要的期待，村落的中心地带建有慈济宫，供奉三尊帝君雕像，并拥有一块据说为宋朝皇帝所赐的圣旨牌保存至今。云溪自聚落神祇、祖先崇拜、家庭神祇以及自然崇拜等，奉祀对象超过三十位，解放后相关民俗依旧活跃的主要为祖先崇拜（祠祭、墓祭）、观音（正月初一、观音生日等）、吴真人信仰以及福德正神的相关活动。这其中吴真人信仰习俗活动最为频繁，并具一定的参与人数及规模，包括个人的问草药，农历每月初一、十五礼拜以及正月初四迎神出宫，正月十五上元娱神，农历三月十五吴夲诞辰的活动。其中每年农历三月十五的“过关”仪式村民最为重视，由当年做头的“福首”组织，参与者逾千人，人们以自身的实践活动方式保持着该信仰的生命力。

关于吴真人信仰及“过关”的由来，传说吴真人是在约宋嘉定至淳祐年间由商人自白礁慈济宫带入云溪的，而“帝君”称号并非指皇帝所赐的封号，而是云溪本地传承的与此地过关习俗相和的敬称。

传说林氏埔上堂坐壬丙向子午，为黄龙吐雾的风水，会出真龙天子，当朝皇帝听闻后，龙颜震怒，特调遣三千御林军前往查验，如若传言属实就欲剿灭林氏全族以免日后生变。云溪人获悉后备受惊吓，特地将帝君像从上云大寨头移到下宫位置，并修建慈济宫祈求帝君保佑他们逃过此大难。

御林军行至杨梅乡下格位置遇大雾，军中风水师查看风水不便，林氏族人祈求帝君保佑散开大雾后平安无事，祈求不要因云溪的风水而冒犯皇帝。帝君自坐龙相位置遮挡，雾散后御林军验看后认为此风水为北方之蛇，南方才是龙，云溪风水并非龙相，于是就撤军了。渡过此危机，全村欢腾异常，并于当年三月十五帝君圣诞日大摆供品敬献庆祝平安渡过此性命难关，从此云溪传承“过关”习俗，并演变为保童子关。

过关仪式中的“关”指人成长过程中可能会遭遇的关煞，包括四季关、四柱关、阎王取命关、鬼门关、橦命关、直难关、阎王关、鸡飞关、落井关、无情关、百日关、断桥关、急脚关、五鬼关、金锁关、休瘫关、铁蛇关、浴盆关、白虎关、天狗关、天吊关、开关锁关、断肠关、雷公打老关、千日关、夜啼关、汤火关、埋儿煞关、短命关、将军箭关、深水关、水火关、十二岁关、二十四岁关、三十六岁关、流年十二月厄关等，也包括对妖鬼山邪的冲犯关厄，在三月十五日的群体性过关中，通过一系列的祈福禳灾仪式操演，众人相信得到了神明庇佑就可以平安破除关煞。

二、三月十五诞辰日仪式

（一）仪式的程式及筹备

当前的农历三月十五日习俗包括庆寿、巡境、过关，由闾山派道士主事，本地称作师公，其奉法主公为先师。从农历三月初一开始，林氏八房即按照以往排定的各房所属日期轮流进行参香拜寿，初一为新旧福首交替之日，而三月十五至十六日由福首组织仪式活动。典礼程式持续两天，农历三月十五日当天早上四点到慈济宫献寿摆供；九点请保生大帝出殿巡乡绕境，中途接马后归宫安坐。中午发三界奏状，并安坛点灼，下午招兵请神，有初时请，二时小请，晚上三时大请，打印，请界十献，十六日早上过关。

十五日当天的庆寿程式与前几日的参香拜寿相同，由师公主持，拜请各方神明到殿，并向帝君祈求五谷丰登，招赐福寿，并引领福首拜寿。而后抬帝君副身像出宫巡境，巡遍上下云全村，祈求帝君保佑风调雨顺，并差兵将严查残符凶星、恶夭五瘟及下邪妖鬼等严办治罪。上午进行完以上仪式后，中午即发奏开始过关事宜。

过关的准备一般在前一天完成，鉴于参与人数众多，村委会会提前两天贴出通知请村民注意干道通畅及卫生。

过关者准备的事项包括：供品，过关后供品分给家人食用，“分福”到每个人；鞭炮、香、蜡烛、金纸；至少一件新衣服、白粿孩、鲜花、铜钱、彩绳、熟鸭蛋；鲜花插在白粿孩前部，看似小孩手捧鲜花，白花为佳，小红花也很常见。白粿孩一般高六到八厘米之间，花朵也较小。衣服、白粿须盖印，过关后让小孩吃掉，若孩子太小则象征性地让其沾唇再由父母吃掉。铜钱由彩绳串绑成一串，必须是讨外姓妇女的铜钱，本村外村的均可，也可用硬币代替，中间钻孔或者用红包包起，一岁三个，三岁七个，奇数往上累加。现多用硬币代替铜钱，将硬币绑在一个小红布袋内，须盖印，过关后钉在小孩新衣肩部后背处，穿上身一次以示过了关。

熟鸭蛋意将所有关煞收入在内，过关者本人不能食用，仪式完结后分派给福首和道士。

过关前要按照年龄五行为过关者找谊父谊母，填在投状上。福首也会有专人帮忙填写投状，许多家长为省事，直接填写神明为谊父母，张公法主和观音佛母是填写最为普遍的神明，其他如如来佛祖、太阳公、王母娘娘、玉皇大帝等村民熟悉的神灵也有人填写，但不写昊天帝君，因信众自一出生起就受到帝君的保佑，全村男女老幼都是帝君的忠诚信众，拜其为谊父并不适合。

福首准备事项在三月初一福首参香后即议定，十四至十六日慈济宫“公家”事项的具体安排，详细分配到个人。相关事项如下：

总体负责2人，宫内打鼓2人，打锣1人，看供2人，路灯搭建2人，标语横幅彩旗制作5人，扛佛供8人，迎送帝君看供含奏五阳者10人，收香灼脚4人，售投状及过关袋5人，填投状3人，分饼5人，十四日晚订袋8人，十五日晚打印分两处共10人，供品菜品的筹备10人，以上人员及师公十五、十六日伙食由3家负责。实际三月十五日维持秩序，指点过关排圈等负责人随机安排，为示规范，十五日参与组织者佩戴“慈济宫执事”牌以利于信众配合。

以上所备供品为“公家”素供，必排供于慈济宫正中，不同于各福首家及信众自备的供品，各福首家所备甜粿、豆腐除仍交“公家”几斤外，主要用于接待客人，外来信众若备供品即拜帝君所用。农历三月十三日左右制作，十四日完备。

师公法器及所用物品包括三套法衣，在仪式的不同程式更换穿着：道袍，黑色；礼服，红色；道裙，共18道褶，意即陈靖姑18岁成道，其为观音血所化，裙为大红色为其本色。法冠：头额，正中为王母娘娘，左持剑为陈靖姑，其余为陈靖姑结拜姊妹即为三宫母娘；黑色头巾。

法器：上带三枚硬币的铃刀、五雷号令牌、香炉、锡烛台、法印、奏板、手香炉、甲杯（竹筊）、水盂、吹奏所用的锡制龙角、伴龙角乐的三清铃、法鼓、钹、锣、招兵所用的两个铜铃及七星剑、神蛇鞭、竹节鞭（28节，相当于28星宿），戴在头部并露出在外的铜镜。

神案桌正中布置盛满米的米斗一个，内侧自左向右插七星剑、李老君奏板、木尺、柳枝、铃刀，米斗用竹节鞭环住，米斗前部插香。米斗左右为两支锡烛台。米斗后为供奉的供品。办法事前把水盂、龙角、号令牌、三清铃等摆成心形。

（二）过关程式

上午巡乡绕境后将神像归置原位，师公将五封彩封塞入金纸固定在供品前，封名自左向右依次为：文昌帝君、昊天帝君、醮筵会上、五坛上圣、三宫母娘。中午师公换为黑色道袍装，为庆寿之日禳关解厄事向帝君及三界发奏状，共呈四封，奏状纸卷为筒形装入礼封，礼封折叠为长方体，便于神明取阅。此时设一供桌在宫外门口处，置香炉、茶酒、白粿，供桌前有条带状云马，发奏状时云马面向宫门外，以号令牌上置奏状及香，房长持香跪拜一旁最后端供盘敬茶酒，师公言明事宜，每击打令牌换文疏念奏，最后烧讫。

三界奏状发后，将门口处供桌撤去，宫门前以两条长竹竿搭上对面的横竿隔辟出一方形空间，禁止行人进入。此时开始法事变坛。

师公敕净后秉请各方神明协助变道坛，手持筊杯通词请圣，劳符官使者拜请到座，掷筊验看神明到座后，借助神力将慈济宫化为神殿，将出入的信众化作神明属员，家禽、猫狗、殿中家私器具都化为神物及斩鬼的利器，村路变为弓箭助灭鬼邪。变坛后即发甲封坛，请六甲丁等神将把坛，并点军营驱除鬼祟，最后师公在厅头面向宫外天空画符封坛。封坛后师公手持净鞭，净鞭为白蛇被观音收服后所化的威猛神鞭。先洒净，而后挥鞭震慑鬼祟，师公自身持符、印变身为法官，持净鞭召帅将治邪拷鬼，言明敢破坛界者可以先斩后奏玉皇。净鞭三响后文武列坛两边网固坛界，若有干犯者押赴狱中，此时六丁六甲神将在坛左右护卫，召将完后手持七星剑及净鞭向门口处收坛。开净鞭后道坛得到了再次的稳固。而后开金井对邪物进行处置，师公手持七星剑在门口向外挥四下，化竹竿所隔长方形空间为金井，其上部谓之天牢，均为收鬼祟的狱牢之所，敕开金井后收邪祟妖鬼、山猪瘟瘴等，并由神将将其押赴金井，师公蹲在坛前金井口念奏画符，发万斤铁索、言发千斤铜枷落金井锁定一切鬼祟不得翻身。并持七星剑，为火炼剑，上下挥舞表示举剑上射天灾下射地难中射诸神百鬼，射倒各桩不祥，最后收剑关牢狱立起，表示神将收坛一切鬼神已灭去。最后念消灾咒语，安奉神明并收师，变坛结束。

变坛后将门口处竹竿撤去，设供桌。师公换为红冠法裙装束，开始点烛，包括七星辰灯及象征各神明的灯烛，左五右六，左右走步，这段时间宫内不再允许信众燃香祭拜。仪式开始时师公左手持龙角，右手摇晃铃刀在坛前走法步并唱词表皈依，赞各神，言明此时为谢神明到坛作证要点烛供圣贤，表众神光辉普照。点三境天尊、观音、五谷仙、张萧连君等并唱赞，赞天地各界，为民祈福保安。点烛后信众可继续上前，因人多桌面拥挤，为免出现事故两旁蜡烛由福首收起。

点烛后师公着法裙，手持铜铃、铃刀、龙角，跳法步进行科文招兵。此时师公化身为扬州招军使，招请各神衙下五营军马持枪披甲入坛，三六九司众官、功曹等祖师、法兄法弟入坛，排兵塞鬼路留中界人门，押赴鬼者往北城地狱。手化为招军旌旗，喉为招军路，腹为招军营，变身安奉兵帅，招点营军，坛中光耀照明路七星。招到各界兵马，摇铃走步，排兵列阵，使剑划断邪门。最后申请各圣发水火罗网塞鬼路，下化敕令，将七星剑、铃刀安放在厅头锁镇营。

此时已是午后，压镇邪祟后开始恭请各路神明下降。先初时请，伏首跪拜，师公念诵文疏，而后二时小请，师公捧烛在慈济宫内走法步恭迎。

到了晚上，开始三时大请，师公换为红色道袍，为大礼袍以示隆重。设三层供桌于门外，在门外屋内供桌之间搭布桥，请神赴醮筵中证明庆寿及禳关解厄事。门外以竹竿设成密封空间象征天路，禁止他人进入以免阻碍众神降临。师公念词赞三界天尊，并伏首敬献供品，除献奉给神明外，也用金纸包白粿从门外供桌底部扔出送给妖鬼享用。献供后师公面向布桥站立，展开法袍令部分孩童在宫内转三圈并钻过布桥及法袍先行过关，但此关仅为不适孩童多的一道仪式，也是为明天的过关做铺垫。

大请后法事暂时结束，众人就开始排队等候打印，即在过关者的物品（投状、衣服、硬币、粿孩）上盖上李老君敕的法印，晚上九点正式开始打印，大约一个半小时打印完毕，共九百余张，此时鸭蛋交打印处。

投状打好印就可以念了烧掉，过关者应付的过关费用是在盖印的时候交付的，烧投状之前必须念诵，为示虔诚须跪念投状。当晚投状烧讫毕约晚上十一点举行请届十献的法事，即道士指引福首手捧献盘依次敬献香、灯、茶、酒、果、花、水、食、金、书等。约十六日凌晨十献仪式结束。

十六日福首三点组织准备，定于众人五点开始过关，师公作法事请神下殿，念祷恳请神明庇佑过关事宜。文疏念毕后，开始传递所有物品，以师公的法器显明此次仪式的合法性同样加入传递，含筊杯、镇尺、令牌、竹节鞭、蛇绳、法印，这些作为起头开始逆时针传递，传递的过程中师公念诵要过的关煞，每念到一个关煞的名字，即大声问众人："过了没？"众人齐声回答："过了！"传递过程中若关煞名目念完要继续从头念诵直到三圈过后所有法器回到师公手中。而排站在慈济宫后的过关者因听不到师公的问声，由福首指引呼喊。传递第一圈耗时接近一个小时，到第二圈、第三圈的速度明显增快，仅半个小时就传递一整圈，各人的物品都回到各自手中，师公直呼："过关了！"收回自己法器仍列在供桌上，众人确认传递结束后持过关袋在帝君前拜谢后离去。而所有关煞中，各人只是过各自遭遇的关煞。最后师公做法事赏营兵并谢圣送佛，过关结束。

过关过程中以及结束后的空闲时间师公也为小孩举行驱邪收惊的小法事，此不属于过关程式，为另外应各人要求所举行的。

（三）改革开放后的过关

参与过关人数迅速增多，从改革开放初期的三四百人到近些年的千余人，客观上也反映了人口的自然增长和经济变化，这种变化也使得仪式的耗时延长。且过关主体范围自儿童扩展到老人，不能不说是对改革开放后家庭单位变化的一种弥补，子女在外无法在老人身边照顾，为老人办过关祈求父母身体健康聊表孝心。事实上解放后过关之俗也从未真正的停止，在非常时期也是更加隐蔽地进行，如"文革"时村中适龄儿童人数不多、瞒官不瞒民的实际情况也利于该习俗保留至今。相比于请道士在家中为孩子作法事求平安的情况，价格也是三月十五日群体性过关的一大优势，当然，"灵验"是最为根本的，健康平安，人们有着永恒的渴求。

三、结　语

过关之俗在云溪已承传百余年，不仅有如此规模的组织严密的仪式，云溪历史上相对良好的经济基础也扩大了聚落神的影响力，使得相近方言区如上涌、桂阳、葛坑、杨梅乡以内对于过关知者甚广，邻近中仙、尤溪、永泰等地前来参与者也为数不少。

过关仪式集中体现了道教对当地的民间神祇的容纳，也反映了当地民间信仰中对于自然日月星辰的崇拜，以及灵魂与疾病、神明的等级体系。仪式由道士主持，道士在仪式过程中的身份也在转换，科仪程式及装束的道派归属显然并不被村民关心，人们专注于传下来的"灵验"财富，而原属临水夫人信仰职能的保儿过关习俗中“三宫母娘”仅列次座。人们笃信过关是因为有了昊天帝君，没有帝君及圣旨牌的过关是不灵验的。云溪过关仪式也体现出民间信仰在历史发展中形成的地方化特征，吴夲信仰糅合张圣君信仰、临水夫人信仰后组成了现有的形态，但吴夲信仰并未完全取代后者。

虽然部分仪式程式与邻近葛坑的畲族村极为相近，但村民均一口否认与邻近畲族村有任何联系，表现出对本地过关仪式独有的自豪感。而对于相关习俗的未来景象，在肯定其得到虔诚信奉的同时，村民也并未表现出完全的乐观，不论从现今村中常住人口还是生育政策的影响，以后过关会如何，尚无定论。而对此地的信仰现象进行调查和研究，对当代民间信仰状况、民俗文化、农村社会生活等方面的研究都有参考价值和积极意义。

附录：过关投状（注：寻找谊父、谊母找五行相生的，如信童丙辰年生，丙辰纳音属土，须找火年出生的谊父、谊母，合火生土。女找谊父、男找谊母。男用建生、女用瑞生。童男用谊子、童女用谊女）。

具投状人谊母、父〇〇〇盖为禳关解厄保儿事
福建省〇〇县〇〇乡〇〇村〇〇堂住居伏为言念谊
女、子〇〇〇自身主命〇〇年〇〇月〇〇日〇〇时瑞、
建生今庚〇岁窃恐运途崎岖关煞未通欣逢圣诞恭就醮坛
前虔陈意者伏乞
昊天帝君
王母真仙
三清上圣
金轮列圣
御前差部将督同当境大王前到谊女、子身上搜除关
煞即刻开通灾厄随处解除伏愿谊女、子根基壮固长大成
人永跋荡平之路千灾扫去百福招来伏乞祥状如叩施行仰
瞻之至
具投状人谊母、父〇〇〇同谊女、子〇〇〇诚心百
拜上投
太岁公元〇〇〇〇年三月十五日

海南疍民问题再研究

张朔人
（海南大学海南历史文化研究基地）

一、疍民的基本情况

疍是一个以舟为室、视水为陆、浮生江海的民族，主要活动范围在福建至东南亚沿海一带。关于其族源问题，学界颇有异说，经陈序经先生梳理，主要学说达 12 种之多。林惠祥先生的“多元说”，较为接近历史真实，即“越族为古代东南方大族且以精于操舟著名”，为疍族的源流；汉族为其补充；兼有西方民族中的“猺、掸、马来”成分①。史料记载的蛋、蜑、疍、龙户、獭家、科题（曲题或裸题）、卢亭等称呼不一，其实所指的皆是这一浮江海而生的群体。

那么，是什么原因使得唐宋之后的史家不断地对这一“贱民”阶层产生兴趣并载之于史籍呢？其空间分布之广泛是这一现象的前提。在西晋永嘉之后至隋朝，北至甘肃，南至广东，西至四川以西，东至湖北的区域内，都有疍民生活的印迹。他们与其他诸民族杂居，生息繁衍。宋代以后，疍民的空间分布逐渐收缩，并有向东南沿海一带转移的迹象，明末清初相关的疍民记载“多只说及广东的疍民”②。

早期疍民以浮江海为生，多在“王化”范围之外，故游离于“编户齐民”之外。自唐以后“记丁输课”；洪武初年，“编户立长，属河泊所，供鱼课”③；清朝，对这一族群较为关注。清雍正七年（1729）上谕宣布“蜑户本属良民，无可轻贱摈弃之处，且彼输纳鱼课，与齐民一体，安得

---

① 林惠祥：《中国民族史》，商务印书馆，1998 年，第 139 ~ 141 页。

② 陈序经：《疍民的研究》，商务印书馆，1946 年，第 47、50 页。

③ （清）王锡祺：《小方壶斋舆地丛钞》，《说蛮六》，上海著易堂印行，南清河王氏铸版，第 67 页。

因地方积习强为区别而使之飘荡靡宁乎”，令地方督抚晓谕“无力之蜑户听其在船自便，不必强令登岸；如有力能建造房屋及搭棚栖身者，准其在近水村庄居住，与齐民一同编列甲户，以便稽查”；并要求“劝谕蜑户开垦荒地，播种力田，共为务本之人”①，始与齐民同列甲户。民国初期，颁布了《大总统通令开放疍户惰民等许其一体享有公权私权文》提出解放“疍户”等所谓贱民，允许他们享有选举、参政等“公权”和居住、言论、出版、集会、信教等“私权”②。新中国成立后，经过民族识别，疍民划为汉族。

南宋周去非有在钦州担任官职的履历，其著作《岭外代答》中指出“浮生江海者，疍也。钦之疍有三：一为鱼疍，善举网垂纶；二为蠔疍，善没水取蠔；三为木疍，善伐山取材”③。这应该是对疍民职业划分的最早记载。此后，清代人李调元在其《粤风疍歌题后注解》中说：疍有三种，蠔疍、木疍、鱼疍，寓浔江者乃鱼疍。这一划分，可以说是沿袭周去非的结论④。民国时期，岭南大学教授海南文昌人陈序经先生对广东及香港、澳门地区的疍民，做了深入的调查，得出“疍民的职业种类，也很繁多”结论，渔业为其从事的主要职业，此外摆渡、水上运输、雇工，也有人从事商业、厨师、煮盐业、在南洋“橡皮园、锡矿场”做工等⑤。随着汽船、轮船等水上现代化交通工具的出现，疍民在原先从事行业中的垄断性逐渐弱化，其赖以生存的主要职业已经无法养家糊口，就业多样性正是这一群体逐渐被同化的主要反映。

岭南地区的疍民没有统一的语言，但是他们“对于广东白话的传播非常有功”⑥。这一点从现今居住在海口新埠岛以及三亚疍民的语言遗存仍保留着大量的广东白话中，可以得到证明。龙、蛇为疍民主要图腾。

---

① 《清世宗圣训》卷7。

② 《南京临时政府公报》第2号，见《近代史资料》总第25号，第12页。

③ （宋）周去非：《岭外代答》疍蛮条。

④ 陈序经：《疍民的研究》，商务印书馆，1946年，第13页。

⑤ 陈序经：《疍民的研究》，商务印书馆，1946年，第110～121页。

⑥ 徐松石：《粤江流域人民史》，东南亚研究所，1936年。

二、海南疍民的族源问题

海南“一洲置海中”独特的地理环境，为疍民提供了广阔的活动空间，同时历代中央政权对海南治理的力度比起内地存在着不同程度的减弱，比之于大陆，海南疍民有着相对宽松的社会环境。然而，到目前为止，对于海南疍民历史情况的相关研究，尤显不足。

“南海水有鲛人，水居如鱼，不费机织，其眼能泣出珠”[1]，这是目前研究海南民族史的重要参照。司徒尚纪先生以“南海水有鲛人，水居如鱼，不费机织”，对黎人早期从事鱼耕活动进行诠释，进而确定黎人活动的地理空间。论者是为了论证黎人族源“实为古越人一部分”[2]。然而，同一则史料却被用来解释海南疍人的起源[3]。一则“史料”成为两个民族的起源，孰是孰非？对此考证尤为必要。

此则“史料”出自于西晋张华所著的《博物志》卷 2 中的《异人》。这是一部“志怪小说集”，连晋武帝都认为该著“记事采言亦多浮妄”，对于其中部分记载充其量只能具备“颇有文献价值”[4] 而已。如此看来，用它来说明黎、疍起源，确实难以令人信服。

换一角度来看，这一文本为我们了解海南早期社会提供了某种参考。它至少反映了秦汉之际海南迥然不同的两种生活方式：一为黎人的纺织；一为疍人海下采珠。

本文认为，海南疍民源流基本符合林惠祥先生的判断，即以越族为主，具有多元性，同两广的疍族有着一定的关联。尤其是，东晋末年孙恩、卢循的余部，南宋末年兵败以及明末清初等政治性难民，这些大量机械性的人口的移入，随着时间推移而逐渐地“疍民化”，构成了海南疍民的重要源流。

---

① （晋）张华著，（清）周日华校：《博物志》卷 2，2002 年，第 629 页。

② 司徒尚纪：《海南岛历史上土地开发研究》，海南出版社，1991 年，第 18 页。

③ 冯仁鸿：《琼崖史海钩沉——海口市民族源流及其风俗习惯》，转引自海南迁琼先民研究会编：《琼崖县民研究》（创刊号），2006 年，第 1 期（内部出版），第 10 页。

④ （晋）张华著，（清）周日华校：《博物志》卷 2，2002 年，第 617 页。

三、疍民对海南社会的贡献

唐宋之际，疍民人数的增加为他们日后参与解决海南的现实问题提供了可能。及至明代，明太祖“设立疍户、渔户、教坊等名色，禁锢敌国大臣之子孙妻女，不与齐民齿”[1]，上层社会对疍民的歧视，使得疍民整体沦为社会的底层。但是，通过对历史资料的梳理，我们发现与同期广东疍民的贱民身份相比[2]，海南的疍民占有着显著的优势，并多为方志所记载，主要源自于他们对社会的贡献：

（1）运输作用。有宋一代，因为北土迁民日众，受到土地开发和地力的限制，粮食短缺现象几乎遍及整个海南。“海南所产粳稔不足于食，乃以薯芋为粮，杂菜作粥”[3]，是时谪居儋州的苏东坡在其文稿中多有表述，“海南多荒田，俗以贸香为业，所产余粳不足于食，乃以薯芋杂米糜以取饱”，“海南以薯米为粮，几米之十六。今岁米皆不熟，民未至艰。食者以客舶方至而有米也”[4]。“高化商人不至，海南遂乏牛、米。”[5] 由此可以看出，此时海南对北方粮食的依赖程度。为解决北米南运问题，北宋“至道间，尝令辇粮于海北”[6]，但是北军（即雷、化、高、藤、容、白诸州兵）不识水性，由于海峡的阻隔，北粮南运过程中，士兵“率多沉溺，咸苦之”。至道年间（995—997），广南西路转运使陈尧叟规定：将雷、化、高、太平四州之民租米，送到与之水路接近的海峡北岸递角场，“令琼州遣疍兵，具舟自取”[7]，一支由疍民组成的水上运粮队伍活跃在琼州海峡上。

---

① （清）顾公燮：《凤阳人乞食之由》，载《消夏闲记摘抄》（上），涵芬楼秘笈第二集第五种，第4页。

② 詹坚固：《建国后党和政府解决广东疍民问题述论》，《当代中国史研究》2004年第11期。

③ （宋）王象之：《舆地纪胜》卷124《琼州 · 风俗形胜》，中华书局，1992年，第6页。

④ 海南府县志辑：《中国地方志集成》（6），《民国儋县志》卷10《艺文志五》，第477、511页。

⑤ （明）唐胄：《琼台志》卷11《商税》，上海古籍书店，1964年。

⑥ 《琼州府志》卷17上《经政志十三》，海南书局印行，光绪十六年版。

⑦ （明）唐胄：《琼台志》卷33《名宦》，上海古籍书店，1964年。

（2）疍民军籍。宋军制，在海南设“澄海军”以戍海，其中“蛋兵以蛋民为之”[①]，这是海南疍民加入军籍的最早记载。元朝立国之后，出于对海南海上安全考虑，设“白沙水军”，其士兵主要自宋末，“从祥兴帝船遁至本州，为元兵所败，遗卒收为水军”[②]。元初，征占城（今越南北部），“纳番人降，并其父母妻子发海口浦，安置立营，为南番兵。今存无几。其在崖、万者，亦皆元初因乱携家驾舟而来，散泊海岸，谓之番方、番浦”[③]。对于宋败兵和番人的处置，元政府“收宋末祥兴败兵，置镇设官，管领海防。又，籍占城降人为兵，立其首领麻林为总管，降四品印信，世袭。后俱为蛋人”[④]。如果说，宋初疍兵的设置为临时举措（主要任务为运粮，小部分戍海），那么元朝时期，疍兵已经正式成为朝廷的经制之师。

明初，疍民“藉以为兵，庶便约束”[⑤]，反映出边疆重臣对疍民“飘忽不常”心态的充分认识，这一举措实际是一种权宜之计，具有暂时的安抚性质。明中叶以后，海南疍兵的记载，很少见于史籍，主要原因是倭寇在东南沿海一带活动日益猖獗，疍兵所操之船无法与之对抗，朝廷以大船替代疍船作为巡海防寇之用，疍兵在数量上相应地有所减少。

鸦片战争前夕，广东水师提督李增阶认为“舵工不识水性，不明战法，必不敢向前。即向前，亦不得力。而舵工最为难得，是以选兵必先选舵工”[⑥]。明清之际，处于朝廷海防最前沿的海南水域，可能有为数不多的疍民作为舵工服务于军队，也就是说，是时作为疍民的主体已经脱离军籍而从事于世业。

（3）承担岛内外水上交通任务。“朱崖、儋耳二郡，与交州俱开，皆汉武帝所置。大海中南极之外，对合浦徐闻县。清朗无风之日，遥望朱崖州，如囷廪大。从徐闻对渡，北风举帆一日一夜而至。”[⑦] 自古以来与中原的交流，船只必不可少。“琼渡舟达徐闻，凡海口、白沙、烈楼三处。海

① 《琼州府志》卷17上《经政志十三》，海南书局印行，光绪十六年版。

② （明）唐胄：《琼台志》卷21《海防》，上海古籍书店，1964年。

③ （明）唐胄：《琼台志》卷21《所司》，上海古籍书店，1964年。

④ 《琼州府志》卷17上《经政志十三》，海南书局印行，光绪十六年版。

⑤ 《琼州府志》卷19下《海黎·条议》，海南书局印行，光绪十六年版。

⑥ （清）张雟纂，郭沫若点校：《崖州志》，广东人民出版社，1983年，第237页。

⑦ （北魏）郦道元：《水经注》卷36《温水》，季羡林等主编：《传世藏书》，海南国际新闻出版中心，1996年，第260页。

口为官渡；白沙古渡；烈楼私渡，南风半日俱可至。然，自烈楼嘴达车仑浦尤近”①，这是明代琼州渡海情况。清代，上述古渡、私渡仍然使用，而官渡航线的变动十分明显，乾隆三年（1738），“海口、海安各添设班渡轮三只，小三板船三只，以便差使往来”，乾隆三十一年（1766），官渡中的班渡船“止留一只，改为快桨船”，后逐渐废弃②。相关资料表明：白沙古渡以商旅往来船只居多，而私渡的主要承担者则是以疍民为主体。大量人士出海选择私渡，不难想象。

有明一代，本岛开发逐步加强，实现了岛内粮食自给，疍民海北运粮任务基本结束。活跃在琼州海峡的疍民，除了捕鱼之外，主要以渡海为业。1576年，时任南京礼部尚书的海南定安人王弘诲在其《改海南兵备道兼提学道疏》中指出，因琼州考生渡海到雷州参加科考，远涉鲸波的状况，从侧面证实了这一情况。“……（本岛）督学宪臣常不一至，每大比年，惟驻节雷州，行文吊考。自琼抵雷，航海而北，……贫寒士子，担簦之苦已不待言，乃其渡海，率皆疍航贾舶，帆樯不饰，楼橹不坚，卒遇风涛，全舟而没者，往往有之……”③ 此外，海南中部高四周低的地势，放射状的水系十分发达，岛内交通因江河阻隔而十分不便，部分疍民在岛内承担摆渡职业，可以想见。

四、人口数量、分布及居所

相关资料表明，疍民在本岛的活动可以上溯到秦汉时期，即已在岛的北部和东北部的沿海一带活动。主要从事海上采珠活动。汉初在岛的政治建制中所反映出在玳瑁、紫贝县等靠近海边的地域以海产品来命名这一情况，正是疍民主要的活动区域。认定采集海珠是黎人所为，以期说明早期黎人的鱼耕生活，不禁会让人产生这样的疑惑：伴随着潮涨潮落而带来丰富的海产品不能满足早期黎人的生活？此时的黎人具备从事深海采珠技能？《资治通鉴》对疍民从事水上采珠做了细致的记录：“海中有珠池。珠母者，蚌也。采珠必蜑丁，皆居海艇中，以大舶环池采珠；以石悬大絙，

① （明）唐胄：《正德琼台志》卷7《津渡》，上海古籍书店，1964年。
② （清）李文恒修：《琼山县志》卷5《建制志七》，咸丰七年刊本。
③ （明）戴熺、欧阳灿总裁，蔡光前纂修：《万历琼州府志》卷11。

别以小绳系蜑腰，没水取珠。气迫则撼绳，绳动，舶人觉，乃绞取，人缘大絚上。然而死于采珠者亦多矣。”① 这段文字，描述了从事深海采珠作业所需要的基本技能，同时也揭示了从事该职业风险性的存在。那种既能从事深海作业又能从事陆地耕作，即便在今天看来似乎仍有点不合常理。

尽管缺乏相应的史料，我们仍然可以认为海南疍民的人数在唐宋之际有了一定的发展。人口学的推力拉力理论，有助于我们对这一假设作出相应的解释。唐朝“记丁输课”制度的推行，是两广疍民大量移入海南水域的重要推力之一。而此时的海南，尽管唐政权在此政治建制比前代有所增加，但是从其建制更迭频繁、数量时增时减的状况来看，此时的海南基本上处于“羁縻诸州”的地位，因而基层社会控制相对薄弱，具体体现在对疍民课税的执法上不可能太严厉，这将对两广疍民形成一个强大的拉力。“寻得桃园好避秦”，海南的水域无疑是理想之地，疍民在此时大量流入海南，主要分布于岛的西北部一带，并有向岛四周扩张的趋势。

明代时期，唐胄的《正德琼台志》为后人了解海南疍民提供了重要的人口分布线索。本文将在此基础上，就明正德七年（1512）海南人口统计②所反映基本情况，对海南疍民人口数量及其分布情况做一简单的归纳。

正德七年（1512）海南疍民人口及其分布情况表

地区分布	户口数	人口总数	地区分布	户口数	人口总数
琼山县	183	835	儋　州	333	1 520
澄迈县	221	1 009	昌化县	12	58
定安县	—	—	万　州	77	352
文昌县	230	1 050	陵水县	100	457
会同县	88	402	崖　州	349	1 593
乐会县	112	511	感恩县	56	256
总　计	户：1 761		口：8 043		

说明：1. 表中的户数与地区分布根据正德七年的统计数字制作。

2. 各分布地人口数系由正德七年琼州府的户人口平均数：总人口数与总户数比值（250 143 ÷ 54 798 = 4. 565）与各地户口数之积。

① （宋）司马光：《资治通鉴》卷28。

② （明）唐胄：《正德琼台志》卷10《户口》，上海古籍书店，1964年。

（1）人口数量。根据上表我们可以知道疍人总数在一万以下。事实上，唐胄开列出正德七年人口数字是很有问题的。是时全岛人口总数为250 143人，包括：男子179 524（其中成丁121 147，不成丁58 377）人；妇女70 619人。如果以全岛的男子和妇女为对象，从中可以得出男女性别比为254：100；即便全岛的成丁与妇女之比达到172：100，也就是说，此时岛内的男女性别比至少是170个男人对100个女人。如此严重失调的性别比，必然给社会带来严重的动荡。为此，可能的解释是，大量的未成年女性在此次统计中被遗漏。如果以全岛男丁为参照，按照男女性别比的正常值106计算，统计数字至少增加近9万的女性。相应地，户人口平均数也将由4.565增至为6.20。如此，疍人口总数应在10 000以上，近1.2万人之多。

（2）主要分布。“蛋人各州县皆有”。上表明晰地说明海南疍民活动区域，基本上在环岛的各个港口之中。从人口数量分布上来看，以崖州、儋州、文昌、澄迈为最，皆超过千人。从地理方位来看，主要分布于岛的南北两大水域。相对来说，岛的东南部万州、陵水以及西南部的感恩、昌化疍人的活动要少得多。定安没有疍民，其主要原因是由于该县居于内陆，没有相应的海域，故而无疍民。

（3）居所。历史上的贱民阶层，其居住空间会受到政府的严格控制，不能与民杂处。海南疍民在其住所的选择上，却没有体现出这一规定。终明一代，海南“民居近海者与蜑人杂处”①。明代唐胄的《正德琼台志》卷7《风俗篇》指出，本岛疍民“居海滨沙洲，茅檐垂地，或从屋山头开门。男子罕事农桑，惟缉麻为网罟，以渔为生，子孙世守其业，岁办鱼课。其在崖者，或种山园置产，自相婚娶，养牛耕种。妇女织纺布被为业”。这说明，海南南部水域生活的疍民，无论男女，生活习俗与齐民相同。

而万州和陵水，据《万州图经》描述：此邦与黎、蜑杂居，其俗质野而畏法，不喜为盗，牛羊蔽野，无敢冒认②。

到了清代，根据福建侯官人陈梦雷的《图书集成》所载，南部疍民生

① 海南府县志辑：《中国地方志集成》（6），《民国儋县志》卷3《风俗》，第10页。
② （明）唐胄：《正德琼台志》卷7，上海古籍书店，1964年。

活习俗，开始向陵水转移：在陵水“疍民世居保平港、大疍港、望楼里，濒海诸处，男子罕事农业桑，惟缉麻为网罟，以渔为生，子生世守其业。妇女兼纺织布为业”，“间有种山园、置产、养牛、耕种”。明清两代典籍对海南疍民习俗由本岛南部水域向东南部一带转移的记录，完全可以认为是疍民群体的转移情况。在万州“疍人隶州者，若新泽、东奥等处，茅屋居海滨”[①]。

海南疍民并没有出现广东疍民禁止上岸的现象，甚至有向城市流动的趋向。在明朝万历年间，文昌县城就有疍民居住的记载。明万历二年（1574）五月，海盗林凤驾巨舰120只，泊清澜港，欲往文昌县城购买瓜、菜。林的要求为千户丁其运所拒，并遭到丁的攻击，适逢天下大雨，城墙倒塌，林凤入城后便开始三日屠城。此役，“军民商疍被杀掠者二千二百人”[②]。尽管这一记载没有细化疍民伤亡被掠的数字，但疍民居城内已是不争的事实。

居住空间上的改变，疍民甚至可以从事农耕、置产等，事实上反映的是：疍民在积极参与海南社会现实问题解决后的一种社会认同，是他们自身努力的结果；同时可以看出，在这一五方杂处的移民社会中，其阶级成分的划定，同内地的刚性结构比较，海南则显现出较大的弹性，这为各阶层人们参与解决海南现实问题开启了方便之门。当然，由于职业所致，疍民的主体仍然是濒海而居，居于城市只能说是一种个别现象罢了。

五、疍民角色转变与政府控制的加强

疍民处于广阔的海洋之上，实际上他们真正的活动空间则相对的固定，因而不能称之为所谓的“水上吉普赛人”。如上所述，明清时期，大量疍兵脱离军籍而重操旧业；此时海上不靖，倭寇、海盗日益猖獗。其海上生活遭到强烈的冲击而生计日蹙。在自觉与不自觉中，这一群体开始裂变，其中有部分人助纣为虐，站在官府的对立面。

最早发现这一问题的是明初广东都指挥花茂，“蜑户附具海岛，遇官

---

① （清）陈梦雷：《古今图书集成》卷1380《琼州府部丛考八·风俗》。
② （明）唐胄：《正德琼台志》卷19上《海寇》，上海古籍书店，1964年。

军则诡称捕鱼，遇番贼则同为盗寇”[①]，花茂的言论是对整个广东地区疍民而言的，其目的是把疍民纳入朝廷的水师体系之中；而清嘉庆时两广总督蒋攸铦的奏折认为“奸渔穷蜑，乘间为匪，亟须随时侦缉，庶不致萌蘖复滋”[②]，主张以剿代管；“欲为海上靖盗薮，必先于疍家穷盗源”[③]。主流社会对疍人态度由笼络向强硬的转变，与明初与民休养生息以及清代中叶对边疆统治有所加强不无关联，更重要的是，此时疍人身份有了明显地变化。这一点，在海南表现得尤其突出。

明隆庆元年（1567）十二月，“儋州沿海蛋户为寇，犯乡村”[④]。这是疍户在倭寇横行抢劫之际，趁机打劫的记录。隆庆五年（1571）五月，海贼李茂（琼山人）“悉众南下，寇崖州”[⑤]。事实上，疍民更多的是利用自己熟悉海南水道，充当向导、从事接济匪船。“匪类逃躲外洋，非能不食而操舟，徒手而行劫，由内地奸人接济之也。济以粮米物食，然后能久延；济以火药军器，然后敢敌杀。”[⑥] 在以物济匪类中，官方“哨船”要占很大的比重。不可否认，疍民所操的民船，也起到一定的作用，只不过限于船只的容量，在接济量上与官船有所差距而已。

当然，我们应该看到，这只是海南疍人群体中的一小部分。大敌当前，更多疍人为了保卫自己的家园，同官民一起共同抵御外来之敌。上文述及的文昌屠城中，可以说是疍人与官商民一起，共同反抗海盗入侵的一则鲜活实例。

嘉庆三年（1798）五月，“蜑户方世建、方维富等奉檄招安，洋盗郑一、布择敬等率众降”。嘉庆五年（1800），“海盗布择敬、布香长、周亚五、黄亚灶等驾船入万州港投诚”；嘉庆八年（1803），“海贼高尚志等三十余人入万州港投诚”[⑦]。东南海防在此后一段时间内，基本没有战事，这不能不归功于疍人。

---

① （明）唐胄：《正德琼台志》卷19下《海黎·条议》，上海古籍书店，1964年。
② （明）唐胄：《正德琼台志》卷17《经政·船政》，上海古籍书店，1964年。
③ （明）唐胄：《正德琼台志》卷19下《海黎·条议》，上海古籍书店，1964年。
④ （明）唐胄：《正德琼台志》卷19上《海寇》，上海古籍书店，1964年。
⑤ （清）张嶲纂，郭沫若点校：《崖州志》，广东人民出版社，1983年，第231页。
⑥ （明）唐胄：《正德琼台志》卷19下《海黎·条议》，上海古籍书店，1964年。
⑦ （明）唐胄：《正德琼台志》卷19上《海寇》，上海古籍书店，1964年。

正是由于疍人良莠不齐的表现，加上东南沿海一带盗寇横行，出于海南基层社会统治的需要，明清统治者开始对疍民进行整治。

（1）渔船禁止给票、限制船行范围。明朝末年，海南地方政府为了加强对岛内的控制，便于海上巡查时易于辨别岛内外的船只，规定：凡出海船只“其巡查以船票为凭”，没有船票者即为“歹船”。在这一措施推行过程中，以捕鱼为生的疍民是船票发行的主要对象，其中就有部分人利用合法的身份做起非法的营生来。清朝时期，海上“通寇”情况日趋严重。康熙四十一年（1702）上任的同知姚哲，对疍人持有“船票”这项积弊作出了深刻的分析，指出“捕鱼船只虽属各州县编氓，而乘机剽掠、贪利害人者亦正不少。此辈若给票，势必肆行海上。或搬运米谷接济贼船，互相倚仗，乘间为盗”；并对疍民行船的范围作了相应的规定，“只许在本籍内港往来捕鱼，倘越港外地界，即以匪类究惩”①。

（2）编设船甲。明朝时期，根据戴璟的《禁约》，海南开始对疍家实行船甲之制。“沿海居民，各于其乡编立船甲长、船甲副，不拘人数，惟其船之多寡。一依十家门牌，循序应当。如船二十只，总统于船甲长内，以十只分统于船甲副。”

（3）推行保甲制度。清朝时期，《新安县志》（即今深圳宝安县）在对戴璟《禁约》有所损益基础上，推行保甲之制，这一措施为海南所采纳。“十船为一甲，立一甲长；三甲为一保，立一保长。无论地僻船稀、零星独钓、有无罟朋、大小料船，具要附搭成甲，编成一保。互相报名，自相觉察。按以一犯九坐之条，并绳以朋罟同宗之罪。”②

至此，海南疍民已被固定在有限的范围内活动，并受到连坐之法的禁锢。毫无疑问，疍民参与社会事务的通道已被堵死，海南疍民真正开始沦为社会的底层。唐胄为疍民秉笔写史的传统没有被后来的方家所采纳，这从另一侧面反映出海南社会阶层间的壁垒已经形成，疍民趋于没落。

---

① （清）张雋纂，郭沫若点校：《崖州志》，广东人民出版社，1983 年，第 242 页。

② （明）唐胄：《正德琼台志》卷 19 下《海黎 · 条议》，上海古籍书店，1964 年。

余 论

民国时期，尽管国民政府从法律上对于疍民的地位给予一定的保障，但因长期的历史惯性，疍民的实际情况并没有得到太大的改变。这点从1934年广东省民政厅《严禁压迫疍民恶习》的训令中可窥一斑。对于压迫疍民的“此种恶习，亟宜禁革”，“断不容划分畛域，擅定禁例，以欺压疍民”，“如仍有上项发生，务须从严查究，以除恶习，而维人道”。[1] 海南的情况究竟如何，因资料的短缺，我们不得而知。但是，民国时期大量的海南方志难觅疍民的踪迹，可以断定，海南疍民的地位较之于以往有着很大的退步。

究其原因，主要是疍民宗族观念的淡漠[2]、夫兄弟婚和翁媳婚[3]等习俗与汉文化的巨大差异的存在。在新中国成立前后，疍民的汉化倾向较为严重。

经过1955年民族识别之后，各地疍民的内部关系疏远，民族认同及民族自我意识淡漠，族属认定反映不强烈。据此，中央人民政府认定疍民原为少数民族，但长期以来已经自然同化于汉族，民族意识逐渐消失，没有必要再从汉族里把疍民分出，成为一个单独的民族[4]，海南的疍民就是在这一历史背景下成为汉族的。

历史上，海南是一个多民族聚集的地方，正是这些不同的民族共同推动了海南社会的发展。在进行国际旅游岛建设的今天，深入挖掘本岛疍民的历史文化资源，从而提升海南旅游业文化内涵，这是一个值得探究的全新课题。

---

① 广东省民政厅：《严禁压迫疍民恶习》，《广东省政府公报》1934年第265期，第73页。

② 叶显恩：《珠江三角洲社会经济史研究》，台北稻乡出版社，第477页。

③ 陈序经：《疍民的研究》，商务印书馆，1946年，第156页。

④ 黄学光：《中国的民族识别》，民族出版社，1995年，第291页。

从八桂文化与中华文化的互动看百越文化活力

盘福东
（桂林博物馆）

从历史时空范畴界定，今天的壮、布依、侗、黎、毛南、水、仫佬等壮侗语族多是西瓯、骆越、乌浒、俚僚的后裔。中原文化的强大冲击波，波及八桂腹地的时候，当绵延数千年的传统文化受到摇撼的时候，作为八桂土著民族西瓯、乌浒、俚僚等先民，由自发的生存状态逐步接纳兄弟民族入桂，萌生创新的欲望，以博大的胸怀接纳他族，自然地，不仅在本族凝聚进行历史整合中实现，使土著文化与人类共同文化融合。瑶、苗、仡佬、回、彝等民族文化在这种背景下入桂与之和谐。经过对“民族传统”的确认与认同的“阵痛”之后，具有悠久传统的西瓯、骆越、乌浒、俚僚人们，接受了入桂民族文化，入桂民族也大量融入西瓯、骆越民族的文化因子，他们互相影响和接纳，互相丰富，相互促进。本文从历史的角度，阐述百越文化圈中的八桂文化单元发生、发展及其特征，以及在当代社会条件下八桂文化圈的和谐性。

一、岭南越族与八桂文化

百越文化与中华文化的互动才是历史的辩证法。华夏文明的母体是一种内陆江河农业文明，秦汉以后，母体文明的重心总体上是呈现向东向南转移的态势。[①] 在历史的早期，战国以前，《周礼·职方氏》中最早出现“七闽”名称。闽“包括浙南、粤东、赣东南部分地区的广大东南区域”[②]，《周礼·冬官考工记》出现“吴、粤”名称。许慎《说文解字》

① 许维勤：《历史视野下的台湾海峡文化圈》，《东南文化》2006年第5期。
② 许维勤：《历史视野下的台湾海峡文化圈》，《东南文化》2006年第5期。

注："闽，东南越，蛇种。"《逸周书·王会解》又有"东越"、"欧人"、"于越"、"姑妹"、"且瓯"、"供人"、"海阳"、"苍梧"、"越区"、"桂国"、"损子"、"产里"、"九菌"等名称。南宋人罗泌《路史》具体解释百越族称有："越徇竿姓是为南越、越裳、路越、瓯越、且瓯、供人、海阳、目深、扶催、禽人、苍梧、扬越、西瓯、损子、产里、海癸、九菌、稽余、仆句、北带、区吴，是谓百越。"到了汉代以后的《汉书》、《后汉书》、《三国志》等书中，古代不少名称不见了。在我国东南和南方地区（包括台湾岛）出现的名称只有于越、东瓯越、扬越、南越、西瓯、骆越、山越和台湾岛上的东堤人、夷州人，以及于越、滇越、夜郎等等。这些"在空间上与华夏农业文明发源地是同一文明体系的表里关系。大量考古资料表明，很早就受到华夏文明的熏陶。春秋战国时期，部分越王室势力南下进入'七闽'之地，发展为具有政权雏形的闽越族势力。秦朝末年，闽越族参与中原倒秦战争，助汉有功，被汉高祖刘邦封建为闽越国"[①]。我们粗线条地看看八桂民族与八桂文化呈波浪式聚合及演进的特点。

第一波是秦始皇发兵岭南，凿灵渠，征西瓯，讨骆越，统一岭南后出现的发展高潮。公元前214年，秦始皇兼并岭南，设置桂林、南海、象郡，将岭南纳入中央集权的统治之下，同时又从中原迁来一批华夏族人"与越杂处"，对促进岭南地区社会经济发展具有积极意义。有学者说："岭南的越族人民也是从这个时候起，正式成为中华民族大家庭中的一个成员，各族人民共同创造和发展光辉灿烂的中华文化。"[②] 若按这个观点，"那么岭南越人在秦平岭南以前的二三千年的中华文明史中是没有贡献的，只有在秦汉以后两千余年间才有与中华文明史的建设，这是说不通的"[③]。我们只是就秦统一岭南对八桂文化出现的第一波推动性的浪潮而言。如果我们从考古学文化的角度来审视中国文明的形成过程，则中国多元一体化的民族大家庭格局，远在秦始皇政治统一之前的相当长的历史时间中就已出现。"从马头元龙坡、安等秧古墓群的分布情况及出土的文物来看，是古代骆越人的一个中心。从全苏、马头出土的铜卣、铜盘和安等秧出土的带

① 许维勤：《历史视野下的台湾海峡文化圈》，《东南文化》2006年第5期。
② 黄体荣编著：《广西历史地理》，广西民族出版社，1985年，第36页。
③ 郑超雄：《壮族文明起源研究》，广西人民出版社，2005年，第4页。

'王'字铜矛来看，不是常人所能有，其主人应是身份高贵的上层人物，所以那里应是政治的中心；从出土的铸造青铜器的石范来看，那是当时的先进技术，所以那里同时也是经济中心；从铸造的器物多为兵器来看，那里又是军事中心。既然是政治、经济、军事的中心，那里必然又是文化的中心。那里应该是骆越人的一个古都了。"[①] 有专家从人口、贫富分化、武装实体和王权政治、巫在王权政治中的作用等进行分析研究，认为马头一带已进入方国阶段。[②] 对这个问题，也有专家分析，"骆越社会发展没有发展到已建立起国家阶段"[③]。那么，我们认定此说，当时的骆越即使不是"方国"，也是一个古国，方国是由古国发展来的，这种古国不是严格意义上的国家。政治上的统一，并不代表文化心理和思想意识的全部趋同。政治统一是有时限性的，而文化心理、思想意识的趋同是长久性的、持续性的。岭南的方国政治环境在秦统一岭南之前，已达到与中原政治环境相对应的水平，因而具备了帝国统一的条件。这种条件的形成，无疑是岭南越族长期发展的结果，岭南越族对中国政治统一是有贡献的，他们和岭北各方国一样，表面上是被动地接受政治统一，而实际上是从一个侧面参与了政治统一活动，即是他们在岭南地区建立小统一的政治实体，而后秦始皇才能完成最终的统一。有了这个基础，越族人在西汉时"其西瓯、骆、裸国亦称王"[④]。骆越族人通过参与倒秦的政治角逐，不但回笼了一支具备较高军事素质的队伍，而且学到了中原地区先进的农业生产技术。在汉初相对安宁的政治气候下，骆越国土地和物产资源得到大规模开发，成长为中国南方一个称雄一方的地方政权。西汉平定南越，"越桂林监居翁喻骆越属汉，皆得为侯"[⑤]。这些记载说明西瓯、骆越人原居于岭南西部的方域文化根基牢固未动摇。这是八桂本土文明与汉族农业文明相交融的结果。汉文化的影响也是"滚动性的，它们必然向北、向南、向西传播，中华文明

---

① 覃圣敏：《西瓯骆越新考》，《百越研究》（第 1 辑），广西科学技术出版社，2008 年，第 9 页。

② 郑超雄：《壮族文明起源研究》，广西人民出版社，2005 年，第 17 页。

③ 蓝日勇：《骆越无国论》，《百越研究》（第 1 辑），广西科学技术出版社，2008 年，第 28 页。

④ 《史记·南越尉陀列传》。

⑤ 《史记·南越尉陀列传》。

即是在这种流动的物质文化基础上滋生积淀而发展起来的”①。骆越地区摆脱原始文化状态后接受的第一种先进文化的影响——这不但为八桂本土文化进一步影响八桂地区作出了贡献，而且与八桂地区的生活方式相结合，衍生出了新的文化形态，开启了基本的路向。

第二波是唐宋时期八桂经济文化的全盛。从汉至唐宋时期，在西瓯、骆越原来分布之地相继出现乌浒、俚僚、俍等民族，这些民族是包括壮族在内的壮侗语族一些民族的先称。《资治通鉴·汉纪四十八》载：东汉灵帝时，“郁林太守谷永，以恩信年招降乌浒人十万”；《太平御览》卷786引《南州异物志》说：“交广之界，民曰乌浒，东界广州之南，交州之北。”乌浒人之后出现的俚僚、俍，在广州之南，苍梧、郁林、合浦、宁浦、高凉一带皆之，地方数千里。宋代周去非《岭外代答》说，桂南之钦民有五种。“一曰土人，自称骆越种类也”，“三曰俚人，史称俚僚者是也”。宋代《太平寰宇记》说，桂州僚、蛮僚、山僚等。《资治通鉴·唐记》说，始安（今桂林一带）僚欧阳倩“拥众数万，攻陷州县”；宋人范成大《桂海虞衡志》说：“僚在右江溪峒之外，俗称山僚，依山林居，无酋长、版籍。”唐宋时期在邕州附近的石溪口地方还设有“僚市”。乌浒、浒、俚僚即为八桂先民的先称，他们的分布地区即是后来壮、侗、水、毛南、仫佬族分布的地方。南越王赵佗因公然反叛中央朝廷而招致灭顶之灾，限于统治的技术条件，汉武帝征讨反叛的南越王吕嘉的船队入桂，八桂地区的历史一时陷入谷底。但是秦瓯战争、汉武帝平南越国实行的“赵佗变服”、“和辑百越”，汉代的“以其故俗治，毋赋税”② 政策，对推动汉越民族融合作用巨大。汉族先进的生产力如铁犁牛耕等传入岭南很快为越人接受，对推动岭南经济发展起到了重要作用；中原汉族儒家文化促进了八桂社会的发展和越汉民族的融合。两晋至隋唐五代，一批又一批汉人陆续入桂，推进了八桂宜农地带从腹地到沿海，从山区到平坝由点到面，连线成片的开发。从唐宋时期起，壮族中的知识分子就利用汉字的形、音、义和六书构字法构造出一些汉字，在民间广泛流传使用，这种壮汉文化融合，是壮族文化发展升华的体现。到了宋代，八桂地区出现了经济、

① 郑超雄：《壮族文明起源研究》，广西人民出版社，2005年，第9页。

② 万震：《南州异物志》。

社会、文化全盛的局面。当时人称："而合姓之言衣冠文物之盛，必称七闽。"[1] 这种状况表明，军事征服，强力同化，其结果是激起越人的激烈抗争；而文化熏陶，自然同化，先进文化的影响，是促进民族融合的最根本因素。八桂文化未完全内地化，反而形成自己的文化体系。民族融合后的八桂汉人，他们的生产生活习俗、节日风俗等既保留不少中原文化因素，又吸收了大量的八桂文化因素。他们已不是原来中原型的汉人，而是岭南化的汉人。八桂文化积蓄了巨大的能量。

第三波是明清时代八桂文化主体性与开放性、包容性相结合的民族文化浪潮。八桂文化浪潮是在第二波浪潮推进之前就已见端倪。其标志："①保持民族语言本质的一致性，利用汉字及其构字方法构造表达壮语音义的民族文字；②吸收汉族宗教文化因素，形成了以'筛'（师教）为代表、信仰多神的民间宗教；③以氏族部落'都老'制为核心的社会组织结构的延续；④以民族为主流和以歌圩为表征的文学艺术；⑤反抗封建压迫的民族精神的保持和发扬。"[2] 这种标志说明八桂文化的大视野以臻成熟，其文化所产生的强大辐射力，必然推动开发八桂浪潮冲击八桂地区。八桂民族意识强固，与中央的矛盾时有激化，唐、宋、元、明、清、民国，不同时期反抗中央政权压迫的起义不断。影响较大的有西汉末年句町王邯反王莽的斗争；东汉乌浒人的起义；唐代"西原"僚人黄乾曜起义；宋代区希范、侬智高起义；明代侯大苟大藤峡起义、韦银豹起义、八寨起义；清代太平天国起义；民国桂北瑶民起义等等，体现了八桂人民的革命精神，这些反抗斗争迫使统治阶级作出种种改良、让步，推动了历史的前进。在这一波高潮中，出现了一种新的文化因素，那就是海洋文化、湖湘文化、荆楚文化等新的文化因素，呈现出一种以八桂文化传播到岭南地区为主线的逐步递进、绵长连贯的历史过程。在汉文化影响下八桂文化走向辉煌，八桂文化对华南、东南亚及环太平洋地区都产生了影响。特别是八桂地区中的壮族文化数千年来不绝如缕地为本民族延续生命的血脉，演化成今天拥有 1 800 多万人口的民族，在全世界 2 000 多个民族中约占第 60 位，壮

---

① 陈必复：《南宋群贤小集》。

② 张声震：《壮学丛书·总序》，见郑超雄：《壮族文明起源研究》，广西人民出版社，2005 年，第 22 页。

族成为中国人口最多的少数民族，从而确立了壮族文化在人类文明史上的地位。这三个浪潮构成八桂区域文化发展的几个内在相联的环节，使八桂文化区域整合为一个相对成形的文化单元——既没有脱离汉文化母体而存在，又保持着八桂文化内在牵连和独特个性。八桂文化成为百越文化圈中一道生机勃勃的文化景观。

二、八桂文化的内涵特征

八桂文化与八桂民族同生共源。一定的文化是一定社会的政治和经济在意识形态上的反映，同时又对社会的政治和经济起着巨大的影响作用。长期积累起来的八桂文化精髓，铸造了八桂民族的灵魂，凝聚着奋发向上、自强不息的民族精神。八桂先民因其所处的自然环境和特定的生产方式，在长期的历史发展过程中，创造了独具特色的物质文化和精神文化，显示出民族文化在个性和独特的地域文化特征，是八桂土著文化与其他入桂民族文化的碰撞整合中形成的，具有以岭南越人文化为主体的多元结构的特点。这些特点为：①形成了自成体系的“话壮”（壮语）的民族语言文化（瑶、苗、侗、仫佬、毛南、京、仡佬、彝、水等少数民族亦然）。②形成了以“那”（水田，即稻作）文化为中心的民族文化体系。③以“咽”（铜鼓）为代表的青铜文化。④以“岜莱”（花山崖壁画）为代表的艺术文化。⑤以《布洛陀》（智慧祖神）为代表的神话文化。⑥以“诺鸡”（鸡骨卜）和“麽”（麽教）为代表的原始宗教文化。⑦以宇宙“三盖”（三界）说和万物“波也”（公母）观为基础的朴素哲学思想。⑧以“欢敢”（岩洞歌）和“欢娅圭”（蛙婆歌）为代表的歌谣文化。⑨以“依托”（土医、土药）为特征的医药文化。①

八桂文化，是自称布僮、布依、布越、布雅依、布僚、布侬、布曼、布傣、布土、布陇、布沙等壮侗语集团维系民族存在的重要纽带。壮族是土著民族，与八桂文化同源共生，在兄弟民族文化的挑战下，状族先民创造出更加辉煌的成就，尤其是当侗、瑶、苗民族入桂后，促进文明成长的

① 张声震：《壮学丛书·总序》，见郑超雄：《壮族文明起源研究》，广西人民出版社，2005 年，第 26 页。

作用更加明显。八桂土著文化与这些入桂文化有着本质的区别，土著文化是西瓯、骆越文化同质的构建，土著文化并未成为文化歧异的鸿沟，而是成为强化百越文化圈的通道。从一个大的范围来看，西瓯、骆越民族聚居在东起今广东省连山壮瑶族自治县，西至云南省文山壮族苗族自治州，南至北部湾，北达贵州省从江县，西南至中越边境的广大区域，郑超雄研究员指出："壮族古国之后是方国，其中正南诸侯国有'正南瓯、邓、桂国、损子、产里、百濮、九菌'，所献方物为'珠玑、玳瑁、象齿、文犀、菌鹤、短狗'。从'四方令'中记载的南方诸侯国纳行献方物的情况看，他们大部分都是岭南地区的方国实体。他们有很坚定的故国家园观念，有为本方国服务的责任感。"[①] 八桂地势西北高东南低，沿海是北部湾和延伸入海的岛屿，以沿海平地和桂中平地为平台、以山区为屏障的广袤地带，自然资源和地势特点决定了文化播迁的历史性和地理条件的复杂性，区域内各民族文化具有较大差异，但是，总体而言，整个八桂文化的共同特征是显而易见的。

壮族是古西瓯、骆越的后裔，是广西的土著居民。壮族文化与华南、东南亚及环太平洋地区诸民族文化的渊源关系说明了壮族文化的世界性。夏代壮族先民中方国蜂起，说明壮族文明程度已经有相当发展，并且引起了中原的注意。务实文化促使他们一切从实际出发，"尽管在春秋战国时期，西瓯、骆越分别统一了广西南北地区，相信他们是在各自的地域内用武力征服吞并了不少的小方国。但是，作为一个民族并没有形成大统一，因而仍属方国的性质。他们与全国各地的方国一样，最后统一进秦汉大帝国之内"[②]。正因为壮族古国、方国政治实体一直是以血缘关系为基础，因而他们内部虽有阶级分化，但是不十分强烈，而是渐次发展自己的文化。八桂地区山多田少，资源有限，民生问题始终突出，这种状况也迫使人们更多地考虑日常生活问题。因此，越人质胜于文，"其君子无仕不仕，无造次辨丽之智，盘辟鞠躬而重为邪；小人帖帖愿谨，自取衣食而已"[③]。清朝官居宰相曾感叹八桂籍民"有所为而为"，而非"为其所当也"。[④] 凡事

① 郑超雄：《壮族文明史研究》，广西人民出版社，2005 年，第 7 页。
② 郑超雄：《壮族文明史研究》，广西人民出版社，2005 年，第 1 页。
③ （宋）李昉等编：《文苑英华》（第三册），中华书局，1996 年。
④ （宋）李昉等编：《文苑英华》（第三册），中华书局，1996 年。

求真务实，是骆越后裔的典型性格。

八桂文化典型特征主要集中体现在：

第一，恋根性。“政治上的统一，并不代表文化心理和思想意识的全部趋同。政治统一是有时限的，而文化心理、思想意识趋同是长久性、持续性的。”① 八桂人民不论走到何方陌土，都不会改变对八桂乡土的认同和对家乡的怀念。百越后裔叶落归根、寻宗谒祖、衣锦还乡、造福桑梓的文化心理和思想意识很强，对本土的历史和传统文化表现出极大的尊重。现代寓居海外的国民党“代总统”李宗仁、大儒梁漱溟等高官和大学者从未极端否定传统文化，相反，他们大量向西方译介八桂文化。

第二，进取性。秦始皇统一中原之后，对北方的胡人采取防御政策，花了大量的人力、财力修筑万里长城，对岭南地区则采取武力征服手段。平定岭南后，增设桂林、南海、象郡，推行封建的郡县制度。这就说明岭南的方国政治和环境已达到与中原政治环境相对应的水平，从侧面体现了八桂文化的进取性。八桂区域的居民绝大多数是西瓯、骆越后裔，春秋时期他们已经能制造大量的青铜兵器。方国与方国之间的战争不断，弱肉强食，大方国兼并小方国。“约在战国前后时期，在广西大部分地区、广东的部分地区出现了西瓯、骆越两大方国，这是岭南地区壮族方国的鼎盛时期。”② 南越国时期，赵佗一方面推行“和辑百越”的进取政策，一方面以强大的兵威相胁。广东地区已无独立方国存在，全部推行了封建的郡县制，原来的方国上层人物也被吸收进南越国高层统治圈内，如丞相吕嘉及其族人都在南越国中做官。在八桂地区，西瓯、骆越被秦军重创后，已无实力与南越国对抗。赵佗采用各种手段也未能保住西瓯、骆越方国的存在。“中国历史的形成，是从万国、千国、百国、十国这样递减下来的。”③ 这种递减实质上是进取性的推动，西瓯、骆越方国进入解体不复存在，我们从总体把握理论性的角度来研究文明运动过程，使开拓进取品格不断得到强化。因此我们看到壮族古国、方国政治实体一直是以血缘关系为基础的，越进入阶级文明社会，进取性越强，西瓯、骆越人的这种进取精神表

① 郑超雄：《壮族文明史研究》，广西人民出版社，2005 年，第 10 页。
② 郑超雄：《壮族文明史研究》，广西人民出版社，2005 年，第 18 页。
③ 郑超雄：《壮族文明史研究》，广西人民出版社，2005 年，第 7 页。

现得尤为突出，孕育了八桂文化的进取精神。

第三，包容性。八桂区域远离传统政治文化中心，中原汉文化对八桂区域可以说是一种方外文化，中原汉文化植入八桂，八桂区域文化表现出很强的包容性，中华民族文明即是在这种包容性的文化基础上滋生积淀而发展起来的，八桂文化的起源和发展，在这种包容性中与中华文化发展几乎是同步。八桂区域的多元化表现突出，除了主体的壮文化，汉文化、东南亚文化、西方宗教文化和入桂的瑶、苗等文化，无不具有宽松的生存空间，促使八桂文化既有其独立运行的一面，又与中华文化运动有千丝万缕的关系。岭南越族不是在秦统一岭南以后才正式成为祖国大家庭的成员，而是在秦以前就是中国多民族大家庭中的一员，始终是中华民族多元一体文明古国中的一员。

三、八桂文化的活力

文化既赋予现实以意义，又需要有现实的承载。而现实是一种动态的存在，是“变”与“不变”的复合体。八桂的活力，就取决于这种“变”与“不变”的聚合力和开放性，是这种聚合力和开放性所激发出来的活力的巨大作用，推动八桂文化呈现出生机勃勃的文化景观。突出表现在：

第一，持续不断地整合区域内文化差异的能力。秦以后，中原汉族南下与越杂处，在长达2000多年的历史过程中，区域内部的文化发展也是不平衡的，经过文化碰撞与相互交融整合落后地区的文化，从而实现整个区域文化品质的提升。岭南越族与中原汉族都是农耕民族，只有前者以稻为主与后者以旱作物为主之别，汉族先进的生产力传入岭南很快被越人接受，这样对推动八桂经济发展起到了重要作用。大规模的汉族儒家文化在岭南的传播并与越人文化相结合，有力地促进了越人社会的发展和汉越民族的融合。一方面是越文化随着入桂民族带入的民俗文化，另一方面是官方鼓动和推行的儒家正统文化传播，两方面结合，实现了以八桂文化为主流的汉族文化对八桂地区的大整合，从而使整个区域文化品质得到很大的提升。文化熏陶、自然同化、先进文化的影响，是促使持续不断地整合区域内文化差异的最根本因素。

表1　广西历代状元榜眼探花统计表

姓　名	籍　贯	功　名	中式时间	备　注
赵观文	临　桂	状　元	唐乾宁二年（895）	
梁　嵩	平　南	状　元	南汉白龙元年（925）	
裴　说	临　桂	状　元	唐天祐三年（906）	
王世则	永　福	状　元	宋太平兴国八年（983）	
冯　京	宜　州	状　元	宋皇祐元年（1049）	*三元及第
黎　志	庆　远	榜　眼	宋治平四年（1067）	
权　凤	来　宾	探　花	宋熙宁九年（1076）	
毛自知	富　川	状　元	宋开禧元年（1205）	
吕调阳	临　桂	榜　眼	明嘉靖二十九年（1550）	
舒弘志	全　州	探　花	明万历十四年（1586）	
陈继昌	临　桂	状　元	清嘉庆二十五年（1820）	*三元及第
龙启瑞	临　桂	状　元	清道光二十一年（1841）	
于建章	临　桂	榜　眼	清同治四年（1865）	
张建勋	临　桂	状　元	清光绪十五年（1889）	
刘福姚	临　桂	状　元	清光绪十八年（1892）	

第二，文化与经济互动的能力。一种文化的活力，是一定社会的政治和经济在意识形态上的反映，同时又是一定社会的政治和经济基础的支撑，经济发展也同样离不开文化所提供的智力支持和精神动力。这一规律在八桂区域经济社会发展过程中清晰可见，桂西南、桂西北、桂中南、滇东、黔南、粤西地处边陲，山路险峻，交通滞后而接受汉文化的影响较之东部迟缓，这些地区对本民族传统文化的自我意识即主体观念强，与此相适应，这些地区也成为整个八桂区域的文化渊薮。表1及表2反映了汉族文化表现出积极互动的能力，才有了孕育孔子儒学的社会条件。儒学和教育事业的兴办，进一步促进了农业开发，带动了相关产业的勃兴，特别是使“那”文化传播到东至我国广东省中部偏东，西至缅甸南部和印度西部的阿萨姆邦，北至云南中部、贵州南部，南至泰国南部、越南中部和我国的海南省，从而构成一个“那”文化圈（“那”文化圈即稻作文化，“那”

文化圈，也含民族文化)，[①] 到了明清时期，桂西南、桂西北、桂中南地区的文化还相对落后，以科举人数为例，这些地区的总和多项未能超过桂林。桂林、柳州二府文化勃兴，很大程度上得益于经济的力量，经济力量的推动无疑又都有明显的文化优势作为支撑。经济越发展，对文化知识的依赖性就越强。桂林、柳州二府就麇集了大量的知识精英。由此说明与经济紧密结合和互动，是八桂文化活力的突出表现。

表2　广西明清选举统计表

朝代 类别	明			清		
府属	进士	举人	解元	进士	举人	解元
桂林府	103	1 178	34	82	997	40
柳州府	34	533	6	8	142	2
庆远府	10	231	4	2	24	2
思恩府	3	154	1	2	87	2
泗城府	0	0	0	3	7	0
平乐府	13	276	6	16	155	3
梧州府	21	405	8	6	180	1
浔州府	8	241	5	8	230	3
南宁府	11	457	3	10	182	1
太平府	1	62	0	3	135	2
镇安府	0	0	0	0	2	0
郁林府	5	286	4	4	221	1

说明：本表以《广西通志选举表》为据，表中清代截止日期为嘉庆五年（1800）。

第三，文化创新的能力。如前所述，壮族及其先民适应华南—珠江流域的自然地理环境和气候特点，把野生稻培育为栽培稻。水稻栽培的发明，无疑是世界文明史上的伟大贡献。壮族及其先民在其他物质文化领域

① 张声震：《壮学丛书·总序》，见郑超雄：《壮族文明起源研究》，广西人民出版社，2005年，第29页。

也为人类文明作出了重要的贡献，其中留存至今的石器、铜鼓、花山崖壁画、干栏式建筑、陶瓷工艺、棉麻纺织、医疗技术、水利托运、水产养殖、水果栽培等，都是开拓创新科技的能力表现。考古资料表明，“石器中的双肩石斧是独具特色的石制工具，在双肩石斧基础上发展演变而成的大石铲，更是世界独有，其体积之大，制作工艺之精美，在同时代的石器中堪称一流。桂林庙岩、大岩、甑皮岩和南宁顶蛳山等文化遗址出土的陶器，是至今世界考古发现中时间较早的陶器之一，距今10000—13000年，比我国北方裴李岗等遗址出土的距今8000年陶器早2000—5000年”①。铜鼓的制造和应用，八桂地区一直处于领先地位，无论是铸造工艺还是纹饰工艺，都达到了同一时期中原地区同类工艺的同等水平。这种铜鼓艺术品的出现，同样培养出了专门的艺术人才，他们已从农业生产中脱离出来。手工业就是这样从农业生产中脱离出来，创造了前所未有的财富的来源，并产生了全新的社会关系。

四、结　语

文化创新不是孤立发生的，而是与周边环境有着密切关系，远程文化交流是促使八桂社会发展和发展中文化创新的重要因素。“一个地区的文明实体，其与外界文化交流半径小者，则其社会文明程度就高。文化交流是互动平等的，欲达到互动平等的目的，其前提条件是文化交流双方的文明实体的文明程度大体近似。”② 尽管秦始皇以强大的封建国家机器统一岭南，迅速推行文化强制不是平等互动的文化交流，但是到了秦汉以后铸造铜鼓出现了失蜡法，是“马头方国的使者在北方学习炼铜铸铜技术之后，回到本地采矿冶炼，发展自己的青铜铸造业产生的青铜文明”③。这种技术进步，其中“远程文化交流”的科学技术的引进和创新起了关键的作用。

八桂文化在当代是空前活跃的，八桂文化在天籁和声、山水和风、友

---

① 郑超雄：《壮族文明史研究》，广西人民出版社，2005年，第18页。

② 恩格斯：《家庭·私有制和国家的起源》，《马克思恩格斯选集》（第四卷），人民出版社，1972年，第48页。

③ 郑超雄：《壮族文明史研究》，广西人民出版社，2005年，第203页。

邦和弦、盛世和韵的内核中迸发，文化搭台的民歌节、美食节、博览会，推动“中国与东盟经贸关系取得了巨大发展。双边贸易额增长了 15 倍，2005 年达到 1 300 多亿美元；双向投资不断扩大，东盟在华实际投资达 400 亿美元，中国企业对东盟投资也在快速增长。2010 年双边贸易额超过 2 000 亿美元”①。因此，在弘扬历史上百越文化圈的八桂文化固有特征的基础上，进一步激发八桂文化在科技创新、经济文化互动和区域文化整合等方面的活力，以和谐世界、和谐文化理念下的文化创新为途径，八桂文化将成为中国—东盟关系发展的重要基础和强大动力。

① 何丰伦、韩洁、王英诚：《第三届中国—东盟博览会在南宁开幕》，《桂林日报》2006 年 11 月 1 日。

当今越南占族人的文化

王献军　朱纬
（海南师范大学文学院）

海南回族来源于占婆国，而占婆国早在17世纪时就已被越南吞并，其故地大约在今天越南的中部和南部，即广南、平定、富安、庆和、宁顺、平顺等省。公元10世纪以后，占婆国由于与交趾、真腊等国之间的频繁战争以及国内的内讧和分裂，开始走向衰落，大批占族人背井离乡逃往东南亚各国，少数人留在了当地。留在当地的占族人，主要集中在今天越南中部南区的宁顺、平顺两省，他们是古代占婆王国幸存居民的直系后裔。

由于海南回族来源于越南占族，所以笔者在研究海南回族的过程中，早就萌发了欲往越南探寻占族人，了解占族文化，并和海南回族进行比较的念头，但苦于没有机会和条件，也只是想想而已。转眼到了2007年6月，笔者在广西民族大学范宏贵教授的鼎力相助下，终于与越南民族学博物馆取得了联系并受到了他们的访问邀请；在越南民族学博物馆研究人员的协助下，笔者顺利地前往宁顺的占族人村落进行了民族学田野调查并与相关专家学者进行了交流，最终得以全面了解到越南的占族人及其文化。

一

笔者是在2007年6月1日上午从广西南宁出发，当天下午抵达河内。6月2—3日在河内逗留，参观了越南的民族学博物馆，与越南社会科学院和民族学博物馆的专家学者进行了交流和座谈，这些专家学者主要有：越南社会科学院东南亚研究的吴文赢教授（他也是越南《东南亚研究》杂志的总编辑）、越南民族学博物馆的馆长武光重博士、越南民族学博物馆的副馆长阮唯绍博士、越南民族学博物馆的原馆长阮文辉教授、越南民族学博物馆的武洪述研究员。

6月4日，笔者在越南民族学博物馆的武洪述研究员和翻译的陪同下坐火车前往越南南部的宁顺省，5日抵达。6—12日，笔者在宁顺省文化厅工作人员的积极配合下，对宁顺省的占族人村落进行了为期一周的田野调查，调查期间走访了数个占族村落，拍摄了大量照片，采访了伊斯兰教、婆尼教的神职人员，走访了伊斯兰教、婆尼教和婆罗门教信众的家庭，参观了伊斯兰的清真寺、婆尼教神庙和婆罗门教的塔庙以及宁顺省的占族文化遗迹展览室，还与宁顺省文化厅的副厅长、占族文化研究专家潘国英博士进行了长时间的交流，并且录制了500个占语词汇的语音资料，准备回国后与海南回族的语言进行比较研究。总之，在这一周时间里，笔者通过调查、采访，已对占族文化的过去和现在都有了一个较为全面的了解。

6月13日，笔者一行赶到岘港，参观了岘港的占族文化展览馆。这座展览馆最初是由法国人建造的，展品丰富而精致，充分展示了古代占婆王国的灿烂文化。笔者通过对这一展览馆的参观，又加深了对占族古代文化的了解，受益匪浅。

6月14日，笔者返回河内。6月15日再次与越南民族学博物馆的武光重馆长、阮唯绍副馆长进行了座谈和交流，他们对海南回族与越南占族之间的渊源关系颇感兴趣，因越南学术界对这一问题几乎一无所知，所以他们建议我回国后将这一问题写成论文后译成越语，在越南民族学杂志上发表。

6月16日，笔者结束了为期两周的海南回族占婆故国寻根之行，回到南宁。

二

通过为期两周的越南之行，笔者收集到了大量的田野调查资料和文献资料。在对这些资料进行整理和分析的基础上，笔者又参考了国内出版和发表的相关资料，终于对当今越南的占族人及其文化有了一个较为全面的了解。

越南的占族人口，据最新的统计数字，约为13.7万人，在越南54个民族中排第14位,[1] 主要居住在越南中部南区的平顺、宁顺两省和南部的安江省，在越南的中南部、东南部和西南部各省也有零星分布。平顺和宁顺两省的占族人，是古代占婆王国的直系后裔，他们是当年未外迁而一直留在当地生存至今的血统纯正的占族人，以经营农业为主；安江省的占族人是早年迁徙到柬埔寨的占族人，他们于19世纪中期又从柬埔寨迁回安江等地居住，这部分占族人由于长期的颠沛流离及与外族人杂居，已混合有一定成分的马来人和高棉人血统，主要从事捕鱼、手工业和经商。

下面笔者就详细介绍一下当今越南占族人的文化及其来龙去脉。

（一）宗教

当今越南的占族人主要信仰三种不同的宗教：婆罗门教、婆尼教和伊斯兰教。婆罗门教的信徒主要分布在中部南区的宁顺和平顺两省；婆尼教的信徒主要分布在中部南区的宁顺和平顺两省；伊斯兰教的信徒主要分布在南部的安江省、胡志明市、西宁地区以及中部南区的宁顺省。截至2000年底，根据越南宗教委员会的统计，信仰伊斯兰教的占族人最少有25 669人；信仰婆尼教的占族人有39 288人；其余72 043人为婆罗门教信徒，人数最多。[2]

此外，目前已有少数的占族人开始信仰基督教，并且呈上升趋势。笔者在宁顺调查时发现，那里已经建有数座基督教教堂，而且还有几座正在建造之中。之所以会出现这种情况，是由于20世纪六七十年代越战期间，有部分占族人跑到了美国，信仰了基督教，近几年又纷纷从美国回国建教堂，传播基督教。由于他们财力丰厚，故吸引了不少人转而信仰基督教。

1. 婆罗门教

婆罗门教本是印度古代的一种宗教，大约形成于公元前7世纪，该教以吠陀经为主要经典，因崇拜梵天及由婆罗门种姓担任祭司而得名。公元4世纪以后逐渐改称为印度教。那么，这一产生于印度的宗教是如何传播

---

① 腾成达：《伊斯兰教在越南的传播及其影响》，《中国与东南亚民族论坛会议论文》，2006年打印本。

② 腾成达：《伊斯兰教在越南的传播及其影响》，《中国与东南亚民族论坛会议论文》，2006年打印本。

到占婆王国成为占婆王国的一种宗教而且影响至今的呢？

原来，占婆与印度的关系可谓源远流长。早在占婆立国之前，就有印度人出于政治、经济或宗教的原因来到了占婆，向占婆传播印度文化，其中当然包括有婆罗门教，使得占婆社会在方方面面都受到了印度文化的广泛影响，以至到了公元2世纪占婆立国之时，占婆所建立的国家被有些学者称之为“印度王朝或印度文化之王朝”①。此后在相当长的一段历史时期内，印度文化对占婆的宗教、风俗、文字、思想、政治、法律等各方面都产生了深刻的影响。美国学者约翰·F. 卡迪认为在东南亚各土著民族中，占婆王国是最鲜明、最真实地反映了印度文化影响的国家。② 例如占婆以印度宗教神学作为其理论体系，实行了古印度的政治体制；占婆社会也像古印度社会那样分为婆罗门、刹帝利、吠舍和首陀罗四个等级；公元5世纪出现的古占文，也是在南印度文字的基础上创制的；占婆历法也是从印度传入的，其纪年采用塞伽（Caka）纪年，以公元78年迦贰色迦登基作为塞伽元年。可以说在印度文化对占婆的影响中，婆罗门教的影响是最重要、最深远的一个方面，以至于今天的占族人仍然大部分信仰婆罗门教。

婆罗门教传入占婆后，占人并非原封不动地接受婆罗门教，而是将它与本土文化有机地结合起来。例如，在婆罗门教的三大主神中，大梵天排名第一，湿婆神只排名第三。传入占婆后，占人则逐渐地将湿婆神的地位加以提高，将它推崇为主宰之神、众神之首，直至把湿婆神变成了占婆的保护神。③

如今到越南的占婆故地去参观，给人留下最深刻印象的就是婆罗门教的塔庙，它的雄伟、壮观与神圣，充分体现了占婆古代高超的建筑艺术，现存的很多塔庙，现在仍然是婆罗门教徒举行祭祀等宗教仪式的场所。越南现在尚存有19个塔区，共40座大小不同的塔庙。④ 从形状上看，大部分塔庙都是山顶的形状，起源于印度婆罗门教传说中的须弥神山，被称为

---

① ［法］马司帛洛著，冯承钧译：《占婆史》，中华书局，1956年，第4页。

② ［美］约翰·F. 卡迪著，姚楠、马宁译：《东南亚历史发展》（上），上海译文出版社，1988年，第135页。

③ 梁志明：《古代东南亚历史与文化研究》，昆仑出版社，2006年，第231页。

④ ［越南］陈玉添：《越南文化本色探源》，转引自梁志明：《古代东南亚历史与文化研究》，昆仑出版社，2006年，第239页。

天帝释（sikhara）的建筑；在一个主塔庙的旁边，有时会有几个小塔，象征着各小山顶。从结构上看，占婆塔庙可分为两类：较早出现的第一类是三塔建筑群，包括三座平行的塔，分别祭祀大梵天、毗湿奴和湿婆三大神，如义平省西山县的阳龙（Duong Long）塔庙即属此类；第二类较晚出现的塔庙则是有一个祭祀湿婆神的中心塔，周围还有一些附属塔，如广南省维川县的美山（My Son）塔庙就属于这一类。从职能上看，占婆塔庙除了作为祭祀婆罗门教诸神的庙宇外，几乎都带有祭祀占婆各位国王的陵墓的性质，如笔者参观过的位于宁顺省潘朗地区槟榔山上的克隆嘉莱王（Poklong Garai）塔庙，就是祭祀克隆嘉莱国王的。

据笔者的田野调查，婆罗门教的经书很多，经书的内容主要是关于如何进行祭祀等各种宗教仪式的，特别是关于葬礼方面的仪式内容，尤其详细。据说婆罗门教的经书以前是抄在树叶上的，现在则抄在纸上。婆罗门教的神职人员称“大师”，“大师”分为三个等级：甘石大师、副甘石大师和巴色大师。在宁顺省，每一位婆罗门大师负责一个塔庙所属区域内的各种宗教活动。婆罗门教的宗教仪式主要集中在每年占历的1月，如1月1日的新年祈福，1月份对海神、山神和河神的祭祀；最大的宗教仪式则是在占历7月1日对古代占王的祭祀。

2. 婆尼教

婆尼教是原始伊斯兰教与占族民间信仰相结合的产物，是带有当地信仰特点的伊斯兰教。何谓“婆尼”（Beni）？据法国学者马司帛洛的解释，是“阿拉伯人宗教子弟之称”①。越南政府和学者认为，婆尼教和伊斯兰教均属于广义的伊斯兰教，但二者又有区别：婆尼教被称为旧回教，伊斯兰教被称为新回教。

婆尼教大约是在公元10—13世纪时出现的。这时伊斯兰教初传到占婆，面对一个母系的占婆社会，伊斯兰教选择的是与当地占族的风俗习惯相结合，于是便形成了婆尼教。

婆尼教占族虽然也禁吃猪肉，也要向麦加方向祈祷，但他们并不严格遵循正统伊斯兰教的教规、教理，可以喝酒，对《古兰经》和伊斯兰教的礼仪、禁忌不大了解。他们信仰真主安拉和先知穆罕默德，同时还信仰祖

① ［法］马司帛洛著，冯承钧译：《占婆史》，中华书局，1956年，第6页。

先、民族英雄、占族的女神以及各种民间神。大多数婆尼教占族不熟悉伊斯兰教经书，不读《古兰经》，也不关心周五的聚礼。

婆尼教从事宗教活动的场所是婆尼教的神庙。婆尼教神庙修建得比较简单，外形和内部格局都具有当地建筑的特点，而不似清真寺。婆尼教神庙里供奉的神圣之物是圣树，庙里的大鼓是节日演奏时唯一的乐器。在婆尼教神庙里进行的宗教活动并不像穆斯林在清真寺的活动那么多，一般是每一个月的某一个星期五才举行一次礼拜，其余时间婆尼教神庙都是大门紧闭。笔者参观了两个婆尼教神庙，但由于不是礼拜时间都未能入内。据统计，越南现有婆尼教神庙 17 座，分布在宁顺和平顺两省。

婆尼教的主要经书叫《卡坦》（音译——笔者注），包括祭礼、人教、葬礼等方面内容，它包含有《古兰经》的成分，但又不完全是。据说《卡坦》起源于《古兰经》，但在婆尼教神职人员抄写的过程中有所改动，变得本土化了。至今《卡坦》都只有手抄本，而没有正式出版物，而且是神职人员家传的，一般不给外人观看。笔者在宁顺省宁福县福南社文林村调查时，有幸看到了一部手抄本的《卡坦》，它是用布做封面包裹起来的，不太厚，里面既有用新占文书写的内容，也有用阿拉伯文书写的内容，甚至还夹杂了一点古占文的东西在内。《卡坦》不是用一般的笔和普通墨水书写的，而是用小竹签蘸着一种特殊树木熬成的汁液书写而成。而且在书写《卡坦》之前，还要到森林中去举行一个供奉树神的仪式，之后才可以开始书写。

除了《卡坦》之外，婆尼教还有一部经书叫《敢巴都》（音译——笔者注），内容讲述的是占人的传说、长诗以及天文现象、祭祀礼仪等等，作者不知何人，据说流传了很久，似乎还受到了来自马来西亚的影响。

婆尼教的神职人员分为四个等级：最高一级的是大师，他们决定婆尼教宗教生活中的重大问题，指导婆尼教神庙里举行的宗教仪式，组织民间的祈祷、祭祀仪式；第二等级是伊门，主持婆尼教神庙的活动，修行时间长，通晓婆尼教经典，品德高尚，有一定的经济实力；第三等级是卡迪，只主持婆尼教神庙和家庭里的一些仪式，不担当讲授婆尼教教义的任务；第四等级是目丁，是刚入门的专业神职人员，主要负责对外联络事务。婆尼教神职人员通常是按照子承父业的方式来传承的，刚获得神职人员资格的人要大摆宴席招待村民，还要向婆尼神庙捐款。担任神职人员的人除了具有一定的经济实力之外，还要求家庭成员品行好，有一定理解教理、教义的能力，有丰富的生产劳动经验。婆尼教神职人员在占族的宗教和社会生活中具有重大影响、享有很高的威信，受到了当地群众的拥戴和政府的重视。此外，每一座婆尼教神庙都有一个管理委员会，管理委员会的首领即是上述神职人员的各等级大师。这个管理委员会的任务是传达和实施大师们作出的各种关于宗教方面的决定，负责举行各种宗教仪式和解决村中的生活纠纷。

婆尼教神职人员和信徒除了与伊斯兰教人员一起过开斋节外，伊斯兰教的其他节日和宗教活动他们都不参与，而只是观看；但他们与婆罗门教的信众一起举行每年1月份的新年祈福，祭祀海神、山神、河神祖先等宗教仪式。也就是说，婆尼教除了信仰真主安拉之外，还信仰各种各样的占族民间神——这在外人看来似乎是矛盾的东西而在婆尼教信众看来并不奇怪。他们的解释是：虽然我们也承认安拉是唯一的神，但山神、海神、河神等各种占族民间神早已深深地烙在了我们的心灵之中，如果不祭祀这些神，我们就会心中不安。显然这是越南民间普遍存在的“融多神于一体”的一个特色文化的反映，这种特色文化不仅占族有，京族等其他民族也有。

3. 伊斯兰教

信仰伊斯兰教的占族人并不是很多，只有两万余人，主要集中在越南南部和宁顺省。南部安江省、胡志明市、西宁等地的占族信仰伊斯兰教较早，估计有几百年的历史了；而宁顺省的占族人信仰伊斯兰教则是很晚的事，据笔者调查是在20世纪60年代，而且是从南部的安江省传播过来的。

占族信仰伊斯兰教的信徒属于逊尼派，是虔诚的穆斯林，比较温和，少有极端的表现，严格遵守伊斯兰教的教义，严格履行伊斯兰教的五功，在宗教活动中使用阿拉伯文和马来文。

占族的清真寺与一般的伊斯兰教清真寺没有什么两样，但有大小之分，即清真寺（Mosque）和小清真寺（Surau）。每个清真寺设有一个管理委员会，负责人是阿訇。截至2001年底，越南共有41座清真寺，19座小清真寺。

占族伊斯兰教的神职人员分为哈根、伊玛目和比兰三个等级。哈根是教长，通晓教理、教义，家庭稳定、品行良好；伊玛目在举行宗教仪式时负责指导信徒；比兰则负责向穆斯林们传授教理、教义。近年来，很多哈根都积极参加当地的社会活动，不少人是乡和坊祖国阵线的成员，或是各级人民议会的代表。很多占族伊斯兰教的神职人员都有亲人在国外，每年他们都可以收到国外的资助，用于修建清真寺，其中不少人还获得资助得以到麦加去朝觐。

前已述及，婆尼教与伊斯兰教既有联系，也有区别，但目前有一个趋势，即从婆尼教改信伊斯兰教的人员愈来愈多。对此，笔者询问过婆尼教的神职人员有何感想，他们说他们并不为此感到不愉快，因为大家都是伊斯兰教，只不过是有新、旧之分罢了。

婆尼教与国际伊斯兰教基本上没有联系，越南伊斯兰教团体与外界的联系主要是越南南部的伊斯兰教团体与世界伊斯兰教团体的联系，特别是与柬埔寨、印度尼西亚、马来西亚、泰国等东南亚地区的伊斯兰教团体交往较多。越南南部的伊斯兰教团体即为1992年成立的“胡志明市伊斯兰教团体代表委员会”，由于该委员会威信较高，所以也被世界各国当作全越南伊斯兰教团体共同的代表委员会；又由于占族是越南唯一信仰伊斯兰教的民族，故该委员会也就是占族穆斯林团体共同的代表委员会。

越南伊斯兰教团体与东南亚地区的伊斯兰教团体的交往形式多样，1995年5月28日越南加入东南亚国家联盟以后，越南伊斯兰教团体与国外的伊斯兰教组织和个人的交流更加频繁，特别与马来西亚的伊斯兰教团体交流最为频繁。马来西亚的伊斯兰教团体对越南伊斯兰教信徒宗教生活的影响很大，越南伊斯兰教占族大学生在马来西亚留学的人数逐年增加。越南伊斯兰教团体每年都选派信徒到马来西亚、印度尼西亚、泰国等国参加古兰经念经比赛。越南实行改革开放以来，许多国际伊斯兰教组织都通过合法的途径在越南开展活动，以各种形式资助越南的伊斯兰教团体，如资助建设和修缮清真寺、提供书籍、资助留学等。据不完全统计，1992年至2003年底越南伊斯兰教大学生得到国际伊斯兰教组织资助留学和自费留学的人数有73人，其中世界伊斯兰教联盟、世界伊斯兰教发展银行资助12份奖学金；阿拉伯地区的伊斯兰教大学资助15份奖学金。越南伊斯兰教信徒的经济比较困难，要实现到麦加朝觐的愿望，大多要申请国际伊斯兰教组织或个人的资助。越南1995年有6人到麦加朝觐，1996年有16

人，2001 年有 87 人。[①]

（二）风俗习惯

当今的越南占族，由于其民族内部分别信仰了婆罗门教、婆尼教和伊斯兰教三种不同的宗教，所以造成了三教的信徒在风俗习惯方面也出现了这样或那样的差异。大体上来说，信仰伊斯兰教的占族与世界各地的穆斯林风俗习惯基本相同；而婆罗门教和婆尼教的信徒则更多地带有本民族的特色。当然，由于三者毕竟属于同一个民族，其有共性存在也是不言而喻的。

下面，笔者拟在宁顺占族地区的田野调查基础上，结合相关文字资料，分别从饮食、婚姻、人生礼仪、丧葬、节日和服饰六个方面简要地叙述一下越南占族的风俗习惯。

1. 饮食习俗

占族人的主食是大米饭。因过去经济条件不好，粮食不够吃，人们早上喝稀饭，中午和晚上吃干饭，现在则三餐全是干饭。

占族人喜欢喝酒，一般喝的是自家酿的米酒。

节日或婚嫁等重大场合时，占族人喜欢用糯米饭做成饼，然后油炸；或用糯米饭揉成团子，里面放椰丝，用来蒸着吃。他们还吃一种长于水中的菜，将其和肉一起煮着吃。

在饮食禁忌上，伊斯兰教和婆尼教信徒不吃猪肉，不养猪；婆罗门教信徒不吃牛肉，视牛为神灵，但养牛用于耕作。婆尼教信徒还禁吃一种蜥蜴，传说这种蜥蜴曾是他们的救星。此外，关于婆尼教信徒不吃猪肉而婆罗门教信徒吃猪肉的原因，在占族民间流传着这样一个故事：

在公元 13 世纪时，婆罗门教信徒和婆尼教信徒曾经一起到今天的广南省去朝见占族的国王，中途遇到了一具死尸。婆罗门教信徒视而不见，只管自己走了；婆尼教信徒则埋葬了这具死尸，据说在埋葬死尸时猪帮忙挖了一个坑，因为猪帮过婆尼教信徒的忙，所以婆尼教信徒从此不再吃猪肉了。

---

① 腾成达：《伊斯兰教在越南的传播及其影响》，《中国与东南亚民族论坛会议论文》，2006 年打印本。

这个故事据说在婆尼教的经书《卡坦》中有记载，而据越南民族学博物馆的武洪述研究分析，其实婆尼教信徒不吃猪肉的原因还是来源于伊斯兰教的《古兰经》，只不过占族人又对这个习俗加以了本地化的解释而已，因为《古兰经》只讲了不能吃猪肉，而没有说出原因。

占族人也有嚼槟榔的习俗，过去嚼槟榔的人多，现在不是太多，主要是老年妇女在嚼槟榔。占族妇女嚼槟榔的一个独特之处在于，她们在嚼完槟榔后还要用槟榔壳来回揉搓牙齿。

关于嚼槟榔的习俗，在包括越南在内的东南亚各国和各民族中是普遍存在的，以至于成为一种具有标志性的文化特质。美国著名人类学家路易丝·克罗伯曾把东南亚各国的文化特质归纳为26种，而嚼槟榔即为其中之一。[①]

最后，在占族饮食方面特别值得一提的是他们用大盘贮饭坐地食用的习俗，这一习俗海南回族古代也有，今天已基本不存在了，而占族则于今日仍然完好地保留着这一习俗，笔者在占族的家中和葬礼上都看到了这一习俗。只不过据占族老人讲，过去用的大盘多为铜制，而现在的大盘则多为又轻又薄的塑料制品。

2. 婚姻习俗

占族古代社会曾长期是一个母系社会，史称其“贵女贱男”[②]。但由于周围的国家或民族，大都为父系社会，故其习俗中又受到父系社会的影响，如“自印度文化输入之后，王位遂依印度之习，父死子继，子以嫡出者为贵”[③]。今天的占族婚姻习俗，仍然保留着浓厚的母系氏族制残余，即“女娶男嫁”。同时又受到了父系制的强烈影响，男方虽然是嫁到了女方家，但家中的一切事务皆由男方做主，孩子也随父姓——这种情形被越南学者称之为“母系男权”，是颇为恰当的。

占族人的婚姻过程大体上经历三个阶段：

第一阶段：是男女双方交往，互相中意后即请媒人从中说合。过去是父母包办的多，现在则多为自由恋爱。

---

① 贺圣达：《东南亚文化发展史》，云南人民出版社，1996年，第100页。

② （南朝梁）萧子显：《南齐书》卷58《蛮·东南夷》，中华书局，2003年。

③ ［法］马司帛洛著，冯承钧译：《占婆史》，中华书局，1956年，第9页。

第二阶段：是提亲和订婚。媒人说合成功后，女方会带着槟榔、香蕉等各种礼物到男方家去提亲，男方家表示同意后双方即商定结婚日期，举行婚礼。

第三阶段：是举行婚礼。结婚日期一般选在一年中的四、六、八、十一这四个月份（占历），因为占族人认为这四个月比较吉利，而且婚礼是在每个月的十五号以后的某一个星期三举行。通常是星期一准备所有东西，星期二准备吃的食物，星期三正式举行婚礼。举行婚礼时，是男方带着嫁妆来到女方家。举行婚礼的男女双方如果是婆尼教徒或伊斯兰教徒，则必须由婆尼教或伊斯兰教的神职人员来主持；而如果是婆罗门教徒，则由一位有威望的老者或长者主持即可。结婚这一天，媒人会把男方家所有的亲戚朋友都请到女方家来参加婚礼。婚礼通常上午是招待双方的亲戚，下午是招待双方的朋友。来参加婚礼的亲戚朋友都会带上各种各样的礼物。

婚礼一天即告结束。

婚后第三天，通常是女方跟着丈夫到男方家去回门，看望一下男方的父母亲朋。

占族的离婚率很低。若要离婚，离婚后财产全归女方，男方则卷铺盖回自己的父母家中。男女双方离婚后再婚也是自由的，不会受到限制或遭到非议。

过去，占族人是没有与外族人通婚的，现在有与外族人通婚的，但为数不多。如果与外族人结婚，外族人一定要改信占族人的宗教，而且一定要在占族当地举行婚礼。

占族的婆罗门教、婆尼教和伊斯兰教信徒互相之间一般不能通婚，他们的婚姻通常都是在本教信徒内部之间进行，故可称之为“教内婚”。现在各教信徒之间偶尔也有通婚，但前提条件是一方必须改信对方的宗教。但在婆罗门教的人与婆尼教的人结婚时，婆罗门教的人必须改信婆尼教，而婆尼教的人则不能改信婆罗门教。

3. 人生礼仪习俗

在小孩出生之前，婆尼教产妇会请神职人员来做祭祀芽庄女神婆那加的仪式，以请芽庄女神来保佑她。祭祀的用品有鸡肉、酒、槟榔、米、各种水果，而且鸡肉一定要切成小块。

孩子出生的前十天，就要在家门口插上两根树枝，表示家中有人生产，外人免进。

孩子出生一个月后，家中还要举行祭祖仪式，告诉祖先家中又增添了一个人口。

孩子出生一个月后，开始给孩子命名。伊斯兰教的小孩还要起经名，起经名过去通常是在女孩出生第 9 天、男孩出生第 7 天，现在一般都是在一个月后。婆尼教小孩也起经名，不过很晚，是在小孩 15 岁正式宣布入教时，而且婆尼教信徒的经名本人是不知道的，只有神职人员知道。神职人员会在此人去世时诵出他的经名，以便让神知道他是入了教的。

孩子出生一百天时，母亲会背着小孩到亲戚家串门，这时亲戚一般都会给小孩送点礼物，礼物各种各样，如首饰、鸡蛋等等。

孩子周岁时，婆尼教信徒家中还要举行仪式：供奉两只鸡给芽庄女神婆那加，供奉一只羊给男神波罗（即安拉）。

婆罗门教信徒没有割礼，婆尼教和伊斯兰教信徒都有割礼。过去男孩做割礼是各自在自己的家中做，现在则通常是 4 个以上家庭的男孩一起做。过去割礼都是由神职人员做的，现在则是由神职人员举行仪式再请医生来做。女孩也做割礼，通常是在女孩初次月经来潮时做。女孩的割礼完全是象征性的，即用剪刀割去鬓角的一缕头发以示成年即可。

4. 丧葬习俗

三种宗教的信徒在丧葬习俗上有很大不同。

伊斯兰教信徒的丧葬习俗与世界各地正统的穆斯林的葬法基本相同，讲究薄葬、土葬、速葬，尤其是以速葬为上，占族穆斯林更是突出，要求从死者去世到入葬时间不能超过 21 个小时。

婆尼教的丧葬与伊斯兰教很不相同。婆尼教的葬礼有两种，在村中死去的人是在村中做仪式；如果在村外去世仪式就不能在村中做，要移到村外。两种仪式虽不相同，但死者最后都是埋在同一个公共墓地。但如果死者是死于交通事故，肢体有缺损，按惯例则必须先埋葬在公共墓地的旁边，过一两年后再迁葬入公共墓地。

婆尼教信徒的丧葬仪式要举行三天：第一天埋葬死者；第二天杀牛宰鱼加以供奉；第三天拿回供奉的东西，收拾打扫墓地。死者埋葬时与伊斯兰教一样，也是用白布包裹，不用棺材。妇女可以参加送葬，哀嚎痛哭，都是允许的。丧葬仪式是离不开神职人员参与的，死者家属要送给神职人员戒指和衣服以示感谢。

婆尼教信徒的公共墓地非常特别，没有坟头、没有墓碑，只有一块块两两相对的圆石头。原来婆尼教信徒的坟墓不立碑，不起坟堆，只是在死者墓穴的两头放两块石头，头上一块，脚上一块。每一年开斋节的前三天，死者家属都会带东西去墓地供奉、祭拜死者，还要念经。

婆罗门教的葬法最有特点，即火葬。过去婆罗门教信徒去世后，都是立即火葬，火葬完后拿走死者额前的头骨（男子 7 块，女子 9 块），装进一个小盒子中（盒子有的是黄金做的，有的是白银或瓷器做的），送到每个家族的公共墓地中再加以埋葬。之所以只拿走死者的额头骨，是因为婆罗门教认为额头骨汇集了人类的智慧。

1984 年以后，婆罗门教的丧葬习俗略有变化，即只有婆罗门教的神职人员去世后才立即火葬后拿走额头骨掩埋，而普通的婆罗门教信徒是死后先土葬，过一两年后再把骨头拿出来火葬，火葬后再取走额头骨埋入家族公共墓地。婆罗门信徒的墓地都是家族性的公共墓地，没有单个墓地。

5. 节日习俗

婆尼教和伊斯兰教信徒共同的节日是开斋节，不过过节的方法有些不同：伊斯兰教信徒是除病者、弱者和小孩之外，所有的人都要过斋月吃斋；而婆尼教的信徒则只是头三天和伊斯兰教信徒一样吃斋，而且还只限于婆尼教的神职人员，普通婆尼教信徒并不吃斋。三天之后，婆尼教的神职人员就可以随意吃喝了。由此也可以看出婆尼教与正统的伊斯兰教还是有区别的。

婆罗门教和婆尼教信徒共同的节日有三个：

第一个是在占历的 1 月 1—15 日，婆罗门教和婆尼教信徒都参加。人们拿着鸡和羊等供品去塔庙中供奉神像，给神像穿衣服，还唱歌、跳舞，非常热闹，类似于汉族的春节。

第二个是九月份，在开斋节的前三天，婆罗门教徒和婆尼教徒都要祭祀对本民族有贡献的人物。但这次的规模不大，祭祀只限于在村中举行。每个村都有一个用于祭祀的小房子，到了这一天，人们纷纷煮上几只鸡，拿到小房子中去加以祭祀。

第三个节日叫“加代”节，是在占历的 7 月 1 日，内容主要是祭祀古代占王。7 月 1 日这一天，人们纷纷带着供品去附近的塔庙中祭祀，一般家庭中用的祭品是鸡，集体用的祭品是羊。在祭祀的时候，是先诵读婆罗门教的经典，然后再唱歌、跳舞。

对于这三个节日，伊斯兰教信徒是不参加的，但他们可以在旁边观看。

6. 服饰习俗

除了婆尼教的神职人员外，当今越南占族人的服饰也已经基本上大众化了，通常是市场上买到什么就穿什么；民族服饰一般只是在节日、举行宗教仪式和婚丧嫁娶等重大场合才穿。

（1）妇女服饰。妇女的传统服装是上身穿长袍，长袍里面还有长裙；也有只穿长裙不穿长袍的。头上围头巾，头巾很大很长，直到胸口。婆尼教和伊斯兰教的妇女也像各地的穆斯林妇女那样用盖头遮脸，但似乎他们执行得并不严格，只有在举行宗教仪式等重要场合才盖，平时并不盖盖头，妇女们在节日表演歌舞时穿的服装类似于印度服饰。

（2）男子服饰。男子使用白布头巾缠头，有的白布很长很宽，把整个头部盖得严严实实，头巾的两边还吊有两个红色的穗子。也有的头巾很窄很短，缠在头上就好像中国陕北农民的头巾。也有戴一种黑色帽的，无帽檐，紧扣在头上。上身一般穿白色长袍，长袍长及膝盖；也有穿对襟、低领，有两个口袋的短上衣的，与传统中式服装非常类似；还有穿一种斜襟长上衣的，纽扣开在右边的腋下。男子下身不穿裤子，穿的是“沙笼”。所谓“沙笼”，是一块长约 1.8 米、宽约 1.2 米的布，布上的花纹、图案各异，用这块布在腰间一围一窝即可，不用皮带，很像中国南方少数民族妇女穿的筒裙。占人男子一般都不留胡须。

（3）神职人员。三种宗教的神职人员穿的都是长白布缠头的那种传统的民族服饰，没有什么特别的装束，只是婆尼教的神职人员无论什么场合都要穿，一生不离，而不像现在普通占族男子那样只是偶尔穿穿；伊斯兰教的神职人员平时装束随便，上清真寺或举行宗教仪式时都穿的是白色长袍，与各国伊斯兰教的阿訇服装类似。

（三）语言、文字、教育与民居

占语属于南岛语系印度尼西亚语族占语支，与马来西亚、印度尼西亚等国的语言相近，不过各地占人的语言差异很大，如宁顺省的占人和安江省的占人，其语言只有20% ~30%的词汇相同，基本上不能相通，原因是宁顺占人属于古占婆国的直系后裔，而占江人则多是由柬埔寨回迁归来的，与马来人、高棉人多有混血，其语言也受到了马来语的很大影响。

占婆国最早使用的文字是印度的梵文，迄今为止发现最早的占婆碑铭约刻于公元400年，就是用梵文书写的。[①] 约在公元5世纪，占婆国在南印度文字的基础上创立了自己的文字，这种文字在现今已发现的占婆碑铭上比比皆是，学术界一般称这种文字为“古占文”。古占文随着占婆国的衰落和灭亡，也逐渐退出了历史舞台，现在的占族人几乎没有人懂古占文了（笔者在做田野调查时，一个婆尼教的神职人员说他懂，又说整个占族懂古占文的只有两个人），越南学者懂的也不多，只有法国学者对古占文研究得非常精深，而且出版过专著。[②]

在占婆王国灭亡之后又出现了一种新占文，也来源于印度，但这种新占文与古占文不能相通，越南学者认为这种新占文来源于印度的巴厘文。新占文现仍在使用，越南政府已编出了新占文的教材，供各占族地区的小学使用。

占族所在的越南中部南区和南部原属于南越，1975年才与北越统一。统一以前，占族人几乎没有人上学读书；统一以后，越南政府对占族的教育极为重视，建立了完整的义务教育体系，给占族学生提供了很多的优惠政策，例如在大学设立少数民族预科班接受占族学生，甚至一度将占族学生从高中升入大学的比例提高到了70% ~80%。宁顺省的占人虽然只有6万余人，但已培养出了4个博士、80个硕士和几千个大学生。现在，占族人已广泛活跃在越南社会的各个领域，从事着教师、医生、职员等各种职业，而且有专门的占人艺术团和占文出版社。总而言之，占族的教育事业在越南统一之后已有了翻天覆地的变化。

占族的民居最早是干栏式建筑，木质结构，茅草盖顶，不过这种干栏式建筑是一种低栏式，地板离地面只有30 ~40厘米高，目前已很难看到，

① 梁志明：《古代东南亚历史与文化研究》，昆仑出版社，2006年，第248页。

② 见笔者在越南收集到的法国学者 Karl Heinz Golzio 所著的英文版《占族的碑文》（《Inscriptions of Campa》）一书。

在越南的民族学博物馆里有复制品，可供游客参观。现在占族村庄中看到的较早的建筑是类似于东南亚国家古代庙宇式的砖瓦平房，屋顶很高，呈正方形，屋中分隔成许多个单间，外墙多涂成天蓝色。目前看到的民居一般是非常宽敞的平房，带有很大的一个院子（约 400～500 平方米）。由于越南天气炎热，故房子的走廊或回廊都很大，可以纳荫乘凉。也有两三层小楼，但为数不多，也没有什么特色，但占族民居给笔者总的感觉是比较宽敞、舒适。另外，占族居民屋内非常洁净，进屋前需脱鞋。

论越南北部京族符咒文化的一些特点

（越南）武洪述（Th. S. Vu Hong Thuat）
（越南民族学博物馆）

一、研究的背景

博物馆是典藏、陈列及介绍各种各样反映人民精神与物质生活文物的场所。馆藏文物内涵可以从时间、制作者、材料、类型、使用功能等角度来研究。事实上，以往的博物馆学者很少有机会得以详细了解灵物礼仪性的使用方式，咒符灵验仪式及回复符咒灵验仪式的各种要素，灵物的心灵文化及其包含的全部功能。

符咒和木料符被摆在不少博物馆的架子上，其中包括越南民族学博物馆。但是，各博物馆却缺乏对材料、结构、类型、制作、使用方法的深刻了解。除了进行历史性、文化性、风俗习惯的研究之外，大部分都是描写花纹、图形、民间使用符咒现象等各种信息①。

京族符咒的材料、内容及类型非常丰富。目前，法师、巫师、师公、道士在有颜色的纸上写或画咒语；另一个方法是采用网印技术生产的符咒骨头（越语称为 cot bua），带回家念咒语做仪式使用。因为使用符咒的需求增加，法师已经去寻求新思想及新技术；现在用网印技术生产的廉价符咒在民间已经广泛使用；市场经济与商品文化已经影响到当代京族人的信仰生活，法师因为被批量生产的符咒所包围，因而在做文物灵验仪式之前也不太讲究“斋戒”问题。法师在符咒“精华”及权能方面上所描写的符

① Vu Hong Thuat, Amulets and the Marketplace, *Asian Ethnology*, Vol. 67, No. 2, 2008, pp. 237 – 255.

咒类型的变化，也像 Benjamin 所表示的概念[①]。中国和越南法师除了叫“符咒”之外，还可以将其称为“符箓”、符术或者“灵符”。

二、越南北部京族概况

京族是越南的主体民族，占全国总人口的 86.87%，自称越或京，京族人自称越人或京人。越族的祖先是由百越人中的一支骆越人发展而成。10 世纪后，曾建立过大瞿越、大越、越南等国。京是指居住在京畿的人，都是越人。至今京族分布在全国，聚居于沿海、沿河溪流、地势平坦或坡度较少的地方。越南京族还集中分布在中国（广西壮族自治区东兴市三岛）、老挝（万象）、柬埔寨（金边）、泰国。1975 年后越南京族移民到欧美等国家的更多。在越南，京族主要经营农业（种水稻、水果）、渔业（鱼类养殖、海上捕鱼）、盐业和商业、传统手工业等等。

越南京族具有几个比较明显的特点：一是人口数量多；二是生计方式以水稻种植和渔业为主；三是越南主体民族；四是宗教信仰广泛，祭祀本地民间神仙、祖先，信仰佛教、伊斯兰教、天主教、基督教及道教。

三、研究的理论与方法

（一）概念理解

在文章里面，笔者通过中国的和美国的“权力”概念研究越南北部的各种符咒类型。这个概念框架的宗教“权力”不是当代国家的“官方权力”，而是从事宗教的人士所保持的“权力”。他们是法师，而他们认为法师是具有劫数，并必须从事这种宗教活动的人。

本文所提到的“权力”的研究在于宗教“权力”概念，研究过程放在法师使用材料做符咒，并为社会服务这种功能的关系上。采用概念框架的目的是肯定只有法师才能做符咒并发挥符咒的功能。另外，该概念也通过

---

① Benjamin, Walter. The Work of Art in the Age of Mechanical Reproduction, In Arendt, H. ed, *Iluminations: Essays and Reflection*, New York: Schocken, 1969, pp. 217 - 251.

符咒的材料、种类、内容、使用方式衬托了当代京族符咒的各种多样化的类型，以便强调个人或集体心灵宗教生活中的符咒象征性，并且提醒人们要适当使用符咒；同时，改变使用符咒是迷信的观念，从而表明符咒就像具有魔法属性的艺术作品①。

这种研究方法也证明了，不是任何一个从事宗教活动的人都可以做得了符咒，不管他们的能力如何。能做符咒的人不仅要求被指定、具有“命运”，还要保持着佛圣“权力”以执法，而且还要会养鬼和驱使鬼。

符咒是否有功能取决于法师的宗教“权力”高还是低、行祭礼时间及持戒律、养鬼的数量、念咒语、符咒之印（指法）等。文物被证实灵验之后，符咒已从简单的物质文化转化到一种灵物。符咒如果使用不当，不仅会令符咒的功能消失，而且使用者也将遭遇灾难，就像武洪述提醒的那样：“符咒是把双刃剑，别违反它的‘权力’。”②

（二）研究方法

现在，在越南博物馆系统，对符咒及灵物的研究还是不够深刻和全面。研究符咒类型是从博物馆学到人类学（人类学—文化、人类学—历史、经济人类学—社会）的研究。通过我们与法师从 1995 年至今的不断联系，我们已经在田野访问、照片、收藏文物等方面得到了很多的帮助。他们不仅为我们提供一种具有学派、材料、类型等价值珍贵的文物资料，而且还为博物馆学者在接触文物、保管、陈列、介绍各种民族符咒中的文化研究活动提供咨询，以便不让文物的心灵生活文化消失，并且体现了对文化主题的尊重。

在野外调查过程中，我们主要选择越南河内、北江、海阳、海防、南定、太平、清化等各省的优秀法师作为研究对象，因为他们会用传统方式来做不同种类的符咒。与此同时，我们还对经常制作符咒，并保存“六型海会”的寺庙的住持进行访问，如河内香山、莲派、函龙、法云、宁福、

---

① Gell, Alfred, Technology and Magic, *Anthropology Today*, 1988, 4 (2): pp: 6 - 9.

② Malinowski, Bronislaw, *Magic*, *Science*, *Religion* (1954), and other essays by Bronislaw Malinowski.

德罗、四恩等寺庙，以便追问越南北部符咒类型的来源。后来，我们得知“念咒语”是每个学派的奥秘性的活动，只有做符咒的法师才知道，当然，我们也不支持他们向外界泄露此信息。同时，我们将提供信息的人进行编码，以保证法师的秘密不被泄露，而将地名保留了下来。我们认为，在这种情况下，宗教和信息提供者的工作的敏感性比研究者的科学渴望更重要，正如 Anita He 所说：“科学家的好奇也有限。”①

四、法师与工作

根据传统，法师必须是男性，具有“命运”，并可以与神灵沟通，精通文字以及奏章，会做礼仪、念咒语，会做符咒且灵验、会恢复符咒仪式，有灵堂（供奉祖先和养鬼），还必须经过两道仪式：入道及级敕仪礼。在级敕仪礼中，祖师通过巫师将佛圣的法印——宗教“权力”传给弟子；作为法师同时也要禁忌饮食及性关系。对于做符咒的法师而言，这是必须经过的仪式。②

保持宗教“权力”者被视为了解道规，所以在做法的时候非常慎重。他们常一个人坐在房间里画符咒、念咒语、密咒、指法，并在外人不知道的草庵里养鬼。在学习和实习仪式的过程时，他们继承世代相传的符咒做法。保持“权力”者当中，只有和尚不能成家，因为他们是出家修行的男佛教徒；剩下的法师都可以成家生子继承事业。但是，符咒继业者要求必须是善良、热血、忍耐之人，这样父亲才能传给孩子，且不分辈分大小。如果没有继业者，法师可以传给弟子或者自己的侄儿。

实际上，有很多保持宗教“权力”者没有或尚未满足上述条件。现在，他们可以做不同的工作，从看日、做礼仪、做符咒到参加社会活动等以保障家庭经济。大部分道士生活在农村，一边从事宗教工作，一边务农、从事手工业，如武文贵法师还当社干部。作为越南永福省工艺环境厅

---

① ［越南］武洪述：《镇宅符咒的心灵生活》，《越南当代宗教信仰的变迁》，世界出版社，2008 年。

② ［越南］黎红阳等：《河北地志》，河北省文化和信息—图书馆司出版社，1982 年。

人员的阮辉光法师说："圣给我赐福，要我当法师，为人们服务。道事与世事，我都承担。如果我只专心世事，而拒绝道事，就会被圣责怪。我很害怕！"做符咒的法师不仅通过与神灵沟通而得到帮助，而且他们还有"魔法"驱使鬼帮助他们做符咒，这些鬼就是地府的灵魂。人们认为，法师可以使用"魔法"收藏人死后的灵魂，并对这些灵魂加以培训将其使用于做符咒。

通过在草庵里养鬼和驱使鬼的方式证明，法师养鬼的数量取决于他们的生辰。例如，北江省辛亥年出生的阮文权法师养了8 500只鬼，清化省丙午年出生的阮文南道士养了7 900只鬼等。因此，法师往往不向同行泄露自己的真实生辰，以免发生矛盾。如果甲法师知道乙法师的真实农历生辰，甲法师就会知道乙法师养了多少只鬼，就可以派鬼去打或者打扰乙法师，令对方生病、失眠、吃惊等。

通过研究上述地方有名的法师的收入，他们得自符咒的收入为每月3～5百万越南盾，甚至有些法师的收入比这还高。法师大部分收入都用于装修殿庙、购买供品及礼物。还有一些收入用于生活用费，如买东西、子女学费、水电费等。

现在的市场经济正在影响农村及城市法师的生活，并且有不少道士特别是刚入道的年轻法师在做符咒时，没有保持戒律、禁忌。相反，有多年经验的中年法师还是保留了真传的符咒传统方式。

五、越南京族符咒的类型与特点

符咒在越南出现的时间比较早，它不仅是封建时代的产品，同时也是人类没有驾驭自然的原始时期"魔术"的产品，它是通过宗教仪式感受到自然与人类的辩证关系。学者黎文麟认为，"符咒不是新鲜的事物而是伴随着人类社会的出现而产生的"①。

通过研究考古学材料及实地观察表明，符咒起源于在兽骨、龟甲、蓍草、绝壁或者金属片上所画的弯曲、螺旋的符号。直到文字出现时，人们用甲骨文、金文、篆书、文字书写符咒，并且根据使用者的需求而变化，

① ［越南］黎文麟：《越南符术》，南越出版社，2009年。

可以用于祈福、镇宅、护身、催财、人缘、驱邪、斩鬼、治病、止痛等等。越南符咒类型多样，包括道教、佛教、天主教等。

（一）道教符咒

据民间流传，安阳王在建设古螺城时已用符咒镇鬼。学者黎文麟认为，中国道教与符咒在北宋时期传入越南，通过马援将军立铜柱以镇压交趾民，或者高骈节度使在建设大罗城的时候立八卦图以镇苏沥河的龙脉。根据《大越史记全书》、《越甸幽灵》、《岭南摭怪》、《历朝宪章类志》等越南正史书籍都涉及越南人的符咒使用，但只是现象性的介绍。直到中国"东方朔"派和"太上老君"道派传入越南，各道士才接受，民间的符咒使用才得以快速发展。被奉在河内东英县朔庙的"东方朔"派使用的是龟板术、羊骨术、鸡脚术；奉在河内还剑郡地瓜街、河东郡多士寺、丹凤灵仙观、北江省土河亭的"太上老君"派使用的是蓍草术和八卦术。

元代时，蒙古人侵犯越南，范碞派法师使用符咒镇压越南人，但是先后都被越南陈圣（陈朝上将兴道大王）的宝剑砍头。根据民间传说，陈圣不仅是一位民族文化英雄，而且还是一位能驱邪、斩鬼、治病、占星的道士，被人民尊为"越南第一符咒祖师"。

越南陈朝时代，在清化省岑山市有一位海神叫"独脚"，常常为渔民消除水怪。为了谢海神之恩，从义安省到北部各地方的沿海渔民都立神庙祭祀海神，或将其供奉在古迹中。因而，独脚神很灵，许多道士都来求祷。16 世纪初，在清化省出现了"内道坛"，别处的道士也经常来求祷、符应法术，以便驱邪、治病救人。以神的法术威力，道士们都将独脚神尊为"越南第二符咒祖师"。

每个门派和居住的地方，道士都会选择一位祖师来祭祀。一般而言，住在清化省、南定省、海洋省、北宁省及河内的道士都选太上老君、陈圣、独脚神这三位祖师；住在北江省的道士奉齐天大圣、陈圣、独脚神。此外，在河内应和县、章美、国威县、石室县、巴维县、丹凤县、怀德县、东英县等地的道士除了奉上述各位神仙之外，还奉副祖师伞圆圣和徐道行禅师。在南定省春长、春水、义兴、海厚、直宁等县以及太平省武书、兴河、东兴等县的道士奉空路禅师和八海副祖师。在越南符咒祖师殿庙中，除了从中国道教传来的太上老君及齐天大圣之外，剩下的祖师神圣都是越南本土的神圣。

与上述的各道派同时，中国秦汉时期，道教被分为“玄理学派”、“神仙学派”、“占验学派”三个符箓学派。后来，三个学派传入越南北部，并且迅速融入本地民间道教，原因在于这三个学派的思想符合越南人的心理、文化、习惯、信仰。具体如下：第一，玄理学派，使用人类与宇宙之间的运行的奥秘理论，使道与生活相适应。该学派的法师常隐居在山上的草棚子里，但是目前该派逐渐被埋没了。第二，神仙学派，该学派是老子哲学奥秘思想与中华古代易学及越南本地法师法术结合的产物，并创造出修养、炼灵丹、符箓等法术。该学派传入越南之后，在北宁、北江、河内等地迅猛发展，且影响到瑶族、艾人及芒族巫师等少数民族法师。第三，占验学派，该派是道教与本地民间信仰结合的产物，并且创造出了20世纪初非常流行的谶纬、求签问卜、相命、风水等道家法术，到目前为止，在越南人的文化生活中，还有一定的影响①。

（二）佛教符咒

符咒源于道教，但是在越南陈朝佛教竹林禅学派“和光同尘”的精神也容纳佛教。佛教原始符咒用梵语来写，使用经藏中的咒语称颂各位佛和菩萨。一般而言，佛教的符咒类型少于道教，主要用于“迎神入像”之节和丧礼；表面上刻有观音佛的金属求平安符咒。

（三）天主教符咒

天主教传入越南之前，大部分越南人都信仰佛教或其他民间信仰。16世纪，天主教传入越南，与本地的生活方式相结合，使得越南天主教的礼仪得到了丰富。传教士认为，因主的力量会战胜魔鬼，能够驱邪，从而会使符咒对天主教的信徒失灵，实际上不是这样。天主教信徒虽然完全相信主，但是他们还是怀念入道之前的符咒。有一种从符咒转变到崇拜主的信念。每年，他们都要去圣殿祈祷“降福眼前”。特别的是，在海洋省嘉平

① ［越南］佚名著，高国番译：《中国古代民族学》，河内文化信息出版社，1995年。

县的一个天主教家庭，家里信奉天主，但门外还挂着八卦镜，旨在驱邪、祈福；南定省裴周有一家庭在“叶节”时往往将椰子叶放在主祭坛上、柜子上，以便驱邪；或扣在帽子里以避免受暑、雷电；烧成灰，放在老鼠破坏的田里等等。

越南人符咒类型及门派繁多，功能、材料多样。其中，道教的符咒数量最多，天主教符咒数量最少。每个宗教根据自已的宗教信仰的观念都有不同的信心、灵验与恢复灵验的仪式及使用方法。

六、越南京族符咒使用方法

中国道教哲理的奥秘符咒本是一种魔术心灵类型，且使用方式非常丰富，因为民间认为，符咒拥有非凡的力量，可以斩鬼、驱邪、治病、化凶为吉等等。

古代时，符咒在社会动荡、疫病流行、干旱、战争之年特别受欢迎。1945 年以前，越南经济主要是自给自足的农业，科技没有现在这样发达，那时人们还是依靠自然，当时相信并使用符咒是可以理解的。

对越南人而言，符咒的使用早就存在了，但自 1945 年到 1986 年间很少被提到。因为，这段时间国家实施破除迷信政策，导致多处古迹和许多使用符咒的文字图书都被没收和烧毁。因此，越南的符咒信仰逐渐被缩小，甚至被打断。为人们的利益服务的道士们都被认为是在从事迷信工作，因而他们不幸遭到排挤。实际上，符咒不是迷信，它的渊源是山（在山上修炼以便调整阳气）、治病、预算、相命及五行。在当前的社会背景下，具有魔术、知识、经验的法师们也将“权力”还给神圣，“回归田野”。那时，少数的法师仍然信仰宗教而偷偷从事这种工作。

改革之后，越南国家实行自由信仰政策，真传的道士们又可以从事这个工作，继续给年轻法师传授经验，并为民间符咒文化的保留作出了积极的贡献。随着与国外特别是中国等国家的交流，现在又有很多到达台湾、香港、北京的僧伽一边学汉语一边学道或者买风水物品带回越南销售。现在河内等其他越南大城市，有不少材料及功能丰富的风水、符咒店铺，很受人们的欢迎。

进入 21 世纪，随着科技知识的迅速发展，人们都相信，符咒使用者的数量将会下降。事实上情况并非如此，符咒反而得到更加广泛的使用。通过调查一些河内机关，领导的写字台上一般都摆有铜类等灵物、风水石头或者将陈圣画幅挂在墙上，以避免口舌是非，影响自己的职位，并希望享受越来越多的功名富贵。此外，在各家企业单位的经营部门都将招财符贴在门上，甚至有地方因为不想被他人看作是“迷信”，而将招财符卷起来，然后放在胡伯伯遗像里面，希望如其所愿。

目前，在博客、网络上，人们都在广告和介绍各种各样高价格的现代符咒或者具有镇压功能的各种风水石块、石英。

尤其是近几年来，每年在南定省正月十五日举行的“开印陈圣”庙会正式成为国家的大典，参加庙会的人越来越多，预计多达15余万人。通过笔者调查，前来参加庙会的人不仅有当地人，而且还包括来自其他不同地方的人。其中大部分人是官员、经营者、宗教工作者、知识分子等，这些人士约占三分之二①，剩下的都是普通劳动者。陈圣印符用黄纸（或布）制作，里面刻“陈庙典祀”4个字。这种符咒是粘贴用的，具有驱邪、求平安、求幸福等功能。

从开始到现在，越南人的符咒的材料、类型、内容、使用方法有所改变，同时，符咒也包含了上述各种宗教和道派容纳性。所有这些要素给越南北部符咒文化创造了类型多样和材料丰富的符咒文化，体现了越南京族传统和符咒使用的习惯。

七、画符咒的材料

越南京族的传统符咒材料共有7种。一是草木及药料：艾、野菠萝、仙人掌、曼陀罗、桑树、桃树等材料经粗制后，用来做符咒，喝或者挂在家门上，或者挂在家畜、家禽棚圈的门上。二是动物或动物身体的一部分：牛屎虫、蝎子、毛虫、蟋蟀、蝎虎、癞蛤蟆、青蚧、黑狗、虎骨、象牙、鲤鱼、鳝、龟甲等，做符咒之后，将此放在食物中或者戴在身上。三是金属：黄金、铜、镜子做符咒，挂在门上或戴在身上。四是布匹：在红色、黄色、粉红色等布料上画或者印符咒，戴在身上，或者挂在家里、车

① ［越南］南定省文化体育旅游厅“陈圣庙会”的报告，2009年。

里。五是纸：一般都用红色、黄色、白色、黑色、紫色等彩纸。根据符咒使用的目的选择相应的色彩。一般而言，安镇符咒、平安符、求财求利符用红色纸或黄色纸来做，挂在家里、车里；小儿夜哭尿符，在白纸上写语符，倒贴在小孩躺的床的两头。用于丧礼、冤枉解除则都用上述色彩的纸。六是人体：指甲、头发、月经都可以用来做符咒和催眠。七是石头：在一块光滑的石头表面刻一个完整的道符或者八卦镜形，用来做镇宅符，放在屋檐，如越南顺化省广田县下镇；放在家里、工作台上以便调整阳气。

八、符咒的制作过程

符咒造型的结构跟人体一样，有时能很明显地辨认出来，有时却通过弯曲的字符隐喻深刻的奥秘。为了做一个符咒，法师们必须遵守以下六个步骤：

（1）开符：画符之前，法师需要先做开研仪式，以写“敕令”，开符被看作人的一双眼，因此还被称为符咒的“开心点眼”。

（2）符咒骨头：是符咒的略图，包括字符、花纹以及一些周边的汉字。

（3）符心：画符咒骨头之后，根据使用者要求的内容，法师们在符咒骨头上写或者画符心和文字。例如，驱邪符符心就写“杀鬼除邪”；安镇符写的是“镇宅平安”、“五门福降”；求财求利符就写“生意兴隆”、“金银满堂”；等等。

（4）符檄：这是符咒最重要的部分也是符咒的精华所在。符咒是否灵验取决于法师们的念咒、法印等。如果在念符檄的过程中，有狗狂吠、鸡啼则必须重新做。

（5）法印：符檄之后，法师将法印盖下。法印常用檀香木、沉香木、玉、铜、石头来做，道派、文字、书法、花纹的历史具有研究价值。因此，法印以及行法工具被视为法师宗教权利的象征。法印种类繁多，且图案不同，常用篆字来刻。例如，“道经师宝印”、“六丁六甲印”、“太上老君印”、“万法联通印”等等。

18世纪之后，道士们的法印材料大部分是木，形状为方形，用篆字刻

4个字“宝印行池”或“万法宝印”。因此，法印不仅体现了天地乾坤与人类、魔鬼神灵与道士、美术与魔术等统一关系，而且陵顺清和林妙花认为“法印既是艺术又是宗教魔术”。

（6）总符：完成上述的五个步骤，法师做符咒灵验仪式，还有被称为“吸金刚”的仪式。根据道教的眼光请来天上的36位天王和地下的72位兵进入道符，使符咒灵验。总符仪式的时间在深夜1点或者中午12点进行。

此外，总符仪式完成后，法师还将符咒放在祖师祭坛上，然后进行符咒灵验仪式，需要以下四个步骤：一是书符，就是符骨做完之后，道士拿着书符香，代表向天提交公文、法规；二是念咒语，咒语代表灵界密码与歌诵号令、说服作用；三是把印，就是手印，代表灵界的权威和印信；四是斗，就是步罡斗，分五行、七星、八卦等各种不同罡步，代表不同的作用和威力。

九、符咒的用法

“魔术”的符咒被广泛使用，是因为在民间，人们相信符咒可以治病、驱邪、化凶为吉。有学者认为，道教符咒有两种使用方法：化法和佩法。

根据田野调查研究结果分析，以及对越南民族博物馆藏品库的符咒文物材料与功用的研究，我们将符咒用法具体分为以下七种：

（1）化法：也就是一般人所说的焚化，用纸、植物来做，直接用火烧即可，要注意火化时，一定要从符尾开始点燃，如果能折成令剑形状则效果更好。这种道教符咒属于太上老君道派，用于驱邪、治病、恋爱、六畜人和等。

（2）佩法：用布料、纸、金属、兽骨、植物等材料制作，大多将符纸折成八卦形，然后用胶套装封，便于随身带。这种符咒用于求平安、健康、运气、身心安乐、化险为夷等。这种符咒属于道教、佛教密宗和天主教（天主教称为圣架）。

（3）贴法：直接将符咒贴在物品上，另外有种药符是直接将符的正面贴在患处，或者将符焚化后与药物混合在一起使用。

（4）吃法：先将符放在碗中或茶杯中焚化成灰，然后再冲阴阳水，等符水澄清后再饮用。这种符咒属于太上老君、陈圣、独脚神等道派，其目的是用于解毒、驱邪、恋爱等。1945 年之前，这种符咒在农村使用较为普遍，目前道士们还用这种符咒方法来治小儿夜哭尿。

（5）擦法：将符焚化后加冲阴阳水，用剑指或金刚指沾符水来擦身体，通常先擦头部，再沾符水拍其他部位，如胸前以及背部等，有时可加上喷法，所谓喷法是施术者口含符水，并用剑指放在自己嘴前，用力一喷，符水经由剑指而喷到被施术者的身上。用符咒治病救人的方式，越语叫做“chua meo”，就是隐瞒治病方法，或者根据 Alfred Gell 所提出的概念，即“迷惑技术”①。

（6）洗法：这种符的材料是植物。可直接在浴盆或脸盆将符焚化成灰后再加阴阳水来洗，洗完后将符水泼出户外或者泼在无人空地或是让符水流入水沟内均可。这种符咒属于东方朔派、太上老君等派，目前居住在越南北江、清化等省的法师们仍然保留这种用法。

（7）印符：制作的材料是檀香木、梨木、桃木、桑木、木棉树等，在印、土龟甲和令牌的表面上用汉字、篆字写捉拿，越语称为“troc phoc”（意思是拘捕）图形。如果坟墓被人动过了、人死在凶时、安葬未过 49 天，就埋在坟墓的周围五方。根据民间观念，上面所讲坟墓的灵魂往往会回家打扰亲人，因此必须用这种符咒。这种符咒还用在镇守坟地里面的土地或者骸骨的下面。

在中国，除了上述的符咒种类之外，还包括煮法，又叫煎法，其材料跟化法一样，就是把符咒放在药壶里煎煮。煮法有两种不同的形式：一种是只用一张符与白水共煮（有时符水会变色，甚至有药味）；一种是和一些中药合煮。

十、符咒的社会功能

古时候，当人类尚未驾驭自然运行规律的时候，人们大都崇拜和供奉鬼神，因为人们认为，鬼神是降祸或降福的原因。从前，在越南北部农村

① ［法］禄是遒著，张旭虹译：《中国民间崇拜符咒说明》，上海科学技术文献出版社，2009 年。

经常发生洪水、旱灾、疫病等灾害，法师们根据朝廷到农村的不同级别而制作符咒，并求祷。法师是特殊的人，可以与神圣、魔鬼沟通，并且为人们祈求健康、平安、运气、风调雨顺，如愿以后，人们会谢恩，否则道士们会用刀剑斩，用火烧，用绳子抓住有害之鬼。因此，除了符咒骨头内容里面所写的文字以外，法师们在道符下面，包围“杀鬼”两字，还画“促拿”图形。

用符咒者从求平安、温饱、幸福等单纯的目的出发，对越南人符咒类型的研究结果显示，其社会功能表现在群体和个体两个方面。无论表现在哪个方面，法师们都尽力用自己的“权力”为社会带来兴旺、长寿、光荣等利益。因此，每个家庭或个人常把符咒戴在身上，贴在家里、公司、店铺的门上以求万事如意。愿望成真以后，人们常在年底请法师到家里来做谢恩仪式，就像人们之间“好借好还”的道理。

得到温饱、幸福的生活，人们就想得到长寿，以享受更多“天赐之禄”，但不是一希望就能得到。每个时期都有不同的情境、顺境、逆境或困难，所以对健康的担心总是放在第一，特别是现在。因此，人们除了保护自己的身体，还注意到心灵方面，通过烧香拜佛，祈祷神佛保佑或者寻找平安符和健康符等道符，以希望健康长寿。

人类不断地奋斗，旨在为自己带来光荣。除了自己的努力之外，人们还有一种精神依靠的基础就是灵界，因此年初之际，人们经常去有名的寺庙，烧香拜佛，祈祷运气。尤其是近几年来，拥有宗教信仰的人往往参加在南定省正月十四日夜举行的陈圣庙“开印”庙会。此庙会的原始意思是再现越南陈朝的各位皇帝用玉玺盖下公文，开始封建朝廷年初第一天工作。现在印已经成为求功名的灵物象征。

根据每个用符咒者及其对佛圣的心意和社会职位，或者人与寺庙的缘分关系，而收到红色、黄色或者粉红色的印符。根据传统，寺庙只印出一张符咒作为仪式象征，但现在印出数量多，且不是持宗教权利者行事，而是参加仪式的国家代表人盖章。符咒的数量根据参加代表的人数而准备。法师、僧人在十五日子时做仪式，然后向参加仪式的人颁发印，意思是求运气。

地位低的官员会收到粉红色锦之印，普通人收到的印则是黄色的。所有上述的印都用网印技术制作，有一系列生产和做符咒灵验仪式，尤其是红色锦的印是用朱红制作的。从颜色观念而言，朱红锦的印被认为是最灵和最珍贵的，因为它在灵时制作，而且红色代表着吉祥、旺盛；粉红色的印和黄色的印虽然没有朱红的印珍贵，但是也非常灵。在陈圣庙会，从印的颜色、材料、灵验仪式都被经营化（商业化）。每种印有不同的价格，粉红色的是十万越南盾，黄色的是两万到五万越南盾。参加庙会的一部分官员的心理是不想亲自出面，利用各种关系，在几个月前注册名字、年龄、地址，以便买到一个如愿之印。当参加庙会的人成为顾客，用钱代替礼物，说是给寺庙募捐功德。随着庙会经营的商业化，符咒成为一种货品是理所当然的。这就像婚礼当中赠送红包。改革开放后市场经济的影响不仅直接改变了符咒的材料、印刷技术、类型、功用，而且还间接影响到传统和现代之间的对符咒的认识及信仰观念。

海南文化的自然主义特征及其历时性结构

张一平
（海南师范大学南海区域文化研究中心）

从哲学的层面上讲，文化是人类本质活动的对象化，是人对自然的超越性和创造性的体现。一般来讲，广义的“文化”可以包括人类的物质文化和精神文化的全部成果，狭义的文化指的是人类的精神文化，主要包括人们的思想、意识、信仰、语言、文字、道德、科学、技术、宗教、教育、风俗、习惯、礼仪、文学、艺术、制度、典章等等。大多文化学著作都是在狭义上使用“文化”这一概念的。只是在研究早期人类文化时，人们较倾向于在广义上使用“文化”一词，这与研究资料的极端缺乏有关。

当然，精神文化与物质文化是不能截然分开的，人们的精神活动是以物质的生产方式为基础的，人们创造的精神产品也是以物质资料为载体的。因此，文化研究要联系到一定的政治、经济、军事等社会环境，甚至也要联系到人们所处的一定的自然环境，才能说明问题，才能真正揭示出人们精神文化的发生、发展、演变的过程及其规律。

从上述立场出发，本文认为，海南文化具有明显的自然主义特征，历史上海南文化中的思想意识、语言文字、科学技术、宗教信仰、学校教育、典章制度、风俗习惯、文学艺术以及重要的历史文化名人等，都深深刻上了自然的烙印，并与自然环境融为一体。从海南原始时代“三亚人”的文化创造到今天，海南文化所呈现的历时性结构都与这一特征高度相关。

一

任何文化都产生于一定的环境之中，环境是文化产生的现实基础。因此，要了解海南文化，就要首先了解自古以来海南的自然环境及其演变。

海南的自然环境具有明显的多样性，它不仅包括了具有热带雨林特色的岛屿，还包括了200多万平方公里的辽阔海域。

早在地质时期，海南岛原为大陆的一部分，后因地壳下陷或海平面上升，才与大陆分离。地质研究表明，海南岛曾两次与大陆分离。第一次大约在距今50万年前，在新构造运动作用下产生的地质断裂，形成琼州海峡，海南岛遂与大陆分离。第二次是在全新世早期，距今约7000年，海平面上升，海南再次脱离大陆，成为海岛。在此之前，是海平面下降时期，大陆或南洋一些地区的原始人类往来，有可能经过陆地或使用独木舟进入海南岛。据碳14测定，南海诸岛大部分岛屿露出水面的时间距今5000年。因为海平面较低，南海周边地区的原始人类与海南岛的交往是极有可能的。

海南岛形似一个呈东北至西南向的椭圆形大雪梨，东北至西南长约290千米，西北至东南宽约180千米，面积3.4万平方千米。环岛海岸线长1 617.8千米，有大小港湾68个，周围-5～-10米的等深地区达2 330.55平方千米，相当于陆地面积的6.8%。

海南岛四周低平，中间高耸，呈穹隆山地，以五指山、鹦哥岭为隆起核心，向外围逐级下降，由山地、丘陵、台地、平原构成环形层状地貌，梯级结构明显。山地和丘陵是海南岛地貌的核心，占全岛面积的38.7%。山地主要分布在岛中部偏南地区，山地中散布着丘陵性的盆地。丘陵主要分布在岛内陆和西北、西南部等地区。在山地丘陵周围，广泛分布着宽窄不一的台地和阶地，占全岛总面积的49.5%。环岛多为滨海平原，占全岛总面积的11.2%。海岸主要为火山玄武岩台地的海蚀堆积海岸、由溺谷演变而成的小港湾或堆积地貌海岸、沙堤围绕的海积阶地海岸。海岸生态以热带红树林海岸和珊瑚礁海岸为特点。

海南岛的河流大都发源于中部山区，组成辐射状水系。全岛独流入海的河流共154条，其中集水面积超过100平方千米的有38条。南渡江、昌化江、万泉河为海南岛三大河流，集水面积均超过3 000平方千米，3条大河流域面积占全岛面积的47%。南渡江发源于白沙南峰山，斜贯岛北部，流经白沙、琼中、儋州、澄迈、屯昌、定安、琼山至海口入海，全长311千米，流域面积7 176.5平方千米。昌化江发源于琼中空示岭，横贯岛西部，流经琼中、保亭、乐东、东方至昌化港入海，全长230千米，流域面积5 070平方千米。万泉河上游分南北两支，分别发源于琼中五指山和风门岭，两支流经琼中、万宁、屯昌至琼海龙江合口咀合流，至博鳌港入海，主流全长163千米，总集水面积3 693平方千米。由于岛上存在很多独自发源入海而流程短促的河流，坡降不大，流域内的盆地适合于早期人类居住与发展农业生产。

海南是我国最具热带海洋气候特色的地方：全年暖热，雨量充沛，干湿季节明显，常风较大，热带风暴、台风频繁，气候资源多样。全岛在北回归线以南，是我国纬度最低的大陆岛，太阳辐射角大，光照时间长。冬春干旱，旱季自11月至翌年4—5月，长达6～7个月。夏秋雨量多，5—10月是雨季，总降雨量1 500毫米左右，占全年降雨量的70%～90%，雨源有锋面雨、热雷雨、台风雨等。由于五指山的隆起，受地形的影响，岛内降水量的空间分布存在明显的差别，自然植被也表现出鲜明的地区差异性。东南部降水丰富，西北部降水偏少，水热条件结合不均，给历史上海南的土地开发先后与利用形式带来影响。降水的地区差异导致岛内东南部植被为热带雨林；中西部有明显的旱季，由落叶、半落叶与长绿乔木组成热带雨林植被；岛的西部和西南部沿海，处于背风的环境，降水稀少，但热量很充分，形成热带稀树草原景观。这种地区自然环境的差异影响到农业生产的品种差别。海南岛东南部低平地区，以发展多种热带经济作物为主；西部沿海适宜发展海岛棉、剑麻等耐旱作物，需要人工灌溉。在水热气候与生物共同作用下，海南岛的自然土壤主要是砖红壤和黄壤，土壤的肥力偏低；受台风的影响，土壤容易被暴雨冲刷，这些也都影响着古代以农业经济为主的土地开发方向。

海南岛自然资源丰富，自然条件优越，为古人的生产和生活提供了较为适宜的环境。考古发现证明，古代海南的农作物就有水稻、旱稻、小麦、番薯、芋头、玉米、甘蔗、花生、茶、香蕉、菠萝、龙眼等。由于光、热、水等条件优良，生物生长繁殖速率比温带和亚热带为优，农田终年可以种植，不少作物每年可收获2～3次。海南岛的植物资源有4 000多种，陆生脊椎动物500多种，再加上没有大型猛兽，所以畜牧业的发展也十分有利。

海南省的行政区域除了海南岛，还包括西沙群岛、中沙群岛、南沙群岛的岛礁及其海域，是我国面积最大的省。其中陆地（主要包括海南岛和西沙、中沙、南沙群岛）总面积3.54万平方千米，海域面积约200万平方千米。

西、中、南沙群岛地势较低平，海拔一般在4~5米，西沙群岛的石岛最高，海拔约14米。西、南、中沙群岛属于热带海洋气候，长夏无冬，全年平均气温26.5℃。具有良好的自然环境、丰富的海洋生物资源、油气资源和海底矿产资源。有鱼类2 000多种，其中经济价值较高的鱼类众多，贝类200多种，海参20多种，水产品蕴藏量居全国第一。除此之外，还蕴藏着极其丰富的石油、天然气、铜、铅、锌、银、金、锰结核和金属软泥等。

南海诸岛为广州、（中国）香港、马尼拉、新加坡弧形航线必经之地，地理位置十分重要。同时，南海诸岛也是太平洋与印度洋之间交通的必经之地，在国际海运航线上具有重要的战略地位。其中南沙群岛战略地位十分重要，地处越南金兰湾和菲律宾苏比克湾两大海军基地之间，扼西太平洋至印度洋海上交通要冲，为东亚通往南亚、中东、非洲、欧洲必经的国际重要航道，亦为我国对外开放的重要通道和南疆安全的重要屏障。

历史上，我国对西、南、中沙群岛最早发现，最早进行管辖和行使主权。早在汉代，中国人已在南海航行。首先发现南海诸岛，此后，世世代代舟楫捕捞往返于海陆之间，荷锄耕作栖息于诸岛之上。唐朝贞元五年（789），南海诸岛正式归琼州府管辖。至宋代，中国政府首先对南海诸岛行使主权，派遣水师巡视，划归中国版图，实施经营管辖。明代，郑和七下西洋，途经南海，勘察诸岛，描绘其地理位置。清初，《海国闻见录》首次将南海诸岛以东沙、西沙、中沙和南沙群岛分别命名。宣统元年（1909）四月，清政府派广东水师赴西沙群岛视察，并勒石升旗。自古以来，西、南、中沙群岛及其附近海域是我国广东、广西和海南沿海渔民的传统生产基地。

二

海南文化是一种区域文化、地方文化，在中国文化这个大的结构中，海南文化有自己独特的地位和特殊性，扮演着中国其他地方文化所没有的角色，因此就表现出海南独有的文化特色。这个特色是中国文化中的一个重要的组成部分，它具有不可替代的作用。认识和研究海南文化的角色和特色，对于海南文化的未来有深刻的启示意义。

海南文化总体上带有自然主义色彩比较稳定的特征，这种文化结构表现出来的往往是一幅以经验、习惯、情感、常识为要素的活动图式，它以家族、血缘、本能、宗教、道德为存在的基础，在历史演变的过程中，自在的、经验的重复性思维与重复性实践是人们的基本活动方式。“三亚人”的精神文化，我们所知甚少，黎人的文化生活比较清楚地说明了这一点。

黎人也称作“俚”，是山岭的意思。黎族常年生活在山里，海南的热带雨林，气候宜人，雨量充沛，食物丰富。黎人依靠代代相传的经验、常识、习惯，年复一年地重复着同样的劳作和生活，“峒”与“合亩制”的组织形式，是建立在血缘关系的基础上的，即可靠又符合道德情感。因此，黎人几乎不需要与山外交流，便可安全地生活下去，延续自己的文化。直到现代，黎族仍保留着大量的原始遗风。黎族文化几千年的缓慢变化，可以看作是文化的一种超稳定结构。这种结构与黎族社会的相对封闭以及自然环境的过于优越高度相关。文化的演变需要与外界建立足够的信息、能量的交流。过于优越的自然环境容易使人们过于依赖自然环境而不思进取。因而文化的变迁也依赖环境的变迁，如果环境是一个缓慢变化过程，文化也将是一个缓慢的变化过程。如果环境发生急剧的变化，则文化必然也会发生剧烈的变化。但是，自然环境的急剧变化，往往会对人类社会造成十分不利的影响。海南自然环境几千年来没有太大的变化，这对海南文化的存在和延续，是一个基本的外部条件。

秦汉以后，部分汉人及流贬官吏进入海南，引起海南文化结构的变化。中原的封建文化与黎人的原始文化相互碰撞。中原文化的基础是农业经济，这与海南黎人的原始经济同样都是自然经济，这是两者能够共存共荣的基础。自此以后，海南文化日益走上多样化的道路：封建文化与原始文化、山区文化与滨海文化、汉族文化与少数民族文化、精英文化与大众文化，再加上后来的华侨文化、西洋文化等等，尽管海南文化展示给我们的是一幅差异性、多元性的复杂图景，但海南文化的基本结构并未发生根本性的变化。

历史上的海南文化更多地属于自在的文化，这种文化主要是从远古以来的历史积淀而成的信仰、意识、风俗、习惯、礼仪、经验以及简单的知识、艺术、哲学等等，它是通过家庭、学校、社会潜移默化地渗透到人们的行为中去，自在自发地起着作用，近乎一种集体的无意识。许多民族在他们的早期历史中，自在的文化都占据主导地位，但在海南，这种自在的文化似乎延续的时间更长。与自觉的文化相比，自在的文化较缺少对自然有超越性和创造性。这主要是由于自然力量的强大和自然因素的完美，以及人的力量相对弱小造成的。

海南是中国最大的海洋省份，拥有200万平方千米的海域面积。在古代，由于生产力水平的低下和科学知识的缺乏，海洋是横亘在人们面前的巨大屏障。海洋遥远无边、巨浪滔天、深浅莫测，人们对它充满敬畏和恐惧，这就压抑了人们的超越性和创造性。海南岛上自然条件过于完美，种植、狩猎、采集都比较容易，没有大型凶猛动物的威胁，人们生活得轻松缓慢、无忧无虑、懒懒散散，所以缺乏创新的动力。人们一代代口耳相传的知识、经验虽然简单，但也似乎能够满足需要；祖先遗留下来的风俗、习惯、礼仪，永远没有修改的理由。生活日复一日、年复一年地重复着、循环着。一切都是那样的熟悉和惬意，一切都是那样的自在和自然。

在中国这个多民族的大家庭中，黎族人口几乎全部居住在海南，也就是说，黎族文化是海南所独有的，海南文化为全国的民族文化作出了独特的贡献。此外，海南的热带文化、海岛文化、海洋文化、华侨文化、妇女文化等等，都是独具特色的，都为中国文化增添了丰富的色彩。海南独特的地理位置和自然环境因素——国土的最南端、热带雨林、岛屿经济、海域辽阔、直面东南亚——造就了这些特色，同时也造就了海南文化的精髓。

在一个多元的文化结构中，不同文化之间的冲突和融合都在所难免。冲突并非绝对不利于文化的发展，问题在于冲突的形式（暴力的、和平的）和强度。海南历史上虽然在政治层面上出现过多次不同民族之间的暴力冲突，但冲突双方并不追求消灭对方的文化，只是要求对方在政治上归顺。也就是说，只要在政治上归顺对方，自己的文化就可以保留，甚至可以得到尊重。所以，文化之间的冲突多数还是采取了和平的方式，文化的融合成为文化冲突的最后归宿。反复出现的文化融合培养了海南人对不同文化的宽容心态，辽阔无际的大海铸就了海南人“海纳百川”的胸怀。这种心态和胸怀直到今天仍然存在。

海南解放以前，历史上海南人口最多的时候也不过二三百万人。在这样一个小规模的社会里，却存在着多种多样的文化：有黎、苗、回少数民族文化，也有汉族文化；有儒、释、道教，也有基督教、天主教；有苏东坡、白玉蟾、黄道婆这样的文化巨匠，也有山顶野谷中的原始遗风；有民间神话、传说、歌谣、工艺，也有书院、琼剧、方志、族谱；有农、林、牧、渔，也有工、商、学、兵；有山文化、河文化，也有岛文化、海文化。这确实是一个多样化的文化结构，形成这样一个文化结构，在历史的长河中需要多次的文化碰撞与汇通，需要更多的开放性与兼容性。海南恰恰有这样的历史机遇，也有这样的姿态和胸怀。历朝历代不断地有移民涌入，他们来自四面八方、五湖四海，带来了各种不同的文化元素。海南的土著居民，特别是黎族民众对不同的文化能够接受和采纳，早在宋朝时人们已有“生黎”、“熟黎”之说，熟黎就是指那些会说汉话，与汉人关系密切的黎人。进入近代，华侨和洋人带来的异域文化，也能在海南扎下根来，以至于在海南的一些小乡镇，人们都能看到教堂、洋楼、咖啡馆、西装等。

黎族文化由于长期稳定、变化缓慢，许多古老的文化传递至今。包括黎族的制陶、鸡卜、钻木取火、文身、不落夫家以及语言、六进位制、风俗、歌谣、神话、传说、手工艺等，有些在今天的非物质文化遗产中占有突出的地位。古代被贬到海南的官员将内地的精英文化带到海南，这些文化在内地已经消失了，在海南却被传承了下来，今天也成为珍贵的文化遗产。海南扼南海交通要冲，是海上丝绸之路必经之地，它在吸收域外文化和传播中华文化方面处于十分显要的地位。黄道婆在海南学习的纺织技术，传到内地，带动了全国纺织业的发展；郑和下西洋的大规模船队，浩浩荡荡地反复经由南海西行，在世界文化交流史上留下辉煌篇章。这里面本身就包含有海南人的贡献，同时也对岛上的文化交流产生了积极的影响。

三

传承与交流是文化的基本存在方式，无论是自在的文化还是自觉的文化都离不开传承与交流。海南文化重视传承现实的文化，包括民族文化、传统文化、精英文化、大众文化、岛屿文化、海洋文化、华侨文化等等，这是由于海南文化作为一种宽容的文化，她能够接受和传递各种文化。海南文化亦重视各种文化之间的交流，包括岛内诸文化之间、岛内文化与岛外文化之间、东方文化与西方文化之间等等，这种交流既包括强势文化向弱势文化的传播，也包括异质文化之间的平等对话和交汇融通。从海南原始时代的“三亚人”文化到今天的海南文化，经历了大约一万年的时间。纵观一万年来海南文化的历史轨迹，从历时性的角度对海南文化的结构加以认识，这对研究海南文化是有所裨益的。

第一阶段，从远古时代到南北朝，黎族文化占主导地位。

海南岛最早的居民是“三亚人”，距今大约一万年。“三亚人”的来历，学术界尚无定论，但人们普遍认为，“三亚人”是从外部迁移入岛的，而非岛上自然演变生成的。可见，说海南岛是个移民岛，海南文化是移民文化，是有历史根据的。距今七千年左右，黎族从两广地区陆续进入海南，并很快成为岛上的主人，“三亚人”去向不明。此后黎族文化成为海南文化的主流；黎族文化优势向汉族文化优势的转型，始于秦汉之际，由于海南被纳入中央政权的有效管辖范围，中原文化作为一种强势文化进入海南，并逐步取得统治地位。但在唐宋以前，海南岛的汉族人口非常少，仅居住在沿海少数地区，黎族文化仍然影响着海南岛大部分地区。

根据文献资料、考古发现，黎族古代活动在广东西部、西南部，与百越人中的后裔俚人有着密切的渊源关系。《汉书·贾捐之传》记载：西汉时海南岛上的原住居民称为“骆越之人”，考古学家认为属古百越人的一支。著名历史地理学家谭其骧教授认为“有史以来，最先定居于粤东境内者，实为今日僻处于海南岛之黎族，汉、唐称‘里’或‘俚’者是也。”据此可断定黎族的先民是百越人的后裔俚人。又据目前已发现的海南岛最早的文化遗迹——三亚落笔洞的“文化堆积层”来看，黎族的祖先均在新石器时代的早期（距今7000年以上，相当于中原地区的殷周之际）从两广大陆不止一次地横渡琼州海峡来到海南岛北部。来自两广的黎族先民，继登上本岛北部海岸之后，沿各大河上溯岛内各地，辗转定居，艰难创业。

在汉族进入海南岛以前，岛上的黎族已经从渔猎活动进入原始农业的生产，新石器文化遗址多沿岛内各条河流分布。公元前2世纪，西汉武帝平定南越之后，将海南置于中央政府管辖之下，郡县的设置，揭开了海南岛经济发展的新阶段，中原的铜器和铁制农具被带到海南。此后，大陆农作物的三熟制、新的品种和耕作技术以及“占城稻”传入海南，梯田被用于山地丘陵，薯芋也在海南出现。此外由于广州的兴盛，外贸发展的需求，使海南岛的香料、槟榔、麻、藤、黄蜡等经济作物开始大面积种植生产，然后输往大陆，从而推动了海南的经济发展。

汉族迁入后，海南部分黎族先民开始与南迁的汉族接触，掌握了先进的铁制工具和农耕技术，社会生产力得到发展，开始从原始社会向阶级社会过渡。公元1世纪中叶，东汉伏波将军马援抚定珠崖，在海南建立城郭市井，封建统治渐趋巩固，后世遂有“伏波将军开琼”之说。

汉朝在海南开设郡县后，汉人陆续迁入海南，但数量不多，且多为被迫移居的罪人、因公到海南占籍的官兵、在战争中被俘的俘虏、逃避官府追捕的罪犯，来海南经商以及其他缘故者甚少。据《后汉书·南蛮西南夷列传》载，王莽曾令“颇徙中国罪人使杂居其间”。中央政府对海南的移民开发政策，使进入海南岛的汉人明显增多，这些汉人的流入，为海南岛带来了先进的经济文化、科学技术和生产工具，促使海南和大陆经济文化联系逐渐密切起来。但汉人进入海南定居者，多居于海南北部和西部的琼山、文昌、儋县等土地肥沃、河边平原、海上交通贸易发达的沿海村庄和墟镇。人们为了加强彼此的经济文化交流和海上贸易往来，在中央政府统治不断收缩的情况下，积极修护建于海南北部西部郡县间的人行通道，为海南社会经济文化发展作出了重要的贡献。

第二阶段，隋唐到清中期，传统汉文化占主导地位。

隋朝统一中原后，原陈朝的冼夫人归附隋朝，将她管辖下的现广东省的西南部和海南省全部的州县划归中央，使隋朝实现了全国统一。为开发海南岛，隋朝非常重视对海南岛的统治，在保持陈朝原有的儋耳郡外，还增设珠崖、临振郡，辖义伦、感恩、颜卢、毗善、昌化、吉安、宁远、延德、澄迈、武德等10个县，在郡县间修建道路连接，初步开辟了海南岛沿海地带郡县之间的人行通道（即驿道），使海南岛得到一定程度的开发，政局比较稳定。但隋炀帝后期的铺张浪费和暴虐，使隋朝于成立27年后，被李唐王朝推翻，隋朝对海南加强统治的企图破灭。虽然隋王朝对海南的统治时间较短，但隋朝为唐朝进一步开发建设海南奠定了坚实的政治基础。

隋唐时期对海南的统治特别重视，中原文化大规模进入海南。当时，唐朝对地方统治有两种形式：一种是通过府、州、县行政机构进行直接统治，另一种形式是把边远的少数民族聚居地区划为羁縻州，实行地方自治，中央对其只是名义上的间接统治。海南虽属少数民族聚居的边远地区，但唐朝中央政府却按照府、州、县的形式对其进行直接统治，这样统治无疑是得到了加强。另一方面加强政府机构建设。从唐朝成立至唐武德五年（622），海南仅设置三州十二县，此后经贞观五年（631）和龙朔二年（662）的两次调整，到唐代后期，海南州府扩建到琼州、万州、振州、儋州、崖州等5州22县，其中，崖州下辖舍城、澄迈、文昌三县；琼州下辖琼山、临高、曾口、乐会、颜罗五县；振州下辖宁远、延德、吉阳、落屯、临川五县；儋州下辖义伦、昌化、感恩、洛场、富罗五县。其时，州县遍布环岛沿海地区。唐朝除继续经略北部外，移民与开发的重点是岛内东北、东南地区，海南环岛平原、台地逐渐被开垦为耕作农业，森林分布向山地后退。

五代以后，中原战乱频仍，大批汉人南迁，岛上汉族人口数量进一步增加，经济文化进一步发展。黎族地区经济开发也出现了新局面。与汉族杂居或邻近汉族的地区已懂得耕耨灌溉，种植水稻、苎麻来与汉族互市。黎族地区出产的红白藤、香料、棉花（吉贝）、珍木和黎锦、黎单、黎幕等精美的手工艺品行销内地，深受人们的喜爱。宋末元初，杰出的女纺织家黄道婆年轻时逃居崖州，曾在崖州留居多年。黄道婆向黎族妇女学习棉纺织技术，回故乡乌泥泾（今上海华泾镇）后，在黎族传统纺织工艺基础上加以改进，创造出一套先进的棉纺织工具和技术，为我国棉纺织业的发展作出了贡献。

宋元时期，信奉伊斯兰教的“番民”从越南占城（今越南南部平定省一带）迁入海南。据明万历《琼州府志》卷3记载，宋元年间因战乱，越南占城人驾船迁来海南岛，散居在海岸一带，这些村落被称为番村、番浦。居民多不吃猪肉，不供奉祖先，共设教堂，念经礼拜。《古今图书集成》和《崖州志》等也有类似的记载。来自越南的“番民”在与其他民族融合的基础上到明清时期发展成为回族。

历史上封建中央政权派系斗争激烈，致使素有“蛮荒之域”、“瘴疠之区”之称的海南岛成为流放贬谪官员的理想地方。唐宋时期，南迁的谪客、名宦不断增加，他们积极传播中原文化，使海南封建文化教育空前发展。其中比较有名的有王义方、韩瑗、韦执谊、李德裕、苏轼、折彦质、李纲、赵鼎、李光、胡铨等。居琼期间，他们中的一些人克服了生活环境上的种种困难，发挥个人才能，传播中原文化，宣扬儒家正统思想，奠定了海南古代文化的思想基础，给海南历史创造了光辉的一页。如汉代的僮尹至琼任儋耳太守，戒敕官吏毋贪珍略，劝谕其民，毋镂面颊，移风易俗，蛮风日变。唐贞观元年（627）王义方被贬为吉安（今昌江县境）县丞，他召集黎族诸首领，稽选生徒办学，亲为讲经，开创了海南教育的先河。宋代苏东坡谪贬儋州三年，开辟了儋州学府，自编经义，自讲诗书，大力传播中原文化，发展地方教育事业，培养造就了一大批人才，如王霄、姜唐佐、黎子云、符确等，使他们成为饱学的鸿儒。儋州地区“书声琅琅、弦歌四起”，成为当时海南文化教育的中心，有“小稷下”之称。地方官员如琼州知州宋守之、琼州教授古革、管帅韩壁等也热心从事教育办学。宋庆历四年（1044）海南开始兴办儒学，最早的儒学是琼州儒学。接着各州也先后办起儒学。府学设立社学和私学，扩大了教育的范围。因而海南人从宋朝开始参与科举考试，人才辈出，郑真辅考中探花，姜唐佐“破天荒”首中举人，符克成为琼州第一进士。宋代时海南人考取进士者达 12 名。明代海南读书风气大盛，海南文化教育进入了一个繁荣时期，共有 62 人登进士，594 人中举人。许多杰出人物，如薛远、邢宥、丘濬、王佐、钟芳、海瑞、王弘诲等就出现在这个时代。

宋元两朝，黎族社会经济开始走向进步，经济开发水平明显提高，文化开发出现振兴趋势。宋王朝结束唐末五代十国的割据混战局面后，积极开发海南岛。在处理与海南岛黎族的关系上，采取长远、稳定的温和政策，即“羁縻政策”，主要内容有四：一是遵循黎族自治的原则，尊重黎族风俗习惯。据宋真宗皇帝在给王刘的诏书上载：“朕常戒边臣无得侵扰外夷，若自杀伤，且用本土之法，苟以国法绳之则致生事，羁縻之道正在尔。”二是利用黎族上层人物，通过他们来统治黎族人民。在宣和、乾道年间，因率部归顺朝廷有功的黎峒首领符天享、王日存、王承福、陈颜等，分别被封为承信郎官职。绍兴年间黄二娘因忠于朝廷，也被封为宜人，并令其子孙世袭。三是对招抚有功的官吏进行奖赏，对激黎生变的官吏加以惩罚。四是对黎人生变，采取宽松怀柔的态度。乾道二年（1166），孝宗皇帝依据广西经略转运使的建议而下诏：凡海南黎人归附者，乾道元年以前所欠租赋者，一律全免；无田耕作者，由官府给田耕作，也免租五年。元朝统一中国后，基本上也沿袭这种政策。

明清两朝，封建统治已深入全岛，封建经济的主导地位已确立并得到较快发展，封建文化也空前高涨，海南开始引起世人瞩目。元代在海南采取的旷土地区建立屯田机构，作为地方建置的补充，也引发了明朝的大规模屯田与新州县的建立。明朝在海南实施减轻赋役的特殊政策，废除黎族首领世袭制，改为起用黎族峒首为土官，不仅促进了土地的进一步开发，而且为日后的改土归流创造了条件。大部分黎族地区的生产力与当地汉族相近，在毗邻的汉族地区出现了许多著名墟场，如调南市、兰洋市、南丰市和岭门市等。山区黎族的土特产通过集市和入山收购的汉族商人流往各地，黎族换回的铁质生产工具和其他生活资料也日益增多。黎汉两族人民经济上相互联系、文化上相互交流和通婚联姻，促进了民族之间的融合。在崖州一些开发较迟的地区，当地黎族已常“往来城市之间，有无相易，言语相通，间有读书识字者”。至于文昌、澄迈、会同（今琼海市）等开发比较早的地方，到了清代中叶黎族已基本融入汉族，一些地方出现了“无黎”之说（如“文昌无黎”）。也有一部分汉族，“因近黎土，谙晓黎俗”，“利其山水田地，创为村峒，落土耕田”，逐渐同化于黎族之中。

第三阶段，清晚期到民国，西方文化和华侨文化渗透时期。

19 世纪末和 20 世纪初，由于西方文化和华侨文化的影响，海南文化开始走出封闭，走向世界。鸦片战争之后，西方文化的进入是一种强势文化的传播，且伴有暴力的手段，这使传统文化面临严重的生存危机。只有转型才可能渡过危机，传统文化要向现代文化转型，在现代化的道路上，构建新的文化。这次转型，海南与全国的情况基本同步，只是由于地理位置的缘故，使海南处在应对西方文化冲击的最前线。

这次文化转型的特点是外部力量起了决定性的作用，外来文化取代了本土文化的主导地位。因此，转型并不是海南文化自觉行为的结果，而是自在与自然的过程，是接受外来文化的过程。当然，这种转型并不一定全是坏事，毕竟外来文化所带有的比较优势和先进性，使海南文化整体处于正向进化。

开放口岸和对外贸易带动了海外移民，使海南成为全国著名的侨乡之一。史书记载，海南最早的海外移民始于宋代。明《琼台志》记载，宋乾道八年（1172），占城人来海南买马，掠走了一批海南人，这是最早的琼侨。明清时期，海外移民明显增多，大多是向东南亚各国移民，最早移民的地方是越南，后来扩展到整个东南亚，伸延到世界各国，尤以东南亚居多。当今东南亚各国讲海南话也较流行。明洪武二十三年（1390）文昌人口只有 24 203 人，而这一年就有 2 000 余人乘船到泰国，当今泰国初贝岛等地的华裔，还以讲文昌口音为标准的海南话，并建有多处“水尾圣娘庙”。民国时期海南对外移民形成高潮，到海南解放前，海外琼侨有近百万人。华侨经常回国，给海南带来了海外文化的影响。华侨汲取了各国民族文化的有益成分，形成了具有包容的、交杂的、开放性的新文化，又通过各种途径传回到海南岛。如清末民初，华侨从海外引进了橡胶等热带作物，对海南土地利用产生了很大影响，使海南文化增添了更多开放性和海洋文化特性。

第四阶段，1950 年以来，社会主义文化和特区文化占主导地位。

1950 年，中国人民解放军渡过琼州海峡，解放了海南岛，从此揭开了海南历史新的一页，海南文化建设也进入了一个新的发展阶段。1988 年，海南建省办经济特区，掀起了海南社会经济建设的新高潮，推动着海南文化建设突飞猛进地发展，并取得了令人瞩目的辉煌成就。特区的本质是开放，而一个开放的社会总是有利于文化的交流与发展。可以预见，未来海南文化将会有一个又快又好的发展过程，其趋势与路向将在特区文化、生态文化、旅游文化、海洋文化、华侨文化等方面有突出的表现。

20 世纪 80 年代以来的文化变革，人们也往往看作是一次新的文化转型，这次转型到目前仍尚未完成。不过，我们已经可以清楚地看到，这次转型与以往的转型不同，这是一次文化的自觉行为，是在文化的内在力量起主导作用的情况下，寻求与外来优秀文化的整合，实现文化的新生并适应新的外部环境，这是一条充满希望的道路。在这条道路上，海南文化与全国的文化发展没有本质上的不同，但由于海南是中国最大的特区，处在改革开放的最前沿，特区的区位优势将引导海南的文化建设走向更加光辉灿烂的明天！

21 世纪是海洋的世纪。海洋是人类未来的希望。建设海洋文化任重道远。推动文化大发展大繁荣必然包含海洋文化，构建文化自信和文化自觉也不能没有海洋文化。海南省作为全国唯一一个海洋面积比陆地面积大的省，海洋文化是海南文化战略取向的必然选择，也是未来海南文化的优势所在。

后记

2011年11月，由中国百越民族史研究会、海南师范大学和海南省博物馆联合主办，海南省南海区域文化研究基地承办的“中国百越民族史研究会第十五届年会暨环南海历史文化国际学术研讨会”在海口市召开，来自国内外三十余所高校及二十余所科研机构的一百余位专家学者出席了本次研讨会。

百越是历史上曾经广泛活动在中国长江以南，特别是华南地区的族群，现今这一地区的一些少数民族，如壮族、黎族、高山族、畲族等，都被认为是百越的后裔或与其有密切关系的族群。中国百越民族史研究会就是以研究百越族群及其后裔为主要内容的国家级学会，长期以来研究会为组织和推动这一领域的研究作出了卓越的贡献。研究会自成立以来，平均每两年开一次会，迄今已经开了十四届年会了。今年在海南召开的第十五届年会，是百越民族史研究会在海南召开的第二次年会，因为早在1984年12月，百越民族史研究会就曾经在当时的海南黎族苗族自治州首府通什市（今五指山市）召开了第四届年会。两届年会在海南的召开，充分说明了海南学术界参与百越史研究的积极性以及与中国百越史研究会的良好合作。

按照百越民族史研究会的惯例，每开一届年会，都要出版一本论文集，这是百越民族史研究会长期以来形成的一个优良传统。本届年会结束后不久，相关的编辑人员即投入了本届年会论文集的编纂工作。经过几个月的努力，论文集终于编纂完成，即将由暨南大学出版社出版，对此我们感到由衷的欣慰！我们作为本届年会的主办方终于圆满完成了本届年会的所有工作，没有愧对百越史研究会同仁对我们的信任！

最后，我们谨以此论文集的出版来预祝中国的百越史研究能有一个更加美好而辉煌的未来！

编者

2012年5月